The Changes of the Legal System in the Forty Years of Reform and Opening-up

改革开放40年法律制度变迁

总 主 编　张文显
执行主编　柳经纬

国际法卷

International Law

黄　进　孔庆江◎主编

厦门大学出版社 XIAMEN UNIVERSITY PRESS | 国家一级出版社 全国百佳图书出版单位

图书在版编目(CIP)数据

改革开放40年法律制度变迁.国际法卷/黄进,孔庆江主编.—厦门:厦门大学出版社,2019.6
ISBN 978-7-5615-7178-1

Ⅰ.①改… Ⅱ.①黄…②孔… Ⅲ.①国际法—法制史 Ⅳ.①D929.7

中国版本图书馆CIP数据核字(2018)第253279号

出版人	郑文礼
策　划	施高翔
责任编辑	甘世恒
装帧设计	李夏凌
技术编辑	许克华

出版发行	厦门大学出版社
社　址	厦门市软件园二期望海路39号
邮政编码	361008
总　机	0592-2181111　0592-2181406(传真)
营销中心	0592-2184458　0592-2181365
网　址	http://www.xmupress.com
邮　箱	xmupress@126.com
印　刷	厦门集大印刷厂

开本	787 mm×1 092 mm　1/16
印张	23.5
字数	476千字
版次	2019年6月第1版
印次	2019年6月第1次印刷
定价	141.00元

厦门大学出版社
微信二维码

厦门大学出版社
微博二维码

The Changes of the Legal System
in the Forty Years of
Reform and Opening-up

《改革开放40年法律制度变迁》丛书编委会

总 序

改革开放 40 年
中国法治的历程、轨迹和经验

今年是中国改革开放 40 年，也是中国厉行法治 40 年。厦门大学出版社立意高远地策划了“改革开放 40 年法律制度变迁”这一重大选题，旨在通过聚合我国当今知名法学家，全面回顾总结改革开放 40 年来我国法律制度变迁和依法治国事业取得的伟大成就，系统梳理改革开放 40 年来中国特色社会主义法律体系在中国特色社会主义事业波澜壮阔的发展进程中的变迁逻辑、生成规律和实现路径，启迪、展望和探索新时代我国法律制度的建构与发展，以唱响我国法学界献礼改革开放 40 周年主旋律和最强音，为庆祝改革开放 40 周年营造良好社会舆论环境，为我国学术界和实务界在新时代更好推动中国特色社会主义法律体系发展完善，推进全面依法治国、建设法治中国新征程，开创法治发展新时代贡献力量。

值此本套丛书出版之际，我以“改革开放 40 年中国法治的历程、轨迹和经验”为主题作序，与各位作者和编辑一道，豪情满怀地纪念改革开放 40 年，抒发中国特色社会主义法治的理论自信、制度自信和实践自信。

一、中国法治 40 年的历程

1978 年，中国共产党召开了十一届三中全会，结束了长达十年的“文化大革命”。这次全会做出了“加强社会主义法制”的决定并提出了“有法可依、有法必依、执法必严、违法必究”的法制工作方针。以十一届三中全会为起点，中国特色社会主义法治经历了三大历史阶段，实现了三次历史性飞跃。

（一）法制创建新时期（1978—1997）

这一时期，我国的法制建设以恢复重建、全面修宪和大规模立法为引领，主要有以下重要历史节点和重大事件：

1.“一日七法”。中共十一届三中全会召开时，虽然“文化大革命”从形式上已经结束，但中国仍处于“无法可依”的状态，国家法律几乎是空白。因此，当务之急是制定一批法律，迅速恢复法律秩序和以法律秩序为支撑的社会秩序。在党中央的领导下，1979年7月1日，五届全国人大二次会议一天之内通过了7部法律，即《刑法》《刑事诉讼法》《地方各级人民代表大会和地方各级人民政府组织法》《全国人民代表大会和地方各级人民代表大会选举法》《人民法院组织法》《人民检察院组织法》《中外合资经营企业法》，被法学界称为中国法治史上著名的“一日七法”。以“一日七法”为先导，我国陆续制定了《民法通则》《行政诉讼法》等一大批重要法律，形成了中国特色社会主义法律体系框架。

2.“九九指示”。有了刑法、刑事诉讼法等法律，能否确保法律实施，在当时的情况下却是一个大大的问号。为此，中共中央于1979年9月9日发出了《关于坚决保证刑法、刑事诉讼法切实实施的指示》。该《指示》要求各级党委要保证法律的切实实施，充分发挥司法机关的作用，切实保证人民检察院独立行使检察权，人民法院独立行使审判权，使之不受其他行政机关、团体和个人的干涉。这是改革开放初期，我们党着手清除法律虚无主义，纠正以党代政、以言代法、有法不依等错误习惯的重要文献，意志坚定、观点鲜明、有的放矢、意义重大。

3.世纪审判。在社会主义法制恢复重建初期，发生了中国现代历史上最重大的法律事件，即对林彪、江青反革命集团的大审判。1980年11月22日，《人民日报》发表特约评论员文章，指出：“对林彪、江青反革命集团的审判，是我国民主和法制发展道路上的一个引人注目的里程碑，它充分体现了以法治国的精神，坚决维护了法律的权威，认真贯彻了社会主义民主和法制的各项原则。”

4.全面修宪。新中国成立之初，党中央和中央人民政府就启动了制定宪法的程序。1954年9月20日，第一届全国人民代表大会通过《中华人民共和国宪法》。这部《宪法》以“根本法”“总章程”的定位，以人民民主原则和社会主义原则为支点，构建了中国历史新纪元的宪法框架，构筑了中国社会主义制度的“四梁八柱”。在“文化大革命”中制定的1975年《宪法》和1978年《宪法》是带有严重错误和缺点的宪法。1980年，中共中央决定全面修改“七八宪法”。经过29个月的艰苦努力，1982年12月4日，五届全国人大五次会议通过了全面修订后的《中华人民共和国宪法》。30多年来的发展历程充分证明，现行宪法及其修正案有力地坚持了中国共产党领导，有力地保障了人民当家做主，有力地促进了改革开放和社会主义现代化建设，有力地推动了社会主义法治国家建设进程，有力地维护了国家统一、民族团结、社会稳定，具有显著优势、坚实基础、强大生命力。

5. 全民普法。在法制恢复重建之初，党和政府启动了全民法制宣传教育活动。1985年11月22日，六届全国人大常委会第四次会议通过《全国人民代表大会常务委员会关于在公民中基本普及法律常识的决议》。至今，我国已经先后制定和实施了七个“五年普法规划”。中国的全民普法运动既是中国历史上、也是人类历史上规模空前和影响深远的法治启蒙运动，是一场先进的思想观念和文明的生活方式的宣传教育运动。

（二）依法治国新阶段（1997—2012）

在中国法治的历史上，1997年是一个难忘的国家记忆。1997年召开的中共十五大划时代地提出“依法治国，建设社会主义法治国家”，开启了依法治国新阶段。在这个阶段，主要有以下历史节点和重大事件。

1. 确立依法治国基本方略。1997年9月，中共十五大召开。江泽民同志在十五大报告中明确提出，要“进一步扩大社会主义民主，健全社会主义法制，依法治国，建设社会主义法治国家”。这是中共首次将依法治国作为治国理政的基本方略。1999年3月15日，九届全国人大二次会议通过《中华人民共和国宪法》修正案，将“依法治国，建设社会主义法治国家”纳入宪法，使依法治国成为党领导人民治理国家的基本方略，建设社会主义法治国家成为国家建设和发展的重要目标之一。这标志着我国迈向了法治建设新阶段。

2. 确立依法执政基本方式。2002年10月，中共十六大召开。江泽民同志在十六大报告正式提出“依法执政”概念。2004年9月19日，党的十六届四中全会通过了《中共中央关于加强党的执政能力建设的决定》，把加强依法执政的能力作为加强党的执政能力建设的总体目标之一，并就依法执政的内涵作出科学规定。依法执政基本方式的确立，表明我们党开启了依法治国基本方略与依法执政基本方式有机结合的治国理政的新境界。

3. 形成中国特色社会主义法律体系。2011年3月10日，在十一届全国人大四次会议上，全国人大常委会工作报告庄严宣布：一个立足中国国情和实际、适应改革开放和社会主义现代化建设需要、集中体现党和人民意志的，以宪法为统帅，以宪法相关法、民商法等多个法律部门的法律为主干，由法律、行政法规、地方性法规等多个层次的法律规范构成的中国特色社会主义法律体系已经形成，国家经济建设、政治建设、文化建设、社会建设以及生态文明建设的各个方面均实现有法可依。中国特色社会主义法律体系的形成，是我国依法治国、建设社会主义法治国家历史进程的重要里程碑，也是世界现代法制史上最具标志性事件，其意义重大而深远，其影响广泛而深刻。

（三）全面依法治国新时代（2012—）

以中共十八大为历史节点，中国特色社会主义进入新时代，中国法治也跨入新时代。党的十八大以来，以习近平同志为核心的党中央在全面推进依法治国、加快建设中国特色社会主义法治体系和社会主义法治国家的伟大实践中，创造性地发展了中国特色社会主义法治理论，提出了全面依法治国新理念新思想新战略为坚持和开拓中国特色社会主义法治道路奠定了思想基础，为推进法治中国建设提供了理论指引。

1. 明确定位"法治小康"。中共十八大提出全面建成小康社会。十八届三中全会、四中全会、五中全会、六中全会不断明晰和丰富全面建成小康社会的目标和各项要求。全面建成小康社会，在法治领域就是要达到依法治国基本方略全面落实，中国特色社会主义法律体系更加完善，法治政府基本建成，司法公信力明显提高，人权得到切实保障，产权得到有效保护，国家各项工作法治化。这是对我国法治建设目标的首次精准而全面的定位。

2. 提出法治新十六字方针。2012年，由习近平同志主持起草的中共十八大报告提出："加快建设社会主义法治国家，必须全面推进科学立法、严格执法、公正司法、全民守法进程。"法学界称之为"新十六字方针"。"新十六字方针"体现依法治国新布局，为全面依法治国基本方略的形成奠定了理论和实践基础。

3. 建设法治中国。"建设法治中国"是习近平总书记在十八大之后不久发出的伟大号召。2013年，中共十八届三中全会通过的《中共中央关于全面深化改革若干重大问题的决定》提出要推进法治中国建设。2014年，十八届四中全会进一步向全党和全国各族人民发出"向着建设法治中国不断前进""为建设法治中国而奋斗"的号召。"法治中国"概念是我们党在法治理论上的重大创新，也是对新时代中国法治建设的科学定位。在实践上，"建设法治中国"，其要义是依法治国、依法执政、依法行政共同推进，法治国家、法治政府、法治社会一体建设。

4. 全面依法治国。十八大之后，以习近平同志为核心的党中央在完善"五位一体"总体布局之后提出了"四个全面"的战略布局，并把全面依法治国放在总体战略布局之中统筹安排。在这个布局中，全面建成小康社会是战略目标，全面深化改革、全面依法治国、全面从严治党是三大战略举措，对实现全面建成小康社会战略目标一个都不能缺，要努力做到"四个全面"相辅相成、相互促进、相得益彰。根据习近平总书记的这一战略思想，2014年10月，中共十八届四中全会通过了《中共中央关于全面推进依法治国若干重大问题的决定》，标志着我国法治建设站在了新的历史起点上。

5. 建设中国特色社会主义法治体系。中共十八届四中全会是中国共产党执政历史上首次以法治为主题的中央全会，全会通过的《决定》原创性地提出全面依法治国的总目标是建设中国特色社会主义法治体系，建设社会主义法治国家。提出这个总目标，既明确了全面推进依法治国的性质和方向，又突出了全面推进依法治国的工作重点和总抓手。全面依法治国各项工作都要围绕这个总抓手来谋划、来推进。

6. 开启全面依法治国新征程。中国共产党第十九次全国代表大会是中国特色社会主义进入新时代之后中国共产党召开的最为重要的会议。十九大明确了从现在到 2020 年、从 2020 年到 2035 年、从 2035 年到 21 世纪中叶一个时段、两个阶段的法治建设目标，为依法治国和法治中国建设指明了前进方向、基本任务、实践路径。十九大把坚持全面依法治国上升为新时代坚持和发展中国特色社会主义的基本方略，凸显了法治在"五位一体"总体布局和"四个全面"战略布局中的地位，提升了法治在推进国家治理现代化和建设社会主义现代化强国中的基础性、支撑性、引领性作用。

二、中国法治 40 年的轨迹

以中共十一届三中全会做出的"加强社会主义法制"历史性决策为起点，在 40 年发展历程中，中国法治留下了辉煌的历史轨迹，显现出中国特色社会主义法治发展的鲜明特征和规律。

(一)从"法制"到"法治"

"法制"，望文思义，就是国家的法律和制度。改革开放初期，面对法律几乎"荡然无存"的局面，法制建设的重心是加快立法，健全法制，做到有法可依。之后，在法律体系基本形成的情况下，法治建设经历了从法制到法治的发展。主要体现为：

从"法制"概念到"法治"概念。十一届三中全会之后，在法制领域和法学体系中，最正式最流行的概念就是"法制""法制建设"。中共十五大之后，最正式最流行的概念演进为"法治""依法治国""全面依法治国"等。虽然"法治"与"法制"这两个概念表面上只有一字之差，其内涵和意义却大不相同：第一，"法治"突出了实行法治、摒弃人治的坚强意志和决心，针对性、目标性更强。第二，"法治""法治国家"意味着法律至上，依法而治、依法治权。第三，与"法制"比较，"法治"意味着不仅要有完备的法律体系和制度，而且要树立法律的权威，保证认真实施法律，切实依照法律治理国家和社会。第四，法治包容了法制，涵盖面更广泛，更丰富。

从"方针"到"方略"。改革开放初期，中共十一届三中全会把社会主义法制建设作为党和国家坚定不移的基本方针。中共十五大在社会主义法制基本方针的基础上提出依法治国基本方略。从建设法制的方针到依法治国的方略，显现出中国法治理论和实践发生了深刻变化。

从“法制国家”到“法治国家”。1996年2月8日，在中共中央第三次法制讲座上，江泽民同志在总结讲话中明确提出要依法治国，建设社会主义“法制国家”，并对依法治国和建设法制国家的重大意义进行了阐述。1997年9月，党的十五大报告根据各方面的建议、特别是依法治国的实践逻辑，把此前的提法修改为“依法治国，建设社会主义法治国家。”用“法治国家”代替“法制国家”，是一次新的思想解放，标志着中央领导集体和全党认识上的飞跃。

从“健全社会主义法制”到“健全社会主义法治”。改革开放初期，面对无法可依、制度残缺的局面，党中央作出“健全社会主义法制”的决策，1982年宪法沿用了“健全社会主义法制”的提法。2018年，现行宪法第五次修改将原序言中的“发扬社会主义民主，健全社会主义法制”修改为“发扬社会主义民主，健全社会主义法治”。这一字“千金”的修改，从宪法上完成了从法制到法治的根本转型，反映出我国社会主义法治建设历史性的跨越和进步。

（二）从“依法治国”到“全面依法治国”

党的十五大将“依法治国”作为党领导人民治理国家的基本方略。十八大提出“全面推进依法治国”。十八届四中全会后，习近平总书记提出了内涵更为丰富、表述更为精致的“全面依法治国”概念。从“依法治国”到“全面推进依法治国”再到“全面依法治国”，提法的变化表明我们党依法治国的思路越来越清晰、越来越精准。

（三）从建设“法治国家”到建设“法治中国”

十八大以后，习近平总书记明确提出“法治中国”的科学命题和建设法治中国的重大历史任务。“法治中国”比“法治国家”的内涵更加丰富，思想更加深刻，形态更加生动，意义更具时代性。从“法治国家”到“法治中国”的转型，意味着我国法治建设的拓展、深化和跨越。

（四）从建设“法律体系”到建设“法治体系”

在全国人大常委会宣布中国特色社会主义法律体系已经形成之后，法治建设如何推进？这是摆在全党和全国人民面前的重大课题。习近平总书记经过深入调研和科学论证，提出“建设中国特色社会主义法治体系”。十八届四中全会正式将“建设中国特色社会主义法治体系”作为全面推进依法治国的总目标、总抓手、牛鼻子。从建设“法律体系”到建设“法治体系”，体现了我们党对法治建设规律认识的重大突破。

(五)从“以经济为中心”到“以人民为中心”

中共十一届三中全会果断地、历史性地把党和国家的工作重心从以阶级斗争为纲转向以经济建设为中心，与此同步，中国的法制建设也转向了以经济建设为中心，为经济发展“保驾护航”成为法制的核心价值。中共十八大之后，党中央明确地提出“以人民为中心”的思想，这是统揽全局、指导全面的思想。在法治领域，树立“以人民为中心”的思想，就是要倍加关注人民对民主法治、公平正义、人权保障、产权保护、安定有序、环境良好的美好向往，以满足人民对美好法治生活的向往为宗旨；坚持法治为了人民、依靠人民、造福人民、保护人民，把体现人民利益、反映人民意愿、维护人民权益、增进人民福祉、促进人的全面发展作为法治建设的出发点和落脚点，落实到依法治国全过程各方面。

(六)从“法律之治”到“良法善治”

从1978年至1997年间，我国法制建设的基本方针是“有法可依、有法必依、执法必严、违法必究”，总体而言，这是一种形式法治意义的“法律之治”。十八大提出“科学立法、严格执法、公正司法、全民守法”，从理论和实践上都向形式法治与实质法治的结合前进一大步。十八大以后，我们党明确提出“法律是治国之重器，良法是善治之前提”。十九大报告进一步提出“以良法促进发展、保障善治”。这是对新时代中国特色社会主义法治作为形式法治与实质法治相统一的法治模式的精辟定型。从“法律之治”到“良法善治”是法治理念的根本性飞跃。

(七)从“法制建设”到“法治改革”

从1978年到21世纪第一个十年，在法治领域，总的提法是法制建设，而且总体上也是按照“建设”来规划部署的。中共十八大以来，习近平总书记多次指出，“全面依法治国是国家治理的一场深刻革命”，并以革命的勇气和革命的思维，大刀阔斧地推进法治领域的改革，出台了数百项重大法治改革举措，大力解决立法不良、有法不依、执法不严、司法不公、监督疲软、权力腐败、人权保障不力等突出问题。实践充分证明，法治改革是加快推进法治中国建设的强大动力和必由之路。

(八)从常规建设到加快推进

改革开放以来，我国法制建设有序推进，取得了很大成就。但是，常规的、按部就班的法制建设难以适应全面深化改革、全面依法治国、全面从严治党的迫切要求，难以适应人民群众日益增长的多样化、高质量法治需要，难以跟进国家治理现代化的前进步伐。为此，党中央以时不我待、只争朝夕的姿态加快推进法治改革和法治建设，提出一系列“加快”各领域法治建设和改革的重大措施。

(九)法学教育从恢复重建到繁荣发展

中国的法学教育历史悠久,源远流长。但从20世纪50年代末,我国的法学教育随着法治的衰败而全面衰败。改革开放40年来,伴随着中国法治和中国高等教育前进的步伐,我国法学教育历经恢复重建、快速发展、改革创新,已经形成了具有一定规模、结构比较合理、整体质量稳步提高的教育体系。中国的法学教育已经跻身世界法学教育之林,法学教育的中国模式与法学教育的美国模式、欧洲模式呈三足鼎立态势。一个基本适应我国法治人才需要和法治中国建设需要、具有中国特色的法学体系初步形成。

(十)从人治到法治

40年的中国法治轨迹,总括而言,就是从人治到法治。法治与人治是两种互相对立的治国方略。在这个问题上,我们有经验也有教训。改革开放初期,邓小平同志针对"要人治不要法治"的错误观念以及人治导致"文革"悲剧的沉痛教训,强调指出:"要通过改革,处理好法治和人治的关系"。后来,他又尖锐地指出:要保持党和国家长治久安,避免"文化大革命"那样的历史悲剧重演,必须从法制上解决问题。中共十八大以来,习近平总书记深刻地阐述了厉行法治、摒弃人治的历史规律和深远意义。他指出:"法治和人治问题是人类政治文明史上的一个基本问题,也是各国在实现现代化过程中必须面对和解决的一个重大问题。综观世界近现代史,凡是顺利实现现代化的国家,没有一个不是较好解决了法治和人治问题的。""经验和教训使我们党深刻认识到,法治是治国理政不可或缺的重要手段。法治兴则国家兴,法治衰则国家乱。什么时候重视法治、法治昌明,什么时候就国泰民安;什么时候忽视法治、法治松弛,什么时候就国乱民怨。"基于对人治教训的深刻分析和对治国理政规律的深刻把握,以习近平同志为核心的党中央采取一系列重大举措,推动党、国家和社会告别人治传统而步入法治的光明大道。

三、中国法治40年的基本经验

40年的法治建设不仅取得了历史性成就,而且积累了一系列宝贵经验,形成了一整套科学理论。

(一)坚持和拓展中国特色社会主义法治道路

习近平总书记指出:"中国特色社会主义法治道路,是社会主义法治建设成就和经验的集中体现,是建设社会主义法治国家的唯一正确道路。""具体讲我国法治建设的成就，大大小小可以列举出十几条、几十条，但归结起来就是开辟了中国特色社会主义法治道路这一条。”坚持中国特色社会主义法治道路，“核心要义”是坚持党的领导，把党的领导贯彻到依法治国各方面和全过程，坚持中国特色社会主义制度，贯彻中国特色社会主义法治理论。改革开放40年来，我国的法治建设、法治改革和全面依法治国之所以能够取得历史性成就，根本原因在于我们坚定不移地走中国特色社会主义法治道路。

（二）坚持依法治国与以德治国相结合

法治与德治的关系问题，历来是治国理政的基本问题，是法学和政治学的基本论题。中共十五大以来，党中央总结古今中外治国理政的成功经验，明确提出了坚持依法治国与以德治国相结合的思想。中共十八届四中全会《决定》和习近平总书记在十八届四中全会上的讲话进一步明确提出依法治国与以德治国相结合是中国特色社会主义法治的基本原则，强调“必须坚持一手抓法治、一手抓德治”；既重视发挥法律的规范作用，又重视发挥道德的教化作用，实现法律和道德相辅相成、法治和德治相得益彰。党中央关于依法治国与以德治国相结合的深刻论述，突破了法治、德治水火不容的僵化思维定式，阐明了一种现代法治和新型德治相结合的治国理政新思路。正是遵循了依法治国与以德治国相结合的思想路线和决策部署，我国的法治建设和道德建设才能呈现出相得益彰的良好局面。

（三）坚持依法治国与依规治党有机统一

坚持依法治国与依规治党有机统一，是以习近平同志为核心的党中央在治国理政新实践中探索出来的新经验、概括出来的新理论。依法治国与依规治党有着内在联系，治党与治国相辅相成，依法执政与依规执政高度契合，缺一不可。基于对依法治国与依规治党有机统一关系的深刻认识，我们党采取了一系列措施统筹推进依法治国和依规治党。一是把党内法规制度体系纳入到中国特色社会主义法治体系之中，加快形成完善的党内法规制度体系。二是注重党内法规同国家法律的衔接和协调，共同发挥在治党治国中相辅相成的作用。三是提出思想建党和制度治党紧密结合、同向发力。四是同步推进国家治理体系现代化和中国共产党治理体系现代化，提高党科学执政、民主执政和依法执政的本领。五是探索职能相近的党政机关合并设立或合署办公，推进党和国家治理体制改革，推进国家治理体系和治理能力现代化。

（四）坚持法治与自治良性互动

在一个现代化国家，国家法治与社会自治始终是国家治理的根基所在。依法自治为公民、社会组织等各类社会主体通过自我协商、平等对话、参与社会治理、依法解决社会问题留出了广阔空间。中共十八届三中全会《决定》提出，正确处理政府和社会关系，加快实施政社分开，推进社会组织明确权责、依法自治、发挥作用，并要求放宽社会组织准入门槛，实现依法自治管理。四中全会《决定》进一步提出鼓励和支持基层组织和部门、行业依法治理，支持各类社会主体自我约束、自我管理。两个《决定》开辟了社会依法自治的崭新局面。中共十九大报告进一步提出“打造共建共治共享的社会治理格局”；发挥社会组织作用，实现政府治理和社会调节、居民自治良性互动；健全自治、法治、德治相结合的乡村治理体系。这些思想和方略，必将使法治、德治、自治更为有效衔接，推动国家治理和社会治理、国家法治与社会自治良性互动。

（五）坚持以依宪执政和依宪治国统领依法治国和法治中国建设

宪法是国家的根本法、总章程，是“治国理政的总依据”“全面依法治国的总依据”“国家各种制度和法律法规的总依据”。所以，依法治国首先要坚持依宪治国，依法执政首先要坚持依宪执政。1982年宪法即现行宪法公布施行后，根据我国改革开放和社会主义现代化建设的实践和发展，在党中央领导下，全国人大先后5次对其个别条款和部分内容作出必要的、也是十分重要的修正，共通过了52条宪法修正案。现行宪法及其历次修改，为法的立改废释提供了宪法依据，使我国宪法以其科学理论、制度优势和强大权威，统领和引领着全面依法治国和法治中国建设的航程。

（六）坚持法治与改革双轮驱动

1978年以来，中国特色社会主义事业有两大主题，一是改革开放，一是法治建设。两大主题有着内在的、相辅相成的必然联系。改革与法治如“鸟之两翼、车之双轮”，共同推动小康社会建设，是小康社会必不可少的动力支持与保障力量。同时，坚持在法治下推进改革，在改革中完善法治，使改革因法治而得到有效推进，使法治因改革而得到不断完善。

（七）坚持统筹推进国内法治与国际法治

统筹国内国际两个大局是我们党治国理政的基本理念和基本经验。十八大以来，以习近平同志为核心的党中央审时度势，统筹推进“两个法治”，使国内法治和国际法治相得益彰。我国以构建人类命运共同体为目标，以推动全球治理体系和治理规则变革为动力，秉持共商共建共享的全球治理观，建设国际法治，推进国际关系法治化，积极开展法律外交，主动参与国际立法，参与和支持国际执法、国际司法、国际仲裁，使国内法治与国际法治的契合达到前所未有的程度。

(八)坚持全面推进与重点突破相协调

全面推进依法治国是一项庞大的系统工程,必须统筹兼顾、把握重点、整体谋划,在共同推进上着力,在一体建设上用劲。在全面推进依法治国过程中,以习近平同志为核心的党中央注重统筹推进、协调发展。同时,善于牵住"牛鼻子"形成"纲举目张"的态势,如强调以中国特色社会主义法治体系为总目标、总抓手、"牛鼻子";始终把"关键少数"作为依法治国的重中之重;注重重点突破瓶颈问题,如倾力推进司法体制改革、破解制约司法公正和司法公信的瓶颈问题,仅中央全面深化改革领导小组就先后42次审议司法改革方案,出台涉及司法体制改革的文件多达53件。。

(九)坚持顶层设计、科学布局与试点探索、先行先试相结合

改革开放初期,无论是经济改革,还是法制建设,几乎都是"摸着石头过河"。十八大以来,以习近平同志为核心的党中央加强了对法治改革和法治建设的统一领导和顶层设计,提出全面推进依法治国的总目标、法治中国建设的总路径。把依法治国纳入"四个全面"战略布局,并与"两个一百年"的奋斗目标对接,把中国特色社会主义法治体系建设与国家治理体系和治理能力现代化紧密连接,彰显出顶层设计的政治引领、理论导航、行动指南作用。在加强统一领导和顶层设计的同时,注重调动地方、部门改革积极性,激励和支持地方、行业先行先试。各地在先行先试中创造了经验,积累了可复制可推广的经验。这些经验又为党中央顶层设计和推进全面改革提供了实践基础和科学依据。

(十)坚持遵循法治规律与秉持中国法理相一致

改革开放40年来,中国法治建设和法治改革的一个十分鲜明的特点就是既重视规律又重视法理,遵循法治规律,秉持法理精神。中共十八大以来,在全面推进依法治国的整个过程中,习近平总书记反复要求解放思想,实事求是,不断深化对法治规律的认识,按照依法治国、依法执政、依法行政、依法自治的客观规律办事,充分发挥法治在治国理政中的基本方式作用。正是由于注重探索法治规律、总结法治经验、凝练法治理论,保证了中国特色社会主义法治始终沿着法治规律科学发展,从胜利走向胜利。

在尊重和遵循规律的同时,也秉持了法理精神。十八大以来,习近平总书记不仅反复强调要学会运用法治思维和法治方式治国理政,而且善于运用法理思维和法理话语提升中国特色社会主义法治理论的解释力、感召力,夯实全面依法治国重大部署和改革方案的法理基础。在他关于法治的讲话和论著中,可以说各篇都有法理金句,通卷闪耀法理珠玑。如法治兴则国泰民安,法治衰则国乱民怨;法安天

下,德润民心;法律的权威源自人民的内心拥护和真诚信仰;自由是秩序的目的,秩序是自由的保障;发展是安全的基础,安全是发展的条件;党的政策是国家法律的先导和指引;依法设定权力、规范权力、制约权力、监督权力,把权力关进制度的笼子;和平、发展、公平、正义、民主、自由,是全人类的共同价值;等等。习近平总书记提炼出来的一系列法理命题为法律体系和法治体系注入了强大生命力,对全党和全国人民保持法治定力、拓展法治道路、深化法治改革、建设社会主义现代化法治强国产生了强大的感染力和推动力。

张文显

2018年11月10日

目 录

导　论

光阴荏苒，时光飞逝，转眼间中国改革开放已经走过 40 年历程。40 年的改革开放是中华民族发展史上的伟大创举，是人类社会发展史上的瑰丽篇章。改革开放激发了中华民族的生机与活力，推动了中国的繁荣和崛起，使中国屹立于国际社会。中国实施改革开放后，国际法也与中国发生了前所未有的互动，这种互动一直持续至今。描述、说明和研究这种互动，是本书的任务。

一、国际关系、国家利益与国际法

在今天的国际社会中，国家与国家之间涉及方方面面的关系，如政治、军事、经济、贸易、文化、教育及其他方面的关系。但如果没有国际法上大量的对国家和国家之间行为进行规范的规则，正常的国际关系就几乎不能存在。事实上，国际法是规制国际关系的法律，国家之间要相互交往，就需要一定的规则来约束交往行为。从本质看，国际法实际上就是法制化的国家关系，而国际法律关系也就是以法律形式表现出来的国际关系。国际法是调整国际关系必不可少的工具，它是国际社会成员之间相互交流的需要，也是调整国际社会秩序的需要，可见国际关系与国际法有着密不可分的关系。

然而国际法也不是一成不变的。20 世纪 90 年代初，苏联解体后，俄罗斯和东欧国家相继实行资本主义制度,国际政治力量的对比发生了重大变化。经济全球化进程随着国际经济关系的进一步发展和世界贸易组织的建立而不断加快。货物、技术、资金和人员跨国流动的范围扩大和数量增多、国际经济组织作用的加强以及国际电子商务的广泛运用,向国际法提出了一系列需要研究解决的新的理论和实践问题,而这些问题的解决反过来又将推动国际经济关系和国际法的发展。而近40年来,科学技术的突飞猛进也对国际法的发展产生了深远影响。例如,宇航技术和深海勘探与开采技术的飞速发展,使人类的活动范围超越了传统领域而扩及宇宙空间和深海海底;计算机技术的广泛使用,互联网技术的普及、世界网络的形成以及人工智能的兴起,既推动了科学技术的发展,也打破了国际交往的地理障碍和政治限制;而核技术的发展则使国际社会和整个人类在向往核能利用的光明前景的同时,也面临前所未有的毁灭威胁。所有这一切都对国际法产生了深刻影响,不但使原来的国际法原则、规则和制度发生了变化,也产生了新的原则、规则和制度,所以说,国际法也是国际社会发展的需要。

在国际社会中,国际法是实现国家利益的一个工具,国家利益需要国际法来加以确定和保障,实现国家利益是国家参与国际社会的主要目的,国家在与国际社会其他成员的关系(即国际关系)中必然以理想中的利益标准来衡量自己是否要接受现行的国际法规则或修改乃至重构国际法规则。每个国家都希望国际社会的游戏规则对自己有利,国际法规定了国际社会的游戏规则,其本身即反映不同国家的国家利益。但是在国际社会的现实中,实际的利益会与理想中的利益有一定差距,特别是当代一超多强的世界格局,决定了国家理想利益与实际利益,以及不同国家的实际利益之间有较大的差距。不管接受现行国际法,还是制定未来的国际法,都体现了国际法与国家的互动的结果,反映了国家理想利益与实际利益的差距。因此,国际法也是不同国家利益间相互妥协的结果。

二、改革开放后:国际法与中国的互动

1.第一阶段(1978—1989年)

20世纪70年代初开始,随着中国在联合国合法地位的恢复,中国对国际法的认知发生了变化,特别是在70年代末,随着中国改革开放进程的展开,中国对国际法的态度发生了重大的变化,中国与国际法的关系进入新阶段,主要体现为中国接受国际法规则。

在这个阶段,中国不但主动寻求加入当时的各种世界性国际组织,开始参与国际社会,与各主要国家以及国际组织展开了更加积极和具有建设性的合作,而且接受西方制定的作为国际社会的游戏规则的国际法。随着改革开放的进程,中国与国际组织的关系进入一个全新的发展时期,其参与的广度和深度都是前所未有的,这个时期是中国开始全面参与并加入国际组织的时期。在此时期内,作为联合国

安理会的常任理事国，中国开始参与联合国的维和事务。同时由于以经济建设为中心的国内发展战略的需要，中国开始积极加入国际经济组织，以便获得资金和技术的援助。在此时期内，中国成为国际货币基金组织（IMF）和世界银行（WB）的理事国，同时在一些地区性和区域性经济金融组织，如亚洲开发银行、亚太经合组织等组织内也开始出现中国的身影；在最受关注的人权领域，中国也积极加入并参加类似联合国人权委员会之类的会议；中国又积极加入国际原子能机构，承诺认真遵守和履行该机构所规定的成员国义务。自改革开放以来，我国缔结或加入的双边和多边条约迅速增加。作为一个大国，中国以负责任的姿态先后签署了《南极条约》《外层空间条约》等国际条约，之后在核不扩散领域，签署了《不扩散核武器条约》和《全面禁止核试验条约》。据外交部网站政府信息公开栏目“条约法律类”资料的统计，从 1949 年至 1977 年，中国缔结和加入的多边条约仅为 32 项，而从 1978 年至 2012 年，则达到了 335 项，缔结的主要双边条约已超过 2170 多项。这些条约的缔结和加入，为我国改革开放的顺利进行和不断深化，加强和扩大与他国的友好合作关系以及推进国际和平与发展，实现人类福祉，提供了重要的国际法工具和保障。

当然，中国接受国际法是出于参与国际交往的需要，而参与国际交往是为了获得经济发展所需的资金和技术。中国要发展经济提高人民生活水平，就需要获取国际社会的资金和技术，要获取资金和技术的一个重要途径就是融入国际社会，尤其是要利用国际经济组织的作用。通过积极参与国际组织和多边合作，中国获取了经济发展所需的资金和技术。要参与国际事务就得接受国际社会的游戏规则，既有主动的接受，也不乏被动的接受。

另外，改革开放之初，中国国力仍然弱小，美国总体上对中国抱着非常积极的看法。换言之，在这个阶段，美国等西方国家对中国的接纳也是中国融入国际社会接受国际法的外在原因。

2.第二阶段（1989 年至 2012 年中共十八大）

1989 年后，国内政治风波使得很多西方发达国家对中国采取了围堵的策略，中国在国际社会中又一次处于艰难的境地。在经历短暂的徘徊后，随着邓小平的南方谈话，中国加快了融入国际社会的进程。为了重新塑造中国的形象，树立起一个日益开放和自信的大国形象，中国在这一时期开始积极利用并且通过国际组织开展多边外交活动，在一系列国际组织中承担更大责任，发挥重大作用，为自身的发展同时也为国际组织的发展注入了新的活力。可以看出，早期每一次中国加速与国际社会接触的进程都是在情势逼迫之下不得不作出的选择，但到了后期，中国开始日益主动参与这一国际化进程。2001 年中国成功加入世界贸易组织，不但标志着中国已参加了所有重要的全球性国际组织，更是中国全面接受贸易领域的国际法的体现。同年还在中国诞生了第一个以中国城市上海来命名的地区性国际组织——上海合作组织，这是中国有史以来第一个积极主动创建，并在其中发挥着核心作用的重要国际组织，这一标志性的事件在中国与国际组织关系的发展史上尤其具有深远的意义。随着中国将和平与发展确定为时代的主题，在中国与国际法互动过程中，中国开始表现出了更加积极的姿态和合作意愿，中国共产党十六大报告中也明确提出"要积极参与多边外交活动，充分发挥我国在联合国以及其他国际组织中的作用"。这一政策性文件和纲领使得中国与国际组织关系的发展迎来了一个新的高潮。中国后来参加了二十国集团、金砖国家集团，又通过夏季达沃斯世界经济论坛、博鳌亚洲论坛等方式，以国际组织和多边外交为手段，利用自己日益增强的影响力来改变中国，影响世界。

在这一过程中，中国不仅以更加积极主动的姿态参与和融入国际社会，还积极主动地以自己的实力和影响力来重塑、改造现有的国际法规则。正是得益于这一过程，中国的综合国力也有了很大发展。进入 21 世纪以来，中国更加深刻地认识到自己的发展构成了世界发展的一个不可分割的部分，中国的命运和世界的命运紧密联系在一起，中国在国际社会以一种和平发展大国的责任意识来积极参与国际法的制定和国际组织的改革与完善，推动国际秩序向更加公正与合理的方向发展。

这个阶段的国际环境也是中国与国际社会开始全面接轨并参与国际法规则制定的外在原因。美国抱着和平演变中国的心态，保持"接触＋围堵"并事实上以"接触"为主的对华政策，给中国留下了窗口期。

3.第三阶段(2012 年十八大至今)

这一阶段的中国已经是国际社会的重要一员、世界的第二大经济体，最大的贸易国，中国正越来越走进全球舞台的中心。自 2012 年中共十八大以来，习近平提出中国要建设性参与全球治理，特别是十八届五中全会提出要提升中国在全球经济治理中的"制度性话语权"，这是中国承担"负责任大国"之责任及构思推展新型发展援助模式的新思维。这一战略新思维至少体现了两个重要的转变：第一，国家在国际体系中的总体角色从"规则参与者"转变为"规则制定者"；第二，在对外交往上从"经济性话语权"转变为"制度性话语权"。中国的"一带一路"倡议、亚洲基础设施投资银行(AIIB)和"人类命运共同体"理念等，都意味着中国已经开始改写或者重新制定国际规则的进程。

这一阶段，在参与与引领国际法规则的制定上，中国强调通过国际社会成员的协商，制定相应的国际规则来治理世界。习近平倡导构建以合作共赢为核心的新型国际关系，摈弃我赢你输、赢者通吃的旧思维，奉行双赢、多赢、共赢的新理念，在国际和区域层面建设全球伙伴关系，坚持"对话而不对抗，结伴而不结盟"的国与国交往新路。在国际政治格局演变过程中，各国应该一起来维护世界和平、促进共同发展，各国应该共同享受尊严、共同享受发展成果、共同享受安全保障。新型国际关系要体现，国家不分大小、强弱、贫富一律平等，尊重各国人民自主选择发展道路的权利，反对干涉别国内政，维护国际公平正义。各国要共同维护世界和平，以和平促进发展，以发展巩固和平。习近平提出的“不冲突、不对抗、相互尊重、合作共赢”原则是推动建立合作共赢为核心的新型国际关系的方向指南。

在制定国际法规则的平台上，中国在各种多边组织和机制中发挥积极作用，为推动世界多极化做出贡献。中国发起成立的亚洲基础设施投资银行和丝路基金等区域金融机构，表明中国积极引领构建全球经济金融治理机制。

在制定国际法规则的方向上，中国坚定维护以联合国宪章为核心的国际秩序和国际体系，推动联合国朝着更加规范、合理、有效的方向发展。以创新推进国际经济金融体系改革，在完善全球治理机制，加强多边主义等方面发挥重要作用。中国始终为增加新兴市场国家和发展中国家的代表性和发言权，确保各国在国际经济合作中权利平等、机会平等、规则平等而努力。

新时代的中国特色大国外交以推动构建新型国际关系，推动构建人类命运共同体为特征。习近平在十九大报告中提出，中国秉持共商共建共享的全球治理观，倡导国际关系民主化，坚定不移在“和平共处五项原则”基础上发展同各国的友好合作，推动建设相互尊重、公平正义、合作共赢的新型国际关系，积极参与全球治理体系改革和建设，不断贡献中国智慧和力量。新时代中国与国际法的互动，突出表现为中国为国际法发展贡献中国方案，体现了中国传统文化的精髓。

三、中国与国际法互动关系演变的特征及其原因

1.从策略性跟进到战略性建设

从改革开放以来中国与国际法的互动关系演变的轨迹可以看出，从策略性跟进到战略性建设的转变是其重要特征。从中国早期与国际法的互动方式来看，中国多是属于策略性跟进各种国际组织，而很少或者根本没有能力来影响国际法的各种规则、制度或者国际组织章程的制定。

从改革开放到1990年，中国与国际法的关系都是一种单被受动的关系。在改革开放时期，邓小平做出“和平与发展已经成为时代主题”这一伟大判断。此时期，在邓小平看来，中国参与国际组织主要是为了创造一个有利于国内发展的和平国际环境。这一时期中国在国际经济组织中长期处于受援国的地位，在国际政治组织中也处于一种尴尬的境地。从本时期中国与国际法的关系来看，中国接受现行的国际法规则很大程度上是为了寻求国际经济条件的改善和利用外资的便利。改革开放之后，中国确立了以经济建设为中心的国家发展战略，将经济建设作为国家发展的重心。而要想取得经济的快速发展，在全球化时代就必须实行积极的对外开放方针，加强与国际社会的联系，这样一方面可以得到来自各种国际社会的各种技术、资金的优惠；另一方面也可以加强同国际社会中其他成员的交流，从而为以

经济建设为中心的国家发展战略营造良好的国际环境。

冷战的结束导致了世界格局的变化。冷战结束后，全球化使得整个世界开始日益紧密地联系在一起，使得任何国家再也难以孤立地得到发展。首先，二战后整个世界分裂为资本主义和社会主义阵营的局面开始改变，要想在全球化的大潮中站稳脚跟就必须主动地融入世界，中国外交也开始摆脱意识形态的束缚，走向更加务实的道路。以江泽民为核心的第三代领导人上台之后，对中国自身的国际角色有了更加广泛深刻的理解，呼吁国际关系民主化，并且明确提出，“中国对外政策的宗旨，就是维护世界和平，促进共同发展”，并把这一任务正式宣布为中国在新世纪致力于完成的三大任务之一。这一判断成为中国参与国际法规则制定的标志，中国与国际法的关系进入全新的时期。其次，美国对华采取接触政策，中国获得发展的窗口期。在克林顿政府期间，美国对华基本上在“接触”与“接触＋围堵”之间。到小布什政府，美国新保守主义崛起，开始在如何围堵中国方面下功夫。但是，“9·11”恐怖主义事件发生后，美国不得不改变其对华政策，中美两国在共同打击恐怖主义上找到了共同利益，从而使得中国可以从容地参与国际法规则的制定。再次，发达国家在现行的各种国际体系中占据着主导地位，但其力量的不足，特别是2008年以来经济危机的爆发，使得国际上让中国承担更大国际责任的呼声越来越大。与此相对应，发展中国家在现行国际体系中代表不足，在进入新世纪后，中国加强和巩固同广大发展中国家的团结与合作，开始利用自己日益增强的影响力来创设各种具有广泛代表性、更加符合中小国家和新兴发展中国家利益的新型国际组织，这标志着中国引领国际法规则制定的开始，中国与国际法的关系进入战略性建设的新阶段。最后，区域一体化的发展。区域一体化和集团化的趋势在20世纪90年代后期日益加快，各种区域性、集团性国际组织开始将各区域整合起来，在世界经济竞争中取得领先地位。随着区域一体化和集团化优势开始显现，中国也开始主动加入或寻求加强与各种区域性集团组织的联系，如中国与东盟自贸区的成立，以及中日韩自贸区和区域全面经济伙伴关系(RCEP)的谈判。

到了后期，中国开始积极地影响和改变国际法规则和规章，并且始终作为广大发展中国家利益的代表来替发展中国家表达各种利益诉求。尤其是在像联合国、国际基金组织、世界银行等机构的改革上，始终强调这样的国际组织内部权力分配应该更加具有足够的代表性，以便能更广泛地反应和代表广大发展中国家的利益。

中国与国际法关系的演变进程贯穿于中国从一个贫穷的国家崛起的过程。经济实力很大程度上决定综合国力，也决定一个国家在国际法中的话语权。因此，进入新世纪之后，随着中国综合国力的增强，特别是在中国成为世界第二大经济体之后，在国际事务中发挥积极作用已经成为中国国家实力与影响日益增强的客观要求，国际上，特别是美国提出的国际责任论就是典型的代表。随着中国崛起步伐的加快，中国在世界经济中的份额发生了很大的变化，军事现代化的步伐也日益加快，中国综合国力日益增强。伴随着中国崛起的进程，中国与国际法的互动关系也在发生着变化，表现为走向双向互动，一方面中国接受更多的国际法规则，另一方面中国为国际法的发展贡献出更多的智慧、方案，发挥着建设性的作用，使得中国与国际法的关系进入一个良性的互动进程。

2.着重于全球国际经济法律规则（秩序）重构

2007—2008 年全球金融危机后，旧的全球经济规则（秩序）的弊端集中爆发，原本的世界经济体系已经不再能够满足世界经济发展的需要，如何重构全球经济规则（秩序）已成为刻不容缓的问题。对此，大国之间也立即展开了制定新的国际经济规则主导权的竞争。

以美国为例，作为世界第一强国，其近年来陆续领导 TPP（《跨太平洋伙伴关系协定》）、TTIP（《跨大西洋贸易与投资伙伴协议》）、TISA（《全球服务贸易协定》）等规则的制定，以求得对于世界经济规则的掌控权。

在东亚地区，以东盟为中心、以中日韩为支撑、以双边自由贸易区为具体形式的区域经济整合，美国一度被置于事外。特别是在亚洲金融风暴之后，“没有美国参与的”东亚区域一体化更是后来居上，势头强劲。以天下为己任的美国不能容忍在“太平洋中间画一条线”将自己与东亚隔绝开来（美国前国务卿詹姆斯・贝克语）。自我标榜为“太平洋总统”的奥巴马率领美国重返亚洲，试图用 TPP 协议的亚太主义替代东亚主义，主导亚太经济一体化进程，以此作为 WTO 多哈回合谈判失败的替代方案。

2013 年 6 月 17 日，欧盟与美国正式启动双边 TTIP 谈判。占全球经济总量一半、全球贸易额 1/3 的两大经济体签署的协定每年将分别给双方经济创造 1190 亿欧元（约合 1595 亿美元）和 950 亿欧元（约合 1273 亿美元）的产值。如果欧美达成协议，将会建立起世界上最大的自贸区，涉及全球 40％的经济产出和 50％的贸易活动。该协定将会让欧美市场融为一体，势必将对国际经济规则的制定产生深远影响。

而对 WTO 多哈回合缺乏进展感到失望的美国、澳大利亚等国，在 2012 年发起旨在达成新的服务贸易协定（TiSA）的谈判。此项谈判将覆盖全球服务贸易大约 70％，约 4 万亿美元。中国商务部部长高虎城在 2013 年 8 月与美国贸易代表迈克尔・弗罗曼的会晤中表达了加入谈判的意愿。在迈克尔・弗罗曼于 2013 年 10 月 29 日隔空喊话，向中方开出了加入 TiSA 的五个前提条件后，中方在 2013 年 11 月初严词拒绝了美国设置的这些评估关口。

由上述可见，美国等一批国家对 WTO 规则继续发展已不抱有太大的希望，其意图通过在世界各地创建自由贸易区等方式创造新的国际经济规则，架空 WTO 贸易体系，构建“经济北约”，同时边缘化中国这一发展中的大国，使得世界屈服于美国制定的新规则。目前看来，参与全球经济规则（秩序）的制定则意味着抢占全球经济规则的制高点。从当下的国际形势来看，我国作为一个发展中的大国，需要积极寻求建立一套公正合理的国际经济新秩序，用来抵御以美国为首的西方国家在国际经济规则制定方面的垄断权。

四、未来中国与国际法的互动

2007—2008年全球金融危机后，旧的全球经济规则（秩序）的弊端集中爆发，原本的世界经济体系已经不再能够满足世界经济发展的需要，如何重构全球经济规则（秩序）对崛起中的大国——中国而言，已成为绕不过去的问题。事实上，大国之间也已经展开了新的国际法规则主导权的竞争。而中国作为一个发展中的大国，更需要积极寻求建立一套公正合理的国际新秩序。从国内层面来看，这是从经济大国蜕变为经济强国过程中的内在需要，也是深化国内改革的整体布局，以开放倒逼改革的重要措施；从国际层面来看，这更是顺应国际上关于中国承担更大国际责任的呼吁，以应对美式规则的需要。对此，中国需要：练好内功，加强对外开放能力；以投资协定谈判为契机，构建世界性投资规则平台；构建自由贸易，寻求包容性经济秩序；改革货币政策，提升人民币国际地位。借助政治外交经济等手段，积极参与到国际法规则（秩序）重构中去。

1.未来中国与国际法互动的方向

2017年，习近平主席在日内瓦联合国办事处发表题为《共同构建人类命运共同体》的演讲，全面阐述了人类命运共同体理念，为人类的前途命运贡献中国智慧，为人类的进步发展提供中国方案。构建人类命运共同体，理念是首要。主权平等原则、对话和谈判、国际法治、国际关系民主化是核心理念。构建人类命运共同体，行动是关键。伙伴关系、安全格局、经济发展、文明交流、生态建设是行动路径。构建人类命运共同体，中国有决心。维护世界和平、促进共同发展、打造伙伴关系、支持多主义，是中国的答案。

2.未来中国与国际法互动的障碍

中国与国际法更紧密的互动，或者说，中国引领国际法规则的制定，面临更大的挑战。

(1)国内层面的障碍

中国国内改革略显滞后，不利于在国际法规则制定上发挥影响力。中国构建“制度性话语权”的努力不能仅仅着眼于“对外开放”的维度，忽视或迟滞“对内改革”的维度。换言之，如果没有内部意义上突破性的制度改革以确立合法而有效的治理秩序，那么外部空间上即便有所建树亦难以持久。中国的“制度性话语权”的真正基础不是国家经济资本，不是自筹体系内的暂时性支配权，而是内部治理上优良政体与民主法治的结构性生成。

(2)国际层面的障碍

在国际环境方面,美国在特朗普治下已开始对中国实行全面打压。在两国贸易问题上,挑起贸易战;在台湾问题上支持“台独”势力;在海南搞所谓“航行自由”。美国这几年来逐渐形成了对中国的三个判断,即政治上的权威主义、经济上的国家资本主义、国际关系上的新扩张主义。尽管对中国来说,这几个判断是完全错误和带有偏见的,但对基于这些判断的美国对华政策将对中国引领国际法规则的制定产生不利影响。

第一,西方对中国发展过程中的政治制度抱冷战思维。近代以来,政治制度的不同往往是国家之间对抗和冲突的一个重要根源。在这方面,西方和中国的价值观全然不同。中国相信不同政治制度的和谐共存,而西方往往将具有不同政治制度的国家视为竞争者甚至敌人。

在第一阶段,西方相信随着改革开放政策的深化,中国会演变成西方那样的自由民主制度国家。1989 年天安门事件对西方是一个严重的打击。但 20 世纪 90 年代以来,邓小平所实施的一些重要举措,缓解了西方对中国的看法。这就是第二阶段。但进入第三阶段后,近年来中国国内政治的变化,使他们认为中国走上了一条和西方截然不同的政治道路。

概括地说,当西方看到中国不仅没有走西方式“民主道路”,而且发展出了自己的政治模式的时候,西方就莫名其妙地感觉到了“威胁”。今天,西方基本的判断是中国的政治体制趋于永久化。中国的政治体制已经对非西方国家产生很大影响,越来越多的国家会仿照中国的体制。在西方看来,这是对西方自由民主制度的最大挑战和最大的“威胁”。

第二,对中国经济制度的冷战思维。改革开放以来,中国经济制度渐趋成熟,形成了具有自己特点的“混合经济模式”。不过,西方简单地把中国视为是“国家资本主义”模式。20 世纪 80 年代,西方相信中国会从计划经济转型到自由市场经济,但现在已经没有这种观点了。近年来,西方一直在炒作中国“国家资本主义”的概念。

今天西方所认定的是中国“国家资本主义”的内外部影响,主要包括如下几个层面:一是国家资本主义导致中国内部市场的不开放,西方企业在中国失去了“竞争力”;二是中国国有企业在国际市场上政治原则高于经济原则,影响西方企业的竞争力;三是国家资本主义是中国“外部扩张”的主要政治工具。在西方看来,正如苏联经济模式是对西方自由资本主义模式的最大威胁,今天中国的国家资本主义已经成为西方自由资本主义的最大经济威胁。

第三,对所谓的中国“新帝国主义”的冷战思维。主要表现在西方对中国“一带一路”倡议的冷战式思维,认为这是中国国际扩张主义的体现。美国本来就反对中国的“一带一路”倡议,美国前国务卿蒂勒森到处说中国是“新帝国主义”。美国现任国防部长马蒂斯更是在各个场合把中国“塑造”成“新扩张主义”，似乎中国的目标就是要取代美国成为世界新霸权国家。德国外长加布里尔(Sigmar Gabriel)的言论可以视为是西方国家态度的变化。在2018年慕尼黑安全会议上，这位外长指中国借“一带一路”打造有别于自由、民主与人权等西方价值观的制度，自由世界的秩序正在解体，“目前中国是唯一拥有，而且坚定实现全球性地缘政治目标的国家”，西方国家应当提出对策。

综上所述，中国当下亟须创造性地参与全球国际法规则的重构，才能推动一个更加公正合理的国际新秩序的形成。

3.未来中国参与全球经济法律规则重构的目标与路径

中国参与全球经济规则(秩序)重构的目的很明确，即：

(1)从经济大国升级到经济强国的内在需要，增加国际话语权

2010年我国GDP超越日本，成为全球第二大经济体，根据WTO秘书处初步统计数据，2013年中国成为世界第一货物贸易大国。我国当之无愧为全球经济大国，但需要意识到我国要成为经济强国仍任重道远。除了量上的增加之外，我们更需要注重质的提高，这就要求我国提高在国际市场上的话语权，需要参与乃至能够引领全球经济规则(秩序)的重构。

(2)深化国内改革的需要，以开放倒逼改革新局面

近年中国政府将开创高水平对外开放新局面作为工作重心之一，其实质就是要求构建开放型经济新体制，以新一轮对外开放倒逼国内改革，深化各项改革措施。故而，我国在保持现有经济增势之外，更需要参与到国际经济规则(秩序)的重构中去，突破原有的瓶颈，开拓对外开放新局面。

(3)顺应国际上关于中国承担更大国际责任的呼吁，以应对美式规则的竞争

2007年7月，美国财政部部长鲍尔森在上海的一次演讲中公开称：“鉴于中国的经济规模及在世界市场上的地位，中国已经成为全球经济的领导者，而且理应得到领导者地位的认可。领导地位也带来了相应的责任。”此后，“中国责任论”在西方世界不胫而走。美国皮尤中心2009年年底的一项民意调查表明，44%的美国人认为中国已是世界第一经济强国，而只有27%的人认为美国才是。在多种场合，各国领导人均纷纷表示要求中国承担更多的大国责任。中国无意也没有精力谋求成为全球领导者，但以当下的国际情势来看，继续按照美欧的要求建立的美式规则必然会损害广大发展中国家的根本利益，亚非拉美等地区的崛起预示着世界多极化的发展趋势，中国作为一个发展中的大国也需要承担一个大国的引领作用，团结广大发展中国家，发出自己的声音，积极重构全球经济新规则、新秩序。

对此，我们需要：

1.正确理解自己的核心利益

参与或引领国际法规则的制定，均需要对自己的国家利益有清醒和正确的认

识。国务院新闻办2011年9月6日发表《中国的和平发展》白皮书，中国的核心利益包括：国家主权，国家安全，领土完整，国家统一，中国宪法确立的国家政治制度和社会大局稳定，经济社会可持续发展的基本保障。中国在参与或引领国际法规则制定时，必须牢记国家的核心利益，作为国际立法的出发点和底线。

2.练好内功，加强对外开放能力

参与国际法特别是全球经济规则重构，需要参与国家在对外开放的能力上做好准备。譬如，在金融领域，需要加大金融国际规制的参与程度和监管力度，维护我国庞大金融资产的安全，预防可能的经济泡沫和危机。上海自由贸易试验区为我国提升对外开放能力和国际竞争力提供了新的模式。这一模式也需要在进一步试验的基础上，逐步形成可复制可推广的体制机制，扩展到其他地方，拓展国际经济基础合作新空间。

3.以国际经济法律规则为重点，重构国际经济新秩序

我们需要借助政治、外交、经济等手段，积极参与到全球经济法律规则重构中去，在通盘考虑国际经济形势的情况下，创造性地构建符合我国经济利益和国际社会要求的全球经济新规则、新秩序。具体而言，一是以投资协定谈判为契机，构建世界性投资规则平台。国际投资规则是国际经济秩序的重要组成部分。目前，中美投资协定已经停滞，中欧投资协定的谈判正在缓慢进行中。鉴于该两个投资协定必将为世界投资规则的产生奠定基础，我国需要在谈判中提出自身的要求，为世界投资规则做出自己的贡献。关于投资规则，我们应注意二十国集团(G20)关于国际投资规则的指南。在现阶段新一轮的国际经济投资规则正在逐步形成之际，我国更需要抓住机遇，构建我们自己的世界性平台。

二是构建自由贸易，寻求包容性经济秩序。当下，针对美国试图边缘化中国的做法，我国需要进一步统筹多双边和区域开放合作。我国需要联合亚太地区的国家，寻求建立一种更加包容性的全球经济秩序，力图使得国际力量的对比向着相对均衡的方向发展，制衡以美国为代表的西方经济力量。目前各成员方对于WTO的改革的设想迥异，但我国必须在利用好原本的WTO规则的同时，维护WTO的权威，联合各国突破原先的贸易保护主义措施，积极引导创建新的国际经济规则。

三是改革货币政策，提升人民币国际地位。重构全球经济法规则之中，货币体系和货币政策也是需要重点考虑的事项之一。真正的强国，必然是金融大国。虽然上海等地国际金融中心建设成果斐然，但我国远非金融大国，这势必也会对我国整体经济产生不利影响。最重要的原因莫过于，人民币迄今尚不是国际可兑换货币。我国应以人民币国际化为契机，推动国际金融秩序的重构，创建人民币支柱型的国际货币金融新体系。当下，国际金融体系正处于重整之时，世界货币的改良也是重中之重。我们不妨借此契机进一步改革货币政策，提升人民币地位，人民币已经被纳入国际货币基金特别提款权一揽子货币的体系，我们要继续向外推动人民

币国际化进程。2016年杭州G20会议通过了《迈向更稳定、更有韧性的国际金融架构的议程》，要求国际货币基金组织在2016年年底前完成关于应对资本流动的国别经验和新问题的审议，表示支持进一步加强以强劲的、以份额为基础的、资源充足的国际货币基金组织为核心的全球金融安全网，提高国际货币基金组织贷款工具的有效性，并在尊重各自职责的基础上进一步加强国际货币基金组织与区域金融安全网之间的有效合作。

五、结束语

首先，中国过去40年的行为实际上是中国主动融入国际社会接受大多数国际规则的历程，不但未显示其在对抗或破坏现行国际秩序，而且是在扮演一个国际秩序支持者至少是"有条件的支持者"的角色。自20世纪80年代中国采取国际参与政策以来，参与该秩序的水平和质量与大多数国家相当。

其次，随着中国的崛起，中国参与国际事务和国际规则制定的愿望越来越强烈。中国的总体经济实力已占据世界前列，但"制度性话语权"依然严重匮乏，与其大国地位及对世界的应有贡献不相称。中国试图以其改革开放带来的雄厚资本与发展经验而构建与西方（主要是美国）不同的国际政治经济新秩序。对中国而言，一个日益强化的多边国际秩序可为中国和其他国家一起参与塑造国际秩序和制约美国的单边主义提供重要的支持。

需要指出的是，中国根据自身利益引领国际法规则的重构并不是对国际体系的威胁，虽然长期看来，中国对国际法所采取的姿态，正在发生重大变化，中国构建"制度性话语权"的努力对1945年以来美国主导的国际法律秩序必然造成结构性冲击，但是美国亦以战略性反制阻碍中国的体系性崛起。因此，在实践中一定不应过分突出与现存国际法的冲突而人为加深与美国的鸿沟，陷入"修昔底德陷阱"。

第一章

改革开放40年中国与国际组织关系发展史

当下中国已经成为世界第二大经济体，[①]从一个单向的资本输入大国变成资本输入和资本输出双向并存的大国，改革的进一步深化与中国进一步融入世界秩序也成为硬币的两面。中国的国际组织外交也随之经历了一个漫长而曲折的过程，开始在国际组织外交方面呈现出引领之姿。回顾历史，从1949年中华人民共和国的建立，到今天中国以一个负责任的大国形象屹立于世界民族之林，其间的参与历程绝非一蹴而就。本章截取1978年改革开放以来的40年历史，考察中国与国际组织关系的演变，研究在此期间中国与国际组织，尤其是中国与当今世界最大的国际组织——联合国的关系经历了几个发展阶段，这一关系变迁呈现出什么样的特点，这一关系变迁背后的决定性因素，以及中国与国际组织未来关系发展的重点。

---

① 徐明：《中国正式超越日本成为全球第二大经济体》，http://companies.caixin.com/2011-02-14/100225474.html，下载日期：2011年2月14日；《中国因何成为世界第二大经济体》，http://www.cn.wsj.com/gb/20110214/bch103158.asp，下载日期：2011年2月14日。

第一节　经典个例视角下改革开放40年以来中国国际组织外交的发展

从个体视角观察，对于任何国家来说，加入某个国际组织绝非像发表声明或签订协议那样简单，而是要经历一个相对复杂和漫长的过程。只有在这样一个过程中，特定的国家才会真正参与这个国际组织，并在这种参与进程中互相进行协商，并完成制度建构。老一代中国问题专家杰克逊和麦克·奥克森伯格（Michel Oksenberg）在分析中国加入国际货币基金组织时指出，尽管有许多反复，某些阶段也可能同时发生，但大体可以分为次序相连的四个阶段，即：接触（Engagement）、最初参加（Initial Participation）、相互调整（Mutual Adjustment）和成熟的伙伴关系（Mature Participation）。[①]

对于中国而言，能够反映中国和国际组织较长时间的关系演变的组织主要有两个，即联合国和世界贸易组织。从这两个经典案例也能一窥中国的国际组织外交政策和实务的演变。

以联合国为例，中国同以联合国为中心的国际政治类组织恢复或建立关系，表明中国共产党领导并建立的新中国及其应得的国际政治地位终于获得了国际承认。自从中国恢复在联合国的席位，中国与国际组织的关系开始发生根本性的转变，“经历了从‘体系的反对者’、‘体系的改革者’、‘体系的维护者’到‘体系的倡议者’的角色转换”。在中国加入联合国之前，中国政府激烈批评这个规范国家间事务的重要国际组织。20世纪60年代中期，中国甚至提出创立一个新的革命性的“联合国”。20世纪70年代初中国恢复联合国席位以后，正如有关中国加入联合国的早期研究表明的，中国积极地支持南南合作的毛泽东主义思想，捍卫民族解放和把物质性和规范性权力从北方重新分配到南方的政策。中国还利用每一个机会批评苏联，呼吁反对东西方军备控制，遏制苏联权力。20世纪80年代后期到90年代，中国支持许多本质上维护全球经济和政治秩序现状的制度（如国际货币基金组织、世界银行和联合国安理会等）。事实上，中国领导人在实践中反对任何可能削弱五个核大国权力的联合国安理会的改革方案。中国极力阻止以美国为首的北约对科索沃进行“人道主义干预”这种在联合国之外使用武力的方式。从更大意义上说，中国可能是几个世纪以来组织国际关系的威斯特伐利亚主权体系的最有力的维护者，它反对自由国际主义国家对主权国家内部事务进行干预的任何努力。

---

① 谢喆平：《中国与联合国教科文组织的关系演进——关于国际组织对成员国影响的实证研究》，载《太平洋学报》2010年第2期。

从这个意义上说中国是一种保守的力量。[①] 2015年9月，习近平在纽约联合国总部出席第七十届联合国大会一般性辩论时发表重要讲话，指出当今世界，各国相互依存、休戚与共。我们要继承和弘扬联合国宪章的宗旨和原则，构建以合作共赢为核心的新型国际关系，打造人类命运共同体。2017年1月，习近平在联合国日内瓦总部发表主旨演讲时，谈到如何让和平的薪火代代相传、让发展的动力源源不断、让文明的光芒熠熠生辉时，再次提出中国方案，即构建人类命运共同体，实现共赢共享。

更精细地看，中国与联合国教科文组织关系的进展也符合这个规律。需要指出的是，因为政治历史原因，在1949年之前，国民党政府代表中国参与联合国教科文组织的各项活动；1949—1971年，新中国被排除在联合国体系之外，直到1971年方恢复在联合国和联合国教科文组织等专门机构的合法席位。因此，本研究中所提及的1949年之前中国参与联合国和联合国教科文组织的主体指称“国民政府”，1949年之后则指称新中国或中国。1949—1972年这一时期视为中国缺席联合国教科文组织的不在场时期。在本研究中，对参与进程的分期是以节点来划分的。所谓节点，指的是标志性事件。中国与联合国教科文组织关系的历史进程可以分为四个时期：接触与初步参与期（国民政府时期1945—1949年）、中国重返联合国教科文组织后的最初适应期（1971—1985年）、相互调整的全面学习期（1985—1999年）、深度参与的成熟伙伴期（1999年至今）。[②]

1945年加入
国民政府时期
（1945—1949）

1971年重返教科文
1974年派出常驻代表团
1977年选派雇员
1978年谅解备忘录
新中国重返教科文适应期
（1971—1978）

1979年成立全委会
1984年北京办事处
1984年国际泥沙中心
1985年国际职员改革
全面学习期
（1979—1999）

1999年2001年当选海委会主席
2004年文化多样性公约谈判
2004年世界地质公园大会
2004年世界遗产大会
2005年当选执行局主席
深度参与期
（2000—）

（年份）

图 1-1

以世界贸易组织为例，审查中国地位的工作组于1987年3月成立，并于该年10月召开首次会议。1995年12月，工作组转变为中国加入世贸组织工作组。包括中国在内的参与中国入世谈判的所有成员本来希望及早结束其在世贸总协定工作组的谈判，以便在1995年1月世贸组织生效时成为世贸组织的原始成员方。事

① 江忆恩、肖欢容：《美国学者关于中国与国际组织关系研究概述》，载《世界经济与政治》2001年第8期。

② 谢喆平：《中国与联合国教科文组织的关系演进——关于国际组织对成员国影响的实证研究》，载《太平洋学报》2010年第18卷。中国与联合国教科文组织的关系发展图表同样引自该篇文章。

实相反，尽管工作组的进程要求时间很长并且在所有方面都遭到挫折，但所有参加方都继续参加一进程并保持谈判的进行（如图 1-1）。因为获得世贸组织成员的资格对于中国而言，具有具体的和实质性的利益，中国将会享有乌拉圭回合市场准入的所有好处。这将使中国有权以关贸总协定和乌拉圭回合的谈判中所达成的关税率和承诺水平，向世贸组织其他成员方出口其货物和服务。中国原则上就可以避免在贸易中的歧视待遇。边境措施上的最惠国待遇和国内市场上的国民待遇，都可以由中国产品所享有。更加重要的是，如果中国的权利受到世贸组织其他成员方的损害，中国有权利用世贸组织的正式争端解决程序。当然，如果世贸组织其他成员方投诉，中国同样要受到相同程序的制约。[①] 中国只有成为世贸组织成员才有机会参与规则的制定并影响世界贸易体制的变革。[②]

1.中国被诉形势严峻，国内市场日益开放。中国为了达成入世的条件而花费了 8 年的时间。为了换取其他成员接受中国加入世界贸易组织，中国作出了许多减让。中国在入世后的几年里基本上如实履行减让，甚至提前履行了减让，而其他成员也紧盯着中国对自己承诺的履行。2001 年 12 月，中国成为世界贸易组织第 138 个成员，此后的过渡期几乎是平静度过的。2006 年是中国入世 5 年过渡期的最后一年，世界贸易组织成员依据《关于争端解决规则与程序的谅解》提起的 21 起案件中，针对中国的案件有 3 起。2007 年 11 月 29 日，中国与美国就美国诉中国出口补贴问题达成了双方满意的解决办法。美国政府表示，协定的达成，表明自己通过各种法律途径积极解决对华贸易争端的政策取得了胜利。而其他人士表示，美国已经发现，诉讼威胁能让中国政府集中精力，从而更有可能通过谈判来解决问题。欧盟贸易专员彼得・曼德尔森表示，欧盟应效仿美国，增加准备用于对付中国政府的法律武器，以解决贸易争端。2008 年年初，美国贸易代表苏珊・施瓦布指出，美国的对话贸易逆差是不可持续的。2008 年将是关键的一年，世界贸易组织将作出影响中美商贸交往的一系列里程碑式决定中的第一项。美国 2008 年可能对中国提起若干项新诉讼。而就在 2008 年，美国联合发达成员欧盟和加拿大分别就金融信息服务措施对中国提起了申诉。并且联合发展中国家墨西哥就中国向企业提供赠款、贷款和其他奖励措施向中国再度提起申诉。到 2012 年年底，中国已经成为 30 起案件的被告。而与此同时，WTO（世界贸易组织）争端案件数在整体

---

① 这个事实上也是一种权利，意味着中国不会受到其他国家的单边制裁，其他国家对中国有利益诉求的时候，只能通过争端解决机制解决。

② [美]艾博特：《世界贸易体制下的中国》，李居迁译，周忠海校，法律出版社 2001 年版，第 54～55 页。

上却呈下降趋势。[①]

事实上，中国作为被告的案件，基本上不是败诉，就是和解，和解也都是以中国的妥协和让步为条件的，实质上也是一种败诉。更加关键的是，中国作为被告的这些案件无不涉及产业升级、经济转型和社会变革的重要领域。外国通过使用WTO争端解决机制，成功地介入了中国社会发展的枢纽环节。目前中国仍然处于经济转型时期，特别是处于货物贸易向服务贸易升级，吸引外国来华投资向鼓励华企向海外投资的时期。印度、巴西和墨西哥等发展中国家经济崛起，与中国产业结构相似。而西方发达国家经济发展进入相对停滞时期，迫切需要扩张海外市场。在这种局势下，可以预见中国被诉形势将日益严峻。而WTO争端解决机制在程序和结果上整体性向原告倾斜，使得中国面临大量的并且严重的败诉结果的可能性极高。

2.中国申诉态度消极，海外市场难以突破。但是，作为世界第二贸易大国，从2001年入世至2012年年底我国以申诉方身份启动争端解决机制的案件共有11起，占同一时期DSB(WTO争端解决实体)处理案件总量(212起)的5.19%。而在同一时期内，作为世界最大贸易团体的欧盟以申诉方身份提起的争端共有31起，占同一时期DSB处理案件总量的14.62%；作为第二贸易大国的美国以申诉方身份提起的案件达34起，占同一时期DSB处理案件总量的16.04%。因此，无论是与DSB处理的案件总量的纵向比较，还是与同属贸易大国(成员)的欧盟、美国的横向比较，我国作为申诉方提起的案件数量都明显偏少。[②] 而世界贸易组织的争端解决机制是不诉不理制度。并不存在一个独立的机构来纠正某些成员的失当行为，来维持、恢复成员间的权利义务平衡。世界贸易组织争端解决机构只是裁决被诉措施是否违反有关规则、是否给申诉方造成利益丧失或受损，世界贸易组织并不主动采取救济措施，对受损一方提供救济。因而，即使一成员的利益因为其他成员的措施受到了极大的损害，如果自己不采取措施，将得不到任何帮助或救济。[③]

---

① 史蒂文·维斯曼：《中美WTO纷争达成和解》，载《参考消息》2007年12月1日第4版；施瓦布：《美对华逆差"不可持续"》，载《参考消息》2008年1月26日第4版。引自韩立余：《既往不咎——WTO争端解决机制研究》，北京大学出版社2009年版，第447、1、438～439页。

② 毛燕琼：《WTO争端解决机制问题与改革》，法律出版社2010年版，第229～230页；毛燕琼：《如何应对WTO过渡期后我国频繁被诉于DSB的窘况》，载《国际经贸探索》2009年第5期。数据依据WTO官方网站信息更新：按时间顺序列表的WTO案件(http://www.wto.org/english/tratop_e/dispu_e/dispu_status_e.htm)和按照成员列表的WTO案件(http://www.wto.org/english/tratop_e/dispu_e/dispu_by_country_e.htm)。

③ 韩立余：《既往不咎——WTO争端解决机制研究》，北京大学出版社2009年版，第446页；韩立余：《善用则利——探析世界贸易组织义务的弹性及应用》，载《国际贸易》2005年第4期。

3.中国作为第三方积极，但无实际裁决利益可得。此外，虽然中国作为第三方参加WTO争端解决机制非常积极，到2012年年底，中国作为第三方参加了98个案件。[①] 作为第三方固然可以增加诉讼经验，但是，世界贸易组织争端解决报告只对争端方有约束力，其他成员，即使是作为第三方参与争端的成员，也不受该裁决的约束，同时也不享有该裁决所带来的利益。只有申诉方才可以与被诉方谈判达成解决争端的办法，寻求解决被诉方措施带来的权利义务的失衡问题，寻求补救被诉方措施所带来的利益丧失或受损。只有申诉方才可以要求被诉方履行中止减让或其他义务。即使是被诉方采取了影响其他所有成员的措施，也只有申诉方才可以获得救济。[②] 在美国伯德修正案中止减让仲裁裁决中，仲裁员即表达了这种关注。美国将征收的反倾销税、反补贴税分配给美国企业，实质上对美国企业提供了补贴，其影响涉及所有其他成员，但只有作为申诉方的欧盟和智利才享有报复的权利。“每一申诉方完全限于自己的出口被授予中止减让权，而根据伯德修正案对其他成员和非成员的货物仍然存在着税收分配问题，对于这些分配却没有授予中止减让或其他义务。”这表明，申诉方可以得到自己的那份，而非申诉方却什么也得不到。作为第三方参与争端解决程序，其目的主要在于表达自己的关注，表述自己对相关规则和义务的理解，借此影响专家组或上诉机构的判断。但我们看到，它不能从案件的裁决结果中获得实际的贸易利益。作为贸易协定、商业协定的参加者，实际的贸易利益是第一位的。这种贸易利益只能通过申诉来获得。[③]

我国为入世与其他成员开展了长达14年的多边谈判和双边谈判，证明我国已经具备形成市场经济的基础用了6年时间，开放市场用了6年时间，在成功入世后，大量废、改、立法律法规，基本上全面按照入世承诺了履行义务。国际贸易纠纷总量历来与国际贸易经济总量如影随形，而WTO争端解决机制的改革使得这两者呈现明显的正相关关系。我国已经成为世界第三贸易大国，与其他成员潜在的贸易纠纷不可能不多；并且我国仍然处于扩大国际贸易总量的进程中，海外市场对中国产品与服务进行抵制的贸易限制措施不可能不存在。但是，我国目前在整体上消极申诉。这与我国加入世贸组织作出的市场开放承诺、其他成员允诺给中国潜在的名义上的海外市场的开放、中国被频繁起诉并招致败诉的严峻形势，以及我国作为世界第三贸易大国的现状严重脱节。潜在的经济损失不可谓不巨。这种现状在近期得到了很大的改善。在近期特朗普对中国提起数起经济制裁的情况下，

---

① WTO官方网站，http://www.wto.org/english/tratop_e/dispu_e/dispu_by_country_e.htm，下载日期：2017年11月30日。

② 韩立余：《善用则利——探析世界贸易组织义务的弹性及应用》，载《国际贸易》2005年第4期。

③ 韩立余：《既往不咎——WTO争端解决机制研究》，北京大学出版社2009年版，第446～447页；韩立余：《善用则利——探析世界贸易组织义务的弹性及应用》，载《国际贸易》2005年第4期。

中国都积极使用了WTO争端解决机制进行反击。

可见，国际组织不仅是中国实现、维护国家利益的重要途径，而且是中国承担国际责任，引领国际发展方向的重要平台。当前，面对全球化时代带来的各种问题，一些既有的国际组织在内部机制上寻求改革以增强参与国际事务的能力，一些新型的国际组织在实践中被创立起来以适应新的合作需求。以此为契机，中国与国际组织的关系也在不断加深、调整和重构。[①]

第二节 全景视角下改革开放40年以来中国国际组织外交的发展阶段

以世界格局演变和中国国内领导人的国际观思想变革为标准可以将改革开放后中国与国际组织关系发展的40年历史细分为以下四个阶段，大致每个阶段都耗费了10年的时间。

一、被动参与国际组织时期(1978—1989年)

第一阶段从1978年至1989年，从历史事件上进行梳理，即从改革开放开始到冷战结束。20世纪70年代末期可以视为中国发展史上的重要分水岭，继中国于1971年成功恢复联合国的合法席位之后，中国又成功实现中美两国的建交，中国所面临的国际环境已经有了很大的改观。从当时的历史来看，美苏两大阵营继1976年的限制战略武器会谈陷入僵局后，关系一直停滞不前；从战略地位上来看，当时的中国成为掣肘两大阵营、平衡两个超级大国对抗的关键性力量。随着国际生存环境的相对改善，中国国内经济实力衰弱日益凸显，与政治发展和国际地位形成了强烈的不对称性，优先发展经济提上日程。

面对经济发展的紧迫性，党和政府对过去30年的发展进行了深刻的反思：过去的30年中国究竟取得了怎样的成就？过去30年闭关锁国的发展模式是否能够适应新的国际发展形势？事实表明，在过去的30年历史中，中国的经济并没有如人们所预期那样“超英赶美”，更没有顺利地“跑步进入共产主义”。多年的经济建设使我们认识到，闭关锁国绝对不是发展经济的明智之举，封闭的结果只能是被排除在世界事务之外，赢得的只是近乎极端的独立自主。[②]

到了第二代领导核心掌权的时代，中国对国际体制的态度发生了重大变化。

① 蒲傍：《全球化时代的国际组织变迁与中国的战略选择》，载《教学与研究》2012年第1期。

② 陆娜：《中国与国际组织关系30年：视角变迁及原因分析》，中国青年政治学院2010年硕士毕业论文。

邓小平的一个基本思想是，中国需要安定和发展，贫穷落后不是人民需要的社会主义，而安定和发展的局面必须在与国际社会的交流合作中实现，包括与发达的西方世界的交流与合作；现有的国际体制并不尽如人意，但中国需要，也不能不与之合作。比较起来，邓小平理论的务实性很强。对邓小平本人来讲，历史经验给了很多惨痛的教训，唱高调不能当饭吃，自身的国家利益是最高的准则，经济发展更是第一位的东西。为了支持国内经济建设和人民生活改善优先的思想，他在考察了20世纪后期的国际态势后提出了“世界大战是有可能避免的”“和平与发展是当代世界的两大问题”“计划和市场都是发展生产力的方法”“中国没有必要在国际上扛旗”等重要论断。与之相应，以邓小平为首的第二代领导核心，在看待国际组织和国际体制的问题上，采取了稳健务实的立场，其主要目标是用它来促进中国的改革开放和发展建设。与毛泽东一样，他同样认为现行的国际政治经济秩序是不公平不合理的，但他提出的改造办法却与前者不同，强调要“以和平共处五项原则为准则建立国际新秩序”，在国际事务（包含在国际组织内）中既要斗争又要合作，斗而不破、合而不同。也正因为有了邓小平的这种理论，在他主政的时期，中国加入国际组织和各种国际公约的数量以及参与的广度深度，均是之前无法比拟的。邓小平国际组织策略的核心，是在承认现有国际体制的前提下，争取自身经济发展的良好环境。①

在这种思想指导下，1978年12月，中国共产党召开第十一届三中全会，明确了党和国家的工作重心正式从阶级斗争为纲转移到经济建设这个中心环节上来，并毅然作出改革开放的战略决策，确立以经济建设为中心的总体战略。并进而于1982年的中国共产党第十二次全国代表大会，提出把多边外交作为中国外交政策的一个重要内容。事实证明，“这表明了在国内经济改革和参与全球制度之间”存在“相对重要的内在关系和相互加强的关系”。因为深谙“太极”之道的中国人意识到，中国经济的发展不仅需要“使力”，更需要“借力”；不仅需要借助西方先进国家之“力”，更需要借助影响力越来越大的、形形色色的国际组织之“力”。如果说“20世纪80年代中国外交政策的调整，为中国全方位参与国际组织奠定了政策基础”的话，那么“中国实行改革开放政策以后，中国的自身实力有所提高，参与国际组织的能力增强……为参与国际组织创造了条件”。正是在这些条件下，中国参与国际组织的程度有了进一步的加深，甚至“完全放弃50年代以来的概念”。之所以将这一阶段界定为有限参与阶段，并非指中国参与国际组织政策保守，而是以中国参与国际组织的数量为参考依据的。尽管这一阶段较改革开放前有了较大发展，但相对于1989年后，中国国际组织参与数量而言还是处于劣势；尽管这一阶段参与国际组织的数量逐年递增，但相对于1992年、1994年、1995年和1996年这四个年份而言，数量上依然不占有绝对优势；尽管中国在参与国际组织的数量上呈现逐年递

① 江忆恩：《中国与国际组织关系研究的若干问题》，载《社会科学论坛》2002年第8期。

增的趋势，但是相对于发达国家，如日本、法国、英国及美国等国家而言，中国在国际组织参与的数量上，依然处于劣势。[①]

以经济建设为中心的这一总体战略的确立促使中国的外交实践发生了两个方面的重大转变：对经济利益重视程度的提高和意识形态限制的减少。在经济利益的目标导向下，中国加入了国际货币基金组织、世界银行、国际农业开发银行和亚洲开发银行等国际经济组织，并为恢复关贸总协定的创始会员地位作出了积极努力。此外，意识形态限制的减少推动了中国对一些政治和安全类国际组织的参与，包括联合国人权委员会会议、联合国裁军谈判会议、国际原子能机构等。尽管中国扩大了对国际组织的参与范围，但总体而言，中国的基本态度仍然是有限参与。中国并不是议程的制定者，缺乏参与及创设议程的意识。[②]

二、主动参与国际组织时期（1991—2001年）

第二阶段从1991年至2001年，标志性事件为冷战结束以及中国加入世界贸易组织（WTO）。

20世纪80年代末90年代初对于世界历史而言，是充满变数的一段历史。1991年12月25日，戈尔巴乔夫在克里姆林宫的接待室内，进行了他作为苏联总统这一身份的最后一次电视讲话，就在讲话完结的几分钟内，俄罗斯的白、蓝、红三色旗飘扬在了原苏联的上空，宣示了一个国家的灭亡、一种体制的挫折以及一个时代的终结。东欧剧变、苏联解体，维持了几十年的冷战体制宣告终结。从体制角度而言，世界范围内的共产主义因为这一解体，似乎迈入了一个低谷期；对于资本主义尤其是对于资本主义体制代言人的美国而言，苏联的解体无疑是“从一个阵营向另外一个阵营过渡，它的解体将带来一些加盟共和国成功地向自由民主国家过渡”，历史最终走向终结。[③]

从国内领导人的国际法治观来看，从20世纪90年代开始，以江泽民为核心的中共第三代领导集体逐渐走上历史舞台。江泽民在前两代领导人的理论基础上，发展并提出一系列新的论断，促进了中国与国际组织关系的深化。第三代领导人指出，当今人类社会处于“世界政治多极化和经济全球化不断发展”的时代，把后冷战时代的大国关系放到更重要的位置上，含蓄表明了中国更加积极参与国际事务的态度；与此相应，中国领导人呼吁，为了建立公正合理的新秩序，使国际社会朝着更加持久和平的方向发展，应当“实现国际关系的民主化”，发展以各国共同利益为

---

① 陆娜：《中国与国际组织关系30年：视角变迁及原因分析》，中国青年政治学院2010年硕士毕业论文。

② 刘宏松：《中国的国际组织外交：态度、行为与成效》，载《国际观察》2009年第6期。

③ 陆娜：《中国与国际组织关系30年：视角变迁及原因分析》，中国青年政治学院2010年硕士毕业论文。

出发点、以平等协商为途径、以和平共处五项原则为基石的“新安全观”；明确提出“中国对外政策的宗旨，就是维护世界和平，促进共同发展”，并把这一任务正式宣布为中国在新世纪致力于完成的三大任务之一（另两个任务是完成中国的现代化及统一大业）。显然，这三者之间是相互联系的，突出了中国作为一个新崛起的大国在新世纪的权利要求和历史责任。中共第三代领导人在处理与当今各主要国际组织关系的问题上有以下主要特点：一是强调全面而充分地参与，力争更大的发言权，更好地表现占全球人口1/5的国度的需要；二是比过去更加主动地加入地区性（尤其是周边利害相关地区）的国际组织和机制，对多边机制的态度发生了变化，甚至主动提出建立多边机制的倡议如倡导和组织上海五国机制（上海合作组织）；三是在策略上仍然保持邓小平时代的渐进务实特征，强调多极化的最终形成是一个长期曲折的过程，全球化对发展中国家是一把双刃剑，要趋利避害和巧妙应对它的挑战与机遇，在介入的过程中逐渐改变旧的国际体制的性质。中国既要“主持公道、伸张正义，维护世界和平与稳定”，同时要“防止冷战思维”，致力于“发展不结盟、不对抗、不针对第三方的新型国家间关系”，令国际社会和国际体制惠泽。此时中国国际组织策略的核心，是在保障自身发展与稳定的前提下，逐步确立中国的大国形象和发言权。以中国目前唯一一本国际组织方面的大学教科书的说法为例，它反映出中国人对国际组织作用的乐观态度：“作为世界上的一个大国，我国日益成为国际社会中一支举足轻重的力量。我们必须和联合国等国际组织密切配合，发挥积极的作用，才能为国际社会做出更大贡献。”从中共三代领导核心国际观的纵向比较，我们既能察觉中国国内政治指导思想由“革命造反”到“建设优先”的历史性变化，亦能感受中国的外部环境由冷战对峙局面朝后冷战复杂格局过渡的时代特征。这是最大的背景。①

在这种思想指导下，20世纪90年代以来，中国对国际组织的基本态度由有限参与逐渐转变为积极参与。在起初阶段，中国的态度转变与借助国际组织外交打破1989年后面临的外交孤立、改善国际形象的考量不无关系。但更为根本的动力在于，中国必须依靠国际组织框架下的多边合作来解决或协助解决日益增多的跨国共同问题（如跨国犯罪、能源安全、环境、毒品走私、跨国金融风险、大规模杀伤性武器扩散、贸易保护主义、跨国疾病传染、地区安全等）。② 特别是1997年东南亚金融危机爆发，中国政府宣布人民币不贬值，为周边国家提供经济援助，呼吁完善地区金融合作机制，“瓦解了中国在本地区疏远和霸道的形象，开始将其变成一个负责任的中国的形象”。此后，中国“负责任大国”的外交定位逐渐明确，即：严格遵循联合国宪章宗旨和公认的国际关系准则，在积极承担作为国际社会成员基本义

① 江忆恩：《中国与国际组织关系研究的若干问题》，载《社会科学论坛》2002年第8期。

② 刘宏松：《中国的国际组织外交：态度、行为与成效》，载《国际观察》2009年第6期。

务的基础上,“顺应天下大势,与各国共同承担维护世界和平的责任”,进而承担“促进国际关系民主化,维护世界文明多样性”的责任。简言之,“负责任大国”意味着中国要肩负起创造和平、民主、公正的国际秩序的责任。这种责任感决定了中国以更加积极的姿态在国际组织中发挥作用,不仅满足于国际组织中参与者的角色,而且要努力成为国际组织中的倡导者,致力于推动建设持久和平、共同繁荣的世界。从这个角度来讲,中国对国际组织的诉求,符合国际组织一贯追求的正义、道德、民主等基本价值信仰,完全不同于传统大国基于权力优势或制度优势的选择。[①] 由此,在全球层次上,中国积极地参与到政治、经济、社会、安全、环境和人权等各类国际组织中。与国际组织的形态更加多样化的趋势相适应,中国在继续重视传统的协定性国际组织的基础上,积极参与、倡议创立各种新型的制度化合作机制。

在地区层次上,中国积极参与亚太经合组织和东盟地区论坛的多边合作和对话进程,倡议并推动东盟“10+3”机制、上海合作组织、朝鲜核问题六方会谈等地区组织机制的建设。就国际组织的参与数量而言,中国已接近发达国家和世界其他大国的水平。[②] 特别值得强调的是,2001 年 6 月正式成立的上海合作组织是中国首次在其境内成立并以其城市命名的国际组织,其前身是“上海五国”(中国、俄罗斯、哈萨克斯坦、吉尔吉斯斯坦、塔吉克斯坦)会晤机制。庞大的成员国人口和广阔的面积使得上合组织成为当今世界上最大的地区性国际组织。上合组织没有西方发达国家参与,主要由中国和俄罗斯发起,由欧亚地区的转型国家和发展中国家组成。中国事实上在该组织内起着“导航者”的作用。[③]

三、创新性参与国际组织时期(2002 年至 2012 年)

2002 年至 2012 年,中国与国际组织的关系出现了一次新的转机。2001 年 9 月 11 日,美国发生了令世界震惊的“9·11”事件,这一事件的爆发与美国长期以来的对外政策有着直接的关系。美国素以“世界警察”自居,经常在国际事务中采取双重标准,试图掌控、主宰别国的命运。“9·11”事件后,美国以及整个西方世界都意识到:当前最大的“对手”是恐怖主义,为了实现反恐战争的全面胜利,必须动员一切可以动员的力量。为谋求曾经一度遭到排斥的中国在反恐战争上的合作,中国从主要的“战略对手”转变为“建设性合作者”。至此,西方世界似乎找到了与中国合作的新的战略支点,不可否认,这一地位转变为中国继续推行多边外交提供了

---

① 蒲傅:《全球化时代的国际组织变迁与中国的战略选择》,载《教学与研究》2012 年第 1 期。

② 刘宏松:《中国的国际组织外交:态度、行为与成效》,载《国际观察》2009 年第 6 期。

③ 马筱璇:《中国缔造国际组织和国际机制的案例分析——以上海合作组织和金砖国家机制为例》,载《法制与社会》2015 年第 20 期。

一个新的契机。①

进入21世纪后，新兴国家呈现出群体性崛起的态势，国际体系结构发生转变，史无前例地冲击了西方国家主导下的国际组织体系。大国力量对比的变化是国际体系演变的动力。现行国际组织体系脱胎于二战后西方国家在国际体系中占据的绝对主导地位，其结构和功能在很大程度上反映了西方发达国家的意愿和利益。发展中国家在国际组织体系中长期处于边缘地位，缺乏足够的政治和经济实力去促进变革的发生。冷战结束以来，以新兴国家为代表的发展中国家经济增长迅速，中国、印度、巴西、俄罗斯等金砖国家对世界经济的贡献越来越大，推动国际体系进一步走向多极化。2008年金融海啸的发生，则在很大程度上加速了这一进程。在金融危机的打击下，世界各主要国家经济遭受了不同程度的打击，西方国家元气大伤，其增长模式和发展理念受到质疑，对世界经济的影响力已经不可避免地降低了。反观新兴国家经济体，在增长相对放缓的情况下仍保持了强劲的势头，世界经济的结构重心发生着相应的变化。

2008年11月，二十国集团(G20)在华盛顿召开成立以来的首次首脑峰会，新兴国家的首脑与发达国家的领导人以平等身份坐在一起讨论全球经济的治理。而传统上，这一职能是由八国集团(G8)及其前身西方七国首脑会议(G7)来履行的。与G8相比，G20本质的不同在于发展中国家占据了一半的席位。2009年9月的匹茨堡G20首脑峰会上，进一步明确G20将逐渐取代G8成为国际经济协调的首要论坛，并形成了年度性会议的机制。这一演变无疑具有标志性的意义，反映出新兴国家的影响力已经获得国际社会的认可。稳定的国际体系离不开新兴国家的支持，西方发达国家的绝对主导地位开始让位于新兴国家与发达国家的共同主导，在重大国际事务上，新兴国家有资格有能力成为平等的协商者。到2011年G20法国戛纳峰会，一年一度的首脑峰会制度确立起来，由少数发达国家掌控世界经济的时代结束了。当前国际体系的力量变化尚处于量变的积累过程中，新兴国家一方面以合作者的身份分担发达国家的责任，另一方面以集团的方式表达自己的利益诉求。2009年6月，金砖四国领导人举行了首次峰会。②

从国内指导思想的调整来看，2002年年底，党的十六大报告对中国外交的优先次序进行了一些重要的调整，优先次序依次为大国关系、周边关系、第三世界，并强调中国继续参与多边外交。这一调整将大国关系放到了更加重要的地位，凸显了中国在国际组织参与上采取了更加积极的态度。21世纪是中国经济快速增长的世纪，中国的外汇储备由2002年1月的2174.00亿美元，增加到2008年12月的

---

① 陆娜:《中国与国际组织关系30年:视角变迁及原因分析》,中国青年政治学院2010年硕士毕业论文。

② 蒲俜:《全球化时代的国际组织变迁与中国的战略选择》,载《教学与研究》2012年第1期。

19460.30亿美元。随着中国经济实力的增长，中国在国际格局中的重新定位成为不可回避的问题。有些西方国家提出，中国在刚刚过去的一个世纪里，对国际制度的贡献与本国的经济实力存在严重的不对称性。塞缪尔·金在其文章《中国与联合国》一文中作出的评价是"中国是联合国财政体制的索取者而不是贡献者，因为它从联合国获得的多边财政和技术援助远远超过了向联合国交纳的会费和承担的维和费用"。

新世纪的开始，对中国在国际格局的参与上提出了更高的要求，如何从既有国际格局的受益者向更大的贡献者转变？如何在国家经济增长的同时，逐步提高国家在世界格局中的国际形象和国际影响力？为此中国作出了不懈的努力，以实际行动诠释了"负责任大国"的内涵：[①]

"金砖国家"机制是中国参与缔造的第一个，只包括新兴大国的全球机制。"金砖四国"这一概念最早是由美国高盛公司在2003年提出的，2009年和2010年巴西、俄罗斯、印度和中国四国召开了两次"金砖四国"峰会，"金砖国家"合作机制初步形成。2010年12月，南非作为正式成员加入"金砖国家"合作机制，"金砖四国"变成"金砖五国"，并更名为"金砖国家"(BRICS)。金砖国家机制对于中国外交具有重要的意义，因为它不同于以往中国只是参与已有的国际组织，其议程设置、规则制定、政策制定大多是由发达国家主导的，而在"金砖国家"机制中，中国处于重要地位，该机制不包括传统的西方发达国家，全部由以中国为代表的新兴大国组成，这是新兴国家建立全球关系网络的一次多边努力，是新兴国家参与全球规则制定和议程设置的尝试，对于改变旧的国际政治经济秩序，在国际上发出新兴国家的声音，维护自身国家利益，建立新的国际秩序具有重要意义。同时"金砖国家"机制作为国家间关系网络，中国可在其中构建自己的全球国家间关系网络，从而可与世界重要力量建立良好关系，明智而安全地追求大国地位。金砖国家集团作为中国缔造国际机制、发展新形势大国关系、积极参与国际政治的尝试，对中国外交和整个国际关系未来发展的影响不可低估。[②]

2011年4月，在中国举行的第三次峰会上，南非正式成为金砖国家的一员，形成了作为新兴国家合作平台的金砖国家机制。目前金砖国家还只是一个松散的团体，但这五个国家拥有世界近30%的领土，超过40%的人口，2010年GDP占世界总量的18%，在国际事务中有着广泛的共同利益，就长远发展而言无疑将是发达国家集团强有力的挑战者。

---

① 陆娜：《中国与国际组织关系30年：视角变迁及原因分析》，中国青年政治学院2010年硕士毕业论文。

② 马筱璇：《中国缔造国际组织和国际机制的案例分析——以上海合作组织和金砖国家机制为例》，载《法制与社会》2015年第20期。

进入21世纪，中国与国际组织的关系发展迅速。对协定性组织的参与，有利于中国充分学习、运用国际组织稳定的机制和相对成熟的规范。2001年年底，中国正式加入世界贸易组织，中国与国际组织的关系步入新的阶段。同样诞生于2001年的上海合作组织是中国主导之下创立的首个国际组织，标志着中国国际组织战略取得突破性进展。与此同时，中国以更加建设性的态度面对多种新型国际组织的日趋活跃，进一步主动探索构建多边合作的制度化模式，例如：充分利用G20平台推动国际金融体系合作与改革；推动金砖国家机制的形成；倡导成立中非合作论坛、中阿合作论坛；推动中国—东盟自由贸易区和“10＋3”机制的建成；等等。这些举措主动顺应了国际组织发展模式日益灵活、多样的趋向，拓宽了中国参与国际组织活动的内涵和能力。[①]

四、引领性参与国际组织时期(2012年至今)

十八大以来，中国经济的世界地位发生了历史性的变化，按购买力平价(PPP)计算，中国2014年GDP达到7.6万亿美元，已经超过美国跃居世界第一，中国也早已成为世界第一大制造业国家(2010年)、第一大货物贸易国(2013年)，国际影响力日益扩大，国际地位不断提升。中国与世界经济的联系正发生着历史性变革，出现市场、资源能源、投资“三头”对外深度融合的新局面，无论从市场规模、经济总量、贸易总额还是投资总量来看，中国已经前所未有地走进了世界经济舞台的中心，中国与世界前所未有地产生了两大互动效应：一方面，中国经济的稳定与发展越来越离不开有利的世界经济环境和形势；另一方面，世界经济的稳定与增长也越来越需要中国的贡献。

2012年，党的十八大报告指出，“我们要准确判断重要战略机遇期内涵和条件的变化，全面把握机遇，沉着应对挑战，赢得主动，赢得优势，赢得未来”。面对中国经济发展进入新常态、世界经济发展进入转型期，党中央制定和考虑宏观经济政策的视角就必须，也必然从国内转向国际，即更加注重“(利用)两个市场、(配置)两种资源”，这已经成为习近平经济思想中全球治理理念的鲜明特色，这不仅体现出重要的政策意义，也成为十八大以来中国全球治理行动框架的重要特征。

党的十八大对全球治理的战略部署明确提出，“中国将继续高举和平、发展、合作、共赢的旗帜，坚定不移致力于维护世界和平、促进共同发展”。由此，以习近平同志为核心的党中央领导中国在经济外交方面积极作为，通过将国际机构作为宣传和沟通中国理念、中国政策的平台，增强了中国全球经济治理的战略主动，为构建国内政策向国际政策的转化机制营造了良好的外部环境，不断为周边国家、国际组织和国际社会提供共赢发展的中国智慧、中国方案。“一个行动胜过一打纲领”，

---

① 蒲傍：《全球化时代的国际组织变迁与中国的战略选择》，载《教学与研究》2012年第1期。

十八大以来通过积极倡议和设计《金砖国家创新合作行动计划(2017—2020)》(2017年)、《汉堡行动计划》(2017年)、《2017年二十国集团普惠金融行动计划》《G20促进增长的气候和能源汉堡行动计划》《杭州行动计划》(2016年)、《二十国集团创新增长蓝图》(2016年)等一系列跨国合作行动计划,中国的国际政策协调通道正在逐渐多元化,中国的国际政策合作伙伴不断扩大,中国的国际政策协调机制正在逐步成熟,这也意味着,中国正从对外开放走向全面开放,从局部参与走向全面参与世界经济治理。

习近平主政时期,发挥引领作用是中国多边外交和国际组织关系发展的新亮点。近年来,中国与国际组织的关系出现新的特点和趋势。中国在国际组织中开始发挥某种引领的作用,“引领性参与”体现了中国与国际组织关系的转型,成为中国多边外交的一个新亮点。

中国在联合国的地位和作用不断提升。中国长期、高度和坚定支持以联合国为核心的多边主义和国际秩序。中国是联合国成员国中最大的发展中国家,是世界第二大经济体,是安理会五个常任理事国之一。这是中国在联合国发挥引领性作用的基础性力量和条件。2016—2018年,中国分摊的联合国会费占7.92%,在成员国中列第三位;联合国维和摊款占10.2%,排第二位,且中国派遣的联合国维和人员是安理会五常中最多的。这是中国在联合国维和领域发挥引领性作用的重要体现。中国在某些领域开始发挥率先和示范作用。2015年9月,中国与联合国共同主办和主持全球妇女峰会和南南合作圆桌会,这是中国与国际组织在合作关系上的突破。中国在实施联合国千年发展目标和落实联合国2030年可持续发展议程方面也处于领先地位。在减贫、维和、妇女、南南合作、气候变化等问题和领域,中国的理念、承诺和贡献的引领作用非常突出,在建设性参与的基础上更上一个台阶。

中国对外援助多边化,即通过国际组织开展对外援助。60多年来,中国共向166个国家和国际组织提供了近4000亿元人民币的援助。2015年,习近平主席在联合国宣布设立中国—联合国和平发展基金和南南合作援助基金。近年来,中国向世界卫生组织、联合国妇女署、联合国难民署、国际工业发展组织、联合国教科文组织等联合国系统的国际组织提供大量援助。中国还援建非洲联盟会议中心,2015年向非盟提供1亿美元军事援助。

中国倡议和主导成立了一些新的国际组织。2001年6月,上海五国机制发展为上海合作组织,这是首个以中国城市命名的国际组织,秘书处设在北京。中国与其他新兴发展中大国一起组成金砖国家,并共同建立金砖国家新开发银行,总部设在上海。2015年成立的亚洲基础设施投资银行是首个由中国倡议成立的多边金融机构,总部设在北京。

中国在国际组织峰会上提出中国方案。2011年在三亚、2017年在厦门主办金砖国家峰会；2001 年和 2014 年主办亚太经济合作组织（APEC）领导人会议；2014—2016 年担任亚信会议主席国；2016 年在杭州主办二十国集团峰会，中国设置会议主题和议程，提出全球治理的理念、主张和方案，显示了中国的引领性作用。

中国公民担任国际组织领导人。据统计，中国公民在联合国系统的 12 个国际组织担任助理秘书长或以上的职务，特别是担任了世界卫生组织、国际电信联盟、工发组织、国际民航组织的一把手，并在世界知识产权组织、国际货币基金组织、世界银行、世界贸易组织、国际原子能机构等国际组织中担任副职。

中国与国际组织开展务实合作，共建“一带一路”。2017 年 5 月召开的“一带一路”国际合作高峰论坛，联合国、国际货币基金组织、世界银行、世界贸易组织等几大国际组织的领导人出席论坛。峰会前后，中国与 10 多个国际组织签署合作共建“一带一路”的协议。可以预见，除了继续与联合国其他专门机构合作共建，中国还将与“一带一路”沿线区域国际组织如上海合作组织、东南亚国家联盟、南亚区域合作联盟、阿拉伯国家联盟、海湾合作组织，与地区性国际组织如非洲联盟、欧洲联盟，与跨地区国际组织如 APEC、金砖国家等合作共建“一带一路”。中国理念和方案逐渐转化为国际规范和国际议程。①

第三节　中国与国际组织关系演变的特征②

经过上述四个历史阶段的演变，中国的国际组织外交已经成为中国大国外交以外最重要的外交组成部分。

中国在积极开展国际组织外交，倡导和利用国际组织框架下的多边合作来解决跨国共同问题的过程中，表现出以下几个方面的行为特征：

一、由批评者到参与者的角色转换

对于由美国为首的西方国家主导的国际组织，中国曾经站在从批评甚至憎恨的立场上加以拒绝。但是，中国的经济改革大潮要求我们进一步利用外部资金，利用外部贸易渠道，进一步对外开放，因而对中国的参与战略不能仅仅停留在有无参与兴趣、参与要求和参与可能上，而应改变观察外部世界的视角和心态，转换自身

① 张贵洪：《“引领性参与”：中国与国际组织关系亟待转型》，载《中国社会科学报》2017 年 8 月 10 日第 004 版。

② 本部分内容主要引自刘宏松：《中国的国际组织外交：态度、行为与成效》，载《国际观察》2009 年第 6 期。

角色定位，不能将可以利用的外部机制全盘否定，加以拒绝。中国改革的核心是进行经济体制变革，使之适合于经济全球化的市场规则，适合于国际组织所制定的国际交往规范和准则。这个适应过程必定要求我们对自身角色重新认知，对现存国际机制和国际组织不合理成分应当有所认识。不能以偏概全，全盘否定现行国际制度和国际组织，更不能以憎恨态度对待之，而应当积极参加，不参加其中，何以改造不合理部分？中国经济的飞速发展及其对外贸易依存度的日益加强必然会促使中国加快加入国际组织的进程。

二、由单纯注重政治性国际组织转向经济类国际组织

中国恢复在联合国安理会常任理事国席位，是中国政治地位获得国际承认的标记。但是，经济实力严重不足突现了政治强国的虚弱。中国国际地位低下乃是不可否认的事实。邓小平设计改革开放的长远图景不仅要使中国维持政治大国地位，而且要成为经济大国，确立经济强国地位，进一步提升政治大国地位的形象。中国改革在于振兴民族经济，实现经济强国之梦。从对国际环境分析和判断中发现，中国在传统国际经济分工中处于弱势地位；我们同时也发现中国又面对经济全球化带来的难得的历史机遇。也就是说新技术革命改变了国际分工的原有规律，传统的理念不再适应新的发展势头，传统的外向合作思路必须加以改进，工作重点应当及时转换。而注意利用国际经济组织，加强同国际经济组织关系应当成为新时期中国国际组织策略的重点。改革开放以来中国注重同经济类国际组织发展关系体现了这种战略重点转换的特点。

三、对东亚合作和机制化建设由被动消极向主动积极方向转换

长期以来东亚区域性合作落后于其他地区。中国也对参与区域合作持消极态度。自从20世纪90年代对外开放力度加强，中国在处理东亚地区一体化和经济合作方面由强调双边合作朝多边参与的政策转换，与全球范围内的多边贸易谈判进程受挫相反，在中国推动下东亚地区的多边区域经济合作机制有了新的发展。特别是以中国和东盟签订“10＋1”自由贸易协定（FTA）为标志，东亚地区的市场一体化迈出了决定性的步伐。抗击“非典”袭击，则从非传统安全和社会发展领域促进了中国与周边国家的合作机制。2003年中国和东盟成员领导人共同签署了《中国—东盟战略伙伴关系联合宣言》，双方宣布建立面向和平与繁荣的战略伙伴关系。这是中国对外关系史上第一次同一个地区组织结成战略伙伴关系的法律文件，展示了中国作为一个负责任大国和平崛起的新形象。而中国内地与港澳地区的更紧密经贸关系安排为中国与整个东亚地区实现贸易自由化提供通道和实验。以东亚地区一体化为枢纽，中国参与经济全球化的战略框架开始清晰地显现出来。这就是从CEPA（关于建立更紧密经贸关系的安排）到“10＋1”“10＋3”，再到

APEC、WTO的各个不同紧密度的向心圆构成了中国与全球化、一体化趋势相结合而不是相脱离的市场空间。[①]

四、对主权原则理解的调整

主权原则是中国处理国际事务的基本准则。在与国际组织的互动过程中,中国在很长一段时间里以传统的绝对主权观念来指导其对组织活动的参与和行为规则的议定。在中国对国际组织的基本态度转变为积极参与之前,面对国际组织对成员国行为的约束,中国通常表现得非常谨慎。在国际组织中的规则和决策出现对国家主权的侵入性程度较高的情况时,中国往往坚持回避或不予支持的立场。随着融入国际社会进程的加快和程度的加深,中国对主权的理解发生了变化,即从绝对排他、不可分割的主权转向有限度的主权。中国开始认识到,主权在必要情况下的分享和让渡,既是更加有效地维护国家利益的需要,也是解决跨国共同问题的必由之道。中国对主权原则的理解进行了调整。在军控领域,中国接受了不扩散核武器条约和化学武器公约规定的由国际原子能机构和禁止化学武器组织实施的具有高度侵入性的控制和核查程序。在人权领域,中国签署了旨在对人权实施国际保护的《经济、社会和文化权利国际公约》和《公民权利和政治权利国际公约》,承担了超越传统主权范畴的具有强制性的法律义务。在联合国维和行动问题上,中国多次表现出不同于传统主权原则预期下的投票行为,对强制维和行动决议给予了支持。中国在这些领域的国际组织行为表明,主权原则以外的国际规范日益得到中国的重视和认可。由此,中国对主权原则的理解发生了深刻的变化,开始更多地以共享型、问题解决导向的主权观来指导其国际组织外交。

五、国际责任意识的提升

在中国借助恢复联合国合法席位的契机,逐步融入世界政治经济中的国际组织网络的起初阶段,获取经济和技术援助等物质性利益的考虑是其参与国际组织决策的重要驱动力量。中国在国际组织外交中的责任意识日益增强,越来越明确、积极地以责任的承担者而非单纯的权利享有者的角色来界定自身在国际组织活动中的利益和需求,将"负责任的大国"确立为国际组织外交中高度重视的行为准则。对于国际组织外交中的国际责任,中国从三个方面来理解其含义,并以此来指导其外交实践。

其一,接受为促进国际安全、和平和繁荣的目标而集体达成的国际组织规则和共同安排。例如,为推进国际环境治理,中国签署了《关于保护臭氧层的维也纳公约》《关于消耗臭氧层物质的蒙特利尔议定书》《气候变化公约京都议定书》等国际

---

① 蔡鹏鸿:《变动中的国际组织与中国的和平崛起》,载《世界经济研究》2004年第10期。

环境机制公约；为防止大规模杀伤性武器及其运载工具的扩散，中国在制定导弹出口管制条例和清单的过程中，充分借鉴了导弹出口控制机制的准则和有关附件，在化学品出口管制事务中，完全复制了澳大利亚集团的管制清单，并按照该集团的程序进行出口审批，并且已成为核供应国集团的成员国；为保障核军备态势的稳定，中国签署了《全面禁止核试验条约》，尽管该条约会制约中国核力量的更新能力，从而影响其相对军事实力的发展。

其二，向国际组织及其引导下的多边行动提供资金、技术和人力支持。2004年9月，世界银行发展门户基金会中国捐赠项目在北京正式启动，中国政府以创始国身份加入该基金会，并向这一组织提供100万美元的现金捐款和折合400万美元的非现金项目。同年10月，中国向海地派出了一支维和警察防暴队，首次成建制地向海外派遣执行联合国维和部队。通过这些向国际社会提供资金、技术和人力支持的行动，中国将其国际责任意识付诸国际组织外交实践。

其三，承担地区组织机制建设的责任。中国在上海合作组织、东盟“10＋3”机制、朝鲜核问题六方会谈等地区组织机制建设过程中扮演的积极角色，正是这一方面的国际责任意识及其实践的有力体现。

六、根据自身及发展中国家的实际需求主动设置议程

国际组织的各个成员国之间，尤其是发达国家和发展中国家之间普遍存在偏好和需求上的结构性差异。在国际组织原则的议定和具体规则的制定过程中，发达国家往往会为优先满足本国的个体或其集团利益，设置相应的决策和行动议程。20世纪90年代以前，中国在面对发达国家试图主导国际组织中议程设置的情形时表现得比较被动。随着对国际组织的决策程序和规则制定过程的了解和熟悉，中国在议程设置上的被动局面出现了实质性的变化。作为一个发展中大国，中国在各种国际组织议程上有着程度不等的相异于发达国家的偏好和需求。鉴于此，中国在国际组织外交中积极、主动地根据自身及发展中国家的实际需求进行议程设置。这一行为特征在经济、军控、环境等各类国际组织中均有所体现。在联合国裁军谈判会议的辩论过程中，中国坚持，有核武器国家应当奉行“不首先使用核武器”的政策，在强调无核武器国家的不扩散义务的同时，核大国应逐步履行“全面禁止和销毁核武器”的义务。在《联合国气候变化框架公约》谈判过程中，中国没有盲目地相信和接受发达国家提出的“自由市场环境主义”(free market environmentalism)，而是通过科学的论证和分析指出这一原则对中国以及其他遭到不公正对待的发展中国家造成的种种隐患和消极影响，并积极主张应当根据经济、技术水平和资源状况在发达国家与发展中国家之间有区别地分配责任。在世界贸易组织2003年9月在墨西哥坎昆召开的会议上，中国在印度、巴西等一些农产品生产国的协助下，要求富国(主要是美国及西欧国家)削减对本国农民的巨额补贴以保证

农产品贸易更加公平。在亚太经合组织的多次首脑会议上，中国积极致力于将技术合作引入组织议程，并提出召开科学和技术部长级会议的倡议。因为，技术合作议程符合发展中成员的迫切需求。通过开展经济技术合作，在开发人力资源、建设基础设施、促进科技合作等方面增强发展中成员的经济活力，是逐步缩小本地区发展水平差距、实现共同繁荣的重要途径。在广泛而深入地参与国际组织的过程中，中国提高了议程设置的意识。作为这一意识的实践表现，中国根据自身及发展中国家的实际需求在组织议程的设置上表现出积极、主动的外交态度。

七、对国际组织规范的合作倾向

中国对国际组织的积极参与，使国际组织内含的规范和规则导入中国的国内政治进程中。对于导入国内政治进程的国际组织规范和规则，中国表现出高度的合作倾向。为履行国际组织规范和规则的约束性或非约束性义务，中国在机构设置、国内立法、法律实施等各个方面作出了积极的努力，在对国际机制的程序性遵守和实质性遵守上，在大多数情况下均表现出良好的记录。在履行防扩散义务方面，中国也表现出良好的遵守记录：设立特别机构来协调外交部、商务部等相关部门的出口管制工作，通过专门立法进一步明确政府各部门在出口管制事务上的职权分工，并加强出口管制法律的实施工作，拒绝向那些因违反出口条例受到外国政府制裁的法人和个人发放新的出口许可证。在备受外界关注的世贸组织规则的遵守方面，中国同样表现出良好的信誉，获得了“在构筑符合世贸组织要求的国内基本法律体系方面表现出巨大决心”的积极评价。[①]

第四节　中国与国际组织关系演进的根本原因分析

改革开放40年以来中国与国际组织关系的发展为什么会呈现以上阶段和特征，其内在的必然性是什么？分析这个问题要始终意识到国际社会以及各个国家的角色是处于动态变化过程之中的。应当以一种开放和务实的心态，对国际组织所代表国际经济交往与合作的理论和制度进行深层反思：国际经济交往领域中，各个成员之间始终面临着一个博弈论上“囚徒困境”的难题，国际社会是如何解开这个“囚徒困境”，寻求集体理性的实现？如何确保国与国之间合作的稳定性，保证外在约束的有效性？国际组织法律规则能够像国内组织法律规则那样有强制性的约束力吗？在国际经济法律框架内，国与国之间的合作是“零和博弈”还是能够带来国际社会财富总量的增长，创造“合作剩余”？这个“合作剩余”又怎么分配(国际经

① 刘宏松：《中国的国际组织外交：态度、行为与成效》，载《国际观察》2009年第6期。

贸活动中的利益分配问题)?角色转变中的中国如何参与到以国际组织为代表的"国际经济法律新秩序"的建立中去?什么才是中国的"国际利益"?这些连环问题的答案都关乎转型中国参与国际经济合作的理性、稳定和效率的提高。科学地理性地解答这些问题,需要从中国问题视角出发,使用博弈论中"囚徒困境"和"智猪博弈"模型这两个理论工具,结合中国在国际社会中经济与政治地位的转变对国际组织所代表的国际经济法律制度进行深入的剖析。

一、"囚徒困境"模型与国际经济交往

在经济学领域中,博弈论所涉及的一个最基础的模型即是"囚徒困境"(prisoners dilemma)模型。在这个假设的情境中,互相隔离的嫌疑犯 A 与 B 都面临着"认罪"还是"沉默"这两个选择,而每个人行为选择的结果又取决于另一人的行为选择(如图 1-2)。作为理性自利的个体,A(或者 B)在进行决策时,他会发现如果 B(或者 A)选择"保持沉默",则自己的最优选择就是"承认犯罪",以争取最小的 3 个月刑期(相对于选择"保持沉默"而获刑 1 年);而如果 B(或者 A)选择"承认犯罪",则自己的最优选择也将是"承认犯罪",这时候刑期相对较短,是 5 年(相对于选择"保持沉默"而获刑 10 年)。因此,对于任何一个嫌犯来说,无论另一方的选择是"认罪"还是"沉默",自己的最优选择都是"认罪"。这样一来,结果就是两个人都选择"认罪",各领 5 年的刑期。这就是"囚徒困境"模型的纳什均衡(Nash equilibrium)解。[①]

嫌犯B

嫌犯A		保持沉默	承认犯罪
	保持沉默	1年 1年	3个月 10年
	承认犯罪	10年 3个月	5年 5年

图 1-2 "囚徒困境"模型

简单来说,这个模型所要传达的一个结论就是:个体理性的加总并不等于集体的理性。很容易发现,其实如果 A 和 B 双方都选择"保持沉默"的话,那么各自的刑期只有 1 年,两人加起来的 2 年刑期(集体理性)要小于 A 和 B 都选择"认罪"情况之下的 10 年总刑期(个体理性的加总)。

---

① [美]道格拉斯·G. 拜尔、罗伯特·H. 格特纳、兰德尔·C. 皮克:《法律的博弈分析》,严旭阳译,法律出版社 2004 年版,第 28~30 页。

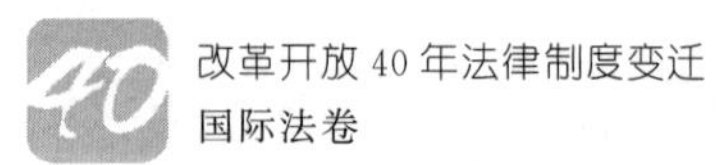

如果把这样一个模型推广到国际经济交往领域，可以发现，国际社会的各个成员之间也始终面临着一个博弈论上“囚徒困境”的难题。以关税问题为例，在图1-3所示的博弈模型中，各个国家面临着“维持高关税”还是“降低关税”的两种选择，如果把A国和B国看作一个整体——经济学上所谓的单一所有人（single owner）假设——则两国都选择实施“低关税”政策所带来的国际社会总体收益（200＋200＝400个单位）是最大的；但是当两个国家在进行单独决策时，任何一个理性的国家都能够算计到，对方国家无论是实施“高关税”制度，还是“低关税”制度，对于本国来说，理性的选择都是实施“高关税”。由此，最终博弈的结果就是各国都不约而同采取“高关税”策略，最终收获的国际社会总收益只有200个单位（100＋100＝200个单位）。

		B国	
		低关税	高关税
A国	低关税	200 200	250 50
	高关税	50 250	100 100

图1-3 “关税囚徒”模型

历史验证了这个模型。1929年经济危机发生之后，世界主要国家竞相提高进口产品的关税税率，就连一向主张自由贸易的美国总统胡佛也于1930年签署了历史上最严厉的关税法——《斯姆特—霍利关税法》（The Smoot-Hawley Tariff Act）”，该部法律修订了1125种商品的进口税率，其中增加税率的商品有890种，有50种商品由过去的免税改为征税。[①]这项法律的出台引起了其他国家的强烈贸易报复，各国为保护本国产业，纷纷提高关税、实施严格的进口管制，而由此引发的国际贸易战也进一步将美国本国的经济推向了深渊，道·琼斯指数1932年7月跌至41点的历史最低点，美国股市总市值比1929年9月的高点缩水了89%。这就是一个典型的关于“囚徒困境”的实例。事实上，从美国建国之初在关税问题上激励的全民争论[②]到1934年美国国会通过《互惠贸易协议法案》（关贸总协定与世界贸易组织的制度基石），以关税高低、国际贸易自由化程度以及他国的国际贸易报

① Martin Kelly,“What is the Smoot-Hawley Tariff?”,http://americanhistory.about.com/od/greatdepression/f/smoot_hawley.htm,下载日期:2018年5月1日。

② [美]罗伯特·E. 赖特、戴维·J. 考恩:《美国金融奠基之父》,肖聿译,中国社会科学出版社2008年版,第67～68页。

复强度这三条主线交织形成的历史就是一部部跌宕起伏的“囚徒困境”连续剧。[①] 这样的分析思路还可以延伸至非关税壁垒、投资准入、知识产权保护等领域，甚至可以应用于军备竞赛、温室气体减排等国际关系问题的分析。

二、解开“囚徒困境”与理解中国参与国际组织的必要性

那么如何在国际层面解开“囚徒困境”，寻求集体理性的实现呢？其实各个国家都能够意识到，可以通过某种方式的合作，改变理性个体的行为选择方向，最终使得个体理性的加总趋近甚至达到集体理性，这就是双赢（win-win）的局面。而要实现这一目标，自然就要改变理性人的外部制度约束和激励。以关税问题为例，如果国与国之间能够达成一项削减关税的国际协定，并且通过一种有效的约束机制例如国际组织来保证各国遵守协议中所约定的国际义务，在这种情况下，“囚徒困境”就可能被解开。

还是以刚才的博弈模型为基础，假定 A 国和 B 国之间达成一项自由贸易协定，约定双方都采取“低关税”政策，若任何一方违反协定义务而实施“高关税”政策，则需要向另一遵守协定、仍旧实施“低关税”政策的国家赔偿 150 个单位的损失。假定这样的外在惩罚约束是有效的，则博弈结构变化如图 1-4 所示。

		B国	
		低关税	高关税
A国	低关税	200 (A) / 200 (B)	200 (A) / 100 (B)
	高关税	100 (A) / 200 (B)	100 (A) / 100 (B)

图 1-4　博弈结构变化

很显然，对于 A 国（或 B 国）来说，由于存在着违反协定将受到惩罚的外在约束，这时候无论对方国家的行为选择为何，本国选择“低关税”政策都是符合理性人原则的。在这种状况下，最终的纳什均衡将是各国都放弃“高关税”政策，国际社会实现总体收益最大化。

所以，在这里，最关键的问题就是如何确保国与国之间合作的稳定性，换言之，要保证外在约束的有效性，而这就凸显了国际社会中法律制度的重要性。

① ［美］道格拉斯·A. 欧文：《备受非议的自由贸易》，陈树文、逯宇铎译，中信出版社 2003 年版，第 160～166 页。

无论是世界贸易组织协定为代表的多边经济贸易法律规则，还是形形色色的区域或双边经贸协定，它们都是一种国与国之间为了克服“囚徒困境”，增进国际社会福利的集体行动机制。在现实国际经贸活动中，几乎所有的贸易、投资、金融、知识产权、劳工权利保护等广泛领域的问题都被纳入国际法律制度的框架内，各国参与国际经济交往的外部制度结构正呈现出越来越“密集”的态势。国际社会的实践表明，作为一种激励机制，国际经济法律规则可以改变主权国家的行为选择和行为模式，有利于实现资源在全球范围内的优化配置。

国际组织所依存与维护的国际经济法律规则和任何一个国家的国内法律一样，都是要给予理性个体某种行为激励，引导其行为选择朝着有利于增进共同体利益的方向进行。在这里，不少人会提出一个疑问：国际法律规则能够像国内法律规则那样有强制性的约束力吗？一个直观观察是，国际社会的法律规则不像国内法那样，由一个有强制力的国家（包括政府、法院、军队）来实施，也没有“监狱、管理员、牢服或催泪弹”等[①]，因而带有所谓“软法”的色彩。这种判断一定程度上是对的，但也不尽然。考察一下世界贸易组织自2005年成立以来通过其争端解决机制作出的所有裁决，可以发现，WTO所裁决争议案件的执行率为85%左右，[②]这远远超过大多数国家的国内法院判决执行率。其中很重要的一个原因就在于WTO争端解决机制的法律构造较之以往的GATT（关税及贸易总协定）体制实现了大幅度的变革，授权报复机制的采用大大提升了多边贸易争端解决机制的司法性和强制力，因而造就了“软法不软”的结果。

从各个国家的立场出发，它之所以愿意与其他国家缔结一项约束自身行为的国际协定，那自然是这个国家认为协定的达成是符合本国利益的。那么推广开来，两个或多个国家之间关于国际经济活动的制度安排之所以能够达成，那一定是意味着每一个国家都可以从中获利（只要协定的达成是基于自愿的原则）。换句话说，任何国际经贸协议的形成都会导致一个正面的结果，即国际社会财富总量的增长，这部分的财富增长在经济学上被称为“合作剩余”，它所实现的效率被称为卡尔多—希克斯效率（Kaldor-Hicks Efficiency），以区别于只存在于理想状态之下的帕累托效率（Pareto Efficiency）。

所以，很显然，在国际经济法律框架内，把国与国之间的合作关系描述成为一种“剥削关系”，那毫无疑问是错误的。如果这种说法成立的话，那么一个国家只需要把自己封闭起来，不参与任何国际经济贸易合作，不接受任何双边、区域

---

① Bello, J., The WTO Dispute Settlement Understanding: less is more, *American Journal of International Law*, 1996, 90: 417.

② Current status of disputes, http://www.wto.org/english/tratop_e/dispu_e/dispu_current_status_e.htm.

或国际性的经贸法律制度，那这个国家就不会受其他国家"剥削"了。但这种状况下，帕累托效率实现了吗？这样的"独立自主"的国家在世界上并不是没有（以前有，现在还是有），但只要观察一下这些国家人民的生活状况，不难得出正确的判断。

回到"合作剩余"的话题。既然国与国之间的合作起到了增进国际社会财富的效用，那么接下来的问题就是：这个"合作剩余"怎么分配（国际经贸活动中的利益分配问题）？在这个问题上，法律规则的重要性再一次凸显出来。假设不存在任何国际经贸法律规则，那国与国之间将处于一种霍布斯所描述的所有人与所有人之间基于"丛林法则"而展开的"战争状态，[①]这种博弈格局之下，考虑到不同国家的力量对比是有很大差异的，因此"弱肉强食"将成为主旋律；而一旦引入法律规则，尽管无法消除国与国之间的实力不平等，但由于一个国家（即便是超级大国）的行为受到了法律制度的约束，因此"丛林法则"被国际社会的法律游戏规则所取代，只不过这个取代是需要一个过程的。

现实国际社会中，"法律（部分地）取代强权"这一现象可以通过 GATT 与 WTO 为框架的多边贸易法律制度下，原告（申诉方）的经济发展水平与其对法律程序的使用能力这两者关系的统计分析来形象地说明。如图 1-5 所示。

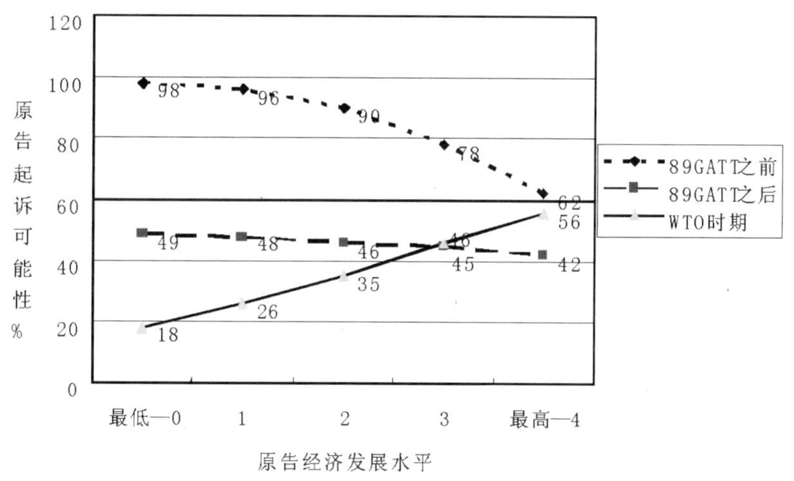

图 1-5　根据原告经济水平和争端解决机制分类的原告起诉可能性

对以上图 1-5 的具体解释如下：

通常来说，一个国家的经济实力越强，那么发生国际贸易纠纷的可能性就越高。如果一个特定的司法程序对于解决纠纷是有效的，那么一个国家经济实力越强，该国使用该争端解决机制的频率就越高。统计结果表明，在 GATT 1989 年制

① ［英］托马斯·霍布斯：《利维坦》，黎思复、黎廷弼译，商务印书馆 1985 年版。

度改革之前，程序法治化程度极低，成员几乎完全奉行“丛林法则”，经济发展水平越高的成员适用GATT争端解决机制的频率越低，大量纠纷采用了外交政治途径解决。GATT在1989年制度改革之后，争端解决程序法治化程度提高，不管成员的经济发展水平如何以及发生国际贸易纠纷数量如何，成员提起磋商请求的可能性开始趋同。[①] 但这仍然表明程序对经济发展水平不同的国家没有产生系统性差异。经济发展水平高的国家仍然没有使用GATT争端解决机制来解决其大量的国际贸易纠纷，而使用了外交政治途径来解决纠纷，只是使用外交政治途径解决的纠纷数量较前有所下降而已。但是，经过对程序进行严格的阶段划分，每个阶段有清楚的时间限定、建立上诉审、裁定报告通过准则是“反向一致通过”即“一票同意即通过”、执行同样有严格的阶段和时间划分、授权报复更加严格等重大改革后，从法治化程度较低的GATT争端解决机制升级为高度司法化的WTO争端解决机制，成员经济发展水平与起诉可能性之间的关系变得截然不同。除了经济发展水平最低的国家作为原被告出现的次数可以忽略外，原告的经济发展水平与原告提起磋商启动诉讼程序的可能性表现出一种正相关关系。成员经济发展水平越高，提起磋商启动WTO争端解决机制的可能性也就越大。如果其他因素都是恒量的话，那么经济发展水平处于最高级（代号为4）的成员比经济发展水平处于第2等级（代号为1）的成员提起磋商请求启动争端解决程序的可能性高出30%。简言之，在GATT时期，不同经济发展水平的国家之间提起磋商请求启动诉讼程序的可能性并没有很大差异，更多地采用了外交途径解决争端；但是，在高度司法化的WTO争端解决机制下却产生了明显的差异，与贸易争端数量成正比例的通过准司法程序解决争端。[②] 可见，随着多边国际贸易法制的完善，法律的确部分地取代了强权。

由此可见，以国际组织形式进行国际经济、政治、文化等多领域的合作是现代国际参与及引领国际社会发展所无法逃避、不可忽视的现状。随着中国经济的发展，中国的国际组织外交如逆水行舟，不进则退。

三、智猪博弈理论要求中国全方位主动参与国际组织建设与发展

在探讨是否参与国际组织之各国策略选择时，学界普遍将博弈论作为一种分

---

① Sevilla, Christina R., Explaining Patterns of GATT/WTO Trade Complaints, WorkingPaper 1998, 98-1, Weather head Center for International Affairs, http://dev. wcfia. harvard. edu/sites/default/files/WCFIA_98-01.pdf, Harvard University.

② Moonhawk Kim, Costly Procedures, Divergent Affects of Legalization in the GATT/WTO Dispute Settlement Procedures, International Studies, 2008 (52): 677.

析工具。[①] 但之前的研究过多地关注静止状态下各国之间的博弈,如"囚徒困境"博弈论、"捕鹿游戏"博弈论,认为重复博弈使得各国选择合作策略以取代报复策略,从而倾向于参加国际组织而不是拒绝国际组织。[②] 然而,这些博弈模型都只能部分地解释为什么各个国家应该相互合作而不是相互背弃,却无法动态地解释为什么中国以前参与国际组织的表现可以被动些,现在却要主动引领国际组织发展。

智猪博弈模型理论可以解释这个问题。这是一个纳什均衡的例子。假设猪圈里有猪两头,一头是大猪,一头是小猪,都躺在空空的食槽旁边。猪圈狭长,踏板和食槽分置猪圈的两端,一边是踏板,另一边是饲料的出口和食槽。无论是大猪还是小猪每踩一下踏板,另一边就会有10份猪食落入食槽,跑去踩踏板后跑回食槽消耗的能量相当于2份猪食的能量。选择行动还是等待将导致不同的所得,而且一方的所得也会受到另一方选择的影响(如图1-6)。

小猪 / 大都	行动	等待
行动	5,1	4,4
等待	9,-1	0,0

图 1-6

博弈论中的报酬矩阵能清晰地刻画出"笼中猪"博弈中小猪的选择:如果大猪和小猪同时跑去踩踏板,再跑回食槽,假设大猪吃进7份,小猪吃进3份,那么因为消耗都是2份,所以大猪实得5份,小猪实得1份。如果小猪选择坐享其成,在食槽旁边等待,大猪去踩踏板,那么假如大猪吃进6份,小猪吃进4份,大猪因为消耗2份,实得4份,小猪因为没有消耗,实得也是4份。如果大猪选择坐享其成,在食槽旁边等待,小猪行动去踩踏板,假如大猪吃进9份,小猪吃进1份,那么大猪因为没有消耗实得9份,小猪因为消耗2份,实得-1份。如果大猪和小猪都选择等待,则实得都是0。可见,在大猪选择行动的时候,小猪选择等待可以得4份,选择行动只得1份;在大猪选择等待的时候,小猪选择等待可以得0份,选择行动得-1

① Christa Roodt, Recognition and enforcement of foreign judgments: still a Hobson's choice among competing theories?, *The Comparative and International Law Journal of Southern Africa*, Vol. 38, No.1 (MARCH 2005), pp.15-31.

② 王吉文:《论我国对外国判决承认与执行的互惠原则—以利益衡量方法的工具》,载《法学家》2012年第6期。

份。综合来看，无论大猪选择行动策略还是等待策略，小猪的最优策略都是等待。[①]

中国的经济体量一直处在从小猪变成大猪的过程中，国际组织外交逻辑也应当与时俱进。中国经济体量较小的时候，选择小猪的消极等待或者说保守策略，实施被动的国际组织外交策略无可厚非。中国经济体量较大的时候，从单纯的外资输入国成长为双向的投资大国，变成了世界第二大经济体，中国不再是一头小猪，而变成了一头大猪，很多跨境问题或者说全球治理的解决对中国而言利益休戚相关，如果中国再实施被动的国际组织外交策略就不利于中国国际利益的实现。因此，中国要全方位主动引领国际组织建设，否则等待中国的就是其他小猪的消极报复策略。

第五节　中国参与和引领国际组织发展的未来逻辑

如上所述，任何一个国家之所以愿意参加国际组织展开国际经济合作，那是因为自己判断“有利可图”，希望通过国际法律制度安排来分享“合作剩余”，这个过程绝对不是一国要获益，另一国就必然受损的“零和博弈”。

首先，应当意识到，国际组织及其所代表的国际经济法律规则本身就是一种对“主权原则”的限制，而且只有有效地实现这样的限制，国际经贸活动才能得以顺利开展，才可以使得国与国之间的关系走出“囚徒困境”。因此，任何对“主权原则”的膜拜都是和国际经济法律规则的发展趋势背道而驰的。[②] 长期以来，在我国的国际经济法研究领域，不同程度地存在一种过度强调主权原则而带来的民族主义“戾气”，具体的表现就是把现实国际经贸关系中的法律博弈关系看成是一场非此即彼的“阶级斗争”，抱着一种不是“发达国家压倒发展中国家”就是“发展中国家压倒发达国家”的“信念”来看待现实的国际经济关系。在这样一种研究路径下，学者往往

① 例如，在钢铁行业的国际反倾销博弈就可以运用这个智猪博弈模型。欧盟的钢铁国际市场份额一直在43%上下波动，是一头名副其实的“大猪”，根据2006年的数据，其他国家的国际市场份额都在9%以下，实力上存在着明显的不对等，一大群“小猪”在和“大猪”进行博弈，基于各自在市场结构上的不同位置，各国可能会有不同的策略选择。1995—2002年，“大猪”对外进行钢铁反倾销的指控和实施的力度是非常大的，“小猪”们为了避免利益受损，也纷纷运用反倾销手段保护本国钢铁产业，结果导致国际反倾销进入白热化状态，不但“大猪”未获得理想的收益，其他很多国家的钢铁产业竞争力还受到了损害。由于“大猪”感受到了“小猪”们通过反倾销措施施加的压力，从2003年开始到2007年，又逐步减弱了反倾销指控和实施的力度，在“大猪”的带动下，钢铁行业国际反倾销的局势逐步缓和，许多“小猪”的钢铁国际竞争力得到了快速的提高。参见王晰、宗毅君：《钢铁行业反倾销与国际竞争力的国际比较及智猪博弈分析》，载《经济问题探索》2008年第11期。

② 陈儒丹、黄韬：《“国家经济安全”的法律迷思》，载《法学杂志》2007年第4期。

高举政治正确的大旗，通过口号的呼喊来突出宏大的“主义”，而不是通过对具体“问题”的分析来论证自身的观点。但是，事实上，30 年来的中国外向型经济发展历程表明，中国毫无疑问地成为经济全球化的最大受益者，中国的 GDP 总量、进出口总量、净流入的外国资本等指标均可以作为依据。换句话说，中国才是当下国际经济秩序的最大获利者。在 10 年之前，关于“入世”的讨论甚至争论引发了全体国民的热议，但时至今日，当初针对加入世界贸易组织问题而提出的所谓的“利大还是弊大?”全然是一个伪命题。中国经济在过去 10 年间享受了“入世”带来的巨大利益，原先所担心的问题现在看来完全只是一种不靠谱的想象。以汽车工业为例，很多“爱国人士”担心“入世”之后随着汽车关税的大幅下降会损害“民族”汽车工业。现实证明这种“担心”是多余的：一方面中国的汽车消费者享受到了关税下降带来的实在益处；另一方面，国内的汽车生产企业在国际竞争的压力下反而使得中国成为世界范围内汽车销量排名第一的国家。

其次，对于国际经济法律问题的分析，要始终意识到各个国家的角色是处于动态变化过程之中的。以国际直接投资问题为例，中国长期以来是一个资本输入大国，因此在不少中国学者看来，一个新的国际经济秩序必须以维护发展中国家(主要是资本输入国)的利益为核心。但是，当现时的中国已然成为一个资本输出大国时，这种“通过国际组织建立国际经济新秩序”的观点又该怎么说呢？理性地来分析，在国际投资类国际组织的国际投资法律规则制定和升级的博弈过程中，不能只考虑中国作为一个资本输入大国，而且要意识到中国是一个潜在的甚至是现实的资本输出大国，不能再像过去那样固守狭隘的视野，把国际投资法律规则的形成、发展与演变简单地视为发达国家和发展中国家之间的一场斗争，片面地把所有国家划分成对立的两个阵营，一厢情愿地提出要建立由发展中国家主导之下的“国际经济新秩序”，过分强调国家主权的神圣性，甚至把外国资本妖魔化为发达国家对发展中国家的经济掠夺，这种非此即彼，追求零和博弈的“斗争哲学”其实是狭隘的民族主义在国际投资法律规则领域的体现，是一种“杀富济贫”“越穷越光荣”的心态，这既不符合全球化经济发展的复杂现实，更不利于中国以正确、健康的心态投身到全球分工、合作的“游戏”中去。现实的中国不是某些口号或标语之中的中国，她在国际舞台上的角色是多元的，要考虑的因素也是多重的，最终的利益主体不是其他，只可能是每一个以各种身份参与到全球化进程中去的个体，因此观念上的更新是我国促进对外投资的一个先决条件，也是中国在涉及投资的国际事务中发挥务实作用的重要保证。中国在国际投资活动领域已经不仅仅是一个简单的东道国角色，而是一个有责任承担起保护本国投资者义务的资本输出大国。为此，在国际投资法律规则的形成过程中，一定要有一种包容和共赢的心态。以“国有化”问题为例，很长一段时间里，中国不少学者是站在绝对化的“国家经济主权”立场上，认为东道国有权根据自己的需要对外国投资采取“国有化”的措施，甚至认为凡属于国家管制经济活动所必须的干涉行为都是不予补偿的。如果按照这个标准，2008年比利时政府在金融危机时期采取非常规措施，在不给予补偿的情况下变相征收中国平安集团所控股的该国富通公司的资产，[①]这岂不是成了一件十分合情合理的事？这起事件其实也是在提醒中国的对外政策制定者和学者去认真思索什么样的国际投资法律制度对中国和中国的企业才是真正有利的。

再次，也应当反思一下，在国际经贸交往和引领国际组织发展的过程中，什么才是中国的"国家利益"。不少学者总是声称自己是站在中国的国家利益角度来研究问题（或者更加国际主义一点，声称自己坚持的是发展中国家的立场）。但是先别着急进行立场宣示，在此之前应当理清楚什么才是所谓的国家利益？是不是出口越多，越是符合中国的"国家利益"？是不是对外国产品的进口限制越多，越是符合中国的"国家利益"？是不是拒绝外国要求的人民币升值要求，就是符合中国的"国家利益"？是不是拒绝把劳工、环保标准和贸易挂钩就是符合中国的"国家利益"？是不是中国在WTO争端解决机制中打赢了官司就是符合中国的"国家利益"？等等。

抽象的"国家利益"很大程度上只是一个"虚幻"的概念，因为任何一个国家都是由不同的利益集团或利益个体所组成的，不同利益主体之间的诉求是有差异的，甚至是完全不同的，中国也不例外。出口厂商、进口厂商、消费者、劳工以及政府部门本身都是中国国内的利益集团。政府的对外经济政策是不同利益集团之间博弈的结果，而不同利益集团的博弈力量是不对等的，而且往往是人数越少的利益集团，其政策游说能力越强（成员数量少意味着搭便车的可能性降低），一个直观的例证就是，各国政府的对外贸易政策往往是较多考虑国内生产企业的诉求，把进口数量的控制等同于"国家利益"的实现。[②] 但是，通过关税和非关税措施（例如产品检验检疫、反倾销、反补贴、保障措施）来控制进口数量尽管可以满足国内生产企业及其就业人员的利益诉求，但这是以国内消费者的利益受损为代价的，而且很有可能是付出了"得不偿失"的代价。但是，消费者利益集团的游说能力远弱于生产企业，他们的声音是被淹没的，政府的对外经济政策很难反映这一人数巨大群体的利益取向。[③]

关于人民币汇率的问题也是这样。反对人民币汇率升值的理由在于汇率升值会影响企业出口，进而影响就业。但这样的一个理由其实似是而非。一个国家（尤

---

① 梁咏：《我国海外投资之间接征收风险及对策——基于"平安公司—富通集团案"的解读》，载《法商研究》2010年第1期。

② ［美］G.M.格罗斯曼、E，赫尔普曼：《利益集团与贸易政策》，李增刚译，中国人民大学出版社2002年版，第127～229页。

③ ［美］米尔顿·弗里德曼、罗斯·弗里德曼：《控制的专横》，詹姆斯·L.多蒂、德威特·R.李：《市场经济大师们的思考》，林季红译，江苏人民出版社2000年版，第446～463页。

其是中国这样的大国)的整体就业水平不可能只是取决于出口企业的经营状况。相反,人民币汇率长期被低估的后果是使得宏观经济发生失衡,引发严重通货膨胀的问题,长期来看是绝对有损于就业目标实现的。[①] 但是现实的政策选择过程就是这样的:出口企业的"呼声"总是最大的,媒体和公众的焦点总是被引导的。

在我国,还存在着一种借由外力即通过国际组织及其所代表的国际经济法律制度推动国内经济法律体制改革的现象。国际经济法律规则所施加的主权限制,表面上看是中国的一种对外让步,但其实是一种内在的进步。以"入世"谈判为例,中国所承诺的市场开放(例如通信、交通、银行、保险等领域),尽管对于既有的国内经营者来说,它们成了利益受损者,但这丝毫不意味着中国的国家利益受到了侵蚀。恰恰相反,外力的介入使得利益集团之间的力量对比关系发生了变化,原先垄断市场的利益集团(自然也是原先对政策制定者有最大影响力的集团)逐步丧失了它们的垄断地位,这无论对于打造一个公平竞争的市场环境来说,还是对于国内消费者利益的维护来说,都是一种积极的变化。另外,中国参与 WTO 争端解决机制过程中,即便输了官司,在一些案件中也可以视为一种"国家利益"的增进,例如"金融信息服务案"和"银联信用卡案",与其说这是对中国提起的诉讼,不如说这是针对中国金融服务市场中那些天然垄断者(新华社、银联公司)提起的诉讼。要是简单地以为中国打赢了这些官司,就是维护了国家利益,那恐怕就是"天真"了。

最后,要真正在国际组织中更好地发挥引领性作用,还需要开展大量具体的工作。其一,是要"走出去"。我们不仅需要企业到海外投资,公民到海外旅游和学习,还需要更多的中国公民到国际组织去,做国际公务员。目前在以联合国为主的国际组织中,存在"三多三少"现象:担任联合国副秘书长和助理秘书长、专门机构的正职和副职的中国籍高官比较多,但中国籍国际职员总数少,在联合国秘书处只占 1.18%,中高级管理人员更少;政府相关部门选派的官员多,但通过联合国考试入职的专业和事务类职员少,在联合国系统内升迁的高级官员少;由明星担任的亲善大使和形象大使多,但由学者、企业家、外交家、国际知名人士担任顾问、特使、代表的很少。这就需要我们政府和民间共同努力,一起推动。其二,是要"请进来"。我们要争取更多的国际组织到中国设立总部、分支机构、地区中心和办事处。1997 年成立的国际竹藤组织是第一个总部落户中国的国际组织。20 年来,这方面的进展非常缓慢。近年来,一些国际组织在华设立项目机构,如联合国训练研究所亚太经济和信息化培训中心、联合国南南技术产权交易所、联合国工发组织全球科技创新中心等都设在上海,今后应争取更多的国际组织落户中国。其三,是要"建起来"。近年来,中国主导创建了几个新的国际组织。2015 年开业并成立的金砖国

---

① 黄韬、陈儒丹:《WTO 法律规则视野之中的人民币汇率争议》,载《国际金融研究》2007 年第 9 期。

家新开发银行和亚洲基础设施投资银行，总部分别在上海和北京。中国在这两个多边国际金融机构的成立、份额、决策中都发挥着决定性的作用。2015年习近平主席在联合国宣布的南南合作与发展学院和国际发展知识中心已正式成立。尽管它们不是真正意义上的国际组织，但可以发挥国际组织的许多功能。未来，中国还将创造条件，创建更多的国际组织，甚至非政府间国际组织，为全球治理做出更多的中国贡献。[①]

第六节　作为序曲的结语

国际组织外交的层级和超前程度一直是判断一个国家国力强盛程度的重要标志之一，是世界经济主导权换岗的一个前奏。

以英美两国的贸易政策演化史为例，可以看到，随着国家实力由弱走强再盛极而衰，在贸易政策演化上都体现为贸易保护主义向贸易自由主义演化并组建符合国家利益的国际组织，再向贸易保护主义回潮的路径。

探究英国历史可知，正是长期严格的纺织业贸易保护，引发了英国工业革命。而到了19世纪上半叶，英国工业优势天下无敌，遂废除《航海法》和《谷物法》，积极推行全球自由贸易。及至欧洲各国崛起，英国经济日薄西山，1873年欧洲经济大萧条后《英法商约》未能续签，1881年英国宣告成立全国公平贸易联盟，该联盟发起了"公平贸易"运动，要求单方面取消自由贸易，或设置报复性关税。1915年的"马克科纳关税"和战后的"产业保护关税"都歧视帝国外的贸易。1932年，英国彻底回归保护主义，采纳"渥太华帝国特惠体系"。一直到1941年重新谈判英美战后国际贸易安排。

美国经济发展几乎拷贝了英国历史。以关税作为观察和描述美国国内经济和对外贸易政策变化的一个切入点，美国建国初期，消费者和制造商的斗争产生了折中关税。从1821年到1860年期间，关税从50%滑落到20%。南方农作物占全美出口额的2/3，南方各州代表出口商的利益，为削减关税而战，直到南北战争爆发。从1861年到1934年是持续高关税时期，关税由保护国内制造商的北方主导，在40%～50%的幅度内波动。到20世纪初，经济结构变化导致经济利益重组。在19世纪还惧怕国际竞争的制造业，此时变成出口商，进口保护所得利益远不及打开出口市场的利益。美国众议院筹款委员会主席威廉·麦金利曾在1890年审议通过极端保护主义的《麦金利关税法案》，仅11年后，作为总统的麦金利又呼吁通

① 张贵洪：《"引领性参与"：中国与国际组织关系亟待转型》，载《中国社会科学报》2017年8月10日第004版。

过互惠贸易协定来打开出口市场。1934年应富兰克林·罗斯福总统要求，国会通过《互惠贸易协议法案》，该法案成为此后美国新贸易政策的基石，在此基础上促成关贸总协定和世界贸易组织的诞生。“美英国际贸易秩序换岗”发生在1940年到1953年，即从英国主导下的国际贸易秩序向美国主导的国际贸易理念和贸易政策演变。

第二次世界大战改变了利益集团实力。在大战正酣时，美国和英国的官员就已着手安排战后的国际贸易。美国以战后优惠贷款为条件，通过《大西洋宪章》《英美互助协定》《租借法》谈判，要求英国承诺战后废除“渥太华帝国特惠体系”，并与美国达成基于非歧视多边自由贸易原则的商业政策协定。1945年12月，美国提出《扩大世界贸易与就业提案》，该提案设想的国际贸易组织（ITO）失败了，但在此基础上形成的1947年关贸总协定GATT变成一个成功的开端，并在蓬勃发展的服务业、金融业和交通通信业的助推下，最终过渡到世界贸易组织体系，建立了世界贸易组织。

从英美两国波澜起伏的贸易保护主义与贸易自由主义的贸易政策更替历史中，可以发现英美的共同点就是：贸易保护主义和贸易自由主义只是工具，共同服务于国家利益。国家一以贯之的政策是经济民族主义。贸易保护主义与贸易自由主义只是经济民族主义的两种表现形式。

美国推行的WTO体系，客观上使欧洲、日本和中国快速发展，加上美国在全球的政治扩张和军事扩张，美国全球经济影响力日益式微。TPP（跨太平洋伙伴关系协定）和TTIP（跨大西洋贸易与投资伙伴协定）是美国试图重掌亚欧的工具。

历史虽不是简单重复，但如今特朗普宣称退出TPP，重新谈判NAFTA（北美自由贸易协定），并威胁退出WTO，抛弃全球主义，重回美国主义，无论如何都是美国经济衰退的一个标志。但这是否是美国盛极而衰的开端，而中国又将如何领导全球经济进一步发展，对国际法治秩序重构有何作为，能否实现中美国际经贸秩序换岗，这一切仍有待观察。

近期，中美贸易争端升级中中国积极使用WTO争端解决机制解决纠纷的表现可谓是改革开放40年来中国参加和使用国际组织解决国际纠纷的一个阶段性高点表现。2015年开业并成立的金砖国家新开发银行和亚洲基础设施投资银行更是可以视为未来中国取代美国引领国际组织继续发展的一个序曲。

未来应该意识到中国所扮演的多重利益角色，进而以一种更加现实，更加开放，而不是更加意识形态化的方式来参与国际组织制定国际经济活动游戏规则的过程中去。国际组织以及国际经济法律制度的重要功能在于通过“做大蛋糕”来分享“合作剩余”，促进双边或多边利益的共同实现，避免出现“非此即彼”的“零和博弈”。中国的经验证明在一定的法律框架下积极参加国家组织和国际经济活动可以带来益处。事实上，对于中国来说意义不仅仅限于此，在过去40年的经济发展历程中，对外开放始终是中国改革的重要推动性因素，从经济特区的设立到争取加入世界贸易组织，再到最近的自由贸易区和自由贸易港试验，这些政策的实施固然是出于更好地利用国家市场和吸引外部资金的考虑，但就其客观结果来说，最核心的意义莫过于形成了以外部竞争压力促进国内体制改革的良性局面，通过引进更多的竞争者来摆脱既得政治和经济利益的羁绊，而法律制度的改造和更新也得以在这个过程中得以较为顺利地实现。

第二章

改革开放 40 年中国维护领土与海洋权益的法律与实践

第一节　改革开放 40 年来中国与陆上邻国签订划界条约的情况

近代以来，我国边疆屡遭侵蚀。沙俄强占中国东北和西北；法国占领越南和老挝，借以蚕食我国南部边疆；英国利用印度和缅甸入侵我国云南和西藏，并伙同沙俄瓜分帕米尔地区。上述历史事件为中华人民共和国成立后中国政府与相关陆上邻国间的划界埋下了隐患，导致中华人民共和国成立时我国与当时的全部 12 个陆上邻国间均存在陆地领土争端。其后，随着 1975 年锡金王国并入印度，1991 年苏联解体，哈萨克斯坦、吉尔吉斯斯坦、塔吉克斯坦 3 国宣布独立，与我国存在陆地领土争端的陆上邻国最终变为目前的 14 个，按照逆时针顺序分别为朝鲜、俄罗斯、蒙古、哈萨克斯坦、吉尔吉斯斯坦、塔吉克斯坦、阿富汗、巴基斯坦、印度、尼泊尔、不丹、缅甸、老挝和越南，涉及我国陆地边界总长度约为 2.2 万公里。目前，除与印度、不丹尚未签订边界条约或协定外，我国已与 12 个陆上邻国签订了陆地边界条约或协定，包括 20 世纪 60 年代与缅甸、尼泊尔、蒙古、巴基斯坦、阿富汗等国签订的边界条约或协定，以及 20 世纪 90 年代与俄罗斯、老挝和越南以及独立后的哈萨克斯坦、吉尔吉斯斯坦和塔吉克斯坦签订的边界条约或协定。划定并勘定的陆地边界长度约2万公里,占我国陆地边界总长度约90%。[①] 其中,改革开放以来我国与陆上邻国间的边界划定工作主要围绕着中俄边界、中哈边界、中吉边界、中塔边界、中越边界和中老边界展开。

一、中俄边界

中俄边界源自中苏边界。蒙古独立后,中苏边界中段变为蒙苏边界,中苏边界剩余东西两段,总长度约7600公里。其中,中苏东段边界长4200余公里,后为俄罗斯所全部继承。中苏西段边界长3300余公里,苏联解体后分别为俄罗斯、哈萨克斯坦、吉尔吉斯斯坦和塔吉克斯坦4国所继承,其中中俄西段边界长度仅约50公里。[②] 中俄之间的边界争端集中于东段,受到两国间复杂历史因素的影响,主要表现为沙皇俄国和苏联在以下两个历史时期内对我国领土的侵蚀。第一个历史时期是17世纪中叶,1644年清兵入关后,一直忙于征讨、铲除明朝残余势力,巩固对关内的统治,无暇对东北边疆进行有效管辖。其间,沙俄自1652年始屡次侵扰我东北边疆并导致中俄间小规模的武装冲突,直至康熙平定"三藩"、统一台湾后,清政府抽身应对沙俄入侵并导致雅克萨战争的爆发以及《尼布楚条约》的签订。《尼布楚条约》作为清朝和沙俄之间签订的第一份边界条约,规定:"从黑龙江支流格尔必齐河到外兴安岭、直到海,岭南属于中国,岭北属于俄罗斯。西以额尔古纳河为界,南属中国,北属俄国。"第二个历史时期是1840年后,特别是1856年第二次鸦片战争和1860年英法联军侵入北京期间,此时正值太平天国运动愈演愈烈,清朝政府内外交困,沙俄趁火打劫,强迫其签订《瑷珲条约》和《北京条约》,改变《尼布楚条约》已经划定的中俄边界,割占中国东北边疆黑龙江以北、外兴安岭以南、乌苏里江以东(包括库页岛)约100万平方公里的领土。20世纪二三十年代,中国内部陷入军阀混战,中国东北被日本侵占,中国中央政府对北部边陲再次失控。苏联利用这一时机非法越过中苏之间既有的条约线,控制了黑龙江和乌苏里江江域的众多岛屿,包括黑瞎子岛。这一局面延续至中华人民共和国成立。[③] 中华人民共和国成立后,为解决两国间边界争端,中国政府以务实的态度表示准备以上述条约为基础解决两国边界问题,签订新的条约,而不要求收回被割去的150多万平方公里的中国领土。[④] 即便如此,因以下事由的存在,中苏之间的分歧仍不可弥合。在边界

---

① 参见《外交部条约法律司司长谈中国与邻国的划界工作》,http://www.fmprc.gov.cn/web/ziliao 674904/tyti 674911/tyti 674913/t209314.shtml,下载日期:2018年。

② 唐家璇:《中国外交辞典》,世界知识出版社2000年版,第724页。

③ 姜毅:《中俄边界问题的由来及其解决的重大意义》,载《欧洲研究》2006年第2期。

④ 李丹慧:《政治斗士与敌手:1960年代中苏边界关系——对中苏边界问题的历史考察之二》,载《社会科学》2007年第2期。

谈判的前提性问题上，苏联不承认不平等条约的存在，不承认中苏之间存在领土争端，不同意签订新的边界条约，苏方一直回避把这次谈判称为"边界谈判"，而称之为"苏中关于核定个别地段边界线走向的磋商"。在边界谈判的依据问题上，中国主张以现存条约为基础解决两国边界问题，苏联则在依据条约划定的边界线(条约线)外，提出"苏图线"和"实际控制线"，并主张以上述"三条线"为基础对中苏边境进行划定，这实际上是要中国同意沙俄和苏联非法侵占的大片中国领土归苏联所有，中国当然不能同意。[①] 在对现有边界条约解释的问题上，由于旧约文本表述不够明确，或条约文本与附图不一，或虽订有边界条约但从来未进行严格勘界，导致中苏双方对条约的解释不一。[②] 如在界河的问题上，中国主张按照国际管理以河流主航道中心线为界，苏联则在中苏东段边界的乌苏里江和黑龙江段，几乎全部把其国界划到中国一侧岸边，划去位于河流主航道中心线中国一侧 700 多个岛屿中的 600 多个，面积达 1000 多平方公里，[③]又如 1860 年《北京条约》文本部分清楚地表明位于黑龙江主航道中心线以南的黑瞎子岛当属中国领土，但因俄方代表在条约附图中将黑瞎子岛圈入俄方境内，导致后来中苏双方在黑瞎子岛划界上的争端。由于以上原因，且受当时中苏关系破裂的影响，导致在 20 世纪六七十年代举行的中苏第一、二次边界谈判均未能达成任何书面协议。

改革开放后，为给中国的经济建设争取较长时期的国际和平环境，邓小平同志积极推动实现中苏关系正常化。1985 年 3 月 10 日戈尔巴乔夫入主克里姆林宫，加快了中苏关系正常化进程，中苏边界的划定作为中苏关系正常化的重要组成部分被两国政府提上工作日程。1986 年 7 月 28 日，戈尔巴乔夫在苏联远东城市符拉迪沃斯托克(海参崴)发表长篇讲话，承认中苏边界争端的存在，表示接受中国在中苏边界谈判中所持的立场，同意按照主航道中心线划分黑龙江边界走向。[④] 中国政府对这一表态作出积极回应，同意恢复中苏边界谈判，中苏第三次边界谈判于 1987 年 2 月在莫斯科举行。在这轮谈判进行了两年多后，双方已就争议最甚的东段边界划定问题基本达成一致。1991 年 5 月 16 日，两国外长签署了包含 10 项条款的《中华人民共和国和苏维埃社会主义共和国联盟关于中苏国界东段的协定》(以下简称《中苏东段国界协定》)，达成了中苏开始边界谈判以来的第一个书面协定。该《协定》共确定了中苏东段边境的 33 个界点，划定的中苏东段边界西起内蒙古自治区满洲里市境内中俄蒙三国交界的塔尔巴干达呼高地，后大致以额尔古纳河、黑龙江和乌苏里江为界，穿越兴凯湖，最终向东止于中朝俄三国交界的吉林省

---

① 钱其琛:《外交十记》，世界知识出版社 2003 年版，第 24 页。

② 高飞:《简评中国处理领土争端的原则及理念》，载《外交评论》2008 年第 5 期。

③ 李丹慧:《1969 年中苏边界冲突:缘起和结果》，载《当代中国史研究》1996 年第 3 期。

④ 孔寒冰:《历史的一面镜子——中俄边界问题的产生及其解决过程》，载《国际政治研究》1997 年第 1 期。

珲春市境内距日本海10余公里的图们江的河流中心线上。同时,该协定依据中国的一贯主张规定中苏国界线沿通航界河主航道中心线、非通航界河河流中心线或主流中心线行,并以此为依据划定岛屿归属;该协定赋予中国船只,包括军用船只,经黑瞎子岛外侧在两江水域的航行权以及经图们江口的出海权;该协定确定界河可能发生的任何自然变化原则上不影响实地勘定的中苏国界线位置和岛屿的归属。《中苏东段国界协定》签订后,苏联解体,该协定尚未划定的中苏国界东段边界线从第七界点至第八界点和从第十界点至第十一界点的走向问题,也即关于阿巴该图洲渚和黑瞎子岛主权归属的争议问题,由中国和俄罗斯于2004年通过签订的《中华人民共和国和俄罗斯联邦关于中俄国界东段的补充协定》(以下简称《中俄东段国界补充协定》)划定。阿巴该图洲渚位于额尔古纳河上游,面积约58平方公里,黑瞎子岛位于黑龙江与乌苏里江交汇处,面积约335平方公里,中俄(苏)双方关于阿巴该图洲渚和黑瞎子岛的主权争议由来已久,1929年"中东路事件"后,苏联趁机对上述二者进行占领并将其非法划入苏联版图。《中俄东段国界补充协定》签订后,阿巴该图洲渚约35平方公里划归中国,约占其争议面积的60%;[①]黑瞎子岛171平方公里划归中国,约占其争议面积的一半。[②] 1991年《中俄东段国界协定》和2004年《中俄东段国界补充协定》全部划定中俄东段边界。

相较于绵延4200余公里的中俄东段边界,中俄西段边界在苏联解体后仅剩下约50公里,中苏西段边界的争议区域几乎全部落入中哈、中吉、中塔三国边界处,中俄西段边界几无争议,仅在勘界过程中产生极小争议且被当场解决。因此,中俄双方很快于1994年9月3日签订《中华人民共和国和俄罗斯联邦关于中俄国界西段的协定》(以下简称《中俄西段国界协定》)。该协定仅规定了中俄西段边界的两个界点,东起中俄蒙三国西端交界的奎屯山,沿阿尔泰山脉分水岭大体向西行,至中俄哈三国交界点。此外,为确定中俄两国与第三国国界交界点的位置进而最终确定中俄东西两端国界线的起点和终点位置,中俄蒙三国于1994年1月27日签订了《中华人民共和国政府、俄罗斯联邦政府和蒙古国政府关于确定三国国界交界点的协定》;中朝俄三国于1998年11月3日签订了《中华人民共和国政府、朝鲜民主主义人民共和国政府和俄罗斯联邦政府关于确定图们江三国国界水域分界线的协定》;中俄哈三国于1999年5月5日签订了《中华人民共和国、俄罗斯联邦和哈萨克斯坦共和国关于确定三国国界交界点的协定》。最终,中俄边界随着2005年6月中俄两国在符拉迪沃斯托克(海参崴)互换《关于中俄国界东段补充协定》的批

---

① 《阿巴该图洲渚划界完成,记者探访中国领土新边界》,https://news.qq.com/a/20050623/001428.htm,下载日期:2018年5月9日。

② 肖丹:《中苏(俄)边界谈判中的黑瞎子岛问题述论》,载《党史研究与教学》2011年第3期。

准书而得以全部划定。[①]

上述划界协定签订后，中俄两国勘界工作陆续展开，依据下列勘界文件在实地确定了两国国界线走向和界标的位置，并用界标在实地标定边界线。这些条约包括1996年6月24日签订的《中华人民共和国政府、蒙古国政府和俄罗斯联邦政府关于三国国界东端交界点叙述议定书》；1996年6月24日签订的《中华人民共和国政府、俄罗斯联邦政府和蒙古国政府关于三国国界西端交界点叙述议定书》；1999年12月9日签订的《中华人民共和国政府和俄罗斯联邦政府关于中俄国界线东段的叙述议定书》；1999年12月9日签订的《中华人民共和国政府和俄罗斯联邦政府关于中俄国界线西段的叙述议定书》；2002年6月20日签订的《中华人民共和国政府和俄罗斯联邦政府关于中俄国界线东段的补充叙述议定书》；2002年6月20日签订的《中华人民共和国政府、朝鲜民主主义人民共和国政府和俄罗斯联邦政府关于图们江中华人民共和国、朝鲜民主主义人民共和国和俄罗斯联邦国界交界点的叙述议定书》。2008年7月21日，中俄两国外长共同签署了《中华人民共和国政府和俄罗斯联邦政府关于中俄国界线东段补充叙述议定书》及其附图，标志着中俄东西两段长达4300多公里的边界全线勘定。[②] 同时，为加强对中俄边界的管理工作，中俄双方于2006年11月9日在北京签订了《中华人民共和国政府和俄罗斯联邦政府关于中俄国界管理制度的协定》，并根据该协定的有关规定于2011年至2016年开展了中俄国界第一次联合检查，在此次联检工作的基础上中俄双方签署了《中华人民共和国政府和俄罗斯联邦政府关于中俄国界第一次联合检查成果的议定书》及其附图，该议定书及其附图作为1999年12月9日签订的《中华人民共和国政府和俄罗斯联邦政府关于中俄国界线东段的叙述议定书》及其附图、《中华人民共和国政府和俄罗斯联邦政府关于中俄国界线西段的叙述议定书》及其附图和2002年6月20日签订的《中华人民共和国政府和俄罗斯联邦政府关于中俄国界线东段的补充叙述议定书》的补充与其一并使用。[③]

二、中哈边界

中哈边界为原中苏西段边界的部分，全长1700余公里，北起阿尔泰山，南至天山的汗腾格里峰，其中陆界1200余公里，水界500余公里。中国与哈萨克斯坦、吉尔吉斯斯坦和塔吉克斯坦之间的边界争端源自中苏西界争端，主要与以下两个历

① 《中俄外长互换〈关于中俄国界东段的补充协定〉批准书》，http://www.fmprc.gov.cn/web/ziliao_674904/tytj_674911/tyfg_674913/t198197.shtml，下载日期：2018年5月8日。

② 《背景资料：中俄关系大事记》，http://politics.people.com.cn/n/2014/1013/c70731-25818292.html，下载日期：2018年5月9日。

③ 《中华人民共和国政府和俄罗斯联邦政府关于中俄国界第一次联合检查成果的联合声明》第5段。

史事件有关：一是《中俄勘分西北界约记》《伊犁条约》及其一系列子约的签订，将外西北地区划入俄境；二是英俄私分帕米尔，将帕米尔地区部分划归俄国。清朝政府在1860年《中俄北京条约》中割让我国西北部分领土，根据《中俄北京条约》的规定，中俄两国代表于1862年开始进行勘分中俄西段边界的谈判，并最终签订了《中俄勘分西北界约记》。在《中俄勘分西北界约记》及其后签订的一系列子约中，沙俄通过恶意歪曲《中俄北京条约》的有关条款，将被《中俄北京条约》列为界湖的斋桑淖尔、特穆尔图淖尔等地划入其境内。通过此举沙俄共割占中国西北部边疆领土约44万平方公里，并以此为界继续蚕食新疆伊犁地区。1871年，沙俄趁阿古柏在新疆作乱之机出兵伊犁，为换取沙俄撤兵伊犁，清政府于1881年与沙俄签订《伊犁和约》，其后又签订其一系列子约，前后又割让霍尔果斯河以西、斋桑泊以东约7万平方公里的领土。1884年《中俄续勘喀什噶尔界约》签订，该界约将今新疆喀什地区北部阿克赛河一带的中国领土划入俄国，并将乌孜别里山口以南的待议区留待后续解决，这为日后沙俄进一步侵占乌孜别里山口以南的中国领土埋下了伏笔，并最终于1895年与大英帝国签订协议瓜分帕米尔。以上条约共使得中国丧失西北领土约54万平方公里。[①]

正如上文所述，虽然中哈两国历史上有划界条约的存在，同时中国政府也表示愿意以现有条约为基础进行划界，但是由于条约约文或其附图的不明确性以及沙俄或苏联政府跨越条约线对中国领土的入侵，导致中哈两国间，包括中吉和中塔两国间，关于边界的争端不可避免。苏联解体后，中国与俄、哈、吉、塔四国组成的联合代表团在中苏双方达成的关于解决陆地领土边界的指导原则的基础上，在“五国两方”外交谈判的机制下，就五国之间的领土争端进行谈判。[②] 到1994年春，中哈双方已基本就其陆地边界的划定问题达成一致，并于1994年4月26日在阿拉木图签订了《中华人民共和国和哈萨克斯坦共和国关于中哈国界的协定》。该协定共确定了中哈边界线上的69个界点，基本划定中哈边界。但尚余三块争议区域尚未解决：一是从第十五界点至第十六界点之间的察汗鄂博争议区，二是从第四十八界点至第四十九界点的夏尔西里争议区，三是从第六十九界点至终点也即汗腾格里峰之间的争议区。此后，双方继续通过谈判进一步解决了上述未达成一致地区的边界线走向问题，并于1997年9月24日签订第一个《中华人民共和国和哈萨克斯坦共和国关于中哈国界的补充协定》，在第六十九个界点后又新增第七十个和第七十一个界点，明确了从第六十九界点至终点的边界线走向问题。1998年6月，根

---

① 何羽：《中哈、中吉、中塔边界问题圆满解决的历史过程及其启示》，载《党史研究与教学》2012年第1期。

② 马叙生：《梳理中苏边界变迁史——找回失落的国界线(之一)》，载《世界知识》2001年第11期。

据国务院批准的《关于同俄罗斯、哈萨克斯坦、吉尔吉斯斯坦、塔吉克斯坦四国联合代表团边界协定起草小组起草〈中哈国界第二补充协定〉谈判方案的请示》，中国同俄、哈、吉、塔四国边界谈判联合代表团边界协定起草小组又就察汗鄂博、夏尔希里这两块争议区的国界划定问题进行了谈判，并最终于1998年7月4日签订了第二个《中华人民共和国和哈萨克斯坦共和国关于中哈国界的补充协定》。[①] 此后，中哈俄三国于1999年5月5日签订了确定中哈两国边界北部起点位置的《中华人民共和国、俄罗斯联邦和哈萨克斯坦共和国关于确定三国国界交界点的协定》，中哈吉三国于1999年8月25日签订了确定中哈两国边界南部终点位置的《中华人民共和国、吉尔吉斯共和国和哈萨克斯坦共和国关于三国国界交界点的协定》，这两份文件最终确定了中哈两国边界的起点和终点。至此，中哈边界全部划定。

中哈边界协定签订后，两国联合勘界工作陆续展开。1999年11月23日，中哈两国签订《中华人民共和国和哈萨克斯坦共和国关于两国边界问题获得全面解决的联合公报》，宣布中哈边界全线勘界工作野外作业已如期完成，双方将加紧起草有关法律文件，以结束全部勘界工作。2002年5月10日，中哈两国外长在《中华人民共和国和哈萨克斯坦共和国关于中哈国界线的勘界议定书》上正式签字，标志着中哈两国边界全部勘界工作圆满完成。2006年12月20日，《中华人民共和国政府和哈萨克斯坦共和国政府关于中哈国界管理制度的协定》签订，该协定对中哈两国间界标和边界通视道的维护工作、国界线的联检工作以及对跨界水和边界水的管理工作等作出了规定。

三、中吉边界

中吉边界北起天山山脉的汗腾格里峰，南至天山南脉的点扎阿拉依斯基山山脊，全线基本沿天山山脉的山脊线而行，总长度约1096公里。[②] 中吉边界争议区主要有四处，约3400平方公里，其中最主要的争议区为苏方实际控制的乌宗图什河源争议区，面积多达2800余平方公里。此外还包括苏方实际控制的伊尔克什坦山口地区约250平方公里的争议区，以及双方均未实际控制的两个高寒无人区即汗腾格里峰东南争议区和英沿争议区，面积分别约为130平方公里和200平方公里。[③] 自1992年中吉正式建交开始，两国政府间关于边界问题的谈判顺利进行，并于1996年7月4日签订《中华人民共和国和吉尔吉斯共和国关于中吉国界的协定》。该协定共确定了中吉边界线上的21个界点，基本划定中吉边界，但尚余终点位置以及从第七界点至第八界点间的乌宗图什河地区、从第二十一界点至终点的

① 徐海燕：《中国和中亚国家三次边界划分：历程与启示》，载《新疆社会科学》2010年第1期。

② 徐海燕：《中国与中亚国家边界演变与思考》，载《当代世界》2010年第8期。

③ 史谢虹：《中吉边界问题的解决及其影响》，载《中国边疆史地研究》2014年第1期。

边界走向问题未能确定，上述遗留争议区域通过两国于1999年8月26日签订的《中华人民共和国和吉尔吉斯共和国关于中吉国界的补充协定》最终解决。该协定为确定从第二十一界点至终点的边界走向，在第二十一界点之后新增第二十二界点和第二十三界点，并最终通过中、塔、吉三国于2000年7月5日签订的《中华人民共和国、塔吉克斯坦共和国和吉尔吉斯共和国关于三国国界交界点的协定》确定了中吉边界的终点位置。

中吉两国边界划定后，双方又于2000年至2004年间进行了两国间边界线的勘界工作。2004年6月25日至7月9日，中吉联合勘界委员会首席代表特别会议在北京举行，双方首席代表草签《中华人民共和国政府和吉尔吉斯共和国政府关于中吉国界线的勘界议定书》及其附件《中华人民共和国和吉尔吉斯共和国国界地图》，并签署相关勘界成果表册。2004年9月21日，中吉两国总理在吉尔吉斯斯坦的比什凯克在《中华人民共和国政府和吉尔吉斯共和国政府关于中吉国界线的勘界议定书》上正式签字，并签署了《中华人民共和国政府和吉尔吉斯共和国政府联合公报》，宣布两国历史遗留下来的边界问题获得彻底解决。1996年9月6日，中吉两国代表在比什凯克签署了《中华人民共和国政府和吉尔吉斯共和国政府关于开放边境口岸及其管理制度的协定》，该协定共8条，对中吉两国间的口岸开放工作和国界线联检工作以及对边境地区活动的管理工作等作出了规定。

四、中塔边界

中塔边界北起天山南脉的扎阿拉依斯基山山脊，南至中国、阿富汗、塔吉克斯坦三国的交界点位于昆仑山萨雷阔勒岭山脊线上的克克拉去考勒峰，全长约500公里。[①] 中塔边界争议区域主要有三块，分别是乌赤别里山口段、喀喇杂克山口段和乌孜别里山口以南段，争议面积达28000余平方公里，该三块争议区域均为苏联所控制。乌赤别里山口段争议区位于新疆阿克陶县西北部，根据中俄《续勘喀什噶尔界约》的规定，双方应以山脉分水岭为界，而苏联却主张以萨雷阔勒岭主脊为界，因此形成争议区。喀喇杂克山口段争议区位于新疆阿克陶县西部，中国地图中喀喇杂克山口段的国界线向西凸出，而在苏联地图中该段国界线则平直向南，形成争议区域。乌孜别里山口以南争议地区为中塔两国间最大的一块争议区域，占到中塔争议地区总面积的90%以上，约占塔吉克斯坦领土总面积的1/5，是中塔双方划界谈判中的重中之重。因此，中塔之间的边界谈判在中亚三国中持续的时间最长，划定的时间最晚。[②] 两国政府最终于1999年8月13日签订了《中华人民共和国和塔吉克斯坦共和国关于中塔国界的协定》，基本解决了中塔之间的国界划定问题。

---

① 徐海燕：《中国和中亚国家三次边界划分：历程与启示》，载《新疆社会科学》2010年第1期。

② 徐海燕：《中国与中亚国家边界演变与思考》，载《当代世界》2010年第8期。

但同时该协定未对中塔边界第十四界点至终点的走向问题进行明确，2000年下半年至2002年上半年，中国代表团继续就该“剩余问题”同以塔吉克斯坦为主体的俄、哈、吉、塔四国联合代表团进行磋商，并于2002年5月17日签订《中华人民共和国和塔吉克斯坦共和国关于中塔国界的补充协定》，对上述遗留的争议边界进行了划定。2012年6月5日，中国、塔吉克斯坦和阿富汗三国在北京签订了《中华人民共和国、塔吉克斯坦共和国和阿富汗伊斯兰共和国关于确定三国国界交界点的协定》，对中塔边界的南部终点进行了最终确定。至此，通过上述三个协定，中塔两国之间的全部边界正式划定。

从2006年始至2009年，中塔两国政府共同组成的联合勘界委员会对双方陆地边界进行了为期3年的实地勘查工作。2008年9月20日，中塔两国政府在卡拉苏——阔勒买口岸举行了第83号、第84号界碑揭幕仪式，“标志着中塔勘界野外工作的结束”。后于2010年4月27日，中国和塔吉克斯坦两国外长在北京共同签署了《中华人民共和国和塔吉克斯坦共和国关于中塔国界线的勘界议定书》，标志着两国间存在多年的领土争端得以彻底解决。[①] 2012年6月5日，中塔两国签订了《中华人民共和国政府和塔吉克斯坦共和国政府关于中塔国界管理制度的协定》，对两国间界标的维护工作、国界线的联检工作以及对边境地区活动的管理工作等作出了规定。

五、中越边界

中越边界争端源自1885年《中法新约》。法国自19世纪50年代末始武力入侵越南南部，19世纪80年代初向北越扩张，最终于1883年打破中越之间的藩属关系，取得了对越南的保护权。中法对越南的争夺导致了中法战争的爆发，中法双方在越南战场和台湾、澎湖地区互有胜负，僵持不下，为尽快结束战争，中法双方开始谈判订约，导致了《中法新约》的产生。依据《中法新约》的规定，清政府承认法国对越南的保护权，中法两国政府应于条约签字后6个月内派员到中越边界“会同勘定界限”。其后，中法两国先后共同对桂越段、滇越段和粤越段边界进行了勘定，并相继签订了《中法桂越界约》《中法滇越界约》《中法粤越界约》对中法勘界结果进行了确认，这标志着中法陆地边界勘界事务全行完竣。[②] 由此可见，随着中法陆地边界勘界的完毕，中法之间关于其陆地边界已不存在实质性争端，但由于对国界线勘察不细、描述不详，以及河流改道、界碑移动或损坏等自然或人为原因的存在，导致中越在边界问题上认识不一。1975年越南战争结束后，南北越统一，越南在苏联

① 《〈中塔勘界议定书〉签署，两国边界问题彻底解决》，http://www.gov.cn/jrzg/2010-04/28/content_1594710.htm，下载日期：2018年5月10日。

② 李桂华、齐鹏飞：《中越边界问题研究述略》，载《南洋问题研究》2008年第4期。

的支持下走上了对外扩张的道路，不断蚕食我南部边界，并直接导致1979年对越自卫反击战的爆发。为解决两国陆地边界争端，中越两国政府间曾进行了三次陆地边界谈判：第一次谈判自1977年10月至1978年8月，正值对越自卫反击战前夕，第二次谈判是在对越自卫反击战的过程中进行的，此时中国并未放弃通过和平方式解决两国边界争端的努力。① 但前两次边界谈判正值两国两党对立时期，过多政治因素的介入导致前两次边界谈判并未取得十分积极的成果。1991年中越关系正常化，同年越南领导人应邀访华，两国政府签署了《中华人民共和国政府和越南社会主义共和国政府关于处理两国边境事务的临时协定》，为恢复已经中断了近10年的中越陆地边界谈判奠定了基础，并最终促成中越第三次陆地边界谈判于1993年8月在北京举行。1993年10月19日，双方在第一轮谈判的基础上正式签署了《关于解决中越边界问题的基本原则协议》(以下简称《基本原则协议》)，该协议指出，“双方同意以中法签订的一八八七年六月二十六日《续议界务专条》和一八九五年六月二十日《续议界务专条附章》及其所确认或根据其规定制定的各项划界和立碑文件、附图以及按规定所立的界碑为依据，核定中越两国边界线的全部走向”。自1994年2月至1995年5月，根据《基本原则协议》的有关规定，中越两国政府代表团下设的陆地边界联合工作组先后进行了五轮会谈，明确了双方之间的争议区域164处，并在接下来两年多的时间里对此164处争议地区的边界线走向进行了核对。② 1999年以后，中越双方又开始着手解决对双方分歧较大的一小部分争议地段的划定问题、边民问题和条约草案的拟订问题，并最终于1999年12月30日签订了《中华人民共和国和越南社会主义共和国陆地边界条约》。该条约在中越陆地边界上确定了62个界点，对西起中越老三国交界的十层大山、东至北仑河口的长达1347公里的中越陆地边界全线的走向进行了划定。2006年10月10日，中越老三国签订了《中华人民共和国、越南社会主义共和国和老挝人民民主共和国关于确定三国国界交界点的条约》，将中越边界的西部起点确定在“十层大山(越方、老方称宽罗珊山)1864米高程点上”。

中越陆地边界划定后，两国政府于2001年11月成立了中越陆地边界联合勘界委员会负责勘界立碑工作，同年12月双方在广西东兴和越南芒街口岸竖立第一块新界碑。至2009年2月23日中越陆地边界勘界立碑圆满结束止8年间，中越双方共举行了14轮(次)政府代表团团长会晤、34轮联勘委会晤和15次专家组会

① 齐鹏飞：《中越陆地边界谈判的历史及其基本经验再认识》，载《当代中国史研究》2013年第3期。

② 《亚洲周刊：中越陆地边界零争议消灭动荡之源》，http://www.chinanews.com/hb/news/2009/01-21/1536886.shtml，下载日期：2018年5月11日。

晤，竖立了近2000个界碑，最终使边界线全线在实地得到准确勘定。① 2009年11月18日，中越两国政府正式签署包括《中越陆地边界勘界议定书》及其附图、《中越陆地边界管理制度协定》和《中越陆地边境口岸及其管理制度协定》在内的三个文件，标志着长达35年的两国陆地边界谈判圆满完成其历史使命。②

六、中老边界

中老边境线西起中缅老三国边界交界点（澜沧江与南腊河交汇处），东至中老越三国边界交界点，全长500余公里。③ 中老边界是由清政府与法国政府在1895年签订的《中法续议界务专条附章》中划定的，划定的边界比较清晰，存在的争议较少。但中老边界直到20世纪90年代才划定，这受到20世纪70年代末至80年代中越关系恶化的影响。由于越南和老挝之间存在着特殊关系，中老关系也在此期间步中越关系的后尘而出现曲折。直至20世纪80年代后期中越关系回暖，中老关系才于1989年实现正常化。1990年中老两国政府开始进行划界谈判，1991年10月中老两国总理在北京签订了《中华人民共和国和老挝人民民主共和国边界条约》。两国在1992年联合勘界后于1993年1月31日签订《中华人民共和国政府和老挝人民民主共和国政府关于两国边界的议定书》，标志着两国边界勘定工作全部完成。同年12月3日，两国政府又在北京签订了《中华人民共和国政府和老挝人民民主共和国政府边界制度条约》，对两国间界桩、附桩和界线标志的维护、边界的联合检查以及对边境地区活动的管理工作等事项作出了规定。2011年4月11日，中国老挝边界第一次联合检查界碑揭幕仪式在云南磨憨—磨丁口岸举行，本次联合检查期间，双方将对边界线位置进行实地查看确认，并更换界碑。④ 2011年8月23日，中老两国又在北京正式签署了《中华人民共和国政府和老挝人民民主共和国政府关于边界管理制度的协定》和《中华人民共和国政府和老挝人民民主共和国政府关于边境口岸及其管理制度的协定》，为今后进一步规范和加强两国边界管理和口岸事务的协调与合作奠定坚实的法律基础。

---

① 《综述：中越陆地边界勘界立碑工作23日圆满结束》，http://www.gov.cn/jrzg/2009-02/23/content_1240368.htm，下载日期：2018年5月11日。

② 《中越陆地边界经双方历时10年的努力已全线勘定》，http://www.gov.cn/jrzg/2009-11/18/content_1467944.htm，下载日期：2018年5月11日。

③ 《综述：中越陆地边界勘界立碑工作23日圆满结束》，http://www.gov.cn/jrzg/2009-02/23/content_1240368.htm，下载日期：2018年5月13日。

④ 《刘振民部长助理出席中老边界第一次联合检查界碑揭幕仪式》，http://www.fmprc.gov.cn/web/wjb_673085/zzjg_673183/bjhysws_674671/xgxw_674673/t814070.shtml，下载日期：2018年5月13日。

第二节 改革开放40年来中国与周边陆地邻国签订界水和跨界河流条约的情况

从我国已有的划界条约和相关国际文件来看，在与我国全部解决陆地边界争端的12个陆上邻国中，除塔吉克斯坦、阿富汗、老挝3国外，我国与其他9个陆上邻国间均存在界水。其中，界河主要有中朝之间的鸭绿江、图们江，中俄之间的乌苏里江、黑龙江、额尔古纳河，中哈之间的霍尔果斯河、苏木拜河以及中越之间的北仑河等；界湖主要有中朝之间的天池、中俄之间的兴凯湖以及中蒙之间的贝尔湖。流经我国的跨界河流则有100条左右，其流域面积约占我国国土总面积的21%，涉及除阿富汗之外的我国的13个陆上邻国，主要有西北地区的伊犁河、塔里木河、额尔齐斯河—鄂毕河，以及西南地区的雅鲁藏布江—布拉马普特拉河、怒江—萨尔温江、澜沧江—湄公河、元江—红河和独龙江—伊洛瓦底江等。[①]

自20世纪80年代我国改革开放以来，东北、西北和西南的广大国际河流区相继成为我国与周边国家开展国际合作的重点区域。[②] 为加强对界水和跨界河流的保护、利用和管理，我国与相关国家签订了一系列条约。其中，中俄两国间签订的条约包括：1986年10月23日中华人民共和国与俄罗斯苏维埃联邦社会主义共和国签订的《中俄边界水体水资源管理协定》；1994年5月27日签订的《中俄关于在界河黑龙江和乌苏里江水生资源保护、利用和再生产领域的合作协定》；1994年9月3日签订的《中华人民共和国政府和俄罗斯联邦政府关于船只从乌苏里江（乌苏里河）经哈巴罗夫斯克城下至黑龙江（阿穆尔河）往返航行的议定书》，1996年4月25日签订的《中俄在兴凯湖建立禁渔区的协定》，1999年12月9日《中华人民共和国政府和俄罗斯联邦政府关于对界河中个别岛屿及其附近水域进行共同经济利用的协定》；2004年10月14日《中华人民共和国政府和俄罗斯联邦政府关于中俄船只在黑瞎子岛地区（塔拉巴罗夫岛和博利绍伊乌苏里斯基岛地区）周围水域航行的议定书》；2005年11月松花江水体污染事件发生后，中俄双方又进一步加强了对界水（黑龙江、乌苏里江、额尔古纳河、绥芬河和兴凯湖）水质进行联合监测的合作，并制定了一系列条约，包括2006年2月21日《中国国家环境保护总局与俄罗斯联邦自然资源部关于中俄两国跨界水体

① 《外交部边界与海洋事务司副司长欧阳玉靖谈中国边界与海洋外交工作（“外交·大家谈”访谈实录）》，http://www.mfa.gov.cn/web/wjbxw_673019/t1015169.shtml，下载日期：2018年5月13日。

② 何大明、刘昌明、冯彦、胡金明、李漩、李运刚：《中国国际河流研究进展及展望》，载《地理学报》2014年第9期。

水质联合监测的谅解备忘录》;2008年1月29日《中华人民共和国政府和俄罗斯联邦政府关于合理利用和保护跨界水的协定》;2008年11月12日《中华人民共和国环境保护部和俄罗斯联邦自然资源与生态部关于建立跨界突发环境事件通报和信息交换机制的备忘录》。中哈两国间签订的相关国际文件包括:1989年中苏签订的《关于跨界河流苏木拜河水资源分配和使用临时协议》、2001年9月12日《中华人民共和国政府和哈萨克斯坦共和国政府关于共同利用和保护跨界河流的合作协定》、2005年7月4日《中华人民共和国水利部与哈萨克斯坦共和国农业部关于双方紧急通报跨界河流自然灾害信息的协议》、2006年12月20日《中华人民共和国水利部与哈萨克斯坦共和国环境保护部关于相互交换主要跨界河流边境水文站水文水质资料的协议》、2006年12月20日《中华人民共和国水利部与哈萨克斯坦共和国农业部关于开展跨界河流科研合作的协议》、2010年11月13日《中华人民共和国政府和哈萨克斯坦共和国政府关于共同建设霍尔果斯河友谊联合引水枢纽工程协定》、2011年2月22日《中华人民共和国政府和哈萨克斯坦共和国政府跨界河流水质保护协定》。中蒙两国签订的条约有:1994年4月29日签订的《中华人民共和国政府和蒙古国政府关于保护和利用边界水协定》。此外,我国与中南半岛有关国家签订的条约包括:1994年11月9日《中华人民共和国政府和老挝人民民主共和国政府关于澜沧江—湄公河客货运输协定》、1997年1月7日《中华人民共和国政府和缅甸联邦政府关于澜沧江—湄公河客货运输协定》、2000年4月20日中老缅泰四国《澜沧江—湄公河商船通航协定》、2002年4月中国水利部与湄公河委员会(越、老、泰、柬)签订的《中华人民共和国水利部与湄公河委员会关于中国水利部向湄委会秘书处提供澜沧江—湄公河汛期水文资料的协议》并于2008年8月和2013年8月续签。另外,还有一些涉及保护和利用界水和跨界河流的规定散见于中国与有关国家的边界协定或者环境保护协定中,如1991年11月7日《中越关于处理两国边境事务的临时协定》对界河水资源的分配进行了相应规定;1994年5月27日《中俄环境保护合作协定》也对中俄界水和跨界河流的水资源的综合利用和水体保护等作出了相应的规定。除与相关国家签订条约外,中国还积极构建和参与对界水和跨界河流的管理机制。如中俄两国于2006年2月建立中俄总理定期会晤委员会环保合作分委会,该分委会每年召开一次会议,讨论推进在跨界水体水质监测与保护方面的工作。2014年11月,李克强总理在第十七次中国—东盟领导人会议上倡议建立澜沧江—湄公河合作机制,得到湄公河各国积极响应。[①]为完善该合作机制,澜湄六国于2018年1月在柬埔寨首都金边通过了《澜沧

---

① 《澜沧江—湄公河合作首次领导人会议》, http://www.xinhuanet.com/world/lmhzhy2016/,下载日期:2018年5月15日。

江—湄公河合作五年行动计划(2018—2022)》,该行动计划架构起了领导人会议、外长会、高官会、外交和各领域联合工作组会组成的多层次机制框架。

第三节 改革开放40年来中国维护边界的立法进展

一、刑法

改革开放后,我国先后制定的两部刑法,1979年《刑法》和现行的1997年《刑法》,均对妨害国(边)境管理行为的罪刑进行了规定。1979年《刑法》在其第六章“妨害社会管理秩序罪”的第165条、第166条和第167条对妨害国(边)境管理的行为进行了规定,将破坏界碑、界桩和永久性测量标志的行为,偷越国(边)境罪的行为以及组织、运送他人偷越国(边)境罪的行为规定为犯罪。1997年《刑法》同样在其第六章“妨害社会管理秩序罪”一章对妨害国(边)境管理的行为进行了规定,但其单辟一节第三节“妨害国(边)境管理罪”对妨害国(边)境管理的犯罪行为进行了更为细致和全面的规定。1979年《刑法》和1997年《刑法》涉及的犯妨害国(边)境管理秩序的犯罪均可归为两类:一类是违反出入境管理秩序的行为;另一类是破坏界碑、界桩和永久性测量标志的行为。对于前一类行为,1979年《刑法》仅涉及2个罪名,1994年全国人大常委会通过《关于严惩组织、运送他人偷越国(边)境犯罪的补充规定》对此进行了补充,后为1997年《刑法》所继承并最终确定为目前的6个罪名,分别为组织他人偷越国(边)境罪,骗取出境证件罪,提供伪造、变造的出入境证件罪,出售出入境证件罪,运送他人偷越国(边)境罪以及偷越国(边)境罪。此外,2015年8月29日《中华人民共和国刑法修正案(九)》第40条对《刑法》第322条偷越国(边)境罪进行了修正,将“为参加恐怖活动组织、接受恐怖活动培训或者实施恐怖活动,偷越国(边)境”的行为明确为偷越国(边)境罪。对于后一类行为,1979年《刑法》第175条规定:“故意破坏国家边境的界碑、界桩或者永久性测量标志的,处三年以下有期徒刑或者拘役。以叛国为目的,按照反革命罪处罚。”现行1997年《刑法》删去了“以叛国为目的,按照反革命罪处罚”的规定,并将上述行为明确规定为2个罪名,即破坏界碑、界桩罪和破坏永久性测量标志罪。截至2017年11月4日最新的《中华人民共和国刑法修正案(十)》出台,先后10个刑法修正案均未对该条款进行修正。为确定上述8种犯罪的入罪标准,公安部于2000年3月31日发布了《公安部关于妨害国(边)境管理犯罪案件立案标准及有关问题的通知》。2012年12月12日,最高人民法院和最高人民检察院又联合发布了《关于办理妨害国(边)境管理刑事案件应用法律若干问题的解释》,对上述犯罪的定罪标准进行了细化。

二、行政法

我国尚无统一的国界立法，但《全国人大常委会2018年立法工作计划》已将“陆地国界法”的立法列为预备审议项目。目前，我国关于国界的行政立法散见于各法律文件中。其中，中央机关的立法包括：2012年《中华人民共和国出境入境管理法》、2013年《中华人民共和国出境入境管理条例》等，针对人员的出入境管理作出了规定；2017年《中华人民共和国海关法》、《中华人民共和国进出口商品检验法》及其实施条例、《中华人民共和国进出境动植物检疫法》及其实施条例、《中华人民共和国国境卫生检疫法》及其实施条例、《中华人民共和国食品安全法》及其实施条例等，对进出境运输工具和进出境货物的管理等作出了规定；2007年《中华人民共和国国境卫生检疫法》规定在我国国界江河的口岸设立国境卫生检疫机关；2017年《中华人民共和国测绘法》对国界线的测绘问题作出了相关规定；2017年《中华人民共和国河道管理条例》对国境边界河道的管理机构进行了明确。此外，地方立法包括：我国边境省份和自治区颁布了各自的边境管理条例，包括：1997年起施行的《黑龙江省边境管理条例》、2012年3月31日起施行的《内蒙古自治区边境管理条例》、2016年10月1日起施行的《甘肃省边境管理条例》、2017年1月1日起施行的《云南省边境管理条例》、2017年1月1日起施行的《新疆维吾尔自治区边境管理条例》以及2017年1月1日起施行的《西藏自治区边境管理条例》。此外，辽宁省于1999年起施行《辽宁省边境沿海地区边防管理条例》，广西壮族自治区于2012年起施行《广西壮族自治区公安边防管理办法》。

第四节　改革开放40年来中国参与国际海洋法公约的情况

1982年12月10日，历时9年时间谈判通过的《联合国海洋法公约》在牙买加蒙特哥湾开放签署，并于1994年11月16日在圭亚那交存批准书后12个月生效。1996年5月15日，我国第八届全国人民代表大会常务委员会第十九次会议决定，批准《联合国海洋法公约》，[①]同年7月7日，该公约正式对我国生效。1990年至1994年间，我国参与了联合国秘书长主持的对《联合国海洋法公约》第十一部分的非正式磋商，投票支持、签署并批准了该《协定》。2006年8月25日，中国根据《联合国海洋法公约》第298条的规定向联合国秘书长提交声明。该声明称，关于《联合国海洋法公约》第298条第1款(a)、(b)和(c)项所述的任何争端(即涉及海域划

① 《全国人民代表大会常务委员会关于批准〈联合国海洋法公约〉的决定》，http://www.npc.gov.cn/wxzl/gongbao/2000-12/16/content_5003571.htm，下载日期：2018年5月15日。

界、历史性海湾或所有权、军事和执法活动以及安理会执行《联合国宪章》所赋予的职务等争端),中华人民共和国政府不接受《联合国海洋法公约》第十五部分第二节规定的任何程序。[①] 此外,中国还积极参与依据《联合国海洋法公约》设立的大陆架界限委员会、国际海底管理局和联合国海洋法法庭的工作。2012 年 12 月 14 日中国政府向大陆架界限委员会提交我国在东海部分海域从测算领海宽度的基线量起 200 海里以外大陆架界限的情报,申请大陆架界限委员会就有关划定大陆架外部界限的事项向我国提出建议。1991 年 3 月 5 日,经联合国批准,中国大洋协会在国际海底管理局和国际海洋法法庭筹备委员会登记注册为国际海底开发先驱者,在国家管辖范围外的国际海底区域分配到 15 万平方公里的开辟区。[②] 2017 年 5 月 12 日,国际海底管理局与中国五矿集团公司签署为期 15 年的多金属结核勘探合同,合同区域位于东太平洋克拉里昂—克里帕顿区,面积为 72745 平方公里。中国五矿集团公司因此成为中国首个获得国际海底勘探矿区的企业,中国也因此成为世界上首个与国际海底管理局签订多金属结核、富钴结壳和海底热液硫化物 3 种海底矿产资源勘探合同以及拥有 4 块专属勘探权和优先开采权矿区的国家,拥有的国际海底区域矿区包括中国大洋矿产资源研究开发协会于 2001 年获得的东太平洋约 7.5 万平方公里的多金属结核勘探矿区、西南印度洋约 1 万平方公里的多金属硫化物勘探矿区和于 2013 年获得的西太平洋 3000 平方公里的富钴结壳勘探矿区,以及上述提及的中国五矿集团公司获得的东太平洋约 7.3 万平方公里的多金属结核勘探矿区。[③] 2014 年中国成功当选为国际海底管理局理事会 A 组成员,将更加深入地参与国际海底管理局对“区域”内资源的组织和管理工作。2017 年 8 月,上海交通大学极地与深海发展战略研究中心提交的观察员席位申请获得通过,我国在国际海底管理局的观察员席位获得“零”的突破。[④] 此外,中国政府还积极推选中国公民到国际海洋法法庭和大陆架界限委员会任职,目前这两个机构均有中国籍的法官和委员。

---

① 《中国根据〈联合国海洋法公约〉第 298 条提交排除性声明》,http://www.fmprc.gov.cn/web/ziliao_674904/tytj_674911/tyfg_674913/t270754.shtml,下载日期:2018 年 5 月 15 日。

② 中国大洋矿产资源研究开发协会官方网站,http://www.comra.org/2013-09/23/content_6322477.htm,下载日期:2018 年 5 月 15 日。

③ 朱永灵:《关于中国国际海底区域矿区采矿的思考》,载《海洋开发与管理》2017 年第 8 期。

④ 《管理国际海底:“中国话语权”正在加强》,http://www.xinhuanet.com/mrdx/2017-08/18/c_136535107.htm,下载日期:2018 年 5 月 15 日。

第五节 改革开放40年来中国与海岸相向或相邻国家签订海域划界协议的情况

一、中越北部湾划界协议

北部湾是一个较为狭窄的海湾，其宽度在110～180海里之间。按照1982年《联合国海洋法公约》的规定，沿海国可拥有宽度不超过12海里的领海、宽度不超过200海里的专属经济区以及更为宽广的大陆架。中越两国都是《联合国海洋法公约》(以下简称《公约》)的缔约国，两国根据《公约》规定在北部湾海域主张的专属经济区和大陆架存在重叠，必须通过划界加以解决。在20世纪70年代进行的前两次中越边界谈判中，越南主张应以《中法续议界务专条》规定的东经108°线为依据对北部湾水域以及该水域岛屿的归属进行划定，而中方则主张《中法续议界务专条》规定的东经108°线仅是北仑河口附近近岸岛屿归属线，中越两国在历史上从未划分过北部湾，这就导致了中越双方在北部湾划界问题上分歧的发生。1993年8月，在中越第三次边界谈判开始前，中越双方签署了《关于解决中华人民共和国和越南社会主义共和国陆地边界和划分北部湾问题的基本原则协议》，该协议规定，边界谈判应“按照包括1982年《联合国海洋法公约》在内的国际法所确认的法律制度和原则”进行。至此，中越双方就划界依据达成了共识，为两国间陆上和海上边界问题的最终解决奠定了基础。此后，自1992年至2000年中越双方共举行了7轮政府级谈判、3次政府代表团团长会晤、18轮联合工作组会谈及多轮的专家组会谈，[①]最终于2000年12月25日在北京签署《中华人民共和国和越南社会主义共和国关于两国在北部湾领海、专属经济区和大陆架的划界协定》和《中华人民共和国政府和越南社会主义共和国政府北部湾渔业合作协定》。2004年6月30日，两国政府代表在河内互换了上述协定的批准书，至此中越北部湾划界协定生效，标志着我国第一条海上边界的诞生。根据划界协定，中越双方位于北部湾的领海、专属经济区和大陆架的分界线共由21个坐标点相续连接而成，北自中越界河北仑河的入海口，南至北部湾的南口，全长约500公里。通过此次划界，中越双方所得的海域面积相当。[②]

此外，北部湾渔业问题直接关系到中越两国渔民的切身利益，因此中越两国将

① 张植荣：《中越北部湾划界谈判及其对解决海疆争端的启示》，载《国际论坛》2005年第2期。

② 《中越北部湾划界协定情况介绍》，http://www.fmprc.gov.cn/ce/cgkhb/chn/xwdt/t146857.htm，下载日期：2018年5月15日。

其与北部湾的划界问题同时进行了解决,《中越北部湾渔业合作协定》也与划界协定同时签署、同时生效。渔业合作协定对双方就北部湾渔业资源的养护、管理和利用等事宜进行了原则规定。此后,中越双方又通过谈判签署了渔业合作协定的《中华人民共和国政府和越南社会主义共和国政府北部湾渔业合作协定》补充议定书以及《北部湾共同渔区资源养护和管理规定》,对北部湾的渔业合作的具体方式等进行了更为明确的安排。北部湾划界是中国海上划界的首次成功实践,为中国今后与其他邻国划分海上边界线积累了经验,意义重大。北部湾划界确定后,中越两国又于2011年10月11日签订了《关于指导解决中华人民共和国和越南社会主义共和国海上问题基本原则协议》,规定中越两国应"稳步推进北部湾湾口外海域划界谈判",并设立了双方每年两次的政府边界谈判代表团团长的定期会晤机制。

二、中日东海共同开发区协议

中日东海争端主要围绕着钓鱼岛及其附属岛屿的领土主权归属和中日两国在东海海域大陆架和专属经济区的划界问题产生。钓鱼岛问题涉及主权争端,中日双方之间的分歧难以消弭。关于东海大陆架和专属经济区的划界问题却在2008年随着中日双方达成《中日东海问题原则共识》而出现转机。中日双方达成的三项共识包括:一是要使东海成为和平、合作、友好之海;二是在不损害各自法律立场的情况下,在东海选择一个区块进行共同开发;三是日本企业按照中国法律,即《中华人民共和国对外合作开采海洋石油资源条例》,参加春晓油气田的合作开发。在达成上述原则共识的同时。中日双方同时签订了关于东海共同开发的谅解,划定了中日东海共同开发区域的坐标和范围,在北纬30°、东经126°海域划出2700平方公里的共同开发区。并规定中日两国为尽早实现在东海其他海域的共同开发继续磋商。但日本于2008年11月向大陆架界限委员会提交了外大陆架申请案,在该申请案中存在的突出问题是日本将冲之鸟礁作为岛屿处理,并以此为基点主张大陆架。作为回应,我国常驻联合国代表团于2009年2月6日向联合国秘书长提交了中国对日本提交外大陆架申请之声明,该声明指出"所谓的'冲之鸟岛'实际上是《公约》第121条第3款所指的岩礁。因此中国政府提请委员会委员、《公约》缔约国和联合国会员国注意,日本将冲之鸟礁列入其划界案中是不符合《公约》的","鉴于冲之鸟礁不具备拥有任何范围大陆架的权利基础,日本划界案中以冲之鸟礁为基点划出的200海里以内及以外的部分均超出了《公约》有关委员会作出建议的授权"。[①] 2012年6月大陆架界限委员会在联合国网站上公布了委员会对日本外大陆架界限案的建议摘要,该建议摘要未对日本依据冲之鸟礁主张的南九州—帕劳

① 中华人民共和国常驻联合国代表团:《中国对日本提交外大陆架申请之声明》,载《中国海洋法学评论》2009年第1期。

洋脊区块作出建议。[①] 2012年12月，中国常驻联合国代表团代表中国政府向联合国秘书处提交了东海部分海域200海里以外大陆架外部界限划界案。

第六节　改革开放40年来中国维护海洋权益方面的立法

一、法律

1992年的《中华人民共和国领海及毗连区法》确立了国家拥有领海、管理和使用领海及毗连区的基本法律制度及一些原则性规定。1996年5月中国政府公布了《中华人民共和国政府关于中华人民共和国领海基线的声明》，公布了我国49个大陆领海的部分基线，28个西沙群岛的领海基线。2012年9月10日，中国政府公布了《中华人民共和国政府关于钓鱼岛及其附属岛屿领海基线的声明》，公布了钓鱼岛及其附属岛屿的领海基线。1998年6月，我国颁布了《专属经济区和大陆架法》，对专属经济区和大陆架的概念和范围进行了规定，并对专属经济区和大陆架自然资源的开发、利用、管理进行了规定，对涉外或境外经济组织在我国专属经济区和大陆架的权利进行了明确。此外，我国制定的维护海洋权益方面的立法还包括《中华人民共和国海上交通安全法》《中华人民共和国海洋环境保护法》《中华人民共和国海域使用管理法》《中华人民共和国渔业法》《中华人民共和国海岛保护法》《中华人民共和国深海海底区域资源勘探开发法》等。

二、行政法规和部委规章等

除了法律外，中国在过去40年还制定了许多维护海洋权益的行政法规和部委规章等，国务院制定的行政法规包括1982年的《中华人民共和国对外合作开采海洋石油资源条例》、1983年的《中华人民共和国海洋石油勘探开发环境保护管理条例》、1985年的《中华人民共和国海洋倾废管理条例》、1988年的《中华人民共和国防止拆船污染环境管理条例》、1990年的《防治海岸工程建设项目污染损害海洋环境管理条例》、1990年的《防治陆源污染物污染损害海洋环境管理条例》、1995年的《中华人民共和国航标条例》、2004年的《中华人民共和国海关行政处罚实施条例》、2006年的《防治海洋工程建设项目污染损害海洋环境管理条例》等。国家海洋局制定的规章包括1989年的《铺设海底电缆管道管理规定》、1996年的《中华人民共和国涉外海洋科学研究管理规定》等。

---

① 《大陆架界限委员会未认可日本主张，中方表示欢迎》，http://www.china.com.cn/international/txt/2012-06/08/content_25602663.htm，下载日期：2018年5月17日。

第七节　改革开放40年来中国参与极地治理的实践

改革开放后，中国继续主动且更为深入地参与南北极事务，紧跟极地治理模式的发展进程，积极加入有关国际文件和组织，着力完善国内配套立法，为保护我国在极地地区的科考利益、航道利益、环境利益等作出了积极的努力。

一、参与极地条约的情况

1959年《南极条约》第4条“冻结”了缔约国对南极的领土主权要求，被视为“南极条约的基石”。以此为基础，南极的国际治理得以实现。其中，以《南极条约》为核心和基础的南极条约体系在南极的国际治理中发挥着重要的作用，该体系除《南极条约》外，还包括1972年《南极海豹保护公约》、1980年《南极海洋生物资源养护公约》、1988年通过但尚未生效的《南极矿产资源活动管理公约》、1991年《关于环境保护的南极条约议定书》及其六个附件“环境影响评估”“南极动植物保护”“废弃物处置与管理”“防止海洋污染”“区域保护与管理”“环境紧急事件引发的责任”(未生效)，以及由南极协商会议通过的大量建议或者措施、决议以及决定等法律文件。1983年中国加入《南极条约》，①1985年2月20日中国第一座极地考察站长城站建成，②使得中国具备了成为《南极条约》协商国的资格，③同年10月7日，在第十三届《南极条约》协商会议上，中国正式成为《南极条约》协商国，④获得了在南极事务中的决策权。1994年，中国批准《关于环境保护的〈南极条约〉议定书》，之后又陆续批准了该议定书已经生效的五个附件。⑤ 2006年10月19日，中国批准加入《南极海洋生物资源养护公约》，⑥2007年8月2日成为南极海洋生物资源养护委员会成员国。⑦ 由于南极海洋生物资源养护委员会具有独立于南极条约协

---

① 《全国人民代表大会常务委员会关于加入〈南极条约〉的决定》，http://www.npc.gov.cn/wxzl/gongbao/1983-05/09/content_1480991.htm，下载日期：2018年5月18日。

② 《中国南极考察站》，http://www.chinare.gov.cn/caa/gb_article.php? modid=03001，下载日期：2018年5月18日。

③ 《南极条约》第13条。

④ 《1985年10月7日，中国成为“南极条约”协商国》，http://www.people.com.cn/GB/historic/1007/3304.html，下载日期：2018年5月18日。

⑤ 《中国的南极事业》(国家海洋局发布)第五部分第2段。

⑥ 《国务院关于决定加入〈南极海洋生物资源养护公约〉的批复》，http://www.gov.cn/zhengce/content/2008-03/28/content_6953.htm，下载日期：2018年5月18日。

⑦ 《中国成为“南极海洋生物资源养护委员会”成员》，http://www.fmprc.gov.cn/web/wjdt_674879/sjxw_674887/t370968.shtml，下载日期：2018年5月18日。

商会议的决策机制，因此成为该委员会成员国将进一步增强中国在南极事务中的话语权。

相较于南极而言，北极事务没有统一适用的系统性国际条约，它由《联合国宪章》《联合国海洋法公约》《斯匹次卑尔根群岛条约》等国际条约和一般国际法予以规范。[①] 中国于1925年加入《斯匹次卑尔根群岛条约》，自此开启中国参与北极事务历程。[②] 2004年7月28日，中国依据该条约在挪威斯瓦尔巴群岛建立了我国首个北极考察站黄河站。北极理事会是进行北极治理中最重要的政府间国际平台，2007年，中国成为北极理事会"特别观察员"，[③]2013年5月15日，北极理事会在瑞典北部城市基律纳召开的第八次部长级会议上，批准中国成为其"正式观察员"。北极理事会目前为止通过了三个具有法律拘束力的文件，分别是2011年《北极海空搜救合作协定》、2013年《北极海洋石油污染预防与应对合作协议》和2017年《加强北极国际科学合作协定》。[④] 由于这三个文件将其效力范围仅限于北极八国（加拿大、丹麦、芬兰、冰岛、挪威、俄罗斯、瑞典和美国），因此中国均未能加入。除北极理事会外，参与北极治理的实体还包括国际北极科学委员会和北极经济理事会。国际北极科学委员会成立于1991年，中国于1996年被接纳为正式成员国。[⑤] 北极经济理事会成立于2014年9月初，由于该组织不对北极理事会观察员开放，因此中国非本组织成员。[⑥]

二、中国制定极地立法情况

2017年和2018年，我国相继发布了关于我国南北极事业的两个纲领性文件。2017年5月22日，国家海洋局发布《中国的南极事业》，这是我国政府首次发布白皮书性质的南极事业发展报告，该报告全面回顾了我国南极事业30多年以来的发展成就，提出了我国政府在国际南极事务中的基本立场、我国南极事业的未来发展愿景和行动纲领。2018年1月26日，国务院新闻办公室发布了《〈中国的北极政策〉白皮书》（以下简称《白皮书》），就北极的形势与变化、中国与北极的关系、中

① 《〈中国的北极政策〉白皮书》（国务院新闻办公室发布）第一部分第1段。

② 《〈中国的北极政策〉白皮书》（国务院新闻办公室发布）第二部分第3段。

③ 《中国首次成为北极理事会特别观察员国》，http://www.china.com.cn/international/txt/2007-12/05/content_9349133.htm，下载日期：2018年5月18日。

④ 北极理事会官方网站，http://www.arctic-council.org/index.php/en/our-work/agreements，下载日期：2018年5月18日。

⑤ 国家海洋局网站，http://www.soa.gov.cn/xw/ztbd/2012/zgdwcbjkxkc/bjzl_dwcbjkk/201211/t20121129_10345.htm，下载日期：2018年5月18日。

⑥ 北极理事会官方网站，https://arcticeconomiccouncil.com/members/http://www.arctic-council.org/index.php/en/our-work/agreements，下载日期：2018年5月18日。

国的北极政策目标和基本原则、中国参与北极事务的主要政策主张等问题进行了说明。《白皮书》阐释了中国在北极事务中的“重要利益攸关方”地位，为我国参与北极事务提供了依据；《白皮书》表明中国愿本着“尊重、合作、共赢、可持续”的基本原则，与各方共建“冰上丝绸之路”，积极推动北极科学考察和研究，参与北极油气和矿产等非生物资源开发，支持中国企业与北极国家合作开发北极旅游资源等，以期实现中国“认识、保护、利用和参与治理北极”的目标。除上述两个纲领性文件外，中国还就极地科学考察、航道探索和环境保护等问题作出了积极的努力。

中国积极探索北极航道。2012年8月，“雪龙号”科考船首航北极东北航道；2017年在我国第八次北极科考期间，“雪龙号”科考船首航北极中央航道和西北航道；[①]2013年9月，中远集团“永盛号”货轮穿越北极东北航道，成为第一艘经过北极东北航道完成亚欧航线的中国商船。2014年，由交通运输部海事局组织编撰的《北极航行指南(东北航道)2014》出版发行；2016年，由交通运输部海事局组织编撰的《北极航行指南(西北航道)2015》出版发行，与2014年《北极航行指南(东北航道)2014》组成姊妹篇。两本书旨在为计划在北极东北航道和北极西北航道航行的船舶提供海图、航线、海冰、气象等全方位航海保障服务。2014年，由交通运输部审查通过的《北极航行参考图集》出版发行，该图集详细介绍了北极地理、地貌、气候、冰况、洋流、资源、人文、北极航道、主要港口、通航环境、船舶航行要点、海图覆盖、法律法规、国际公约、极地航行规则、国际组织等方面的情况。2017年，我国编制完成了《北极东北航道通信指南》，该书对北极东北航段通信保障能力进行了介绍。上述两个文件为我国的政府决策、船舶航行和科学研究等提供了有益的参考。

我国积极参与极地科考。我国积极参与南极科考，1984年10月8日，我国第一支南极考察队在北京成立，于同年12月31日登上乔治王岛并举行长城站奠基典礼。此后，中国一直积极致力于南极的科学考察和环境保护等工作。截至2018年4月21日“雪龙号”极地科考船顺利返回国内码头，中国已圆满完成了34次南极科学考察，建成了长城站(1985年2月20日)、中山站(1989年2月26日)、昆仑站(2009年1月27日)和泰山站(2014年2月8日)4座科学考察站，并已启动了我国第五座南极科学考察站建设的前期工作。我国积极参与北极科考，从1999年开启首次北极科考至今，我国已完成8次北极科学考察活动，并于2004年7月28日在挪威的斯瓦尔巴群岛建成我国首个北极科考站黄河站。为规范我国的极地考察活动，我国通过了一系列相关法律规定。2014年6月和2017年9月，为规范我国

---

① 《“雪龙号”凯旋，第八次北极科考实现四大突破》，http://www.gov.cn/xinwen/2017-10/11/content_5230931.htm，下载日期：2018年5月18日。

南北极考察活动的行政许可，促进南北极考察活动有序开展，国家海洋局分别印发了《南极考察活动行政许可管理规定》和《北极考察活动行政许可管理规定》，对我国南北极考察活动的申请受理、审查决定和监督管理等工作作出了规定。此外，国家海洋局极地考察办公室还制定了《中国南极考察队员守则》和《南极考察应急管理规定》等文件，对我国的南极考察活动进行规范。

我国积极参与极地环境保护。2017年5月，依据《关于环境保护的南极条约议定书》及其附件一的要求，国家海洋局印发《南极考察活动环境影响评估管理规定》，要求在提交南极考察活动申请时，应当一并提交环境影响评估文件；环境影响评估文件的审查结果作为国家海洋行政主管部门审批该南极考察活动申请的重要依据。2018年2月9日，国家海洋局发布《南极活动环境保护管理规定》，明确国家海洋局负责对考察、旅游、探险、渔业、交通等所有南极活动的环境保护管理工作，将根据南极自然和生态环境承载能力建立南极活动总量控制制度。2018年2月26日，国家海洋局印发《访问中国南极考察站管理规定》，为保护南极环境和生态，该规定对访问我国南极考察站的人数限制、时间限制和路线限制等细节问题作出了规定。

第八节　总　结

从以上描述的改革开放40年来中国维护领土和海洋权益的法律和实践来看，改革开放后的40年是中国维护领土和海洋权益的法律和实践最丰富的40年。从形式来看，这方面的实践涵盖缔约、立法和执法；从内容来看，这方面的实践涵盖领土、海洋、极地等。在陆地领土划界方面，改革开放40年来，中国解决了与周边邻国遗留下来的最难解决的陆地领土划界的几个问题，尤其是与俄罗斯和越南。目前，只有与印度和不丹的陆地领土划界尚未确定。这是近代以来中国第一次与周边陆地邻国(印度和不丹除外)在平等的基础上几乎全部划定了条约边界线。这为中国深入开展改革开放创造了良好的睦邻关系，为改革开放保驾护航。而且，中国与周边陆地邻国(印度和不丹除外)的条约边界线都是在谈判的基础上划定的。同时，为了落实和维护这些陆地划界条约，中国还制定了这方面相应的法律、行政法规、部委规章和地方性法规等，确保陆地边界的安全、稳定和和谐。不过，与陆地划界相比的是，在与周边邻国的海洋划界方面，改革开放40年来中国在这方面并没有多大的进展，情况非常复杂和困难，只有与越南在北部湾签订了划分大陆架和专属经济区的协议，与日本在东海签订了一个共同开发的协议。中国与周边邻国的海洋权益争端非常复杂，划界协议的谈判虽然一直在进行，但是尚未有其他成果，这与中国和周边邻国的海洋权益的争端分歧很大有关。与海洋划界协议缺乏相比，改革开放40年来，中国可以说基本建立起比较完备的维护海洋权益的法律体系，并一直在努力执行中。不过，也有人认为，目前的海洋法制体系存在法制建设不完善、条块分割严重、缺乏整体性和全局性、缺乏激励补偿机制等缺陷。① 最后，在极地治理方面，改革开放40年来，中国已经从无到有，成为极地治理的积极参加者，成为一支不可忽视的力量，预计在这一领域中国的立场和声音将受到持续关注。

① 侯放：《新中国国际法60年》，上海社会科学院出版社2009年版，第199页。

第三章

改革开放40年中国国际贸易法律制度的发展

第一节　改革开放前的对外贸易制度与立法探索

1949年10月1日，新中国成立，改变了中国近代长期以来受剥削、受奴役的半殖民地的地位，逐渐从半殖民地半封建社会的不平等、被剥削的国际贸易地位中摆脱出来，以平等独立的姿态出现在国际经济贸易舞台上，由此中国的对外贸易翻开独立自主的历史新篇章。

中华人民共和国政府采取有步骤地彻底摧毁帝国主义在中国控制权的方针，废除不平等条约与帝国主义在中国的一切特权，收回长期被外国霸占的海关管理权，建立新中国独立自主的新海关，取消外国资本在金融、航运、保险、商检、公证仲裁等方面的垄断权，消除对外贸易中对帝国主义的依附，实行对外贸易统制。对帝国主义在中国的进出口企业，允许在服从我国法律的条件下继续经营。人民政府还没收了蒋、宋、孔、陈四大家族官僚资本的外贸企业，并对它们进行民主改造和重新组织，使之转变为社会主义的国营外贸企业。为恢复国民经济、发展对外贸易，政府依靠国家政权和整个社会经济力量，逐步建立起由中央人民政府贸易部领导的国营对外贸易企业，其中有经营对社会主义国家贸易的中国进口公司，经营对资本主义国家贸易的中国进出口公司，以及中国畜产、油脂、茶叶、蚕丝、矿产等国营外贸公司，这些公司在各地设有分支机构。

中国对外贸易基本形成单一的全民所有制，从而保障高度集中的计划体制和少数国营公司垄断经营体制的建立与运行。从新中国成立初期国家面临的内外经济、政治形势来看，这种体制的建立不仅是一种深刻的社会经济变革，也是适应当时国民经济发展的迫切需要。

新中国成立之初，受多年战争的影响，中国国民经济处于一种半瘫痪状态，亟待恢复和重建。同时，在冷战状态的国际背景下，由于以美国为首的西方国家对中国实行封锁、禁运，中国全力发展同苏联、东欧等社会主义国家的经贸关系。这一时期对外贸易政策的出发点和落脚点都必须适应战时经济。面对这种情况，实行统制贸易、废除不平等条约，是中国政府必然的政治选择。1949年11月中央人民政府政务院设立贸易部，部内设立对外贸易司，并于1950年12月颁布《对外贸易暂行管理条例》，后来又颁布了《暂行海关法》。1951年2月，中央政府将全国各口岸已成立的外贸管理局收归中央贸易统一领导，统一规定审批登记各类对外贸易企业和外商机构、实行进出口商品分类管理、推行进出口许可证制度、管制外汇及审核进出口价格等内容。同时，着手组建国营外贸公司，直接经营外贸活动。1952年成立了对外贸易部，对对外贸易进行集中管理。

在1950—1952年国民经济恢复时期，中国对外贸易承担组织内外物资交流、扶持工农业生产和恢复交通运输、争取所需物资进口、支持抗美援朝的斗争和粉碎"禁运""封锁"斗争的任务，及时进口一些重要物资，例如钢铁、石油及其制品、化工原料、橡胶及其制品、棉花、纸浆、种畜等。中国的进口总额从1950年的11.35亿美元上升到1952年的19.41亿美元，年均增长30.8%；出口额从5.83亿美元增长到11.18亿美元，年均增长38%。对外贸易的大幅增长，对恢复发展国民经济起到重要作用。

1953年，国家开始对原有的外贸公司进行调整和改组，按进出口商品品种和类别划分经营分工，分别成立12个外贸专业公司。1956年，在对私人工商业的所有制改革基本完成后，对外贸易部集管理者、计划制定和执行者、经营者三个职能于一身。至此，对外贸易国家垄断制基本形成，即全国的对外贸易由外贸部统一领导，统一管理，进出口贸易的具体经营业务，由外贸部所属的各外贸专业公司统一进行。1958年，鉴于当时对外贸易管理和经营受"大跃进"影响而比较混乱，中央政府进一步强化在中央高度集中基础上的对外贸易国家垄断制度，规定除对外贸易部所属各总公司和各口岸对外贸易机构外，任何机构不许经营进出口业务。①

① 裴长洪：《中国对外贸易60年演进轨迹与前瞻》，载《改革》2009年第7期。

20世纪70年代初,西方国家开始陆续同中国建交;1971年中国恢复在联合国的合法席位;1972年中美建交1975年,中国与欧共体正式建立经济贸易关系。中国对外经济关系格局发生重大转变,为适应转变,中国外贸体制开始变革的尝试。外贸部于1974年着手在一定范围内实行下放外贸经营权的试点,在沿海地区原有广州、大连、上海、青岛、天津五大对外口岸基础上,新辟江苏、河北、浙江、广西四省为外贸口岸,同时批准原第一机械工业部成立自属机械设备进出口总公司,直接经营对外贸易。这个时期,对外贸易得到较大发展。1975年,进出口总额达到147.5亿美元,创新中国成立以来最高水平,而且1970—1975年间年平均增长速度高达26.3%。1976年对外贸易增长势头下降。

国家统制的贸易制度,在建国初期取得较大成就,但和高度集中的计划经济体制一样,有着自身不可避免的缺陷。国家统制的对外贸易政策使得我国无论在贸易范围,还是在规模上都受到很大限制。据统计,直到1979年我国进出口总额仅为293.4亿美元,其中出口额为136.6亿美元,只占世界出口额的0.83%,仅居世界各国和地区的第32位。国家统制的对外贸易存在管得过宽、统得过死、不利于调动微观主体积极性的缺点。

改革开放前,我国对外贸易制度及立法有以下特点:

1.外贸经营由国家高度垄断并设置较高的贸易壁垒

1949—1952年,在没收官僚资本的进出口企业和改造民族资本的进出口企业的基础上,中国建立了国家高度垄断的外贸体制,即全国的对外贸易均由对外贸易部统一实行行政管理,各项进出口业务由国有外贸公司垄断经营,进出口商品的品种和数量严格按照计划进行。设置较高的贸易壁垒,其中影响较大的主要有:第一,高关税。根据1951年中国实施的海关规则,进口商品的算术平均税率为52.9%,其中农产品的平均关税率为92.3%,工业品的平均关税率为47.7%。这一关税水平远远高于关税与贸易总协定(GATT)规定的关税率。第二,各种行政壁垒。无论是进口还是出口都需要办理配额、许可证并需通过各种部门的审批。第三,外汇管制。对于进口所需的外汇必须申请额度并承担汇率高估的损失。

2.脱离关税与贸易总协定

GATT是战后建立的国际贸易框架机构和规则体系,体现战后国际贸易的发展方向和规则体系,也反映了世界各国共同发展的愿望和利益。但新中国成立后,既没有向GATT申请复关继承创始缔约国地位,也没有参加GATT的任何活动。1974年中国恢复在联合国的合法席位时有机会重返GATT,但万分遗憾的是放弃了这次机会,从而丧失了在战后国际贸易体系中的优势地位和权益。对于实行这一贸易政策的实践效果,其积极方面是实现了进出口贸易的基本平衡。从1956年起中国一举扭转长期以来严重的外贸逆差,直到1977年期间,除了在少数年份出现少量逆差，一直保持进出口平衡且略有盈余的局面。但其消极方面更多：外贸规模增长缓慢；长期过度保护使国内企业普遍效率低下；高度封闭难以获取国际贸易的比较利益和引进国外先进技术，从而使中国在战后蓬勃发展的世界经济浪潮中又一次被远远抛在后头，处于边缘化的不利地位。[①]

第二节 1978年至中国入世前的对外贸易与对外贸易法的发展

一、我国对外贸易的发展[②]

1978年，中国共产党第十一届三中全会召开，确定以经济建设为中心，实行改革开放，发展国民经济、加快社会主义现代化建设的路线。对外开放基本国策的提出使我国对外贸易进入迅猛发展的阶段。

1.全方位对外开放格局初步形成

我国对外开放从沿海开始，逐步向内地推进。1979年7月，党中央、国务院决定对广东、福建两省的对外经济活动实行特殊政策和优惠措施；1980年5月，决定在深圳、珠海、汕头、厦门设置经济特区；1984年5月，开放大连、秦皇岛、天津、烟台、青岛、连云港、南通、上海、宁波、温州、福州、广州、湛江、北海等14个沿海港口城市；1985年2月，决定分两步开放长江三角洲、珠江三角洲、闽南厦漳泉三角地区和辽东半岛、胶东半岛。1988年，设立海南省，建立海南经济特区；1990年，决定开发和开放上海浦东；1991年，开放满洲里、丹东、绥芬河、珲春4个北部口岸；1992年8月，决定以上海浦东为龙头，开放重庆、岳阳、武汉、九江、芜湖5个沿江城市，同时，开放哈尔滨、长春、呼和浩特、石家庄4个边境、沿海地区省会城市及太原、合肥、南昌、郑州、长沙、成都、贵阳、西安、兰州、西宁、银川等11个内陆省会城市。在随后的几年，又陆续开放一大批符合条件的内陆市县。至此，我国全方位的对外开放格局初步形成。

2.我国对外贸易的改革与发展

第一，外贸体制改革的不断深化。我国原有的、与计划经济体制相适应的对外

---

① 罗鹏：《改革开放前后我国对外贸易政策的变化》，载《辽宁经济》2010年第4期。

② 依据2004年《对外贸易法》第2条，本法所称对外贸易是指货物进出口、技术进出口和国际服务贸易，对外贸易就是我们通常所说的国际贸易。国际贸易(International Trade)也称通商，是指跨越国境的货物和服务交易，一般由进口贸易和出口贸易所组成，因此也称之为进出口贸易。国际贸易也叫世界贸易。进出口贸易可以调节国内生产要素的利用率，改善国际间的供求关系，调整经济结构，增加财政收入等。

贸易体制的主要特征是国家统一经营、统负盈亏。在特定历史时期,这一体制对我国经济建设和对外贸易发展发挥过重要作用。但随着国内和国际形势的变化,特别是十一届三中全会决定实行改革开放和十四大提出建立社会主义市场经济体制以来,原有外贸体制的垄断经营、大锅饭、财政补贴等弊端日益显现,成为我国对外贸易发展的障碍。①

从1978年至2001年,我国对外贸易体制改革大体经历了四个阶段:1979年至1987年的探索阶段,1988年至1990年的整体推进阶段,1991年至1993年的攻坚阶段,1994年至2001年的继续深化阶段。

在探索阶段,主要采取如下措施:一是改革高度集中的经营体制,包括增设对外贸易口岸,下放外贸经营权;二是改革单一的指令性计划管理体制,实行指令性计划、指导性计划和市场调节相结合;三是完善外贸管理,重新实行进出口许可证制度,建立外贸经营权审批制度;四是探索促进工贸(技贸、农贸)结合的途径;五是采取鼓励出口的政策,实行外贸减亏增盈分成制度和地区差别的收汇分成制度,对出口商品实行退税等,并在外贸管理上,实行中央统一领导、统一政策、统一规划,中央和省两级管理。这一阶段的改革对调动各方面的积极性,推动对外贸易发展,取得一定成效。但是,由于对外贸易体制改革是一项十分复杂的系统工程,它与整个国民经济体制改革有着密切联系,统负盈亏、政企不分等主要问题仍未解决,改革只能是阶段性的进展。

在整体推进阶段,主要是在全行业实行承包经营责任制。根据《国务院关于加快和深化对外贸易体制改革若干问题的规定》,②全面推行对外贸易承包经营责任制,主要由各省、自治区、直辖市、计划单列市人民政府向国家承包出口收汇基数、上缴外汇额度基数、出口收汇基数内人民币补贴基数、外汇额度挂账数额,超过出口收汇基数的外汇收入实行分成,自负盈亏;少数商品由外贸和工贸进出口总公司承包并统一经营,不下放的部分工贸总公司仍由其承包经营。其主要内容是:核定各地方和有关外贸总公司出口外汇、上缴外汇和经济效益指标,3年不变;完成承包指标内的外汇按留成比例分成,超亏自负,减亏增盈留成。同时,在全国建立若干外汇调剂市场,企业自有外汇可随时进入市场,自由调剂;各专业外贸进出口总公司与大部分省市外贸专业分公司脱钩,地方的分公司下放到地方管理;外贸的宏观调控体系开始形成,国家逐步运用价格、汇率、利率、退税、出口信贷等经济手段调控对外贸易;在轻工、工艺、服装行业进行自负盈亏的改革试点。实行外贸承包

---

① 石广生:《中国对外经济贸易的发展历程和伟大成就》,http://www.mofcom.gov.cn/aarticle/bg/200207/20020700032817.html,下载日期:2002年7月17日。

② 《国务院关于加快和深化对外贸易体制改革若干问题的规定》,http://www.gov.cn/zhengce/content/2012-02/2/content_5165.htm,下载日期:2018年11月10日。

经营责任制，调动了地方、部门和企业扩大出口的积极性，对于改善企业内部经营机制，提高经济效益，促进对外贸易特别是出口贸易的发展，起到重要作用。但由于受整个经济体制改革阶段性的制约，外贸承包经营责任制只能是一种过渡和探索形式。

在攻坚阶段，主要是取消对出口的财政补贴，从建立自负盈亏机制入手，使外贸逐步走上统一政策、平等竞争、自主经营、自负盈亏、工贸结合、推行代理制的轨道。这次改革的特点是：取消出口补贴，按照国际通行做法由外贸企业自负盈亏；实行以大类商品区分的全国统一的外汇留成比例办法，为企业平等竞争创造条件；外贸体制改革与调整汇率和关税配套进行，外贸的宏观调控体系进一步完善；重视发挥市场调节的作用，行政管理部门不得用行政手段干预外汇资金的横向流通；增加企业支配使用的外汇，为外国商品进入中国市场提供更多的机会；鼓励出口政策和外贸管理措施保持相对稳定性和连续性。这次改革使我国对外贸易体制开始适应对外贸易规范，有利于广泛地参与国际经济合作和交流。但是，按照建立社会主义市场经济体制和适应对外贸易规范的要求，我国对外贸易体制依然存在诸多不相适应的方面。

在继续深化阶段，按照党的十四大确定的统一政策、放开经营、平等竞争、自负盈亏、工贸结合、推行代理制的方向继续深化：建立与完善外贸宏观调控体系，实行单一的、有管理的浮动汇率制；强化外贸企业自负盈亏机制，取消各类外汇留成，同时实行银行结售汇制。进一步调整与完善出口退税政策和有利出口发展的信贷政策，建立进出口银行，设立出口商品发展基金和风险基金。取消国有外贸企业普遍实行的承包制，代之以赋税制，按照现代企业制度改造国有外贸企业，积极推行股份制试点，推动企业开展一业为主、多种经营，走实业化、集团化、国际化、多元化的路子。进一步降低进口关税，同时取消部分进口商品的减免税。加快赋予有条件的生产企业、商业物资企业、科研院所和私营企业等外贸经营权，加快外贸自营权由审批制向登记备案制过渡的步伐。充实与强化进出口商会、协会等中介组织的职能，健全与完善外贸协调服务体系。实行人民币在经常项目下的可自由兑换。在金融和商业零售、外贸等服务性行业扩大利用外资试点。

经过23年的改革，[①]我国对外贸易体制发生根本变化。一是行政性直接干预大大弱化，外贸宏观管理逐步走上以经济、法律手段调控为主的轨道；二是外贸经营主体多元化格局初步形成，自负盈亏的经营机制不断得到加强和完善，国有外贸企业从计划经济体制下国家计划的执行者转变为社会主义市场经济条件下自主经

---

① 石广生：《中国对外经济贸易的发展历程和伟大成就》，按照发文时间推算出来具体数字是23年，http://www.mofcom.gov.cn/aarticle/bg/200207/20020700032817.html，下载日期：2018年9月1日。

营、自负盈亏、自我约束、自我发展的经营者;三是外贸政策的统一性和透明度进一步增强,涉外法规日益健全;四是外贸中介服务体系开始形成;五是外贸经营的领域和渠道进一步拓宽,总体效益和竞争能力大大提高。

第二,“大经贸”格局初步形成。改革开放以前,我国对外贸易的基本格局是:进出口贸易由少数几家国家级的国有专业外贸公司垄断经营,生产企业不能直接面向国际市场。改革开放以来,这种格局发生根本性变化,形成由各级各类专业外贸企业,自营进出口生产企业、科研院所、商业物资企业和外商投资企业等共同经营,国有、私营、中外合资、股份制、股份合作制、内部职工持股等多种所有制形式相互竞争的多层次、多渠道的经营体制。除32万多家外商投资企业从成立之日起就享有自营进出口权外,截至1999年6月,全国有外经贸经营权的企业共有2.5万多家,其中流通型公司9000多家,生产企业和科研院所1.2万多家,主营对外承包劳务的公司900多家,边贸公司3200多家,私营生产企业142家,中外合资外贸公司5家。内容单一、渠道狭窄的传统外经贸格局被超越,对外贸易、利用外资和对外投资、对外承包工程与劳务合作,对外援助等各项外经贸业务相互渗透、相互促进,初步形成外经贸、生产、科研、金融、税务等部门共同参与、协同配合的“大经贸”格局。弱化政府行政性直接管理职能,增强经济、法律等间接调控手段的力度,外经贸宏观管理正在向适应社会主义市场经济要求和符合国际经济通行规则的方向转变。

第三,贸易方式和出口商品展销方式不断发展。1978年以前,我国的贸易方式比较简单,同苏联、东欧等社会主义国家和一些缺乏现汇支付能力的发展中国家之间的进出口贸易,曾主要采取政府间签订协定、进行记账结算的易货贸易方式,同西方国家和一些发展中国家之间的进出口贸易,采用国际上通用的现汇贸易方式。

改革开放以后,我国的贸易方式不断增多。除原有的贸易方式外,我国采用了来料加工、来样加工、来件装配、补偿贸易和进料加工等灵活多样的贸易方式,寄售、代销、包销、独家代理、租赁、拍卖、招标、投标以及期货贸易等多种贸易方式在具体业务也有所采用,在技术进出口中还采取提供技术许可、咨询、技术服务、合作生产等多种方式。1979年以来,我国又同一些发展中国家开展了对销贸易。20世纪80年代后,边境贸易也得到广泛开展。90年代,随着我国企业的发展壮大,一些企业开始运用其成熟技术、设备和原材料到发展中国家开展境外加工贸易。随着信息网络技术的发展,采用国际互联网开展进出口贸易即电子商务方式日益兴起。从1996年开始,我国开始建设运营自己的电子商务,组建中国国际电子商务中心,在网上开辟“中国商品交易市场”“中国技术商品交易市场”等,正在逐步推广电子商务这一新的贸易方式。在各种新型贸易方式中,加工贸易的发展最为突出。1998年,加工贸易出口占当年全国出口总额的56.9%,超过了一般贸易的发展规模。

二、我国对外贸易法的发展

改革开放的同时，外经贸法律需要为发展经济贸易提供行为规则。1979年，我国出台第一部涉外经济法律——《中外合资经营企业法》；1986年和1988年，颁布《外资企业法》和《中外合作经营企业法》，形成我国吸收外资的三项基本法律；1994年，颁布《对外贸易法》。①

我国对外贸易管理是指我国政府通过制定法律、法规，对货物进出口、技术进出口和国际服务贸易进行管理和控制的行为。1994年7月1日实施的《对外贸易法》是我国管理对外贸易的第一部基本法。该法全面体现了中国对外贸易体制与政策。其主要内容如下：

1.关于对外贸易经营者的许可

对外贸易经营者是从事对外贸易经营活动的主体。根据《对外贸易法》第8条的规定，我国对外贸易经营者是指依照《对外贸易法》规定从事对外贸易经营活动的法人和其他组织。也就是说根据该法律，中国对各类企业获得外贸经营权实行许可管理，只有依法经国家对外贸易主管部门许可，取得对外贸易经营资格的法人和其他组织，才可从事对外贸易经营活动。凡未取得外贸经营资格的法人和其他组织，不能从事外贸经营活动。如果直接对外签订了进出口合同，这种合同是无效的，因而也是不能执行的。当时，我国对外贸易经营者大致可以分为以下四类：(1)外贸专业公司，主要是对外贸易经济合作部领导下的各专业进出口公司；(2)工贸、农贸、技贸公司，是指各生产部门成立的进出口贸易公司。(3)各省、市地方外贸公司。(4)有权自营进出口的生产企业，主要包括国有大中型生产企业和外商投资企业。除已批准的外商投资企业依照法律规定可以进口本企业需要的物资，出口本企业生产的产品外，至1996年4月底，中国还有各类外贸企业10500多家，其中各级各类国有外贸公司5700多家，自营进出口生产企业3800多家，有进出口经营权的科研院所商业物资企业和国际技术合作公司900多家。②

2.关于货物进出口与技术进出口

《对外贸易法》第14条规定："国家准许货物与技术的自由进出口。但是法律、行政法规另有规定的除外。"这一规定集中体现了我国进出口贸易管理的基本原则，即在一定必要限度的管理下，对货物、技术采取自由进出口的原则。

对货物采取自由进出口的原则，是中国多年来外贸管理制度改革的成果。中

---

① 石广生：《中国对外经济贸易的发展历程和伟大成就》，http://www.mofcom.gov.cn/aarticle/bg/200207/20020700032817.html，下载日期：2018年9月1日。

② 曹建明：《中国对外贸易法的发展与改革》，载《法学》1997年第1期。

华人民共和国在成立初期即20世纪50年代就对所有进出口商品实行全面许可证管理,此后由于贸易对象转向苏联和东欧,进出口许可证制度名存实亡。自80年代开始,中国重新实行并不断加强进出口许可证制度,对众多种类商品的进出口都实行许可证管理。进入90年代后,中国的外贸体制逐步向GATT的基本原则靠拢,对货物进出口管理制度,作了进一步的改革。在出口方面,从1993年1月1日起,取消了出口商品的一、二、三类的分类管理,改为少数商品由国家管理,大部分商品放开经营;在进口方面,从1992年起大幅度减少进口许可证管理的商品。正是由于那些年对进出口货物管理制度的不断改革,中国外贸法才明确规定货物自由进出口的原则。

当然,任何国家的对外贸易都必须为本国的社会稳定与经济发展服务。为此,中国外贸法还规定,对那些涉及国家安全、社会公共利益、国内供应短缺、国内资源可能用竭、破坏生态环境、国外市场容量有限等类货物或技术的进出口,国家可实行限制与禁止。

3.关于对外贸易秩序

为进一步规范中国的对外贸易秩序,中国对外贸易法突出地强调下列问题:

(1)关于对外贸易的国内秩序

对外贸易的国内秩序是指中国对外贸易经营者在国内从事外贸活动必须遵守的秩序。为了确保在依法经营、公平竞争的基础上进行对外贸易,我国《对外贸易法》第27条对对外贸易经营者活动作了严格的限制性的规定,对外贸易经营者在对外贸易经营活动中不得有下列行为:伪造、变造或者买卖进出口原产地证明、进出口许可证;侵害中华人民共和国法律保护的知识产权;以不正当竞争手段排挤竞争对手;骗取国家的出口退税;违反法律、行政法规规定的其他行为。这些都是针对当时在我国对外贸易实践中暴露出来的比较严重的问题制定的,也是第一次以国家法律的形式集中起来作出的强制性规定。90年代以来,我国在上述领域还不断加强专门立法和执法力度,如为制止不正当竞争行为,于1993年9月通过了第一部《中华人民共和国反不正当竞争法》,作为对外贸易经营者在外贸经营活动中必须遵守的规范。[①]

(2)关于对外贸易的进口秩序

对外贸易的进口秩序是指外国产品进入我国国内市场时,按我国法律规定应遵守的公平竞争秩序。这方面,中国对外贸易法主要规定了三种法律措施:

第一,关于反倾销。长期以来,中国一直没有反倾销方面的法律规定,对外国产品倾销没有制裁的法律。《对外贸易法》第30条专门规定了反倾销条款:“产品以低于正常价值的方式进口并由此对国内已建立的相关产业造成实质损害或产生

① 曹建明:《中国对外贸易法的发展与改革》,载《法学》1997年第1期。

实质损害的威胁，或者对国内建立相关产业造成实质阻碍时，国家可以采取必要措施，消除或者减轻这种损害或者损害的威胁或者阻碍。"

第二，关于反补贴。根据我国《对外贸易法》第31条的规定，进口的产品直接或者间接地接受出口国给予的任何形式的补贴，并由此对国内已建立的相关产业造成实质损害或者产生实质损害的威胁，或者对国内建立相关产业造成实质阻碍时，国家可以采取必要措施消除或者减轻这种损害或者损害的威胁或者阻碍。

第三，关于保障措施。我国《对外贸易法》第29条规定，因进口产品数量增加，使国内相同产品或者与其直接竞争的产品的生产者受到严重损害或者严重损害的威胁时，国家可以采取必要的保障措施，消除或者减轻这种损害或者损害的威胁。这是一条保障我国国内产业不因过分的进口遭受损害的措施，在关贸总协定中称之为"保障措施"。①

如前所述，我国外贸法三项措施的规定只是原则性的规定，而无相关的具体立法，因此，无法在实践中具体操作。

在上述对外经济贸易基本法律的基础上，我国还陆续颁布实施一系列实施条例和实施细则，形成以各项对外经济贸易基本法律为基础，以相关部门经济法和民商法为配套，以行政法规、部门规章和地方立法为补充，符合国际经济通行规则，有中国特色的完备的外经贸法律体系，使我国对外经济贸易的管理和经营走上法制化的道路，外经贸法制建设取得重大进展。

第三节　中国入世后的对外贸易与对外贸易法

一、2001年之后的对外贸易发展

表3-1　2001—2004年世界货物进出口总额前十名

制作：张新娟、赵方、范煜　　单位：亿美元

排名	2001年		2002年		2003年		2004年	
	国家/地区	进出口总额	国家/地区	进出口总额	国家/地区	进出口总额	国家/地区	进出口总额
1	美国	19083	美国	18933	美国	20278	美国	23406
2	德国	10578	德国	11061	德国	13562	德国	16256
3	日本	7526	日本	7539	日本	8547	中国	11546

① 曹建明：《中国对外贸易法的发展与改革》，载《法学》1997年第1期。

续表

排名	2001年		2002年		2003年		2004年	
	国家/地区	进出口总额	国家/地区	进出口总额	国家/地区	进出口总额	国家/地区	进出口总额
4	法国	6520	法国	6610	中国	8510	日本	10202
5	英国	6165	英国	6443	法国	7909	法国	9231
6	中国	5097	中国	6208	英国	7050	英国	8181
7	加拿大	4871	意大利	5014	意大利	5969	意大利	7091
8	意大利	4807	加拿大	4799	荷兰	5607	荷兰	6771
9	荷兰	4395	荷兰	4633	加拿大	5178	加拿大	5967
10	中国香港	3931	比利时	4144	比利时	4906	比利时	5925

资料来源:世界贸易组织。

表3-2　2005—2008年世界货物进出口总额前十名

制作:张新娟、赵方、范煜　　单位:亿美元

排名	2005年		2006年		2007年		2008年	
	国家/地区	进出口总额	国家/地区	进出口总额	国家/地区	进出口总额	国家/地区	进出口总额
1	美国	26338	美国	29440	美国	31686	美国	34569
2	德国	17480	德国	20148	德国	23762	德国	26312
3	中国	14219	中国	17604	中国	21766	中国	25633
4	日本	11108	日本	12258	日本	13366	日本	15439
5	法国	9676	英国	10636	法国	11905	法国	13330
6	英国	9101	法国	10378	英国	10801	荷兰	12189
7	荷兰	7702	荷兰	8805	荷兰	10434	英国	11300
8	意大利	7579	意大利	8594	意大利	10115	意大利	11047
9	加拿大	6829	加拿大	7472	比利时	8425	比利时	9381
10	比利时	6531	比利时	7184	加拿大	8109	加拿大	8755

资料来源:世界贸易组织。

表 3-3　2009—2012 年世界货物进出口总额前十名

制作:张新娟、赵方、范煜　　　　单位:亿美元

排名	2009 年		2010 年		2011 年		2012 年	
	国家/地区	进出口总额	国家/地区	进出口总额	国家/地区	进出口总额	国家/地区	进出口总额
1	美国	26613	美国	32477	美国	37485	美国	38822
2	中国	22075	中国	29740	中国	36419	中国	38671
3	德国	20464	德国	23137	德国	27289	德国	25560
4	日本	11327	日本	14638	日本	16786	日本	16844
5	法国	10457	法国	11348	法国	13165	法国	12431
6	荷兰	9410	荷兰	10907	荷兰	12615	荷兰	12423
7	英国	8740	英国	10071	英国	11835	英国	11680
8	意大利	8220	意大利	9343	意大利	10820	韩国	10675
9	比利时	7235	韩国	8916	韩国	10796	中国香港	10464
10	韩国	6866	中国香港	8421	中国香港	9664	意大利	9899

资料来源:世界贸易组织。

表 3-4　2013—2017 年世界货物进出口总额前十名

制作:张新娟、赵方、范煜　　　　单位:亿美元

排名	2013 年		2014 年		2015 年		2016 年		2017 年	
	国家/地区	进出口总额	国家/地区	进出口总额	国家/地区	进出口总额	国家/地区	进出口总额	国家/地区	进出口总额
1	中国	41590	中国	43015	中国	39530	美国	37012	中国	41052
2	美国	39087	美国	40331	美国	38179	中国	36856	美国	39562
3	德国	26263	德国	27016	德国	23782	德国	23901	德国	26153
4	日本	15483	日本	15024	日本	12728	日本	12525	日本	13701
5	法国	12624	荷兰	12621	英国	10865	荷兰	10765	荷兰	12263
6	荷兰	12613	法国	12597	荷兰	10830	法国	10740	法国	11599
7	英国	12007	英国	11957	法国	10797	中国香港	10641	中国香港	11402
8	中国香港	11578	中国香港	11249	中国香港	10700	英国	10459	英国	10890
9	韩国	10752	韩国	10982	韩国	9633	韩国	9016	韩国	10522
10	意大利	9977	意大利	10041	意大利	8685	意大利	8688	意大利	9589

资料来源:世界贸易组织。

2001—2017 年世界货物进出口总额前十名即表 3-1、表 3-2、表 3-3、表 3-4,依据 WTO 网站(https://www.wto.org/english/res_e/statis_e/statis_bis_e.htm?solution=WTO&path=/Dashboards/MAPS&file=Map.wcdf&bookmarkState=%7b%22impl%22:%22client%22,%22params%22:%7b%22langParam%22:%22en%22%7d%7d)的数据制作而成。

2001年和2002年我国货物进出口总额世界排名第六，2003年排第四，2004—2008年排名第三，2009—2012年排名第二，2013—2015年排名上升至第一。加入WTO之后，我国货物贸易额从2001年的5097亿美元上升到2017年的41052亿美元，增长了8倍，这充分说明加入多边贸易体制给我国的对外贸易提供了飞速发展的机遇，带来巨大的利益。

表3-5　2001—2004年世界货物进口额前十名

制作：张新娟、郭琪　　单位：亿美元

排名	2001年		2002年		2003年		2004年	
	国家/地区	进口总额	国家/地区	进口总额	国家/地区	进口总额	国家/地区	进口总额
1	美国	11792	美国	12002	美国	13031	美国	15257
2	德国	4861	德国	4903	德国	6046	德国	7157
3	日本	3491	英国	3641	中国	4128	中国	5612
4	英国	3438	日本	3372	英国	3994	法国	4709
5	法国	3286	法国	3293	法国	3988	英国	4706
6	中国	2436	中国	2952	日本	3829	日本	4545
7	意大利	2362	意大利	2470	意大利	2975	意大利	3553
8	加拿大	2273	加拿大	2275	荷兰	2647	荷兰	3197
9	荷兰	2086	荷兰	2193	加拿大	2450	比利时	2856
10	中国香港	2020	中国香港	2080	比利时	2349	加拿大	2799

资料来源：世界贸易组织。

表3-6　2005—2008年世界货物进口额前十名

制作：张新娟、郭琪　　单位：亿美元

排名	2005年		2006年		2007年		2008年	
	国家/地区	进口总额	国家/地区	进口总额	国家/地区	进口总额	国家/地区	进口总额
1	美国	17327	美国	19181	美国	20204	美国	21695
2	德国	7771	德国	9067	德国	10550	德国	11851
3	中国	6600	中国	7915	中国	9561	中国	11326
4	英国	5193	英国	6127	英国	6383	日本	7625
5	日本	5159	日本	5791	法国	6309	法国	7168
6	法国	5041	法国	5419	日本	6222	英国	6578
7	意大利	3848	意大利	4426	意大利	5117	荷兰	5809
8	荷兰	3638	荷兰	4168	荷兰	4926	意大利	5619
9	加拿大	3224	加拿大	3590	比利时	4116	比利时	4663
10	比利时	3187	比利时	3516	加拿大	3902	韩国	4353

资料来源：世界贸易组织。

表 3-7　2009—2012 年世界货物进口额前十名

制作：张新娟、郭琪　　　　单位：亿美元

排名	2009 年		2010 年		2011 年		2012 年	
	国家/地区	进口总额	国家/地区	进口总额	国家/地区	进口总额	国家/地区	进口总额
1	美国	16053	美国	19692	美国	22660	美国	23365
2	中国	10059	中国	13962	中国	17435	中国	18184
3	德国	9263	德国	10548	德国	12549	德国	11549
4	法国	5609	日本	6941	日本	8554	日本	8858
5	日本	5520	法国	6111	法国	7200	英国	6952
6	英国	5191	英国	5911	英国	6769	法国	6744
7	荷兰	4432	荷兰	5164	荷兰	5944	荷兰	5869
8	意大利	4151	意大利	4870	意大利	5588	中国香港	5535
9	比利时	3534	中国香港	4414	韩国	5244	韩国	5196
10	加拿大	3299	韩国	4252	中国香港	5109	印度	4897

资料来源：世界贸易组织。

表 3-8　2013—2017 年世界货物进口额前十名

制作：张新娟、郭琪　　　　单位：亿美元

排名	2013 年		2014 年		2015 年		2016 年		2017 年	
	国家/地区	进口总额	国家/地区	进口总额	国家/地区	进口总额	国家/地区	进口总额	国家/地区	进口总额
1	美国	23291	美国	24125	美国	23153	美国	22502	中国	22633
2	中国	19500	中国	19592	中国	16796	中国	15879	美国	15467
3	德国	11812	德国	12070	德国	10514	德国	10557	德国	14483
4	日本	8332	日本	8122	日本	6480	英国	6364	日本	6981
5	法国	6815	英国	6905	英国	6264	日本	6076	荷兰	6520
6	英国	6600	法国	6787	法国	5734	法国	5722	韩国	5737
7	中国香港	6222.77	中国香港	6007.65	中国香港	5594.27	中国香港	5473.36	中国香港	5502.72
8	荷兰	5896.97	荷兰	5894	荷兰	5124	荷兰	5051	法国	5352
9	韩国	5155.84	韩国	5255.14	韩国	4364.99	加拿大	4129.63	意大利	5062.26
10	意大利	4794	加拿大	4743	加拿大	4290	意大利	4069	英国	4450

资料来源：世界贸易组织。

表 3-9　2001—2004 年世界货物出口额前十名

制作：张新娟、郭琪　　　　单位：亿美元

排名	2001 年		2002 年		2003 年		2004 年	
	国家/地区	出口总额	国家/地区	出口总额	国家/地区	出口总额	国家/地区	出口总额
1	美国	7291	美国	6931	美国	7516	美国	9099
2	德国	5716	德国	6158	美国	7248	美国	8149
3	日本	4035	日本	4167	日本	4718	中国	5933
4	法国	3234	法国	3317	中国	4382	日本	5657
5	英国	2727	中国	3256	法国	3920	法国	4521
6	中国	2661	英国	2802	英国	3056	荷兰	3574
7	加拿大	3599	意大利	2544	意大利	2993	意大利	3538
8	意大利	2441	加拿大	2524	荷兰	2960	英国	3475
9	荷兰	2309	荷兰	2441	加拿大	2727	加拿大	3168
10	中国香港	1911	比利时	2161	比利时	2556	比利时	3069

资料来源：世界贸易组织。

表 3-10　2005—2008 年世界货物出口额前十名

制作：张新娟、郭琪　　　　单位：亿美元

排名	2005 年		2006 年		2007 年		2008 年	
	国家/地区	出口总额	国家/地区	出口总额	国家/地区	出口总额	国家/地区	出口总额
1	德国	9709	德国	11081	德国	12205	德国	14462
2	美国	9011	美国	10260	美国	11482	中国	14307
3	中国	7620	中国	9690	日本	7143	美国	12874
4	日本	5949	日本	6467	法国	5596	日本	7814
5	法国	4634	法国	4959	荷兰	5508	荷兰	6379
6	荷兰	4064	荷兰	4636	意大利	4999	法国	6162
7	英国	3909	英国	4509	英国	4418	意大利	5427
8	意大利	3731	意大利	4169	比利时	4310	英国	4722
9	加拿大	3605	加拿大	3882	加拿大	4207	比利时	4718
10	比利时	3344	比利时	3667	韩国	3715	俄罗斯	4716

资料来源：世界贸易组织。

表 3-11　2009—2012 年世界货物出口额前十名

制作:张新娟、郭琪　　　　单位:亿美元

排名	2009 年		2010 年		2011 年		2012 年	
	国家/地区	出口总额	国家/地区	出口总额	国家/地区	出口总额	国家/地区	出口总额
1	中国	12016	中国	15778	中国	18984	中国	20487
2	德国	11200	美国	12785	美国	14825	美国	15457
3	美国	10560	德国	12589	德国	14740	德国	14011
4	日本	5807	日本	7698	日本	8232	日本	7986
5	荷兰	4979	荷兰	5743	荷兰	6671	荷兰	6554
6	法国	4848	法国	5238	法国	5965	法国	5687
7	意大利	4069	韩国	4664	韩国	5552	韩国	5479
8	比利时	3701	意大利	4473	意大利	5233	俄罗斯	5293
9	韩国	3635	英国	4077	俄罗斯	5220	意大利	5013
10	英国	3549	中国香港	4007	英国	5066	中国香港	4929

资料来源:世界贸易组织。

表 3-12　2013—2017 年世界货物出口额前十名

制作:张新娟、郭琪　　　　单位:亿美元

排名	2013 年		2014 年		2015 年		2016 年		2017 年	
	国家/地区	出口总额	国家/地区	出口总额	国家/地区	出口总额	国家/地区	出口总额	国家/地区	出口总额
1	中国	22090	中国	23423	中国	22735	中国	20976	中国	22633
2	美国	15796	美国	16205	美国	15026	美国	14510	美国	15467
3	德国	14451	德国	14946	德国	13268	德国	13344	德国	14483
4	日本	7151	日本	6902	日本	6248	日本	6449	日本	6981
5	荷兰	6716	荷兰	6727	荷兰	5706	荷兰	5714	荷兰	6520
6	法国	5810	法国	5811	韩国	5268	中国香港	5167	韩国	5737
7	韩国	5596	韩国	5727	中国香港	5106	法国	5018	中国香港	5503
8	英国	5406	意大利	5299	法国	5063	韩国	4954	法国	5352
9	中国香港	5355	中国香港	5241	英国	4602	意大利	4619	意大利	5062
10	俄罗斯	5218	英国	5052	意大利	4574	英国	4096	英国	4450

资料来源:世界贸易组织。

2001—2017 年世界货物进口额前十名,即表 3-5、表 3-6、表 3-7、表 3-8 和 2001—2017 年世界货物出口额前十名,即表 3-9、表 3-10、表 3-11、表 3-12,依据 WTO 网站(https://www.wto.org/english/res_e/statis_e/statis_bis_e.htm? solution=WTO&path=/Dashboards/MAPS&file=Map.wcdf&bookmarkState=%7b%22impl%22:%22client%22,%22params%22:%7b%22langParam%22:%22en%22%7d%7d)的数据制作而成。

2001年至2010年货物出口年均增长22%，规模扩大4.9倍，占世界出口的比重由4.3%提高到10.4%，从世界第六位上升到第一位。中国实际利用外资稳居发展中国家之首，2010年突破1000亿美元，“走出去”步伐加快，截至2010年末对外直接投资存量超过3000亿美元。对外开放拉动国民经济持续快速增长，国内生产总值从2001年的11万亿元增至2010年的40万亿元，年均增长超过10%，世界排名升至第二位，综合国力显著提升。

我国对世界GDP增量的贡献率2003年为4.6%，2009年为14.5%，成为全球第二大经济体和经济增长第一大贡献国。2001年到2010年，中国进口年均增长21%，规模扩大4.7倍，占世界比重从3.8%提高到9.1%，从第六位上升到第二位，为世界提供一个广阔的市场。根据世界银行计算，2002—2010年，我国占世界GDP比重持续增加，从4.4%增长至9.3%。特别是2008年以来，在国际经济危机和全球经济低迷的背景下，中国经济的持续健康发展对世界经济复苏和增长起到了重要的提振作用。① 2010年，中国货物进出口总额达到29740亿美元，比1978年增长了143倍，年均增长16.8%。其中，出口总额15778亿美元，年均增长17.2%；进口总额13962亿美元，年均增长16.4%。中国出口总额和进口总额占世界货物出口和进口的比重分别提高到10.4%和9.1%，连续两年成为世界货物贸易第一出口大国和第二进口大国。2012年中国货物出口额占全球货物出口的11.2%，居世界第一位；货物进口额占全球货物进口的9.8%，居世界第二位，仅次于美国。② 2013年我国货物进出口总额4.16万亿美元，跃居世界第一货物贸易大国。③ WTO 2017年4月12日公布数据，2016年美国的货物贸易总额超过中国，时隔4年重新跃居全球首位。全球的贸易量在2016年同比增长1.3%，创下了2009年以来的最低。WTO计算的全球实际经济增长率为2.3%，贸易增长率时隔15年低于经济增长率。2017年全球贸易明显复苏。WTO 2018年4月12日宣布，2017年的货物贸易量同比增长4.7%，达到2011年以来、时隔6年的高水准。中国达到4.105万亿美元，超过美国，时隔2年重回首位。WTO预测2018年也将维持强劲势头，但中美贸易摩擦等未来的风险正在加大。④

---

① 石广生:《历史的回顾—纪念中国加入世界贸易组织十周年》,《WTO经济导刊》2011年第10期。

② 《WTO:2012年中国货物贸易额全球第二　仅次于美国》,http://finance.huanqiu.com/china/2013-04/3821413.html,下载日期:2018年11月9日。

③ 高虎城:《从贸易大国迈向贸易强国》,载《人民日报》2014年3月2日。

④ 《WTO:中国2017年贸易额反超美国》,http://www.mofcom.gov.cn/article/i/dxfw/cj/201804/20180402731842.shtml,下载日期:2018年11月9日。

我国货物贸易的发展呈现以下特点：

1.进口持续增长，商品贸易顺差保持在合理区间

中国货物贸易顺差在2008年达到2981亿美元的创纪录高位后，开始逐步下降。在2009年、2010年和2011年的盈余分别为1957亿美元、1815亿美元和1550亿美元，同比下降34.4%、7.2%和14.6%。在2010年和2011年，中国货物贸易顺差占其进出口总额的6.1%和4.3%。2012年和2013年，中国商品贸易顺差为2303亿美元和2592亿美元，分别占进出口总额的5.96%和6.23%。2014年和2015年，中国商品进出口总额分别达到43000亿美元和39600亿美元，同比分别增长3.4%和8%，其中出口额分别为23400亿美元和22700亿美元，同比增长6.0%，同比分别下降2.9%；进口额分别为19600亿美元和16800亿美元，同比分别增长0.5%和14.2%。2015年，中国商品进出口自2013年以来连续三年位居世界第一。2014年，尽管全球商品贸易增长率仅为2%，但中国的对外贸易增长率明显高于全球平均水平，其在世界出口中的份额从2012年的11.2%上升至12.3%。2015年，在全球贸易出现两位数负增长的背景下，中国在全球贸易中占13.8%的份额，这是截至2015年在全球贸易中所占比例最高的一年。2016年，中国货物进出口总额达36856亿美元，同比下降6.8%，其中，出口20976亿美元，下降7.7%；进口15879亿美元，下降5.5%。2017年，中国货物进出口总额达到41070亿美元，同比增长11.4%，其中出口22632亿美元，增长7.9%；进口18438亿美元，增长16.1%。2017年贸易增速超过预期，创下6年来新高，逆转前两年的负增长趋势。2017年，一般贸易占进出口总额的比重上升到56.4%。贸易方式进一步改善。①

2.加工贸易在进出口总额中所占的比重明显下降

从2009年至2013年，加工贸易进出口分别占进出口总额的41.2%、38.9%、35.8%、34.8%和32.6%。2014年和2015年，加工贸易进出口总额分别为14100亿美元和12400亿美元，分别增长3.8%和11.6%，占进出口总额的32.7%和31.5%。2016年1月，中国发布《关于优化发展环境，促进加工贸易创新发展的指导意见》。同年5月，进一步提出支持加工贸易向我国中西部地区转移，取消全国加工贸易审批手续，实行有效的事后监管机制。

3.中国的新兴市场贸易增长速度高于欧盟、美国和日本这些传统贸易伙伴

2014年后我国贸易伙伴更加多样化。在2010年，中国与东盟、巴西、俄罗斯、

① 这里2017年中国进口额1.8438万亿美元的数据来源于Trade Policy Review Report by China，2018年中国贸易政策审议报告（中国）https://www.wto.org/english/tratop_e/tpr_e/g375_e.pdf，与WTO数据库2017年中国进口额1.8418万亿美元略有不同。2018年中国贸易政策审议报告（中国）于2018年6月6日公布，数据依据未查到；WTO于2018年公布的2017年货物贸易统计数据，数据来源也未查到。所以，造成这种差异的原因不得而知。

南非和印度的贸易额分别增加37.5%、47.6%、43.3%、59.9%和42.4%，而与欧盟、美国和日本的贸易量则增加31.8%、29.2%和30.2%。2011年，中国与东盟、巴西、俄罗斯、南非和印度之间的双边贸易分别增加23.9%、34.5%、42.7%、76.8%和19.7%，与欧盟、美国和日本的贸易额增加18.3%、15.9%和15.1%。2012年和2013年，中国和美国、欧盟以及中日之间的双边进出口总值贸易额分别为13602亿美元和13926亿美元，同比分别增长0.3%和2.3%。同期，中国与东盟的进出口总额分别达到4000亿美元和4436亿美元，同比分别增长10.2%和10.9%。2014年，中国与新兴市场和发展中国家的进出口总值为25600亿美元，占其进出口总值的59.6%。2014年，欧盟和美国的进出口分别增长了10%和6.5%。2015年，中国与欧盟、美国、日本的双边进出口总值为14017亿美元，同比下降5.5%，占进出口总值的35.4%。同期，中国与东盟、印度和其他新兴市场的贸易表现相对较好，优于整体进出口。中国与东盟双边进出口总值达4721.6亿美元，下降1.7%，占进出口总额的比重上升至11.9%。中印双边贸易额增长1.5%。

4.民营企业的贸易增长率明显快于整体水平

2010年，民营企业出口4310亿美元，增长44.8%，比出口总额高出13.5个百分点；其进口额为2147.3亿美元，增长52.7%，比进口总额高出13.9个百分点。2011年，民营企业出口5797.4亿美元，增长34.5%，比出口总额高出14.2个百分点；其进口额为293.87亿美元，增长36.9%，比进口总额高出12个百分点。2012年，民营企业出口7699亿美元，增长21%，比出口总额高13.1个百分点；进口额4511亿美元，增长17.1%，比进口总额高12.8个百分点。2013年，民营企业出口9167亿美元，增长19.1%，比出口总额高11.2个百分点；进口额5763亿美元，增长27.8%，比进口总额高20.5个百分点。2014年，拥有进出口记录的民营企业占全国外贸企业的70%以上，比2013年提高2个百分点。民营企业进出口总额1.49万亿美元，同比增长7.3%，占全国进出口总额的34.5%。2015年，民营企业进出口总额1.46万亿美元，下降1.5%，占全国进出口总额的37%。2017年，外商投资企业和民营企业占出口总额的比重达到89.7%。民营企业成为最大的出口实体，占出口总额的46.3%，占进出口总额近40%。[①]

5.货物贸易结构发生根本性变化

中国出口商品结构在20世纪80年代实现由初级产品为主向工业制成品为主的转变，到90年代实现由轻纺产品为主向机电产品为主的转变，进入21世纪以来，以电子和信息技术为代表的高新技术产品出口比重不断扩大。外贸经营主体除国有企业外，还包括外商投资企业、民营企业等，后二者的进出口总额目前均已

① 上述数据分别来源于2012年、2014年、2016年和2018年中国提交的贸易政策审议报告。

超过国有企业。20世纪80年代至21世纪初,中国加工贸易蓬勃发展,成为外贸的半壁江山。在中国外贸发展中,外商投资企业和加工贸易发挥十分重要的作用。

6.形成全方位和多元化进出口市场格局

改革开放后,中国全方位发展对外贸易,与世界上绝大多数国家和地区建立贸易关系。贸易伙伴已经由1978年的几十个国家和地区发展到目前的231个国家和地区。欧盟、美国、东盟、日本、金砖国家等成为中国主要贸易伙伴。21世纪以来,中国与新兴市场和发展中国家的贸易持续较快增长。2005年至2010年,中国与东盟货物贸易占中国货物贸易比重由9.2%提高到9.8%,与其他金砖国家货物贸易所占比重由4.9%提高到6.9%,与拉丁美洲和非洲货物贸易所占比重分别由3.5%和2.8%提高到6.2%和4.3%。

表3-13　2001—2004年世界服务贸易进出口总额前十名

制作:张新娟、郭琪　　单位:亿美元

排名	2001年		2002年		2003年		2004年	
	国家/地区	进出口总额	国家/地区	进出口总额	国家/地区	进出口总额	国家/地区	进出口总额
1	美国	4749	美国	4890	美国	5095	美国	5895
2	德国	2254	德国	2397	德国	2878	德国	3392
3	英国	2144	英国	2366	英国	2782	德国	3355
4	日本	1695	日本	1698	日本	1834	日本	2252
5	法国	1410	法国	1526	法国	1795	法国	2124
6	意大利	1130	意大利	1195	意大利	1434	意大利	1654
7	荷兰	1023	荷兰	1106	荷兰	1386	荷兰	1615
8	西班牙	921	西班牙	985	西班牙	1223	西班牙	1456
9	加拿大	822	加拿大	863	中国	1014	中国	1367
10	中国	760	中国	857	加拿大	982	爱尔兰	1204

资料来源:世界贸易组织,http://stat.wto.org/StatisticalProgram/WsdbExportZip.aspx? Language=E.

表3-14　2005—2008年世界服务贸易进出口总额前十名

制作:张新娟、赵方　　　　单位:亿美元

排名	2005年		2006年		2007年		2008年	
	国家/地区	进出口总额	国家/地区	进出口总额	国家/地区	进出口总额	国家/地区	进出口总额
1	美国	6360	美国	7113	美国	8118	美国	8939
2	英国	4024	英国	4514	英国	5221	英国	5232
3	德国	3611	德国	3985	德国	4630	德国	5110
4	法国	2858	法国	3098	法国	3640	法国	4170
5	日本	2371	日本	2470	日本	2763	日本	3155
6	意大利	1840	意大利	2055	中国	2532	中国	3002
7	中国	1613	中国	1938	意大利	2407	意大利	2444
8	爱尔兰	1299	爱尔兰	1480	爱尔兰	1801	爱尔兰	2052
9	加拿大	1233	印度	1439	印度	1769	印度	1931
10	印度	1120	加拿大	1371	韩国	1539	韩国	1871

资料来源:世界贸易组织。

表3-15　2009—2012年世界服务贸易进出口总额前十名

制作:张新娟、赵方　　　　单位:亿美元

排名	2009年		2010年		2011年		2012年	
	国家/地区	进出口总额	国家/地区	进出口总额	国家/地区	进出口总额	国家/地区	进出口总额
1	美国	8475	美国	9209	美国	10101	美国	10577
2	德国	4666	德国	4821	德国	5397	德国	5409
3	英国	4378	英国	4457	英国	4893	英国	5001
4	法国	3680	法国	3820	中国	4471	中国	4808
5	日本	2724	中国	3696	法国	4370	法国	4359
6	中国	2668	荷兰	2954	荷兰	3234	日本	3167
7	意大利	2038	日本	2948	日本	3117	荷兰	3090
8	爱尔兰	1925	印度	2308	印度	2624	印度	2742
9	比利时	1726	意大利	2108	新加坡	2391	新加坡	2639
10	印度	1723	新加坡	2016	意大利	2256	爱尔兰	2287

资料来源:世界贸易组织。

表3-16　2013—2017年世界服务贸易进出口总额前十名

制作:张新娟、赵方　　　　单位:亿美元

排名	2013年		2014年		2015年		2016年		2017年	
	国家/地区	进出口总额	国家/地区	进出口总额	国家/地区	进出口总额	国家/地区	进出口总额	国家/地区	进出口总额
1	美国	11144	美国	11779	美国	12021	美国	12167	美国	12777
2	德国	5941	中国	6489	中国	6505	中国	6575	中国	6905
3	英国	5378	德国	6223	德国	5600	德国	5796	德国	6216
4	中国	5352	英国	5760	英国	5580	英国	5302	英国	5571
5	法国	4806	法国	5237	法国	4694	法国	4700	法国	4887
6	荷兰	3283	荷兰	4084	荷兰	4056	荷兰	3713	荷兰	4271
7	日本	3017	日本	3498	日本	3349	爱尔兰	3614	爱尔兰	3849
8	新加坡	2937	新加坡	3238	新加坡	3216	日本	3513	日本	3689
9	印度	2745	爱尔兰	2872	爱尔兰	3092	新加坡	3199	印度	3367
10	爱尔兰	2461	印度	2840	印度	2784	印度	2941	新加坡	3350

资料来源:世界贸易组织。

2005—2017年世界服务贸易总额前十名即表3-14、表3-15、表3-16,依据WTO网站(https://www.wto.org/english/res_e/statis_e/statis_bis_e.htm? solution=WTO&path=/Dashboards/MAPS&file=Map.wcdf&bookmarkState=%7b%22impl%22:%22client%22,%22params%22:%7b%22langParam%22:%22en%22%7d%7d)的数据制作而成。

7.服务贸易的国际竞争力不断增强

加入世界贸易组织(WTO)后,中国服务贸易进入新的发展阶段,规模迅速扩大,结构逐步优化,排名也进入世界前列。旅游、运输等领域的服务贸易增势平稳,建筑、通信、保险、金融、计算机和信息服务、专有权利使用费和特许费、咨询等领域的跨境服务以及承接服务外包快速增长。2001年至2010年,中国服务贸易总额(不含政府服务)从719亿美元增加到3624亿美元,增长了4倍多。中国服务贸易出口在世界服务贸易出口中的比重从2.4%提高到4.6%,2010年达1702亿美元,从世界第十二位上升到第四位;服务贸易进口比重从2.6%提高到5.5%,2010年达1922亿美元,从世界第十位上升到第三位。

服务贸易迅速发展,但长期的赤字状况并没有改变。在2010年和2011年,中国的服务进出口总额分别为3624亿美元和4191亿美元,增加了26.4%和15.6%。2010年赤字为219亿美元,2011年为549亿美元。2012年和2013年服务贸易逆差继续扩大,中国服务进出口总额分别达到4706亿美元和5396亿美元,同比分别增长12.3%和14.7%。2012年和2013年服务出口总额分别为1904亿美元和

2106亿美元，同比增长4.6%和10.6%，表明服务贸易增速加快；服务进口总额分别为2881亿美元和3291亿美元，同比增长18.2%和17.5%，明显高于服务出口，从而导致在服务贸易中逆差扩大。2013年，服务贸易逆差从897亿美元（2012年）扩大至1184.6亿美元，主要归因于旅游、运输、专利权和特许权使用费等行业的增长。[①] 自"十二五"以来，中国的服务贸易增长迅速。2012年和2013年，服务进出口总额同比分别增长12.3%和14.7%。但是，与货物贸易相比，服务贸易的发展速度相对较慢，进出口结构不平衡。2012年和2013年，服务贸易在中国对外贸易总额中分别占10.8%和11.5%，这一数字约为世界平均水平的一半。服务贸易逆差分别为897亿美元和1184.6亿美元。2016年，中国服务进出口总额6616亿美元，同比增长1.1%。服务业出口2095亿美元，下降4.2%；进口4521亿美元，增长3.8%。服务进出口逆差2426亿美元。2017年，服务业进出口总额为6957亿美元，同比增长5.1%。服务业出口2281亿美元，增长8.9%；进口4676亿美元，增长3.4%。服务进出口逆差2395亿美元。旅游、交通、建筑三大传统服务业比重下降1.1个百分点。[②]

2014年以来，国务院先后发布了《国务院关于加快发展对外文化贸易的意见》（国发〔2014〕13号）、《国务院关于促进服务外包产业加快发展的意见》（国发〔2014〕67号）、《国务院关于加快发展服务贸易的若干意见》（国发〔2015〕8号）等服务贸易指导性文件。2016年2月，国务院决定在天津等15个省、市（区）开展服务贸易创新和发展试点，探索适合和促进服务贸易创新发展的体制机制。

加快服务业发展，是推动经济结构调整和产业结构优化升级的重大任务。它既是加强综合国力的有效途径，也是扩大就业渠道，满足人民物质文化生活需求日益增长的内在要求。我国鼓励非政府投资者加大对服务业的投入，采取各种行动深化改革，发布促进信息服务、文化、养老、健康和其他服务行业发展的指导意见。重点推动节能环保等新兴产业的发展，努力加强有利于服务业发展的政策和制度环境。

二、中国入世后对外贸易法制的发展

（一）中国入世前后经济法律的广泛变革

随着我国加入WTO和对外贸易的迅猛发展，按照WTO规则和我国所作的承诺，我国政府系统全面地清理现存经济领域的法律、行政法规和部门规章，到

① Trade Policy Review Report by China，《2014年中国贸易政策审议报告（中国）》，https://www.wto.org/english/tratop_e/tpr_e/g300_e.pdf，下载日期：2018年11月9日。

② Trade Policy Review Report by China，《2018年中国贸易政策审议报告（中国）》，https://www.wto.org/english/tratop_e/tpr_e/g375_e.pdf，下载日期：2018年11月9日。

2000年年底，中央政府制定、修改《对外贸易法》等300多部法律、法规和部门规章，覆盖货物贸易、服务贸易、与贸易有关的知识产权保护以及透明度、贸易政策的统一实施等各个方面。此次史无前例的修法工作具有以下几个重要特点：首先，修法的规模大。从国家法律到政府颁布的法规、规章，从中央立法到地方立法，国家立法机关、司法机关及各级政府均参与到修法工作中。其次，修法的内容多。WTO协定涵盖的内容十分丰富，涉及经济领域的方方面面，此次修法涵盖货物贸易、服务贸易、知识产权、外商投资、海关管理、国内税收等多项法律制度。最后，此次修法涉及面广。不仅涉及对外贸易、投资等经济法领域，而且涉及行政法、知识产权法、法院司法审查制度等诸多领域。"在中国入世后的几个月内，全国共清理法律法规2200多件，废止和修订一批法律法规。"①"在入世后的3年内，地方政府清理出19万件地方性法规和政策措施，并根据WTO的规则和入世承诺分别进行修改或废止。这对一般的国家来说，包括WTO成员方，都很难在3年内达到这种程度。"②从最终的效果上看，此次修法工作加快了中国经济法律的现代化进程，为中国成为当今世界上的经济大国、贸易大国打下坚实的法律基础。③

中国入世前后，对中外合资、中外合作、外资三个外商投资立法进行修正。修正的主要内容是删除外汇收支平衡要求、尽先在中国采购要求、出口义务要求、生产经营计划要求。除生产经营计划要求实践中已无实际意义外，其他三项要求都是WTO和《与贸易有关的投资措施协议》所禁止的。国务院随后亦对三法实施细则或条例进行修改。

为了改变中国知识产权立法落后且与WTO规则不相适应的局面，中国先后修改《专利法》《商标法》《著作权法》《计算机软件保护条例》《植物新品种保护条例》以及《集成电路布图设计保护条例》等知识产权领域的法律、法规，并建立起保护知识产权的大范围综合管理体系，通过成立国家知识产权工作组并在法院建立独立的知识产权审判庭等举措加大保护知识产权的执法力度。对《著作权法》的修改、《商标法》的修改，都和《与贸易有关的知识产权协定》直接相关。④ 这些发展和进步主要是中国市场经济日益发展以及全民知识产权保护意识提高所推动的结果，但WTO独特而严格的规则义务要求无疑是外在、直接的巨大作用因素。

另外，国务院还适时制定和修订包括《反倾销条例》《反补贴条例》《保障措施条例》《货物进出口管理条例》《技术进出口管理条例》等若干相关配套法规。此外，商

---

① 朱镕基：《中国加入世贸组织后将进一步扩大对外开放》，载《领导决策信息》2002年第19期。

② 李丰洲：《树立开放负责的大国形象——博鳌亚洲论坛秘书长龙永图入世3周年一席谈》，《今日中国论坛》2005年第1期。

③ 刘敬东：《入世10年对中国法治建设的影响述评》，载《国际经济法学刊》2011年第3期。

④ 韩立余：《入世对中国法治的影响》，载《中国青年政治学院学报》2011年第5期。

务部还主持和参与一系列对外贸易相关法规和规章的制定和修改工作。至此，我国已经基本建立符合世界贸易组织国际多边贸易规则，同时适应我国社会主义市场经济国情和对外开放需要的对外贸易法律体系。

中国关于对外贸易管理的立法是中国外贸法制的重要组成部分。中国的对外贸易管理是指中国政府通过制定法律、法规，对货物进出口、技术进出口和国际服务贸易进行管理和控制的行为。我国于 1994 年 5 月颁布《中华人民共和国对外贸易法》(同年 7 月 1 日实施)；2004 年 4 月 6 日，为履行我国入世承诺和解决外贸实践中出现的新问题，第十届全国人大常务委员会第八次会议第一次修订《对外贸易法》；2016 年 11 月 7 日中华人民共和国主席令第 57 号《全国人民代表大会常务委员会关于修改〈中华人民共和国对外贸易法〉等十二部法律的决定》第二次修正。修订后的法律自 2004 年 7 月 1 日起施行。修订后的《对外贸易法》共 11 章 70 条，它确立我国对外贸易的基本原则与制度，同时比较明确地规定了我国对外贸易经营者、货物进出口与技术进出口、国际服务贸易、与对外贸易有关的知识产权保护、对外贸易秩序、对外贸易调查、对外贸易救济、对外贸易促进以及违反外贸法的法律责任。《对外贸易法》是中国政府对中国的国际贸易实施管理的基本法，是中国政府管理其对外贸易的重要依据。此外，我国还先后制定和颁布一系列有关对外贸易的法律、法规，对我国进出口贸易实行管理和控制，其中主要有：《中华人民共和国海关法》，1987 年 1 月 22 日通过，2000 年 7 月 8 日第 1 次修订，2013 年 6 月 29 日第 2 次修订；《中华人民共和国货物进出口管理条例》，2001 年 12 月 10 日颁布，2002 年 1 月 1 日起施行；《中华人民共和国技术进出口管理条例》，2001 年 12 月 10 日颁布，2002 年 1 月 1 日起施行；《中华人民共和国进出口关税条例》，2003 年 11 月 23 日颁布，2004 年 1 月 1 日起施行；《中华人民共和国进出口商品检验法》，1989 年 2 月颁布，2002 年 4 月修订，2002 年 10 月 1 日起施行；《中华人民共和国进出口商品检验法实施条例》，2005 年 8 月 31 日颁布，2005 年 12 月 1 日起施行；《中华人民共和国进出境动植物检疫法》，1991 年 10 月 30 日公布，1992 年 4 月 1 日起施行；《中华人民共和国外汇管理条例》，1996 年 1 月 29 日颁布，1997 年 1 月 14 日修正，2008 年 8 月 5 日再次修正；《出口商品配额管理办法》，2001 年 12 月 20 日颁布，2002 年 1 月 1 日起施行；《出口商品配额招标办法》，2001 年 12 月 20 日颁布，2002 年 1 月 1 日起施行；《货物出口许可证管理办法》，2008 年 6 月 7 日颁布，2008 年 7 月 1 日起施行。①

跨境电子商务业务对扩大对外贸易增量，转变经济发展方式，降低交易成本，增强企业的国际竞争力至关重要，也为更多的企业，特别是中小企业和低利润的小企业带来新的机遇。2012 年 5 月，海关总署在上海、重庆、杭州、宁波、郑州等城市

① 郭寿康、赵秀文：《国际经济法》，中国人民大学出版社 2015 年第 5 版，第 149～150 页。

进行跨境电子商务服务试点。在此基础上,2013年8月,国务院签发商务部与其他部门制定的《关于实施跨境电子商务零售出口支持政策的意见》,提出在海关监管、出口检验、外汇收汇结算、跨境支付服务、税收和信贷系统等方面提供政策性支持,并于2013年10月1日在这些有条件的地区实施。"十二五"期间,电子商务年均增长速度超过30%。2015年,我国电子商务交易额超过20万亿元;网络零售额3.88万亿元,其中实物商品网上零售额3.23万亿元,占社会消费品零售总额的比重达到10.8%;电子商务交易市场规模跃居全球第一;电子商务就业人员达2690万人;互联网对中国经济增长的贡献率达到7%。2013年12月,全国人大财政经济委员会牵头开展电子商务立法工作,组织成立由国务院等12个部门参加的电子商务法起草组。2018年8月31日全国人大常委会通过《中华人民共和国电子商务法》(2019年1月1日起施行),规范电子商务经营主体的经营行为,明确其资质条件、公示和审验义务、服务安全等,形成良好的营商环境。注重加强对电子商务消费者的保护力度,为电子商务良性发展、互动创新奠定制度基础。[①]

(二)2004年和2016年中国对《对外贸易法》的修订

2001年我国加入WTO,迫切需要将入世承诺和应当享受的权利、应当承担的义务转化为国内法,同时为了更好地适应国际贸易新变化,我国在2004年对《对外贸易法》进行了修订。总体上讲,本次修订主要包括三个方面内容:对原《对外贸易法》中与我国入世时所作承诺和WTO协议不相符的内容进行修改;对我国享受WTO成员方权利的实施机制和程序作新的规定;根据我国《对外贸易法》实施10年以来出现的新情况和促进国际贸易健康发展的需要,修改《对外贸易法》。

1.自然人可以是对外贸易经营者

修改前的《对外贸易法》规定中国的自然人不能够从事对外贸易经营活动。根据中国加入WTO的承诺,在贸易权方面应给予所有外国个人和企业不低于我国企业的待遇。如果允许外国的个人在我国做贸易,我国的个人也应当能够从事外贸经营活动,特别是在技术贸易、服务贸易、边贸活动中,事实上我国个人从事对外贸易活动已经大量存在。《对外贸易法》作为外贸领域的基本法,应该允许我国的自然人从事对外贸易经营活动。所以,修订后的《对外贸易法》第8条规定,"本法所称对外贸易经营者,是指依法办理工商登记或者其他执业手续,依照本法和其他有关法律、行政法规的规定从事对外贸易经营活动的法人、其他组织或者个人"。[②]

---

① 《关于〈中华人民共和国电子商务法(草案)〉的说明》,http://www.npc.gov.cn/npc/xinwen/2018-08/31/content_2060159.htm,下载日期:2018年11月9日。

② 《中华人民共和国对外贸易法(修订)》,http://www.npc.gov.cn/wxzl/wxzl/2004-07/23/content_335694.htm,下载日期:2018年11月9日。

2.允许货物和技术的自由进出口

根据我国入世议定书中的承诺，我国应当在加入WTO后3年内取消外贸经营权的审批，开放货物贸易和技术贸易的外贸经营权。而原《对外贸易法》规定，我国企业从事对外贸易经营必须经国务院对外贸易主管部门批准。显然该规定不符合我国入世的承诺，因此，修订的外贸法规定，国家允许货物和技术的自由进出口，但是，法律、行政法规另有规定的除外。从事货物进出口和技术进出口的对外贸易经营者应该向国务院对外贸易主管部门或其委托的机构办理合同备案登记。[①] 即我国在对外贸易经营权方面从原来的严格管理审批制改为登记制，并扩大适用到个人。这是我国对外贸易立法的重大进步。[②]

3.对部分货物的进出口实行国营贸易管理

根据关贸总协定、服务贸易总协定及入世议定书的承诺，新修订的外贸法增加了国家可以对部分货物的进出口实行国营贸易管理的内容。

4.加强对与贸易有关的知识产权的保护

《与贸易有关的知识产权协定》是WTO框架内成员方之间达成的重要协议之一，它既规定了成员方应当承担的义务，同时其规则也是成员方可以用来保护国家经济利益的重要手段。因此，修订后的《对外贸易法》特别增加“与对外贸易有关的知识产权保护”一章，第29条规定：“……进口货物侵犯知识产权，并危害对外贸易秩序的，国务院对外贸易主管部门可以采取在一定期限内禁止侵权人生产、销售的有关货物进口等措施。”这将有效防止侵权产品的进口和促进我国知识产权在国外的保护。

5.完善我国的对外贸易救济制度

根据WTO相关协议，修订后的《对外贸易法》完善了我国的对外贸易救济制度，明确规定我国可以根据贸易调查结果，采取适当的对外贸易救济措施。除了对实施反倾销措施、反补贴措施和保障措施进行更加具体的规定之外，还对第三国倾销时的救济措施、对外贸易的双边与多边磋商、谈判及争议的解决等问题首次作出明确规定。

6.加大对违法行为的处罚力度

原《对外贸易法》关于法律责任的规定只有4条，内容过于笼统，处罚主要限于撤销对外贸易经营许可的行政手段，处罚的手段与力度都不够。针对我国对外贸易实践中违法行为法律关系比较复杂的特点，修订后的《对外贸易法》对涉及海关管理、税收征管、行政法规规定的违法行为，从法律责任上与有关法律和行政法规

---

① 《中华人民共和国对外贸易法(修订)》第14条和第9条，http://www.npc.gov.cn/wxzl/wxzl/2004-07/23/content_335694.htm，下载日期：2018年11月9日.

② 郭寿康、赵秀文：《国际经济法》，中国人民大学出版社2015年第5版，第150页。

相衔接。根据修订后的《对外贸易法》的规定，我国通过罚款、从业禁止、行政处罚甚至刑事处罚等多种方式，加大对外贸中违法行为的处罚力度。这无疑会更加有效遏制外贸实践中的违法行为。[①]

7.初显政府对外贸管理的服务意识

政府职能涉及国家大量日常公共事务的处理，根本目的是为所有社会群体和阶层提供普遍的、公平的、高质量的公共服务。建立预警应急机制和公共信息服务体系就是为外贸活动营造良好的环境：(1)关于建立预警应急机制。修订后的《对外贸易法》第49条规定，国务院对外贸易主管部门和国务院其他有关部门应当建立货物进出口、技术进出口和国际服务贸易的预警应急机制，应对对外贸易中的突发和异常情况，维护国家经济安全。(2)关于建立公共信息服务体系。修订后的《对外贸易法》第54条规定，国家建立对外贸易公共信息服务体系，向对外贸易经营者和其他社会公众提供信息服务。[②]

第十二届全国人民代表大会常务委员会第二十四次会议于2016年11月7日通过《全国人大常委会关于修改〈中华人民共和国对外贸易法〉等十二部法律的决定》，将2004年《对外贸易法》第10条第2款修改为："从事对外劳务合作的单位，应当具备相应的资质。具体办法由国务院规定。"删掉原法律中"对外工程承包应当具备相应的资质或者资格"的规定。2007年3月1日，根据《国务院关于修改和废止部分行政法规的决定》(国务院第676号令)，将《对外承包工程管理条例》第二章对外承包工程资格的规定全部删除，即正式取消"对外承包工程资格审批"。这一变化表明今后企业走出去承包国外工程将不再受我国相关资格限制，但是需要符合工程所在地法律规定的约束。

(三)加强知识产权保护的立法与执法

1.加强知识产权顶层设计保护

2016年11月，为更好地保护产权，我国发布《关于完善产权保护制度依法保护产权的意见》，强调知识产权等无形财产应与有形财产受到平等保护。2016年12月，我国发布《知识产权综合管理改革试点总体方案》。该方案旨在建立高效的知识产权综合管理体系，在知识产权方面建立方便、受益的公共服务体系，提高综合利用知识产权促进创新驱动发展的能力。2016年12月，我国发布《"十三五"知识产权保护与运用规划》，要求进一步深化知识产权领域改革。2017年3月，中国政府结合新形势，就加强打击知识产权侵权和假冒伪劣产品生产销售工作提出指导意见。2017年4月，最高人民法院发布《中国知识产权司法保护纲要(2016—2020)》，明确了"十三五"期间知识产权司法保护的指导原则、目标和关键措施。中

① 郭寿康、赵秀文：《国际经济法》，中国人民大学出版社2015年第5版，第151页。

② 赵燕：《〈对外贸易法〉作出重大修改》，载《经济管理》2004年第15期。

国政府加强知识产权执法保护和建立长效机制。

2010年10月国务院决定成立全国打击侵犯知识产权和制售假冒伪劣商品专项行动领导小组，国务院副总理任组长，成员扩大到30名。由小组成员与省、市、县人民政府建立相应领导小组和工作机制，初步形成以中央和地方政府联合行动为特征，各部门协调，行政和司法机构密切合作以及社会各界充分参与的工作模式。

2.稳步推进知识产权保护立法

中国修订了一系列有关知识产权的法律法规，包括《著作权法》(2010年4月1日实施)、《著作权法实施条例》(2011年1月第2次修订，2013年1月第3次修订)、《商标法》(2013年8月第3次修订)、《商标法实施条例》(2014年5月1日起施行)、《专利法》(2008年12月第3次修订，2009年10月1日起施行)、《专利法实施细则》(2010年1月第2次修订，2月1日起施行)、《计算机软件保护条例》(2011年1月第1次修订，2013年1月第2次修订)、《信息网络传播权保护条例》(2013年1月修订)、《植物新品种保护条例》(2013年1月第1次修订，2014年7月第2次修订)和《知识产权海关保护条例》(2010年3月第2次修订，2018年3月第3次修正)。2011年1月10日，最高人民法院、最高人民检察院和公安部联合发布《关于办理侵犯知识产权刑事案件适用法律若干问题的意见》[①]，为刑事执法问题提供更明确的指导，改善行政执法与刑事司法的关系。2013年1月1日，最高人民法院颁布的《关于审理侵犯著作权信息网络传播纠纷民事案件若干问题的规定》生效。2014年5月1日，《最高人民法院关于商标法修改决定实施后商标案件管辖和法律适用问题的解释》开始实施。2016年4月1日，《最高人民法院关于审理专利侵权纠纷案适用法律若干问题的解释(二)》开始实施。这一系列法律、法规和部门规章的实施，提高了知识产权侵权赔偿金额，有利于加强对知识产权侵权的行政处罚和刑事处罚。2017年3月，第十三届全国人民代表大会第一次会议通过《民法总则》，将商业秘密作为知识产权保护对象。2017年11月修订的《反不正当竞争法》重新界定商业秘密，扩大商业秘密侵权主体的范围，加大对商业秘密侵权人的行政处罚力度。此外，专利法和著作权法也正在进行修改。

3.持续加强知识产权司法保护

司法解释和指导案例是最高人民法院指导全国法院审判执行工作的重要途径。为确保统一法律适用标准，2016年3月，最高人民法院颁布《关于审理侵犯专利权纠纷案件应用法律若干问题的解释(二)》来解决例如诉讼时间、专利诉讼收集证据困难、足够的补偿等问题。2017年1月，最高人民法院发布《关于审理商标授

① http://www.law-lib.com/law/law_view.asp? id=340836，下载日期：2018年11月9日.

权确权行政案件若干问题的规定》，对商标注册审查范围、驰名商标保护等问题作进一步解释。

知识产权案件审理改革进一步推进。自2014年北京、上海、广州设立知识产权法院以来，共受理知识产权案件6万余件。2016年7月，最高人民法院开始对知识产权案件的审理进行改革，将民事、行政、刑事的各类知识产权案件全部交由法院一个部门审理。自2017年以来，最高人民法院已批准在南京、苏州、武汉、成都、合肥、宁波等地的人民法院设立专门部门，负责知识产权案件。2018年2月，最高人民法院进一步指示加快推进知识产权案件审判制度和能力现代化建设。近年来，中国在知识产权案件审理方面取得显著进展。与2016年相比，2017年全国法院受理和结案的知识产权一审案件分别增长46%和43%。司法保护已成为我国知识产权保护中日益重要的手段。

4.积极开展知识产权保护行政执法工作

为了打击侵犯知识产权和假冒伪劣行为，中国每年都会针对特定领域开展专项行动，包括网络贸易和进出口交易等。2017年9月，由12个政府部门联合组织的外商投资企业知识产权保护行动，重点打击侵犯商业秘密、侵犯商标、专利、网络盗版等违法行为。在高新技术、电子商务、食品药品、环保、展览等重点领域，在各级政府部门的共同努力下，开展了“打雷”专项执法行动，打击各类专利侵权行为。

第四章

改革开放40年中国国际投资法律制度的发展

第一节　中国外商投资企业法律发展变迁

党的十一届三中全会停止使用"以阶级斗争为纲"的口号，作出把党和国家的工作重心转移到经济建设上来，实行改革开放的伟大决策，开启了改革开放历史新时期。鉴于经济建设面临资金短缺的突出问题，党中央、国务院确定了采取国际通行的若干方式，大胆利用外资的经济发展方针。为了保障外国投资者的合法权益和促进我国国民经济的发展，自1979年颁布我国第一部调整外商投资的法律(《中外合资经营企业法》)以来，我国吸收外商直接投资的法律法规经历了从无到有、从不全面到逐步完善的过程。

一、外商投资企业法律法规梳理(从改革开放至今)

外商投资企业是指外国投资者在东道国境内经批准投资举办的企业，是利用国际私人直接投资的一种重要形式。外商投资企业法律制度是指在调整外商投资法律关系的过程中所形成的各种制度的总称。我国为了鼓励外商(包括外国投资者和港澳台投资者)来中国大陆投资，并对其投资行为进行规制，制定了一系列法律法规和经济政策。历经改革开放40年的发展，我国陆续制定颁布了200多个调整外商投资的法律法规，形成了一套外商投资法律体系。外商投资法律体系的层级结构是：(1)宪法性规范，即宪法明确规定了“外商投资保护”和“外国人保护”，[①]这是我国外资立法的最高法律依据。(2)国家专项单行立法，即以“三资企业法”及其实施细则为核心，由全国人民代表大会及其常务委员会制定的法律，以及经全国人大授权国务院及其所属部根据宪法和法律制定的暂行规定或条例、决定、命令等。(3)地方性法规，即中央立法结合地方特点和需要的具体实施的地方性法规。外商投资企业法将外商投资企业的形式设定为中外合资经营企业、中外合作经营企业和外商独资企业三种。中国吸收外商直接投资法律法规和政策的演变大致可以分为以下几个阶段：

(一)第一阶段：1979年至1983年

1979年7月1日，第五届全国人大第二次会议通过了《中外合资经营企业法》。中国吸收外商直接投资从此开始。1979年8月，国务院设立了外国投资管理委员会，各地也相应成立了外商投资管理机构，外商投资管理和服务体系初步建立。[②] 1980年8月，深圳、珠海、汕头和厦门经济特区建立，国家在该地区实行特殊的经济政策和不同于其他地区的经济管理政策。1982年1月，为了利用外国资金和技术合作开采海洋石油资源，国务院发布了《对外合作开采海洋石油资源条例》。1983年9月，《中外合资经营企业法实施条例》颁布。在外资引进初级阶段，中国政府制定的有关法规较有利于中方吸收外方的技术及经营方式，也便于中国政府对经营活动进行管理，因此当时政府着重于鼓励建立中外合资企业。

这一时期，外商投资企业法的基本特征主要是：(1)审慎立法：对引进外资持审慎态度，立法中更多地强调对外资的监督与管理，提防外资引入所产生的负面作用。(2)严格审批：最初两年，要求所有的外资项目都须上报国务院外国投资管理委员会批准；两年后，部分300万美元以下的项目才下放给省市管理机构批准，但300万美元以上项目还是须报国务院外国投资管理委员会审批。(3)优惠有限：合营企业的所得税率一般是33%，当时的税收优惠是1年免征，2年减半，同时作为投资进口的机械设备还要交纳进口税。[③]

1983年9月3日，国务院公布《国务院关于加强利用外资工作的指示》，指出为了积极有效地利用外资、引进先进技术，在平等互利的原则下，要放宽政策，完善

---

① 1982年《宪法》第18条第2款规定：“在中国境内的外国企业和其他外国经济组织以及中外合资经营的企业，都必须遵守中华人民共和国的法律。它们的合法权利和利益受中华人民共和国法律的保护。”第32条第1款规定：“中华人民共和国保护中国境内的外国人的合法权利和利益，在中国境内的外国人必须遵守中华人民共和国的法律。”

② 徐景和、张桂龙、刘淑强、赵雷：《中国利用外资法律理论与实务》(上)，人民法院出版社1999年版，第14页。

③ 漆多俊：《中国经济组织法》，中国政法大学出版社2002年版，第331页。

立法。具体包括:税收政策放宽为免二减三;放宽对设备、材料进口和产品出口的限制;实行合理的价格政策;对华侨和港澳、台湾同胞在国内投资给予特殊的优惠;外汇收汇一般保持平衡。[①]

从这阶段开始中国政府开始实施“沿海地区战略”,这里所提到的“沿海地区战略”是指试图从沿海地区开始向内陆地区进行经济发展的政策,其内容是在沿海地区选定的经济特区、经济技术开发区等集中引进外资,先发展沿海地区的经济,利用其普及效果而发展内陆地区的经济。为此,从1979年至1980年,政府先后批准广东、福建两省在对外经济活动中实行特殊政策和灵活措施,并在深圳、珠海、汕头、厦门等地试办经济特区,在特区内为吸引外资而实行一些特殊优惠政策——有关法律主要有1980年6月颁布的《关于出口许可制度的暂行办法》。

(二)第二阶段:1984年至1991年

1.1983年至1985年是中国利用外资迅速增长的阶段

这一阶段主要是投入大量资金进行基础设施建设,改善交通运输、通信、能源条件,制定一系列优惠政策,简化项目审批手续。1984年,国务院先后决定开放天津、上海等14个沿海港口城市,放宽这些城市利用外资项目的审批权限,并给予外国投资者在税收方面的优惠,所在沿海地区的合资企业比其他地区得到的优惠更多。[②] 中国利用外资出现第一次高潮。自1985年起,中国对外开放政策从“线”扩展到“面”,对经济特区和经济技术开发区的优惠措施继续扩大到3个三角洲地区(珠江三角洲、长江三角洲和闽南厦门漳州泉州三角地区)51个县市和半岛地域(辽东半岛、山东半岛及其沿海地区的一些市县),同时还采取扩大地方外商投资审批权限等一系列措施,并逐步完善立法,初步改善投资环境,从而使利用外商直接投资又有了一定的发展。

随着《专利法实施细则》(1985年1月)、《商标法实施细则》(1985年3月)、《技术引进合同管理条例》(1985年5月)的出台,中国利用外资的技术档次不断提高,产品出口企业和技术先进企业增多。此外,《进出口关税条例》(1985年3月)的颁布,体现了我国对外资的税收优惠中的关税优惠政策。

2.1986年至1987年是中国利用外资巩固完善的阶段

1986年3月,《民法通则》第41条明确了外商投资企业的法律地位,规定外商

① 沈四宝:《中国投资法律指南》,法律出版社2000年版,第2页。

② 1984年10月20日中国共产党第十二届中央委员会第三次全体会议通过《中共中央关于经济体制改革的决定》;1984年11月国务院颁发的《关于经济特区和沿海十四个港口城市减征、免征企业所得税和工商统一税的暂行规定》;1985年4月11日国务院批准,1985年5月15日财政部、国家税务总局发布的《对外国企业常驻代表机构征收工商统一税、企业所得税的暂行规定》。

投资企业具备法人条件的，依法经工商行政管理机关核准登记，取得中国法人资格。[①] 1986年4月12日，第六届全国人民代表大会第四次会议通过《中华人民共和国外资企业法》。1986年1月和1987年12月，《中外合资经营企业法实施条例》第100条和第86条第3款分别被修订。1986年10月，国务院先后发布了《国务院关于进一步改善外商投资企业生产经营条件的通知》、《国务院关于鼓励外商投资的规定》以及22个实施细则。

3.1988年到1990年是中国利用外资持续增长的阶段

1988年1月，《国务院关于沿海地区发展外向型经济的若干补充规定》出台，对经济特区、沿海开放城市和经济开发区等沿海地区，实施了扩大沿海地区吸收外商直接投资的审批权限，鼓励采用中外合资、合作方式，加快老企业技术改造，下放外贸企业审批权，简化国内外商务人员出入境手续等政策。1988年4月13日，第七届全国人民代表大会第一次会议通过《中华人民共和国中外合作经营企业法》。1988年8月，海南经济特区建立。1988年7月，国务院发布了《国务院关于鼓励台湾同胞投资的规定》。1989年5月，国务院批准厦门特区及厦门市辖杏林、海沧地区，福州马尾经济技术开发区特区内未开发部分为台商投资区，投资的台商可以享受经济技术开发区或经济特区的政策。[②] 这一时期，发达国家（地区）产业结构调整，劳动密集型产业大量转移，中国利用外资出现第二次高潮。[③]

1990年4月4日第七届全国人民代表大会第三次会议修订了《中华人民共和国中外合资经营企业法》。这是在总结10年来引进外资的实践经验并参照国际上一些通行做法的基础上修改的。同月，上海浦东新区建立，其鼓励政策首次允许外商对贸易、商业、金融、土地开发等第三产业进行投资，使浦东新区在中国外资引进政策上处于重要地位。此外，中国第一家保税区——上海外高桥保税区获得批准，是兼有出口加工和对外贸易综合功能，实行特殊关税政策和管理手段的海关监管区，类似国外自由港兼自由贸易区功能的特殊区域。1990年8月，国务院发布了《国务院关于鼓励华侨和港澳同胞投资的规定》，明确鼓励华侨、港澳同胞在祖国大陆各省市区、经济特区投资。1990年12月12日，《外资企业法实施细则》颁布。同年，《关于外商投资开发经营成片土地暂行管理办法》出台，使得外商投资开发经营成片土地有法可依。

1991年，中国利用外资出现第三个高潮。为了加快高新技术产业的发展，国务院决定在各地已建立的高新技术产业开发区中，再选定27个沿海地区的开发区

---

① 沈四宝：《中国投资法律指南》，法律出版社2000年版，第3页。

② 沈四宝：《中国投资法律指南》，法律出版社2000年版，第4页。

③ 徐景和、张桂龙、刘淑强、赵雷：《中国利用外资法律理论与实务》（上），人民法院出版社1999年版，第16页。

作为国家高新技术产业开发区，并给予相应的优惠政策。[①] 1991 年，《外商投资企业和外国企业所得税法》，以及《中华人民共和国外商投资企业和外国企业所得税法实施细则》颁布施行，取消了初期采取的重视中外合资企业的政策。无论是合营、合作或外资企业，政府只对生产型企业提供税收优惠。以上这些规定，进一步改善了利用外资环境，使吸引外商投资的工作有了长足的发展。

关于企业出资的规定，1985 年 9 月 5 日，国务院办公厅颁发《关于中外合资经营企业注册资本与投资总额比例问题的规定》。1987 年 2 月 17 日，国家工商行政管理局颁发《关于中外合资经营企业注册资本与投资总额比例的暂行规定》。1988 年 1 月 1 日，对外经济贸易部[②]、国家工商行政管理局发布《中外合资经营企业合营各方出资的若干规定》。

（三）第三阶段：1992 年至 2001 年

1992 年邓小平同志在南方讲话中提出要进一步加快改革开放，澄清了改革开放中的许多重大理论问题。1992 年 5 月，外国律师事务所被允许在中国境内设立办事处。1992 年 6 月，财政部发布《外商投资企业财务管理规定》和《外商投资企业会计制度》。

1993 年《宪法》第 15 条规定："国家实行社会主义市场经济。国家加强经济立法，完善宏观调控。国家依法禁止任何组织或者个人扰乱社会经济秩序。"1993 年 11 月，党的十四届三中全会作出《中共中央关于建立社会主义市场经济体制若干问题的决定》，把建立社会主义市场经济体制的目标和原则具体化、系统化。决定指出："社会主义市场经济体制是同社会主义基本制度结合在一起的。建立社会主义市场经济体制，就是要使市场在国家宏观调控下对资源配置起基础性作用。要进一步转换国有企业经营机制，建立适应市场经济要求，产权清晰、权责明确、政企分开、管理科学的现代企业制度。"随着改革开放的不断深入，外商来华投资不断增长，外商投资领域不断扩大，但也出现了一些问题。例如，有的地方对国有资产不评估或评估不规范，造成国家资产流失；有的在对外谈判中违反国家有关法律和政策规定，对外商承诺一些优惠条件，包括中方保证外商投资的回报率、为外方投资的股本贷款提供担保、外商投资按贷款方式偿还并享受外商投资企业待遇等，加大了中方的筹资成本和风险，不同程度损害了国家利益。1993 年 12 月，国务院发布了《国务院关于进一步加强外商投资管理工作若干问题的通知》，目的是进一步加强对外商投资的宏观管理，引导外商投资工作的健康发展。

1994 年开始，中国对财政、金融、外汇、外贸、税收、投资等体制进行了一系列

---

① 1991 年 3 月，《关于批准国家高新技术产业开发区和有关政策规定的通知》。

② 1982 年 3 月，第五届全国人大常委会第二十二次会议通过决议，对外贸易部、对外经济联络部、国家进出口管理委员会、国家外国投资管理委员会合并，成立对外经济贸易部。

的重大改革，外商投资政策也作了相应的调整，大量法律法规颁布，进一步加强和完善了外商投资立法。1994年1月，对外贸易经济合作部[①]发布了《关于以BOT（建设—经营—转让）方式吸收外商投资有关问题的通知》，中国在电力、供水等领域进行了BOT的尝试。1994年3月，为了保护和鼓励台湾同胞投资，促进海峡两岸的经济发展，《台湾同胞投资保护法》颁布。1994年6月，第八届全国人民代表大会常务委员会第七次会议通过《对外贸易法》，规定国家实行统一的对外贸易制度，依法维护公平的、自由的对外贸易秩序。1994年11月，国家工商行政管理局、对外贸易经济合作部联合发布《关于设立外商投资广告企业的若干规定》。

1995年1月，对外贸易经济合作部发布《关于设立外商投资股份有限公司若干问题的暂行规定》，第一次以国家行政法规的形式将外商投资股份公司确定为外商投资企业的一种形式，弥补了我国外商投资企业立法方面的不足，为我国外商投资企业采用股份有限公司的形式提供了法律上的依据，揭开了我国对外经济合作历史上新的一页。[②] 根据该规定，“外商投资股份有限公司是指依该规定设立的，全部资本由等额股份构成，股东以其所认购的股份对公司承担责任，公司以全部财产对公司债务承担责任，中外股东共同持有公司股份。外国股东购买并持有的股份占公司注册资本25%以上的企业法人。外商投资股份有限公司为外商投资企业的一种形式，适用国家法律、法规对于外商投资企业的有关规定”。[③] 1995年4月，对外贸易经济合作部发布《关于外商投资举办投资性公司的暂行规定》。根据该规定，外商投资性公司是指外国公司、企业或其他经济组织在中国以独资或与中国的公司、企业或其他经济组织以合资的形式设立的以从事直接投资并管理和协调其投资的企业的有限责任公司。这些公司虽然是中国企业法人，但其投资企业享受外资待遇。投资性公司一方面具备管理协调服务在华投资企业的职能，另一方面兼有不断扩大在华投资的功能。其具体功能包括：直接投资功能、服务功能、进出口功能、地区总部功能。我国政府积极鼓励跨国公司在华设立投资性公司。

1995年6月，国家计划委员会、国家经济贸易委员会、对外贸易经济合作部联合发布《指导外商投资方向暂行规定》和第一版《外商投资产业指导目录》。根据该规定，《外商投资产业指导目录》是指导审批外商投资项目的依据。外商投资项目分为鼓励类、允许类、限制类和禁止类四类。鼓励类、限制类和禁止类的外商投资项目，列入《外商投资产业指导目录》。不属于鼓励类、限制类和禁止类的外商投资项目，为允许类外商外资项目。允许类外商投资项目不列入《外商投资产业指导目

① 1993年3月16日，第八届全国人大第八次会议决定，对外经济贸易部更名为对外贸易经济合作部。

② 汤树梅：《外商投资股份有限公司法律问题研究》，中国人民大学出版社2004年版，第7页。

③ 《关于设立外商投资股份有限公司若干问题的暂行规定》第2条、第3条。

录》。《外商投资产业指导目录》可以列明不允许外商独资经营以及应当由国有资产占控股地位或者主导地位的外商投资项目。根据管理制度，外国投资者在中国成立任何形式的公司(无论其规模、投资额或行业)、所投资的公司发生任何重大的变化(包括但不限于变更营业执照、增加或减少注册资本、股权转让及清算)都需要经过中国政府的审批。1995年9月，建设部、对外贸易经济合作部联合发布《关于设立外商投资建筑业企业的若干规定》。外商投资建筑业企业是指中外合资、合作经营土木建筑工程，线路、管道及设备安装工程，建筑装饰装修工程的新建、扩建、改建活动的企业。但是，暂不允许设立外商独资建筑业企业。1997年7月，建设部又发布了《关于设立外商投资建筑业企业的若干规定实施意见》。1995年9月，《中外合作经营企业法实施细则》经国务院批准由对外贸易经济合作部发布。

1996年7月，对外贸易经济合作部发布《外商投资企业清算办法》，成为外商投资企业进行财产清算的主要法律依据，其适用范围包括在我国境内设立的中外合资经营企业、中外合作经营企业和外资企业等各种类型的外商投资企业。1996年9月，对外贸易经济合作部发布《关于设立中外合资对外贸易公司试点暂行办法》。根据该办法，合资外贸公司为有限责任公司，其注册资本中中方公司所占比例不得低于51%，外方公司所占比例应在25%以上，法定代表人应由中方公司委派。1996年9月，根据《国际货物运输代理业管理规定》(1995年6月)，对外贸易经济合作部又发布了《外商投资国际货物运输代理业审批规定》，明确了外商投资国际货运代理企业的审批和管理规定。1997年5月，对外贸易经济合作部发布《外商投资企业股权变更的若干规定》。根据该规定，依照《外商投资产业指导目录》，不允许外商独资经营的产业，股权变更不得导致外国投资者持有企业的全部股权；因股权变更而使企业变成外资企业的，还必须符合《中华人民共和国外资企业法实施细则》所规定的设立外资企业的条件。需由国有资产占控股或主导地位的产业，股权变更不得导致外国投资者或非中国国有企业占控股或主导地位。1999年6月，国家经济贸易委员会、对外贸易经济合作部联合发布《外商投资商业企业试点办法》，决定将试点扩大到省会城市、自治区首府和计划单列市，经营类型由零售扩大到批发。

为了配合中国入世，2000年10月31日，第九届全国人民代表大会常务委员会第十八次会议决定修改《中华人民共和国中外合作经营企业法》和《外资企业法》，对原法律中与中国进一步扩大对外开放、加入世界贸易组织进程不相适应的内容进行了修改补充。2001年3月15日，第九届全国人民代表大会第四次会议通过修改《中华人民共和国中外合资经营企业法》的决定。2001年4月，《外资企业法实施细则》修订。[①] “三资企业法”的修订，主要体现在取消了对外商投资企业

① 王柏：《中国有关外商投资企业法律的重要修改》，载《中国法律》2001年第1期。

的"当地含量""贸易平衡""外汇平衡""出口业绩要求""企业生产计划备案"等不符合WTO协议和中国入世承诺的内容。

在金融服务领域，2001年8月，为适应社会主义市场经济的要求，促进外商投资租赁公司的健康发展，规范外商投资租赁公司的经营行为，防范经营风险，对外贸易经济合作部发布了《外商投资租赁公司审批管理暂行办法》。2001年10月，为了推动境内股票市场的健康发展，规范外商投资股份有限公司上市发行股票和外商投资企业进入股票市场的行为，根据国务院关于"允许符合条件的外商投资企业申请发行A股或B股"的精神，证监会、对外贸易经济合作部联合发布了《关于上市公司涉及外商投资有关问题的若干意见》，拉开了中国本地资本市场对外开放的序幕。2001年10月，为了规范吸收外资参与金融资产管理公司(以下称"资产管理公司")的资产重组与处置，保护中外投资者的合法权益，根据我国外商投资的相关法律、《金融资产管理公司条例》及有关法规，对外贸易经济合作部、财政部和中国人民银行共同发布了《金融资产管理公司吸收外资参与资产重组与处置的暂行规定》。

在税收领域，首先，国家调整了税收政策。1993年6月，国家税务总局根据《外商投资企业和外国企业所得税法》发布了《关于外商投资企业外国投资者再投资退税若干问题的通知》。1993年12月，为了统一税制，公平税负，改善我国的投资环境，适应建立和发展社会主义市场经济的需要，《全国人大常委会关于外商投资企业和外国企业适用增值税、消费税、营业税等税收暂行条例的决定》获得通过。根据该规定，从1994年1月1日起，取消外商投资企业和外国企业的工商统一税，实行统一的增值税、消费税和营业税。1993年，国务院还发布《关于实行分税制财政管理体制的决定》，一方面强化中央财政，统一国内税制与涉外税制；另一方面将中央税与地方税相分离。这一时期的税收优惠政策体现在，国家对经济特区、经济技术开发区等特定地区，对港口码头建设等产业项目减低税率；对不同地区、不同类型的企业在投产开业获利年度起给予"一免二减""免二减三""免五减五"三种定期减免税。1993年10月，全国人大常委会修正了《个人所得税法》。1994年1月，国务院发布了《个人所得税法实施条例》。其次，国家改革了进口关税制度。例如，1992年3月，国务院修订了《进出口关税条例》。1992年7月，海关总署依据《海关法》发布了《海关外商投资企业进出口货物监管和征免税办法》。除国家限制出口的品种外，外商投资企业出口产品免征出口税。国务院决定自1998年1月1日起，对国家鼓励和支持发展的外商投资和国内投资项目进口设备，免征关税和进口环节增值税。

这一时期，与外商投资企业法相关的法律法规还有，1992年修订的《专利法》、1993年9月的《反不正当竞争法》、1993年12月的《公司法》、1994年6月的《仲裁法》、1994年6月的《中华人民共和国公司登记管理条例》，以及1995年6月的《担保法》。

(四)第四阶段:2002年至2012年

中国加入世贸组织后,对外资进入的限制进一步放宽,针对新的形势,采取了进一步扩大对外开放、提高利用外资水平的政策,由原来的国内政策推动型对外开放逐步向适应国际法规开放转变,同时推进金融、保险和服务业领域的对外开放,可扩大对外开放的产业领域,使中国经济更加融入世界经济中。越来越多的国际化经营的大型跨国公司进入中国,在沿海地区外商投资迅速增长的同时,西部地区吸引外资也有了较快的发展。进入21世纪以来,外资企业更愿意通过资本大量输入和并购,成为独资企业,并购方式流入中国的FDI(外商直接投资)迅速增长,中国关于外资并购的政策法规也在逐步完善。

1.外商投资产业指导目录的几次重要修订

为适应国民经济结构战略性调整和中国加入世界贸易组织的新形势,经国务院批准,国家计委、国家经贸委和外经贸部于2002年2月21日由国务院346号令全文公布了新的《指导外商投资方向的规定》和《外商投资产业指导目录》及附件,自2002年4月1日起施行。[①]《指导外商投资方向的规定》和《外商投资产业指导目录》是我国新时期利用外资的重要导向性政策,是指导审批外商投资项目和外商投资企业适用有关政策的依据。2002年《外商投资产业指导目录》在内容上,一是增加鼓励类目录,减少限制类目录,放宽外商投资的股比限制,并将原禁止外商投资的电信、燃气、热力、供排水等城市管网首次列为对外开放领域;二是进一步开放银行、保险、商业、外贸、旅游、电信、运输、会计、审计、法律等服务贸易领域,按照入世承诺的地域、数量、经营范围、股比要求和时间表履行我国加入世贸组织的承诺;三是发挥市场竞争机制作用,将一般工业产品划入允许类,通过竞争促进产业、产品结构升级;四是鼓励外商投资西部地区的优势产业,放宽外商投资西部地区的股比和行业限制。[②]

经国务院批准,《中西部地区外商投资优势产业目录(2004年修订)》(以下简称《目录》)自2004年9月1日起施行。[③] 2004年11月,为适应扩大对外开放和引进先进技术的需要,国家发展改革委员会[④]和商务部第24号令发布了新修订的《外商投资产业指导目录》及其附件,将国内急需发展的产业和产品增列为鼓励类

---

① 该规定自2002年4月1日起施行。1995年6月7日国务院批准,1995年6月20日国家计划委员会、国家经济贸易委员会、对外贸易经济合作部发布的《指导外商投资方向暂行规定》同时废止。2008年和2013年又经过两次修订。

② 李圣敬、赵运刚、樊晓娟:《外商新型投资律师实务》,法律出版社2003年版,第51页。

③ 2000年6月由原国家经贸委、原国家计委、原外经贸部发布的《中西部地区外商投资优势产业目录》同时停止执行。

④ 2003年,原国务院体改办和国家经贸委部分职能并入国家计委,改组为国家发展和改革委员会。

条目;放宽外资准入范围,加快服务业对外开放步伐;适应国家宏观调控需要,对已经出现盲目投资的热点行业或产品从鼓励外商投资目录中删除。

2007年10月,《外商投资产业指导目录(2007年修订)》[以下简称《目录(2007)》]发布,主要涉及五个方面内容:(1)坚持扩大对外开放,促进产业结构升级。在制造业领域,进一步鼓励外商投资我国高新技术产业、装备制造业、新材料制造等产业。在服务业领域,《目录》在全面落实我国加入世贸组织承诺的同时,积极稳妥扩大开放,增加"承接服务外包""现代物流"等鼓励类内容,并减少原限制类和禁止类条目。同时,对一些国内已经掌握成熟技术、具备较强生产能力的传统制造业不再鼓励外商投资,明确《产业结构调整指导目录》限制类条目适用于外商投资项目。(2)节约资源、保护环境。鼓励外商投资发展循环经济、清洁生产、可再生能源和生态环境保护,鼓励外商投资资源综合利用,《目录(2007)》新增了相关鼓励类条目。对我国稀缺或不可再生的重要矿产资源不再鼓励外商投资。一些不可再生的重要矿产资源不再允许外商投资勘查开采,限制或禁止高物耗、高能耗、高污染外资项目准入。(3)调整单纯鼓励出口的导向政策。针对我国贸易顺差过大、外汇储备快速增加等新形势,不再继续实施单纯鼓励出口的导向政策。(4)促进区域协调发展。配合西部大开发、中部崛起、振兴东北等老工业基地战略,此次修订,在鼓励外商投资产业目录中不再列入仅"限于中西部地区"的条目。(5)维护国家经济安全。对部分涉及国家经济安全的战略性和敏感性行业,持谨慎开放的态度,适当调整相关条目,统筹国内发展和对外开放。①

国务院2010年《关于进一步做好利用外资工作的若干意见》指出,根据我国经济发展需要,结合国家产业调整和振兴规划要求,修订《外商投资产业指导目录》,扩大开放领域,鼓励外资投向高端制造业、高新技术产业、现代服务业、新能源和节能环保产业。严格限制"两高一资"和低水平、过剩产能扩张类项目。在中国加入世贸组织10周年之际,在国际金融危机给我国带来机遇和风险之时,《外商投资产业指导目录(2011年修订)》(以下简称新《目录》)出台,自2012年1月30日起施行。这是自1995年颁布以来的第5次修订。具体修改包括:(1)进一步扩大开放。新《目录》共总条目473条,其中鼓励类354条、限制类80条、禁止类39条,分别比原来增加3条、减少7条、减少1条。同时,取消了部分领域对外资的股比限制,鼓励类和限制类中有股比要求的条目比原来减少11条。(2)促进制造业改造提升。在鼓励类中增加了纺织、化工、机械制造等领域新产品、新技术条目。同时,考虑汽车产业健康发展的要求,将汽车整车制造条目从鼓励类中删除;为抑制部分行业产能过剩和盲目重复建设,将多晶硅、煤化工等条目从鼓励类删除。(3)培育战略性

① http://news.xinhuanet.com/fortune/2007-11/07/content_7028172.htm,下载日期:2008年2月16日。

新兴产业。在鼓励类增加了新能源汽车关键零部件、基于IPv6的下一代互联网系统设备等条目，将鼓励类中液晶面板条目明确为6代以上。(4)促进服务业发展。服务业增加了9项鼓励类条目，包括机动车充电站、创业投资企业、知识产权服务、海上石油污染清理技术服务、职业技能培训等，服务业条目在鼓励类中的比重进一步增加；将外商投资医疗机构、金融租赁公司等从限制类调整为允许类。(5)促进区域协调发展。

2.外资并购的相关规定

(1)外资并购的立法依据

随着2002年11月《关于向外商转让上市公司国有股和法人股有关问题的通知》《利用外资改组国有企业暂行规定》，以及2003年3月对外贸易经济合作部、国家税务总局、国家工商行政管理总局、国家外汇管理局联合发布的《关于外国投资者并购境内企业暂行规定》(以下简称《暂行规定》)等一系列涉及中国资本市场对外开放的法规和办法的相继出台，外资并购的制度性障碍已经排除。《暂行规定》的立法主旨在于为外国投资者并购境内企业，包括境内的有限责任公司、国有独资公司等提供法律依据。2006年8月8日，商务部、国务院国有资产监督管理委员会、国家税务总局、国家工商行政管理总局、中国证券监督管理委员会、国家外汇管理局共6部委联合发布第10号令，即《关于外国投资者并购境内企业的规定》，主要包括对外国投资者并购境内企业的基本制度、审批与登记程序、跨境换股规定、反垄断审查等内容。根据该规定，外资并购有股权式并购和资产式并购两种。第一种允许外国投资者直接购买境内企业的股权，认购境内企业的增资、增发的股份，成为境内企业的股东，该境内企业因此变更为外商投资企业；第二种允许外国投资者直接购买境内企业的资产，并以该资产出资设立外商投资企业，或者，外国投资者设立以购买境内企业的资产为目的的外商投资企业，以该外商投资企业购买境内企业的资产。为保证《关于外国投资者并购境内企业的规定》与《反垄断法》和《国务院关于经营者集中申报标准的规定》相一致，2009年6月22日，商务部发布第6号令对《关于外国投资者并购境内企业的规定》进行修改。

(2)外资并购安全审查

“10号令”对《暂行规定》第19条的内容进行了拆分，将国家经济安全审查与反垄断审查分列在第二章(基本制度)第12条和第五章(反垄断审查)之中。2008年生效的《反垄断法》第31条认可了另行建立国家安全审查制度的必要性。关于国家经济安全审查制度，“6号令”仍然保留原有的第12条。

2011年2月3日《国务院办公厅关于建立外国投资者并购境内企业安全审查制度的通知》从安全审查范围、审查内容、审查工作机制和审查程序四个方面对安全审查制度进行了具体的规定。安全审查的范围包括：外国投资者并购境内军工及军工配套企业，重点、敏感军事设施周边企业，以及关系国防安全的其他单位；外国投资者并购境内关系国家安全的重要农产品、重要能源和资源、重要基础设施、重要运输服务、关键技术、重大装备制造等企业，且实际控制权可能被外国投资者取得。2011年8月，在广泛征求公众意见的基础上，商务部对《实施外国投资者并购境内企业安全审查制度有关事项的暂行规定》进行了完善，形成了《实施外国投资者并购境内企业安全审查制度的规定》。除了在程序以及具体操作问题上作出了细化规定外，该规定还参考美国的做法，确立了“预通知”机制，即：在向商务部提出并购安全审查正式申请前，申请人可就其并购境内企业的程序性问题向商务部提出商谈申请，提前沟通有关情况。该预约商谈不是提交正式申请的必经程序，商谈情况不具有约束力和法律效力，不作为提交正式申请的依据。

(3)外资并购反垄断审查

关于外资并购反垄断审查，中国原先并无专门立法，但《关于外国投资者并购境内企业规定》中列有反垄断审查条款。2008年8月1日生效的《反垄断法》第四章对经营者集中反垄断规制的基本内容作出原则性规定。此外，还有国务院及相关部委颁布的配套性法规、规章及规定性文件，[①]成为中国对外资并购反垄断审查的主要依据。经过审查，商务部反垄断局做出无条件批准、禁止经营者集中或者对经营者集中附加限制性条件的规定，并向社会公布。根据党的十九届三中全会《中共中央关于深化党和国家机构改革的决定》、《深化党和国家机构改革方案》和第十三届全国人大第一次会议批准的《国务院机构改革方案》，市场监督管理总局负责反垄断统一执法。

3.清理和修订了大量涉外经济法律法规

为履行WTO协议及入世承诺，我国清理和修订了大批涉外经济法律法规。2002年国务院30个部门共清理法规文件约2300件，废止830件，修订325件。例如，《关于外商投资企业合并与分立的规定》《外商投资国际货物运输代理企业管理规定》[②]、《外商投资创业投资企业管理规定》[③]、《关于设立中外合资对外贸易公司暂行

---

① 这些文件包括：《国务院关于经营者集中申报标准的规定》《国务院反垄断委员会关于相关市场界定的指南》《金融业经营者集中申报营业额计算办法》《经营者集中申报办法》《经营者集中审查办法》《关于评估经营者集中竞争影响的暂行规定》《未依法申报经营者集中调查处理暂行办法》《关于经营者集中简易案件适用标准的暂行规定》《关于经营者集中附加限制性条件的规定(试行)》。

② 该规定自2002年1月1日起施行，对外贸易经济合作部于1996年9月9日发布的《外商投资国际货运代理企业审批规定》同时作废。

③ 该规定自2003年3月1日起施行。对外贸易经济合作部、科学技术部和国家工商行政管理总局于2001年8月28日发布的《关于设立外商投资创业投资企业的暂行规定》同日废止。

办法》[①]、《外商投资电影院暂行规定》[②]、《关于外商投资举办投资性公司的规定》[③]。随着我国法律制度的逐步完善,对内外资企业的管理趋于一致,国务院于2008年1月15日废止了《外商投资企业清算管理办法》。商务部第68次部务会议审议通过《商务部关于涉及外商投资企业股权出资的暂行规定》,自2012年10月22日起施行。

在金融领域,为了加强和完善对外资保险公司的监督管理,促进保险业的健康发展,国务院于2001年1月制定了《外资保险公司管理条例》。该条例于2013年5月30日被修订,涉及两点修改,即:"合资保险公司、独资保险公司的注册资本最低限额为2亿元人民币或者等值的自由兑换货币;其注册资本最低限额必须为实缴货币资本""外国保险公司分公司应当由其总公司无偿拨给不少于2亿元人民币或者等值的自由兑换货币的营运资金"。为了加强对出版活动的管理,并为外商在华出版业务提供法律依据,2002年1月,国务院制定了《出版管理条例》。新闻出版总署、对外贸易经济合作部联合发布了《设立外商投资印刷企业暂行规定》。2002年2月,为了适应对外开放和经济发展的需要,加强和完善对外资金融机构的管理,促进银行业的稳健运行,国务院发布了《外资金融机构管理条例》;2004年9月1日,中国银行监督管理委员会修订了《外资金融机构管理条例实施细则》。

2004年10月,国家发展和改革委员会《外商投资项目核准暂行管理办法》公布施行。2014年5月17日,发改委第12号令修订了暂行管理办法,公布《外商投资项目核准和备案管理办法》,将实施了9年多的外商投资项目全面核准制,改为有限核准和普遍备案相结合的管理方式。

2012年11月,国家外汇管理局发布《关于进一步改进和调整直接投资外汇管理政策的通知》,取消了外商直接投资大部分常规性外汇业务的事前核准,改由外汇管理局对有关外汇信息进行登记,再由银行根据登记信息办理相关外汇业务。2013年5月,国家外汇管理局发布《外国投资者境内直接投资外汇管理规定》,对外商直接投资的外汇事项全面实行登记管理。

4.几部重要相关法律修订

2004年新《对外贸易法》颁布,国家实行统一的对外贸易制度,鼓励发展对外贸易,维护公平、自由的对外贸易秩序。《对外贸易法》适用于对外贸易(包括货物进出

---

① 该规定自2003年1月发布之日起30日后施行。1996年9月2日经国务院批准、1996年9月30日由外经贸部发布的《关于设立中外合资对外贸易公司试点暂行办法》同时废止。

② 该规定自2004年1月1日施行,2000年10月25日国家广播电影电视总局、对外贸易经济合作部和文化部发布的《外商投资电影院暂行规定》同时废止。

③ 2004年11月,商务部发布《规定》取代了先前的《暂行规定》。2006年商务部又对其加以补充,就投资性公司的成立条件和业务范围作了明确规定。2009年,商务部下发通知,为吸引外商投资,1亿美元以下外商投资性公司不再由商务部审批,部分并购交易权力同时下放至省级商务主管部门。

口、技术进出口和国际服务贸易)以及与对外贸易有关的知识产权保护。

《中华人民共和国公司法》已由中华人民共和国第十届全国人民代表大会常务委员会第十八次会议于2005年10月27日修订通过,自2006年1月1日起施行。《公司法》规定:“外商投资的有限责任公司和股份有限公司适用本法,有关外商投资的法律另有规定的,适用其规定。”也就是说,当外商投资专门性法律存在特殊规定的,应当优先适用;但当某些专门性立法的效力层级低于公司法时,应当按照上位法优于下位法的原则适用公司法。2013年《公司法》再次修正,对于公司的注册资本制度作出了重大改革,对外商投资的一系列法规产生了重大影响。例如,《中外合资经营企业合营各方出资的若干规定》及其补充规定,在2014年2月19日被国务院废止。这意味着中外投资者出资期限和条件由公法强行规制变为由投资者意思自治,实现了从公司注册资本实缴登记制走向认缴登记制的本质飞跃,意味着向内外资企业同等待遇迈出重要一步。

2007年3月26日,第十届全国人大第五次会议通过了统一的《企业所得税法》,同年11月国务院颁布了《企业所得税法实施条例》。这两部规范性文件同时从2008年1月1日生效,从此确定“两税合一”,并将税率定为25%,具体内容包括:统一和规范税前扣除办法和标准;统一税收优惠政策,施行“产业优惠为主、区域优惠为辅”的新税收优惠体系;关于宽税基、低税率、严征管的规定等。[①]《企业所得税法》为各类企业创造了公平竞争的环境,有利于进一步完善我国的社会主义市场经济体制,也有利于与国际税制发展接轨。

为了完善劳动合同制度,明确劳动合同双方当事人的权利和义务,保护劳动者的合法权益,构建和发展和谐稳定的劳动关系,2007年6月,新的《劳动合同法》通过,规定了书面劳动合同、无固定期限劳动合同、试用期、裁减员工、经济补偿等内容,并且适用于在华投资的“三资企业”,反映了中国的外商投资环境正在发生深刻的变化。

(五)第五阶段:2013年至今

1.外资准入制度从正面清单向负面清单转变

(1)上海自由贸易试验区

2013年7月,中美第五轮战略与经济对话中,中国同意与美国进行投资协定的实质性谈判,该投资协定将对包括准入环节的投资的各个阶段提供国民待遇,并以“负面清单”模式为谈判基础。2013年8月,全国人大常委会通过了《关于授权国务院在中国(上海)自由贸易试验区暂时调整有关法律规定的行政审批的决定》,授权国务院在上海自贸区内暂时调整国家规定实施的准入特别管理措施,以及《外

---

① 金成华:《国际投资立法发展现状与展望》,中国法制出版社2009年版,第317页。

资企业法》《中外合资经营企业法》《中外合作经营企业法》规定的有关行政审批。上述行政审批的调整在三年内试行，对实践证明可行的，应当修改完善有关法律；对实践证明不宜调整的，恢复施行有关法律规定。2013年9月29日，上海自贸区正式设立。上海市政府公布了《中国（上海）自由贸易试验区管理办法》，规定："自贸试验区实行外商投资准入前国民待遇，实施外商投资准入特别管理措施（负面清单）管理模式。对外商投资准入特别管理措施（负面清单）之外的领域，按照内外资一致的原则，将外商投资项目由核准制改为备案制，但国务院规定对国内投资项目保留核准的除外，将外商投资企业合同章程审批改为备案管理。"

2013年11月12日，第十八届中央委员会第三次全体会议通过了《中共中央关于全面深化改革若干重大问题的决定》，提出实行统一的市场准入制度，在制定负面清单的基础上，各类市场主体可依法平等进入清单之外领域探索对外商投资实行"准入前国民待遇＋负面清单"的管理模式。

2014年12月28日，全国人大常委会通过《关于授权国务院在中国（广东）自由贸易试验区、中国（天津）自由贸易试验区、中国（福建）自由贸易试验区以及中国（上海）自由贸易试验区扩展区域暂时调整有关法律规定的行政审批的决定》。2015年4月8日，国务院办公厅以国办发〔2015〕23号印发《自由贸易试验区外商投资准入特别管理措施（负面清单）》。负面清单列明了不符合国民待遇等原则的外商投资准入特别管理措施，适用于上海、广东、天津、福建四个自由贸易试验区（以下统称自贸试验区）。同时发布的还有《自由贸易试验区外商投资国家安全审查试行办法》和《自由贸易试验区外商投资备案管理办法（试行）》。2015年4月21日，广东、天津、福建三大自由贸易试验区成立。第三批自贸区，即在辽宁省、浙江省、河南省、湖北省、重庆市、四川省、山西省新设7个自贸试验区，于2017年进入建设阶段。

迄今为止，我国自由贸易试验区共实施了5版负面清单，分别为2013年、2014年、2015年、2017年和2018年版。2017年6月16日，国务院办公厅正式公布2017年《自贸区负面清单》，共分15个门类，包含95项特别管理措施。2017年《自贸区负面清单》进一步开放外资在一些特定行业的准入限制，要点如下：①制造业。外商可设立外商独资企业开展轨道交通设备制造，而不再限于中外合资、合作企业。另外，取消城市轨道交通项目设备国产化比例须达到70%及以上的要求。②交通运输业。将公路旅客运输公司、外轮理货从限制类中移除。③信息技术服务业。允许外商投资互联网上网服务营业场所。④金融业。取消以下几个方面的外商投资限制和要求：A.外商投资金融资产管理公司须符合一定数额的总资产要求；B.外国分行不可从事《中华人民共和国商业银行法》允许经营的"代理发行、代理兑付、承销政府债券"；C.外资银行获准经营人民币业务需满足最低开业时间的要求。⑤文化和娱乐业。允许外商从事美术品和数字文献数据库及其出版物等文化产品进口业务。⑥商业服务业。进一步放宽会计审计行业的限制，不再要求担任特殊普通合伙会计师事务所首席合伙人（或履行最高管理职责的其他职务）具有中国国籍。2018年6月30日，商务部、发改委联合发布《自由贸易试验区外商投资准入特别管理措施（负面清单）（2018年版）》，自2018年7月30日起施行。具体修改如下：①证券公司的外资股比不超过51%，证券投资基金管理公司的外资股比不超过51%、期货公司的外资股比不超过51%、寿险公司的外资股比不超过51%，2021年取消外资股比限制；②除专用车、新能源汽车外，汽车整车制造的中方股比不低于50%，同一家外商可在国内建立两家及两家以下生产同类整车产品的合资企业；③小麦、玉米新品种选育和种子生产的中方股比不低于34%；④限于中国入世承诺开放的电信业务，增值电信业务的外资股比不超过50%（电子商务除外），基础电信业务须由中方控股（且经营者须为依法设立的专门从事基础电信业务的公司）。上海自贸试验区原有区域试点政策推广至所有自贸试验区执行；禁止投资邮政公司（和经营邮政服务）、信件的国内快递业务。

根据2014年2月，外汇管理局上海分局出台《支持中国（上海）自由贸易试验区建设外汇管理实施细则》的规定，上海自贸区内外商直接投资项下外汇登记下放银行办理，实质上是外汇管理局在自贸区的范围内取消了对外商直接投资外汇登记事项的审批。

(2)《外商投资产业指导目录》最近的三次修订

2015年3月10日，发改委和商务部发布《外商投资产业指导目录（2015年修订）》。新目录自2015年4月10日起施行，与2011年版目录相比，主要变化如下：一是将限制类由79条减少到38条，禁止类由38条减少到36条。制造业开放力度大，房地产、电子商务、金融、批发零售等服务业开放引人注目。二是新增的禁止类项目包括地质调查、网络出版、文物拍卖等。烟草批发和零售由限制类改为禁止类；中国法律事务咨询，在中国入世承诺中并未开放，此前外国律所也不能从事，此次进一步明确其为禁止类。[①]

国家外汇管理局于2015年发布了两部重要法规，分别是《国家外汇管理局关于进一步简化和改进直接投资外汇管理政策的通知》（“13号文”）和《国家外汇管理局关于改革外商投资企业外汇资本金结汇管理方式的通知》（“19号文”）。前者简化了外汇登记的要求，后者便利了外商投资企业外汇资本金的结汇。

2016年9月3日，第十二届全国人大常委会第二十二次会议审议通过《关于修改〈中华人民共和国外资企业法〉等四部法律的决定》，将不涉及国家规定实施准入特别管理措施的外商投资企业设立及变更，由审批改为备案管理。

---

① 《〈外商投资产业指导目录〉2015年版和2011年版对照》，http://opinion.caixin.com/2015-03-16/100791574.html，下载日期：2018年6月20日。

2017年1月12日，国务院印发《关于扩大对外开放积极利用外资若干措施的通知》（“5号文”，也称“吸引外资20条”），对进一步做好利用外资工作作出部署。通知指出，利用外资是我国对外开放基本国策和开放型经济体制的重要组成部分，在经济发展和深化改革进程中发挥了积极作用。当前，全球跨国投资和产业转移呈现新趋势，我国经济深度融入世界经济，经济发展进入新常态，利用外资面临新形势新任务。要贯彻落实《中共中央国务院关于构建开放型经济新体制的若干意见》，以开放发展理念为指导，进一步积极利用外资，营造优良营商环境，继续深化简政放权、放管结合、优化服务改革，降低制度性交易成本，实现互利共赢。①

2017年1月12日，中国人民银行发布《中国人民银行关于全口径跨境融资宏观审慎管理有关事宜的通知》，进一步放宽了对境内企业海外借款的限制。2017年3月10日，中国银行业监督管理委员会（“银监会”）发布《中国银监会办公厅关于外资银行开展部分业务有关事项的通知》，进一步放宽了对外资银行在中国开展业务的限制。主要变化有：①外资银行从事下列业务无须再获得银监会的事前同意：A.开展国债承销业务，B.开展托管业务，C.开展财务顾问业务。外资银行从事前述业务仅需要在相关业务开始后的5天内报告银监会。②外资银行可以依法合规与母行集团开展境内外业务协作，为客户在境外发债、上市、并购、融资等活动提供综合金融服务。③外资银行在风险可控的前提下，可以依法投资境内银行金融机构。

2017年6月28日，发改委和商务部发布《外商投资产业指导目录（2017年修订）》，自2017年7月28日起施行。2017年版目录首先在结构方面进行了调整，将2015年版目录中部分鼓励类有股比要求的条目整合到限制类目录（鼓励类与限制类条目有部分重合），和禁止类目录共同构成外资准入负面清单。新目录首次在形式上落实了在全国范围（自贸区除外）适用的外商投资准入负面清单制度。其次，新目录进一步削减了外资准入限制性措施，扩大和提高了我国多行业领域对外资开放的范围和程度。保留63条（包括限制类条目35条、禁止类条目28条），比2015年版目录93条限制性措施（包括鼓励类有股比要求条目19条、限制类条目38条、禁止类条目36条）减少了30条。具体扩大开放措施集中在服务业、制造业、采矿业等领域。再次，新目录移除了可适用内外资一致原则进行管理的限制及禁止类条目，同样适用于内外资的限制性措施不再列入外资准入负面清单。进一步整合了现有法律法规在外资准入方面的一些分散限制，并吸收了自贸区负面清单的相关规定，补充列示了一些限制和禁止类条目。最后，删除了2015年版目录中的兜底条目，通过负面清单中的“说明”，明确其适用原则，即CEPA（《关于建立

① 《中共中央 国务院关于构建开放型经济新体制的若干意见》，http://www.gov.cn/xinwen/2015-09/17/content_2934172.htm，下载日期：2018年11月10日。

更紧密经贸关系的安排》)相关协议、ECFA(《海峡两岸经济合作框架协议》)相关协议、我国缔结或者参加的国际协议、协定或条约以及我国法律法规另有规定的,从其规定。①

《中外合作经营企业法实施细则》于2017年3月1日进行修订。《中西部地区外商投资优势产业目录(2017年修订)》于2017年3月施行,这是其2000年发布以来第4次修订,目前涵盖中西部地区、东北地区、海南省等22个省(区、市)。2017年版《中西部地区外商投资优势产业目录》共639条,比2013年版《优势产业指导目录》多出139条。举例来讲,2017年版《优势产业指导目录》首次规定,智能手机制造业在河南、陕西和重庆属于"外商投资优势产业";再比如,集成电路制造业首次被列为陕西省"外商投资优势产业"。这些改变体现出,中国政府意图通过对"外商投资优势产业"的调整来推动中西部地区传统产业的转型和升级,促进高科技产业以及服务业的发展。

2017年7月30日,商务部公布《关于修改〈外商投资企业设立及变更备案管理暂行办法〉的决定》,规定对于外国投资者并购境内非外商投资企业以及对上市公司实施战略投资,不涉及特别管理措施和关联并购的,适用备案管理,进一步简化并推动外国投资者在华的并购活动。此外,2017年11月4日,第十二届全国人民代表大会常务委员会第三十次会议对《中外合作经营企业法》又进行了修订。

2017年8月8日,国务院又发布了《关于促进外资增长若干措施的通知》("39号文"),要求国务院各部委、各直属机构以及各省级地方政府制定具体政策、采取具体措施进一步吸引外资,并为境外投资者创造一个透明、便捷的投资环境。"5号文"和"39号文"作为政策指引性文件,是未来几年中国政府在外商投资领域立法的重要风向标。

2017年8月8日,国家卫生和计划生育委员会发布43号文(《关于深化"放管服"改革激发医疗领域投资活力的通知》),进一步提升医疗领域对外开放水平,即对于外国医疗机构、公司、企业和其他经济组织以合资或者合作形式设立的诊所,放宽外方投资股权比例不超过70%的限制。2017年11月20日,交通运输部办公厅发布"1724号文",一定程度上限制了外商投资我国水路运输行业。根据该规定,在国内现有水路运输经营者能够满足相关运输需求的情况下,原则上不予批准外商投资国内水路运输企业。"1724号文"禁止外国企业、其他经济组织和个人经营国内水路运输业务,以及以租用中国籍船舶或者舱位等方式变相经营国内水路运输业务。

2018年6月28日,国家发改委和商务部第18号令发布《特别管理措施(负面

---

① 《全国版负面清单落地〈外商投资产业指导目录(2017年修订)〉发布》,https://www.sohu.com/a/153767574_617138,下载日期:2018年6月20日。

清单)2018年版》,在22个领域推出新一轮开放措施。《外商投资准入特别管理措施(负面清单)(2018年版)》是对《外商投资产业指导目录(2017年修订)》中的外商投资准入负面清单的修订。2018年版负面清单长度由63条减至48条,推出一系列重大开放措施:(1)大幅扩大服务业开放。金融领域,取消银行业外资股比限制,将证券公司、基金管理公司、期货公司、寿险公司的外资股比放宽至51%,2021年取消金融领域所有外资股比限制。基础设施领域,取消铁路干线路网、电网外资限制。交通运输领域,取消铁路旅客运输公司、国际海上运输、国际船舶代理外资限制。商贸流通领域,取消加油站、粮食收购批发外资限制。文化领域,取消禁止投资互联网上网服务营业场所的规定。(2)基本放开制造业。汽车行业取消专用车、新能源汽车外资股比限制,2020年取消商用车外资股比限制,2022年取消乘用车外资股比限制以及合资企业不超过两家的限制。船舶行业取消外资限制,包括设计、制造、修理各环节。飞机行业取消外资限制,包括干线飞机、支线飞机、通用飞机、直升机、无人机、浮空器等各类型。(3)放宽农业和能源资源领域准入。农业领域,取消小麦、玉米之外农作物种子生产的外资限制。能源领域,取消特殊稀缺煤类开采外资限制。资源领域,取消石墨开采、稀土冶炼分离、钨冶炼等外资限制。

国家发展和改革委员会有关负责人表示,改革开放40周年之际,发布实施2018年版负面清单,是大幅度放宽市场准入、深入推进高水平开放、进一步完善准入前国民待遇加负面清单管理制度的重大举措。新一轮开放将为扩大吸引外资、促进市场竞争、增强创新力量注入新动力,有利于推动形成全面开放新格局,支持经济全球化深入发展。

2.推动并保护香港和内地间投资活动

2017年6月28日,内地政府与香港政府签署了《CEPA投资协议》。《CEPA投资协议》是内地首次以"负面清单"方式对外签署的投资协议,体现了内地对外开放的最高水平。其主要内容如下:①将投资准入的范围进一步扩大开放到非服务业投资领域(包含制造业,采矿业以及资产投资等)。此前两地政府签订的《服务贸易协议》不包含非服务业投资领域。②除《CEPA投资协议》附件二所列的26项不符措施以外,内地承诺给予香港投资和投资者国民待遇。不符措施包括,香港投资者不得投资稀土开采,投资稀土冶炼分离限于合资方式等。③在投资征收、损失补偿及转移投资利润等方面,内地和香港将互相给予对方高水平投资保护待遇。

二、中国外商投资法的统一

目前,我国外商投资法律的基本框架是以三资企业法为核心,即围绕《外资企业法》《中外合资经营企业法》《中外合作经营企业法》及其实施细则产生的一系列法律法规的整合。中国外商投资法没有采取统一的立法形式,整体而言,层次结构较为复杂。

(一)中国外商投资管理的现状与立法缺陷

首先,从纵向结构看,中国现行的外商投资立法形成了法律、行政法规、部门规章、地方性法规等多层级的法律体系,中国享有外商投资立法的权限主体较多,既有中央一级的全国人大及其常委会,也有国务院及其部委,还有地方一级的省级人大及其常委会和省级人民政府。此外,民族自治地方和经济特区的人大及其政府也享有特定范围内的外商投资立法权。经过40多年的立法积累,中国外商投资立法已经形成以《中外合资经营企业法》《中外合作经营企业法》和《外资企业法》三部基本法为基础的,以国务院颁布的实施条例和实施细则为支撑的,以《外商投资产业指导目录》和众多相关部门规章、地方性法规为主体的完备的法律体系。从横向结构看,中国现行外商投资立法涉及外商投资管理的方方面面,而且覆盖了多个行业领域。然而,无论从横向还是纵向结构来看,中国外商投资管理都呈现出碎片化的特点。每一种企业形式,都有不同的设立程序、文件表格要求、组织结构、运作方式和监管标准要求,不仅凌乱繁杂,也大大增加了经商和监管的成本。其结果导致外国投资者及其投资在中国享有种类繁多的待遇。[①]

其次,改革开放40年来,中国外商投资管理逐步走向成熟,从内外资区别管理趋向于内外资一致管理,从正面清单管理模式向负面清单管理模式转变,从外商投资企业逐案审批制向备案制转变,从税收“超国民待遇”向“国民待遇”转变,从外汇管理审批制向登记制转变;此外,反垄断审查和安全审查制度不断完善。但是,我国外商投资管理政策性强、管制度高。政策性体现在,由于多数地方政府并没有立法权,这些地方政府通过政策性文件鼓励、限制或管理外国投资的做法极为普遍。高管制不仅体现在投资准入阶段,如针对准入范围、准入条件、准入程序等设立许多限制,也体现在投资经营阶段,如针对外国投资的具体投资决策与过程的限制或干预。当然,一方面存在管制过度的问题,另一方面中国的外国投资法制也存在管制不足的问题,如对某些外国投资者滥用市场优势,损害市场公平以及公共利益的行为未能施加有效的约束。

完善立法形式方面,对于外资企业立法到底应采取何种形式,论者可谓各见仁智。有学者认为我国外商投资法律的修订应积极贯彻“统一内外资法律法规”的指导方针,将统一规范、清单管理模式纳入法治范畴,将三法分立模式重新改造、统一立法并命名为《外国投资法》。[②] 统一而简约,应是特定部门法律的内在要求。有学者指出,外商投资企业法与公司法并行的格局,并非企业法科学体系建构的要求,其不过是历史过程中的无奈和权宜之计,并轨与融合是必然的趋势和我们现时

---

① 蔡从燕:《〈外国投资法(草案)〉中的国际法因素》,载《中国法律评论》2015年第1期。

② 金善明:《中国外商投资法律修订完善迫在眉睫》,载《中国对外贸易》2016年第11期。

就应做出的合理选择。[①] 但是也有学者提出不同的观点。我国的外资立法还是必须走"合"的道路,即最终达到国内经济立法与外商投资立法的完全统一。我国近年来颁布的纲领性规划和签订投资条约的实践中,也将拉平内外资待遇作为考虑的重点,而拉平内外资待遇的一个重要途径就是内外资法律规范的统一。就制度设计的本意而言,外国投资法典是"双轨制"立法体制下的产物,其目的在于巩固双轨制下外资立法的既得成果,对外资权益予以法典化的保护。因此,从维护目标与途径统一性的角度考虑,我国不宜制定外国投资法典。[②]

(二)《外国投资法(草案)》征求意见稿

2013 年 10 月 30 日,十二届全国人大常委会提出的五年立法规划中,三资企业法的修改已然在列。2015 年 1 月 19 日,商务部推出了《外国投资法(草案征求意见稿)》[以下简称《外国投资法(草案)》],向全社会征求意见。《外国投资法(草案)》一共设置了 11 章共 170 条,内容包含外国投资者和外国投资、准入管理、国家安全审查、信息报告、投资促进、投资保护、投诉协调处理、监督检查、法律责任与附则。从草案内容可以看到我国对待外资的态度更加开放与平等。对比而言,《外国投资法(草案)》将过去三资企业法注重规定企业组织形式转为对外商投资行为的规范,可以说从理念到制度都实现了颠覆性变革。主要表现在:一是首次引入实际控制标准,对现行协议控制结构存在的合法性有着巨大的冲击;二是实行准入前国民待遇加负面清单管理模式,确立"有限许可加全面报告"的管理制度,加强事中事后监管,表明我国外资监管部门的审查监管重心的转移;三是完善 [illegible] 建立信息报告制度;四是重新定义外国投资者概念,使外国投资 [illegible] 避监管的路径;五是重构了协调处理与保护机制。

根据《外国投资法(草案)》第 18 条的规定,对某个企业存在 [illegible] 括:(1)直接或者间接持有该企业 50%以上的股权或者类似权益 [illegible] 接持有以上权益虽然不足 50%,但具有以下情形之一:①有权 [illegible] 该企业董事会或类似决策机构半数以上成员;②有能力确保其提名人员取得该企业董事会或类似决策机构半数以上席位;③所享有的表决权足以对股东会、股东大会或者董事会等决策机构的决议产生重大影响。(3)通过合同、信托等方式能够对该企业的经营、财务、人事或技术等施加决定性影响。境外交易导致境内企业的实际控制权向外国投资转移的,构成该外国投资者在中国境内投资。纯内资企业难以通过境外交易而发生控制权转移(其股东向外国投资者转移股权等权益构成境

① 赵旭东:《融合还是并行:外商投资企业法与公司法的立法选择》,载《法律适用》2005 年第 3 期。

② 蔡奕:《论我国外资立法体系的重构——兼议外国投资法典的编纂问题》,载《经济法制》2000 年第 5 期。

内交易)，此处所指的境内企业似乎只能是外国投资企业，即已经部分或全部由外国投资者(包括受中国投资者控制的外国投资者)投资。

以安全审查为例，《外国投资法(草案)》在第四章专章规定了国家安全审查制度，整合了2011年2月国务院办公厅发布的《关于建立外国投资者并购境内企业安全审查制度的通知》和2011年8月25日商务部发布的《实施外国投资者并购境内企业安全审查制度的规定》中的制度设计，将该制度的中国法律渊源上升到法律层级。《外国投资法(草案)》将安全审查的范围扩大到"一切危害或可能危害国家安全"的投资；将国家安全审查制度条文化，从之前的行政命令下的规定进化为法律下的制度构建，这是我国在外国投资领域立法的一大进步。

《外国投资法(草案)》不再对外商投资企业的组织机构进行规定，而是要求外商投资企业的组织机构应符合《公司法》、《合伙企业法》或者《个人独资企业法》的要求。总之，《外国投资法(草案)》加强了投资促进和保护，旨在为外国投资者来华投资创造稳定、透明和可预期的法律环境。

第二节　中国海外投资法律制度的变迁

一、"走出去"战略的提出

我国对外直接投资的发展与"走出去"战略的提出密切相关，而邓小平对外开放思想，为"走出去"战略提供了坚实的理论基础，孕育了"走出去"在新时期新形势下作为我党我国的重大发展战略的形成和提出。党的十一届三中全会提出，"在自力更生的基础上积极发展同世界各国平等互利的经济合作，努力采用世界先进技术和先进设备，并大力加强实现现代化所必需的科学和教育工作"。1979年8月，国务院在颁布的《关于经济改革的十五项措施》中第一次将"出国办企业、发展对外投资"作为国策。1981年年底，胡耀邦在中央书记处的一次会议上，进一步明确了对外经济关系的战略地位："我们的社会主义现代化建设，要利用两种资源——国内资源和国外资源，要打开两个市场——国内市场和国际市场，要学会两套本领——组织国内建设和发展对外经济关系的本领。"为规范审批行为，原外经贸部于1984年5月和1985年7月发布了《关于在国外和港澳台地区举办非贸易性合资经营企业审批权限和原则的通知》以及《关于在境外开办非贸易性企业的审批程序和管理办法的实行规定》，对外直接投资实现了从国务院个案审批到规范性审批的转变。1989年3月，国家外汇管理局还发布了《境外投资外汇管理办法》。在这10年里，由于我国的对外投资管理过严，"走出去"的企业并不多，规模不大，对外直接投资额仅为13.96亿美元。

1992年，党的十四大报告提出“积极扩大我国企业的对外投资和跨国经营”。但是，由于中国经济在1992年出现过热的现象，中央政府于1993年开始进行宏观调控，并对境外企业也开展了一次全面的清理整顿。1997年9月，党的十五大报告明确提出“更好地利用国内国外两个市场、两种资源，积极参与区域经济合作和全球多边贸易体系，鼓励能够发挥我国比较优势的对外投资”。党的十五大报告明确提出“走出去”战略以后，鼓励和促进中国企业迈出国门、参与国际市场竞争的工作已成为党和国家经济领域工作的重心之一。同年12月，江泽民同志在会见全国外资工作会议代表时提出：“‘引进来’和‘走出去’，是我们对外开放方针的两个紧密联系、相互促进的方面，缺一不可；我们不仅要积极吸引外国企业到中国来投资办厂，也要积极引导和组织国内有实力的企业走出去，到国外投资办厂，利用当地的市场和资源。视野要放开一些，既要看到欧美市场，也要看到广大发展中国家的市场；在努力扩大商品出口的同时，必须下大气力研究和部署如何走出去搞经济技术合作。”[①]998年2月，中共十五届二中全会又明确指出：“在积极扩大出口的同时，要有领导有步骤地组织和支持一批有实力优秀的国有企业走出去，到国外去，到国外去主要是非洲、中亚、中欧、南美等地投资办厂。”这标志着“走出去”的出行的形成。2000年年初，江泽民总书记在向中央政治局通报“三讲”情况的讲话中，在全面总结我国对外开放经验的基础上，首次把“走出去”战略上升到“关系我国发展全局和前途的重大战略之举”的高度。同年2月，江泽民同志在广东考察工作时指出：“我国加入世贸组织后，将会为实施这一战略带来更多的机遇。必须不失时机地‘走出去’，让我们的企业到国际经济舞台上去施展身手。这个战略实施好了，对增强我国经济发展的动力和后劲，促进我国的长远发展，具有极为重大的意义。”2000年10月，党的十五届五中全会审议通过了《中共中央关于制定国民经济和社会发展第十个五年计划的建议》，首次明确提出了“走出去”战略。2001年3月，“走出去”战略正式写入全国人大九届四次会议通过的《国民经济和社会发展第十个五年计划纲要》，纲要要求健全对境外投资的服务体系，在金融、保险、外汇、财税、人才、法律、信息服务、出入境管理等方面，为实施“走出去”战略创造条件，并完善境外投资企业的法人治理结构和内部约束机制，规范对外投资的监管。[②]

党的十六大报告中进一步强调“引进来和走出去相结合”的方针，全面提高对外开放水平。2003年10月，胡锦涛主席在党的第十六届三中全会通过的《关于完善社会主义市场经济体制的若干重大问题的决定》中指出：“继续实施‘走出去’战略……。‘走出去’战略是建成完善的社会主义市场经济体制和更具活力、更加开

① 《实施“引进来”和“走出去”相结合的开放战略》，载《江泽民文选卷（第一卷）》。

② 史晓丽、祁欢：《国际投资法》，中国政法大学出版社2009年版，第82～83页。

放的经济体系的战略部署,是适应统筹国内发展和对外开放的要求的,有助于进一步解放和发展生产力,为经济发展和社会全面进步注入强大动力。”2005年,温家宝总理在政府工作报告中提出:“要进一步实施‘走出去’战略。鼓励有条件的企业对外投资和跨国经营,加大信贷、保险外汇等支持力度,加强对‘走出去’企业的引导和协调。建立健全境外国有资产监管制度。”①2007年10月,胡锦涛主席在党的十七大会议上再度强调要“拓展对外开放广度和深度,提高开放型经济水平,坚持对外开放的基本国策,把‘引进来’和‘走出去’更好结合起来”。

为了实现中国企业的“走出去”战略,商务部及外交部于2004年7月发布《对外投资国别产业导向目录》,这是落实该战略的重要一步。商务部于2009年4月10日发布《对外投资合作国别(地区)指南》,加强对企业“走出去”信息服务。国别投资环境的介绍标志着一种公共平台的建立,由政府出面有效地整合相关信息服务企业,从而为其战略抉择作出指引。

二、我国海外投资立法体系的建立和完善

(一)立法层级低,体系不完整

系统健全的立法体系是保证境外投资战略得以顺利实施的根本和保障。我国尚未制定对外投资的基本法律,也没有国务院颁布的条例来规范对外投资,只有各部委出台的相应部门规章来规范各个产业内部企业的对外投资行为。

1.第一阶段海外投资部门规章

国家发展和改革委员会2004年发布了《境外投资项目核准暂行管理办法》。2009年3月16日,商务部发布了《境外投资管理办法》,对在我国依法设立的企业通过新设、并购等方式在境外设立非金融企业或取得既有非金融企业的所有权、控制权、经营管理权等权益的行为进行监管。国家外汇管理局2009年发布了《境内机构对外直接投资外汇管理规定》。此外,还有财政部、外交部、国家外汇管理局、海关总署联合1999年发布的《境外国有资产管理暂行办法》,国有资产管理委员会2011年发布的《中央企业境外投资监督管理暂行办法》和《中央企业境外国有产权管理暂行办法》等。当然,除此之外,我国对外投资法律体系中还有一些与之相关的法律法规,如《企业所得税法》《企业国有资产法》《反垄断法》《外汇管理条例》等。现有制度也只是规制海外投资的几个关键点,不仅内容单一,导致管理薄弱,而且立足点偏低,不能提升战略高度进行统一管理。

从管理内容上,中国对外投资采用分级管理、多元审批的办法。中国境外投资立法主要集中于境外投资的审批、外汇管理、国有资产的海外监管等方面。我国对

① 《2005年政府工作报告》,http://www.chinadaily.com.cn/zgzx/2009npc/2009-02/27/content_7520230.htm,下载日期:2018年6月22日。

外直接投资监管，实行的是分级管理、多元审批。我国对“走出去”企业的宏观管理相对滞后，缺乏宏观管理的规划和指导，没有明确的产业发展方向和国别政策，缺乏高效的管理机构，出现重复管理、遗漏管理等现象。国内众多管理部门都享有海外投资的审批权限，既有中央一级的，也有各级地方政府及其主管部门，表面上各司其职，但审批的内容经常发生重叠，职能交叉现象严重。一方面导致审批机构职能分散、办事效率低；另一方面，层层审批耗费大量人财物力，增加海外投资者的项目成本。主管部门往往对企业没有尽到合理的协助，帮助企业了解合作对手的状况；企业本身受信息渠道闭塞或判断能力等原因的影响，出现盲目决策，导致企业在海外投资中遭受重大损失。按照国务院《政府核准的投资项目目录（2013 年本）》，发改委和商务部依然是对境内企业境外投资进行监管审批（核准/备案）的两个主要政府部门。

2.第二阶段管理模式的改革

国家发展和改革委员会于 2014 年 4 月 8 日发布、5 月 8 日起施行新的《境外投资项目核准和备案管理办法》（“9 号令”）。商务部于 2014 年 9 月 6 日发布《境外投资管理办法》（“3 号令”），对现行的境外投资管理体制进行了调整和优化，并于 2014 年 10 月 6 日起施行。中国企业“走出去”到境外投资可以依据这两个新规定，在国内审批环节，享受国家简政放权、促进境外投资便利化、落实企业投资决策自主权等利好政策。

（1）国家发改委“9 号令”

国家发改委“9 号令”简化了对境外投资项目审核和备案的程序，明确规定了大部分审核和备案流程的时间节点，提高了境外投资项目核准和备案规范化、便利化的水平。具体表现在：①大幅提高了境外投资项目的核准权限，缩小了核准范围。除了涉及敏感类的项目外，国家发改委的核准权限，由原来按资源类、非资源类划分的 3000 万美元、1000 万美元的权限，统一提高到了中方投资额 10 亿美元的投资项目。也就是说，对 10 亿美元以下的一般境外投资项目一律实行备案制。②中央管理企业实施的境外投资项目，地方企业实施的中方投资额 3 亿美元及以上的境外投资项目，由国家发改委备案。地方企业实施的中方投资额 3 亿美元以下的境外投资项目，由各省、自治区、直辖市和计划单列市和新疆建设兵团等投资部门来进行备案。③“9 号令”明确了国家发改委在受理涉及敏感国家和地区、敏感行业的境外投资项目申请报告之日起 3 个工作日内征求有关意见，国家发改委委托的咨询机构的评估项目申请报告的时限原则上不超过 40 个工作日。④“9 号令”中仍规定，投资主体实施需国家发改委核准或备案的境外投资项目，在对外签署具有最终法律约束效力的文件前，应当取得国家发改委出具的核准文件或备案通知书（即“小路条”）。投资主体凭核准文件或备案通知书，依法办理外汇、海关、出入境管理和税收等相关手续。

(2)商务部“3号令”

商务部“3号令”的亮点就是体现企业自主决策、自负盈亏、自担风险,最大限度缩小了核准的范围,具体特点如下:①确立了企业对外投资主体地位,企业今后无须在签署境外投资合同或协议中必须约定以取得商务主管部门的核准或备案为生效条件,企业可自行决定对外投资协议的生效、交割条件。②备案为主,核准为辅的管理模式取代全面核准制度,明确了国内企业在境外投资开办除金融企业之外的企业事项,涉及敏感国家和地区、敏感行业的,由商务部核准;其他情形的,中央管理企业报商务部备案,地方企业报省级政府备案。备案有别于核准,备案只做形式审查,不做实质审查。备案及核准的办理时限进一步缩短,只要企业提供完整的信息,三天就可以完成备案。③不再以国家发改委的核准或备案为前置条件,企业报请境外投资的,可以先行办理商务部门的申报手续,或与国家发改委的申报手续同时进行。④并购类境外投资及矿产资源勘查开发类项目的申报程序简化。⑤《企业境外投资证书》内容调整,企业未在境外开展投资导致证书失效。⑥境外中资企业境外再投资、终止境外投资的备案制度改为报告制度。

另外,商务部“3号令”与国家发改委“9号令”仅适用于境内企业的境外投资。目前两个部门尚未出台对境内居民个人的境外投资的相关规定。但国家发改委“9号令”规定,对于个人和包括合伙企业在内的其他组织在境外实施的投资项目将参照发改委“9号令”的规定另行制定具体管理办法。

3.第三阶段的改革

2017年12月26日,国家发展和改革委员会发布《企业境外投资管理办法》(简称“11号令”)。新办法已于2018年3月1日起施行,《境外投资项目核准和备案管理办法》(简称“9号令”)已废止。“9号令”实施三年多来,境外投资快速发展,我国跻身境外投资大国前列。同时,境外投资发展呈现出一些新问题,企业也提出一些新诉求,需要对管理制度进行改革。根据联合国贸易与发展会议《2018年世界投资报告》,2017年中国对外投资全球排名第三,位居美国和日本之后。不过,2017年中国对外投资的额度也减少了36%,降至1250亿美元。这是近年来中国对外投资的第一次下降。① “11号令”作为境外投资管理的基础性制度,在“放管服”三个方面统筹推出了八项改革举措,旨在加强境外投资宏观指导,优化境外投资综合服务,完善境外投资全程监管,促进境外投资持续健康发展,维护我国国家利益和国家安全。在便利企业投资方面,新办法突出简政放权,推出三项改革,进

① 《联合国发布世界投资报告》,http://www.tedaonline.com/policy/2018-06-14/9432.html,下载日期:2018年7月30日。

一步便利企业境外投资：[①](1)取消项目信息报告制度。新办法取消项目信息报告制度，进一步简化事前管理环节，从而降低制度性交易成本。(2)取消地方初审、转报环节。新办法取消地方初审、转报环节，属于国家发展和改革委员会核准、备案范围的项目，地方企业通过网络系统直接向国家发展和改革委员会提交有关申请材料，从而让企业好办事、少跑腿。(3)放宽投资主体履行核准、备案手续的最晚时间要求。新办法将投资主体履行核准、备案手续的最晚时间要求从签约前(或协议生效前)放宽至实施前；属于核准、备案管理范围的项目，投资主体应当在项目实施前取得项目核准文件或备案通知书。这有利于企业更加从容地安排交易节奏。

在规范企业境外投资方面，“11号令”突出放管结合，推出三项改革，进一步规范企业境外投资：(1)补齐管理短板，将境内企业和自然人通过其控制的境外企业开展的境外投资纳入管理框架，采取精准化的管理措施。新办法将境内企业和自然人通过其控制的境外企业开展的境外投资纳入管理框架。(2)创新监管工具，改进协同监管和全程监管。新办法提出建立协同监管机制，通过在线监测、约谈函询等方式对境外投资进行监督检查。同时，引入项目完成情况报告、重大不利情况报告等制度，改进对境外投资的全程监管，从而更好维护国家利益和国家安全。(3)完善惩戒措施，建立境外投资违法违规行为记录。针对恶意分拆、虚假申报等违法违规行为，新办法明确惩戒措施、加大惩戒力度。同时，提出建立境外投资违法违规行为记录，实施联合惩戒。

在服务企业境外投资方面，“11号令”突出优化服务，推出两项改革，进一步服务企业境外投资：(1)充实服务内容。新办法提出投资主体可以咨询政策和信息、反映情况和问题、提出意见和建议等。同时，明确国家发改委在发布境外投资信息等方面的主要任务，将一些实际开展的投资促进和服务保障工作纳入制度化轨道。(2)推行在线办理。新办法提出建立境外投资管理和服务网络系统。

总之，“11号令”除了顺应进一步简政放权、优化境外投资监管程序、减少企业境外投资监管负担的趋势以外，还增加了指导和服务企业境外投资的职能和加强对企业境外投资事中事后监管的相关规定。

(二)负面清单管理模式需要内外统一

鉴于准入前国民待遇和负面清单的外资管理模式已经成为国际经济发展的新趋势，上海自由贸易试验区作为我国进一步深化改革和扩大开放的试验田，其负面清单模式是中美BIT(双边投资协定)“准入前国民待遇＋负面清单”谈判模式的先试先行。如今，中国外商投资管理模式已经采用特别管理措施即负面清单模式。不仅如此，由于中国在国际投资领域的身份出现混同，负面清单的思维需要贯彻到

① 《发改委：权威解读〈企业境外投资管理办法〉》，http://www.cnwb.net/list/newscontent/25207.html，下载日期：2018年6月10日。

国内投资立法中。也就是说,中国的外商投资法、对外投资法和中国参与的国际投资协定应该尽量保持一致。

以商务部"3号令"为例,所谓负面清单就是指除危害国家主权、安全和社会公共利益,或违反我国法律法规;损害我国与有关国家(地区)关系;违反我国缔结或参加的国际条约、协定;出口我国禁止出口的产品和技术等四方面不允许投资外,其他均可。国内、国际立法的协调性是一国法律体系完备发达的重要标志。我国海外投资国际立法不仅效力优于国内立法,而且在数量上也占有明显的优势。然而,要行使国际海外投资立法对本国海外投资有效的保护,仅有效力和数量上的优势是不够的,必须两者有力配合,相互照应,具备良好的协调性。一方面,国际立法只是国内立法的有效延伸,国内立法是国际立法的根本基础;另一方面,国内立法又必须反过来有效地配合国际立法,使国内立法跟上国际立法的进程。只有这样,国际立法才有实践基础,才有具体适用的可能,才能更有效地与国内立法相结合,保护本国的经济发展;而我国现行海外投资立法与国际立法在一致性方面存在着明显的问题。

(三)海外投资保险立法及其保险机制的完善

西方发达国家的实践表明,海外投资保险制度是保护和鼓励海外投资的一项有效的国内法制度。随着海外投资规模的逐年增大,我国海外投资者在东道国面临的各种政治风险也会增加。而从我国对外直接投资的投资地域分布看,我国对外投资企业在亚洲和非洲的投资覆盖率最高,在我国对外投资流向前10名的国家和地区中发展中国家和地区占8位,其中对外投资净额的92%投向了亚洲、南美洲和非洲国家,可见我国对外直接投资大多集中于政治风险高发的地区。特别是"一带一路"项目中纠纷更有可能发生,因为"一带一路"项目大都处在世界上最困难的商业环境。许多基础设施项目的规模和复杂性决定纠纷不可避免,例如大型项目经常被推迟,成本高于预期,效益也低于预期。根据世界银行统计,在"一带一路"沿线国家,通过当地法院解决商业纠纷的平均时间是621天,投资者保护通常极薄弱。当出现问题时,各方会寻求赔偿。当然,即使向发达国家进行直接投资,也不能排除遭遇政治风险的可能性,例如,美国、澳大利亚等国的"安全审查制度"。例如,"三一重工关联企业诉美国总统奥巴马和外国投资委员会""华为投资受阻""中兴事件"等。特别是2018年8月14日,美国总统特朗普正式签署了作为《2019财年国防授权法案》(NDAA)一部分的《美国外国投资风险评估现代化法案》(FIRRMA)。FIRRMA是一份关于外资收购美国公司新规定的法案,根据该法案美国政府将加强国家安全审查,并赋予美国外国投资委员会(CFIUS)更多的权力。这一法案的通过意味着中国企业对美投资更加艰难。因此我国海外投资保险制度亟待完善,以此为海外投资企业保驾护航。

中国出口信用保险公司开办海外投资保险业务的目的就是支持和促进中国企业、金融机构进行海外投资,对投资者的海外投资及既得利益因东道国的政治风险而造成经济损失进行赔偿。投资者通过海外投资保险可以有效规避政治风险，同时可以获得融资便利。

中国出口信用保险公司还与世界银行多边投资担保机构（MIGA）合作，于2005年6月MIGA签署了《合作谅解备忘录》。但是，目前我国对外投资和国际工程承包对MIGA承保信用保险和风险管理的使用率并不高，可以综合考虑MIGA的担保和中国出口信用保险公司的承保。

从我国进出口信用保险公司现有海外投资保险业务的运作来看，目前需要相关国内海外投资立法、双边投资协定以及自由贸易区协定相互配合，并加以制度保障的是，保险公司在理赔后向东道国的追偿问题，即如何有效行使代位求偿权。由于中国出口信用保险公司的海外投资保险业务刚刚起步，且基本上偏重于投资保险运作过程的前半段，而有关代位求偿权的实现和索赔以及争端的解决方面公司《投保指南》和我国法律中缺乏相应的规定，这就使中国出口信用保险公司行使代位求偿权缺乏相应的法律保障，在向东道国索赔时举步维艰。在海外投资保险实践中，发达国家更倾向于通过缔结双边投资保护协定来规定代位权条款，约定两国行使代位权的范围、程序和方式。代位权作为海外投资保险立法的重要环节和运行依据，不仅关系到一国的海外投资保险制度能否顺利运行，也直接决定或制约着一国海外投资保险立法模式的选择。应该说，代位权及其运作方式，一方面必须通过国内海外投资保险立法加以规定或体现，另一方面代位权运作方式反过来也决定着国内海外投资保险立法模式的选择。

在当前世界投资日趋自由化的背景下，作为最大的发展中国家，中国应充分利用缔结的双边投资保护协定和参加的多边投资公约，适应国际投资及其法律制度的发展要求，建立并完善中国海外投资保险制度，以保护和促进海外投资事业的发展。

（四）东道国环境保护与劳工问题纳入法治轨道

1.东道国的环境保护

中国海外投资主要面向非洲、拉丁美洲和大洋洲这些资源丰富的地区，但是由于企业不注意当地环境保护，经常被指责为“依靠海外自然资源、牺牲海外环境、漠视海外人权的掠夺式发展”。例如，修建大坝这样对东道国环境、人文有重大影响的投资，由于遭到当地民众的强烈反对，迫使东道国政府取消了行政许可。另外，随着东道国民众保护环境意识的增强，中国企业可能被东道国受害国民通过诉讼追究民事责任；如果东道国将环境破坏纳入犯罪行为，投资者和承包商可能被追究刑事责任。

2.劳工标准问题

东道国劳工制度与我国的差异，以及落实国际劳工标准的水平不同，都会使我国企业在对外投资中面临雇佣工人和企业管理的法律风险。我国海外投资企业在东道国投资建厂或并购外国企业时，如果事先未尽审慎义务了解当地的工会组织和退休福利等劳工制度，还可能招致员工集体诉讼。

3.投资者义务与责任和母国措施

中国投资者的海外经营活动应遵守东道国法律以及国际惯例，包括消费者保护和环境保护等。中国作为负责任的国家，基于合作发展原则，在为海外投资和海外投资者提供法律保护的同时，应该考虑规范投资者为自身利益而危害东道国权益的行为。这是与联合国贸易与发展会议提出的"可持续发展"的投资目标导向一致的。

4.国家发展和改革委员会"11 号令"

国家发改委"11 号令"在其第 41 条中原则性地提及了倡导诚信经营原则、避免不正当竞争、保障员工合法权益、尊重当地公序良俗、履行必要社会责任、注重生态环境保护等内容，这些内容与国家发改委、商务部、人民银行、外交部和全国工商业联合会于 2017 年 12 月 6 日联合发布的《民营企业境外投资经营行为规范》的规定一脉相承。①

第三节　中国参加的国际投资协定发展概述

一、中外投资协议的发展概述

当今世界，国际投资规则制定正在双边、区域、区域间和多边各级进行。但在国际投资领域，至今尚未出现一个适用广泛、规范全面的全球性国际公约，而调整跨国投资中的投资者与东道国关系的国际法规则统称为可分为国际投资协议（International Investment Agreements，简称 IIAs），包括双边投资条约（Bilateral Investment Treaties，简称 BITs）和其他区域性多边投资条约、自由贸易协定（FTA）中的投资章节和投资条款（TIPs），以及世界性多边投资条约。

我国从 1979 年实行开放政策以来，对签订投资保护协定一直持积极态度，在坚持主权原则和平等互利原则的基础上，积极与有关国家谈判磋商，缔结双边投资条约，加入区域性及世界性的多边投资协议。由于投资实践本身的敏感性和灵活性，根据我国的实际情况，现行的中外投资规则体系仍然以双边投资条约为主。我国签订的双边投资条约数量自 20 世纪 80 年代以来始终在增加，但在不同的发展时期，条约签订的数量会根据实际情况而有所不同，内容也逐渐趋向于复杂细致，不仅反映了不同时代的投资特点，还越来越贴合当时的投资实践。但随着经济全球化和跨国投资实践的飞速发展，现有的中外投资规则框架的碎片化问题进一步

---

① 《"11 号令"新在哪里——〈解读企业境外投资管理办法〉》，http://www.sohu.com/a/212919338_617138，下载日期：2018 年 6 月 20 日。

凸显,规则的重叠、矛盾及缺失问题也不可避免地出现。2000年以后,包括中国在内的世界各国都开始逐渐趋向于将投资规则放在更广泛的语境下协商,并不断促使投资规则在更广泛的区域内适用。中国在签订多边投资协议、自由贸易协定和超大型区域协定方面的尝试由此增多。

除国际投资条约外,关于跨国投资的国际法制还包括国际习惯以及一些国际组织作出的有关决议和制定的有关指南、守则等。首先,有关国际组织作出的涉及跨国投资法律问题的决议最主要是联合国大会通过的建立国际经济新秩序的决议。例如,1974年通过的《各国经济权利和义务宪章》(我国已加入)。其次,一些国际组织制定的有关国际法律问题的"指南",例如,世界银行和国际货币基金组织联合行政委员会(即发展委员会)1992年颁布的《外国直接投资待遇指南》,1994年亚太经合组织的《非约束性投资原则》也是国际投资法的重要渊源。再次,联合国经社理事会1982年起草的《跨国公司行动守则(草案)》(以下简称《守则》)是直接规范跨国公司活动的。从1993年起,由联合国贸发会接手《守则》的谈判事项,但至今没有实质性进展。以上这些涉及投资的法律文件虽然大多对我国并无实质上的法律约束力,却在实践中发挥着重要的参考作用。

二、中国签订的双边投资条约的发展

20世纪90年代以来,双边投资保护协定已构成了现行国际投资法律框架的主要支柱。我国自1982年与瑞典签订第一个双边投资条约以来,迄今为止已签订了145个双边投资条约,其中有21个尚未生效,15个已经终止,因此正在生效的双边投资条约实际为109个。[①] 这些双边投资条约的发展是我国改革开放后经济实力飞速发展在国际投资规则领域的真实体现,生动反映了我国从投资东道国向投资大国的角色转换。

(一)从签订数量变化看双边投资条约的发展

中国签订双边投资条约的数量特点非常鲜明,大致以10年为一个阶段,自20世纪80年代起步,1982—1989年间我国签订了24个双边投资条约,其中有18个至今仍然生效,6个已经终止;20世纪90年代迎来缔约高峰,1990—1999年间中国共签订69个双边投资条约,占中国签订双边投资条约总数的47.59%,除去尚未生效的2个和已经终止的8个以外,尚有59个至今仍然生效,占中国正在生效的BITs总数的54.13%,也即是说,在中国目前生效的双边投资条约中,于20世纪90年代签订的占据了一半以上。

2001年加入世界贸易组织(WTO)后,中国对于签订双边投资条约的急迫性

① http://investmentpolicyhub.unctad.org/IIA/CountryBits/42#iiaInnerMenu,下载日期:2018年6月8日。

暂时缓解，但由于WTO框架下涉及投资的协议存在其局限性，各国标准不一的投资实践也导致一个统一的国际投资公约最终难以成形，因此根据我国实践签订双边投资条约仍然是调整投资关系的最主要手段。2000—2009年间，中国对外签订了45个双边投资条约，其中已经生效的有29个，且新一代协定在内容上也出现了许多变化。2010年以后，中国签订的双边投资条约数目骤减，截至2018年5月仅签订了7个，其中只有3个生效。出现这种情况的主要原因有二：其一，大量缔约工作在之前就已经完成，以传统的双边投资条约为基础的中外投资规则网络逐渐趋于完善；其二，近年来各国更倾向于将国际投资规则放到更广泛的语境下进行谈判，比如自由贸易协定（FTA）和超大型区域贸易协定（Mega-Regional Trade Agreement）。

总体而言，中国签订双边投资条约的高峰期在20世纪80—90年代，而2000年至今签订的双边投资条约较少，且其中相当一部分是对80—90年代BITs的修改和重新签订。从数据上来看，2000年签订的生效的BITs共32个，其中属于重新签订的就有11个，新条约根据其自身规定能够代替旧条约生效，旧条约随之被废除。另有4个BITs（分别是中国与瑞典、斯洛伐克、罗马尼亚、保加利亚签订的）是以附加议定书的形式在2000年以后进行修改的。[①]

（二）从协定内容变化看双边投资条约的发展

中国大部分双边投资条约均签订于20世纪80—90年代，2001年加入世贸组织后，中国在国际投资法领域的工作重心则逐渐转移到传统的投资规则的修订和新规则的制定上。而新一代的投资规则不仅体现在双边投资协定中，还开始更多地以多边投资协议和自由贸易协定的投资章节或投资条款的形式出现。不同形式的投资协议所规定的内容大体上并无本质差别，一般都包含投资与投资者定义，投资待遇，征收与补偿以及投资争端解决等四项主要内容。另外，还有一些投资协定会涉及透明度、一般例外、劳工保护、环境保护等其他条款。

1.投资与投资者定义

(1)投资定义

现有双边投资协定的国际实践中，“投资”的定义并未直接规定“直接投资”还是“间接投资”，而是采用“基于资产”(asset-based)或“基于企业”(enterprise-based)的定义模式，将投资表现形式具体化。

广泛的“基于资产”的投资定义在绝大多数中外投资协议中占主导地位。这样的定义首先表述为，“投资包括‘各种资产’”，表明这个术语包括但不限于一切具有经济价值的东西。其次，中国绝大多数的双边投资协议和自由贸易协议中关于“投

① 图表根据UNCTAD网站提供的数据整理汇总，http://investmentpolicyhub.unctad.org/IIA/CountryBits/42#iiaInnerMenu，下载日期：2018年6月8日。

资”定义的概括性说明都是这样描述的:“投资”一词系指缔约一方投资者依照缔约另一方的法律和法规在缔约另一方领土内所投入的各种财产,包括但不限于……”最后,这样的投资定义都包含一个主要投资类型的说明性清单。典型的中外投资协定的投资定义通常包括以下五类:①动产、不动产和其他财产权,如抵押权、留置权、质押权;②公司股份、股票和债券以及任何其他财产权益;③金钱请求权或者任何具有经济价值的请求权;④知识产权和商誉;⑤根据法律或合同赋予的商业特许权,包括勘探、耕作、提炼和开发自然资源的特许权。当然这五类并没有穷尽“各种资产”,因而这种投资的定义是“开放式”的。例如,1988年中日双边投资协定[①]、1996年中柬双边投资协议、2003年中德双边投资协定、2007年中韩双边投资协定、2008年中国和新西兰自由贸易协定、2012年中日韩投资协定,以及中国—东盟投资协定[②]等。从上述几个投资协议来看,“投资”定义的规定随着时间的推移有扩大化的趋势,协议中列举的投资清单也越来越详细。这种趋势有利于投资促进与投资者的保护,但“投资”定义如果无限扩大,又会使东道国的负担过重。联合国贸发会在其最近提出的投资协议改革中强调要平衡投资者与东道国的利益。而2013年中国与坦桑尼亚签订的双边投资协议就体现了这一点,对投资定义作了一定的限制,如规定“原始到期期限为3年以下的债券、信用债券和贷款不视为本协定项下的投资”。

“以企业为基础”的投资定义,起初是将“投资”包括新建或收购一个商业企业,以及拥有使投资者对该企业进行控制的股份。2012年签订,2014年10月1日生

---

① 《中华人民共和国和日本国关于鼓励和相互保护投资协定》第1条规定,“投资财产”,系指缔约一方国民或公司在缔约另一方境内,在进行投资时,依照或不违反该缔约另一方法律和法规用作投资的所有种类的资产,包括:(1)股份和其他形式的公司份额;(2)金钱债权和根据具有金钱价值的合同给付的请求权;(3)有关动产和不动产的权利;(4)专利权、商标权、有关商名和服务标记的权利及其他工业产权和有关专有技术的权利;(5)包括勘探和开采自然资源的权利在内的特许权。

② 《中华人民共和国政府与东南亚国家联盟成员国政府全面经济合作框架协议投资协议》(参考中译本)第1条规定,“投资”是指一方投资者根据另一缔约方相关法律、法规和政策在后者境内投入的各种资产,包括但不限于:(1)动产、不动产及抵押、留置、质押等其他财产权利;(2)股份、股票、法人债券及此类法人财产的利息;(3)知识产权,包括关于版权、专利权和实用模型、工业设计、商标和服务商标、地理标识、集成电路设计、商名、贸易秘密、工艺流程、专有技术及商誉等权利;(4)法律或依合同授予的商业特许经营权,包括自然资源的勘探、培育、开采或开发的特许权;和(5)金钱请求权或任何具有财务价值行为的给付请求权。同时又补充规定,投资收益应被认作投资、投入或再投入资产发生任何形式上的变化,不影响其作为投资的性质。

效的中加双边投资协议中的投资定义属于"基于企业"、封闭式定义类。[①]

(2)投资者定义

现有双边投资条约定义的"投资者",一般是指具有缔约国国籍的自然人和法人。就自然人而言,缔约一方国民的典型定义是指缔约一方国内法承认为国民或公民的自然人。就法人而言,在双边投资条约中的定义是很广泛的,包括各种法律实体,如公司、合伙、合营企业、独家业主(sole proprietorship)和托拉斯等。[②] 目前,中外投资协定中主要有三种对企业或法律实体的定义标准,分别是"注册地""住所地"和"控制"标准,[③]注册标准仍是目前投资协定的首选,较为常见的情况是同时规定"注册地"和"住所地"标准,比如1985年中意双边投资协定[④]、1992年中越双边投资协定[⑤]、2005年中朝双边投资协定[⑥]等。但也存在同时采用三种标准的

① 根据中加BIT(双边投资协定)规定,"投资"一词系指:(1)一家企业;(2)企业中的股份、股票和其他形式的参股;(3)债券、信用债券和企业的其他债务工具;(4)对一家企业的贷款①当这家企业附属于投资者,或②当此贷款的原始到期时限至少为3年;(5)尽管有上述第(3)(4)分款规定,对金融机构的贷款或金融机构发放的债务证券只有在该贷款或债务证券被该金融机构所在的缔约方视为监管资本时才是投资;(6)在企业中的一项权益,该权益能使所有者分享该企业的收入或者利润;(7)在企业中的一项权益,该权益能使所有者在该企业解散时获得资产分配;(8)由于向缔约一方境内投入用于该境内经济活动的资本或其他资源而产生的权益,例如:①依据涉及投资者的财产存在于缔约一方领土内的合同,包括交钥匙或建筑合同,或对勘探和开采石油或者其他自然资源的特许权,或②依据报酬主要取决于企业的产量、收入或者利润的合同;(9)知识产权;(10)其他任何出于商业目的取得或使用的有形或无形、可移动或不可移动的财产和相关财产权利,但下述第(11)分款、第(12)分款中不涉及第(1)分款至第(10)分款规定权益的情形不是投资;(11)金钱请求权,此请求权仅来源于①销售商品或服务的商业合同,或②与一项商业交易有关的授信,例如贸易融资,除了第(4)分款涵盖的贷款以外;或(12)其他任何金钱请求权。

② 曾华群:《变革期双边投资条约实践述评》,载《国际经济法学刊》第14卷第3期,北京大学出版社2007年版,第11页。

③ United Nations Conference on Trade and Development,World Investment Report 2016,June 2016,p.173.

④ 《中华人民共和国政府和意大利共和国政府关于鼓励和相互保护投资协定》第2条规定,"公司"一词系指依照缔约一方的法律和法规在其领土内设立、并有住所的法律实体。

⑤ 《中华人民共和国政府和越南社会主义共和国政府关于鼓励和相互保护投资协定》第1条。

⑥ 《中华人民共和国政府和朝鲜民主主义人民共和国政府关于促进和保护投资协定》第1条。

情况，如2013年中国—坦桑尼亚双边投资协定[①]，规定了受到缔约国国民或企业直接所有或控制的法律实体也属于投资者，这实际扩大了受条约保护的投资者范围。

2.投资待遇

目前关于外资待遇的标准在中外投资条约中主要体现为两类：一类是绝对待遇标准，包括公正与公平待遇、充分的保护与安全、最低待遇标准；另一类是相对待遇标准，包括最惠国待遇和国民待遇。

(1)公平公正待遇

20世纪80年代以来，由于投资自由化的浪潮以及为吸引外资而作出让步的原因，我国在对外签订的大量传统的双边投资协议中都订立了公正与公平待遇条款，但此类条款一般都规定得比较简单，比如1982年中瑞双边投资协定第2条就简单规定"缔约各方应始终保证公平合理地对待缔约另一方投资者的投资"，存在类似简单规定的还有1992年中越双边投资协定[②]、2004年中芬双边投资协定[③]。然而根据投资争端解决国际中心(ICSID)仲裁实践可知，如果不对这一条款进行进一步的解释或限制，公平公正待遇适用的门槛就可能无限降低，情况对东道国十分不利。因此，我国在2010年以后签订的新一代投资协议开始对公平公正待遇进行限制，主要是采用了美国2004年BIT范本的做法，将习惯国际法作为"公平公正原则"的上限而非底线(a ceiling，not the floor)。比如2012年中加BIT第4条最低待遇标准的表述为："①任一缔约方应按照国际法，赋予涵盖投资公平和公正待遇并提供全面的保护和安全；②第1款'公平公正待遇'和'全面的保护和安全'的概念并不要求给予由被接受为法律的一般国家实践所确立之国际法要求给予外国人的最低待遇标准之外或额外的待遇；③一项对本协定的其他条款或其他国际协定条款的违反，不能认定对本条款的违反。"存在类似表述的协议还有2012年中

① 《中华人民共和国政府和坦桑尼亚联合共和国政府关于促进和相互保护投资协定》第1条规定，"投资者"一词，系指在缔约另一方领土内正在投资或已经投资的缔约一方的国民或者企业：

(一)"国民"一词，系指根据缔约任何一方可适用的法律拥有其国籍的自然人。(二)"企业"一词，系指根据缔约任何一方可适用的法律和法规设立或组建，且住所在该缔约一方领土内并且有实际经营活动的任何实体，包括公司、商行、协会、合伙及其他组织，不论是否由私人或政府所拥有或控制。(三)按照非缔约方的法律建立，但是由第(一)项规定的国民或者第(二)项规定的企业直接所有或控制的法律实体。

② 《中华人民共和国政府和越南社会主义共和国政府关于鼓励和相互保护投资协定》第3条规定，缔约国一方的投资者在缔约国另一方领土内的投资和与投资有关的活动应受到公正与公平的待遇和保护。

③ 《中华人民共和国政府和芬兰共和国政府关于鼓励和相互保护投资协定》第3条规定，缔约一方的投资者在缔约另一方的领土内的投资应始终享受公平与平等的待遇。

日韩投资协定[①]、2015年中韩自由贸易协定[②]。而2013年中国—坦桑尼亚双边投资协定[③]则另辟蹊径，将公平公正待遇直接规定为“不得拒绝公正审理程序，或实行明显的歧视性或专断性措施”，且规定“充分保护与保障”在任何情况下都不意味着缔约一方应当给予投资者比该缔约国国民更优的待遇，将国民待遇作为上限。

(2)国民待遇与最惠国待遇

在我国签订的投资协议中，最惠国待遇的出现比国民待遇要早。国民待遇被我国的投资协定所普遍采纳之后，其适用范围也始终限定在投资建立之后的阶段。由于“准入前国民待遇”将国民待遇延伸至投资发生和建立前的阶段，很可能影响东道国对外资的监管，我国对外签订的投资协议始终没有将其纳入。2012年中加BIT规定“国民待遇”适用于投资的“扩大”阶段，但该条第3款对“扩大”进行了界定，只指在根据相关部门指导目录或相关法律法规无须审批的那些部门的扩大投资。因此，这仍然不属于准入前的国民待遇。[④] 在中澳FTA第九章投资第3条国民待遇第1款中规定，“澳大利亚在其领土内投资的设立、获得、扩大、管理、经营、运营、出售或其他处置方面，应给予中国投资者不低于在同等条件下给予其本国投资者的待遇”。表明中国投资者在澳大利亚的投资已经包含国民待遇，但是澳大利亚投资者在中国只享有在投资“扩大”阶段的国民待遇。

3.间接征收的认定标准

我国签订的投资协议中的征收条款大同小异，新一代的投资协议并无太大变化，顶多是对征收补偿的计算规定得更加详细。但2013年中国—坦桑尼亚双边投资协议对间接征收的认定标准做了创新的详细规定，不仅明确指出“‘效果等同于征收或国有化的其他措施’是指间接征收”，还规定了措施的经济影响、歧视程度、对投资者合理期待的干预程度、性质与目的、比例原则等一系列可考虑的因素。此外，条约还特别强调政府的一般监管措施不构成间接征收，体现了重视东道国利益的趋势。

---

① 《中华人民共和国政府、日本国政府及大韩民国政府关于促进、便利及保护投资的协定》第5条。

② 《中华人民共和国政府和大韩民国政府自由贸易协定》第12.5条。

③ 《中华人民共和国政府和坦桑尼亚联合共和国政府关于促进和相互保护投资协定》第5条。

④ 《中华人民共和国政府和加拿大政府关于促进和相互保护投资的协定》第6条规定：“一、任一缔约方给予另一缔约方投资者在扩大、管理、经营、运营和销售或其他处置其领土内投资方面的待遇，不得低于在类似情形下给予其国内投资者的待遇。二、任一缔约方给予涵盖投资在扩大、管理、经营、运营和销售或其他处置其领土内投资方面的待遇，不得低于在类似情形下给予其国内投资者投资的待遇。三、本条中‘扩大’的概念仅适用于依据‘扩大’时有效的相关行业指引和适用法律、法规和规则不需经过事先审批程序的行业。‘扩大’可受制于规定的手续和其他信息要求。”

4.投资者—东道国争端解决

在提交争端解决机制的相关规定上，我国签订的双边投资协定的趋势是逐渐允许外国投资者单方面诉诸国际仲裁机制，从而给予外国投资高水平的具有强制力的保护标准。中国以前的双边投资协定只同意将“就征收补偿的数额发生的争端”提交仲裁，并且只对“征收补偿采取事先单方同意”。例如，中日1998年双边投资协定第11条的规定。[①] 而近年来中国对外签订的双边投资协定普遍同意将“因投资发生的任何争议”提交仲裁，而且没有“事先同意”的文字表述。但是这些双边协定通常规定：对于投资者和缔约国之间的投资争议“根据投资者的要求”或“经投资者选择”，可将争议提交国际仲裁。例如，中德双边投资协定第9条的规定[②]，还有中芬双边投资协定第9条[③]。

---

① 《中华人民共和国和日本国关于鼓励和相互保护投资协定》第11条第2款规定，缔约任何一方或根据其法律和法规其他承担补偿义务者和缔约另一方国民或公司关于第5条第3款所述的补偿价款的争端，如果当事任何一方提出为解决争端进行协商的六个月内未能解决，则根据该国民或公司的要求，可提交参考1965年3月18日在华盛顿签订的《关于解决国家和他国国民之间投资争端公约》(以下称《华盛顿公约》)而组成的调解委员会或仲裁委员会。缔约任何一方和缔约另一方国民或公司关于其他事项的争端，可根据当事双方的同意，提交如上所述的调解委员会或仲裁委员会。

② 《中华人民共和国和德意志联邦共和国关于促进和相互保护投资的协定》第9条规定，投资者与缔约一方争议解决：①缔约一方与缔约另一方投资者之间就投资产生的任何争议，应尽可能由争议双方当事人友好解决。②如争议自其被争议一方提出之日6个月内，未能解决，应缔约另一方的投资者的请求，可以将争议提交仲裁。争议应依据1965年3月18日《解决国家和他国国民之间投资争端公约》提交仲裁，除非争议双方同意依据《联合国国际贸易法委员会仲裁规则》或其他仲裁规则设立专设仲裁庭。④专设仲裁庭作出的任何裁决都应是终局的，具有约束力。依据上述公约的程序所作出的裁决应是具有约束力的且只受公约规定的上诉或补救措施的影响。裁决应根据国内法执行。

③ 《中华人民共和国政府和芬兰共和国政府关于鼓励和相互保护投资协定》第9条规定：①缔约一方与缔约另一方投资者之间因投资产生的任何争议，应尽可能由有关双方当事人友好解决。②如争议自书面提起之日三个月内未能解决，经投资者选择，该争议可提交：a.作出投资所在地缔约一方有管辖权的法院；b.依据1965年3月18日在华盛顿签署的《解决国家和他国国民之间投资争端公约》设立的“解决投资争端国际中心”仲裁；或c.根据联合国国际贸易法委员会仲裁规则设立的专设仲裁庭，除非争议当事双方另有其他一致同意。③已将争议提交本条第2款a.所述国内法院的投资者仍可诉诸本条第2款b.和第2款c.提及的任一仲裁庭仲裁，条件是该投资者在提交的争议判决作出前已经从国内法院撤回案件。在这种情况下，作为争议一方的缔约方应同意将其与缔约另一方投资者之间的争议根据本条款提交国际仲裁。④第2款c.提及的仲裁庭应由三名仲裁员组成。仲裁庭应以多数票作出裁决。⑤仲裁庭应依照本协定的规定，争议缔约一方的法律(包括其冲突法规则)和可适用于缔约双方的国际法规则作出裁决。⑥裁决是终局的，对争议双方具有拘束力，且应当根据国内法执行。

三、中国签订或参与的其他国际投资协议的发展

(一)区域投资协议与自由贸易协定

2000年以后,中国开始倾向于以区域投资协议或自由贸易协定的形式来规范国际投资关系。根据UNCTAD提供的数据,中国签订的含有投资章节或投资条款的协议(TIPs)共22个,其中已经生效的有19个,包括中国与中国香港、中国澳门及中国台湾之间的经济合作安排。[①] 建立内容更加全面,适用范围更加广泛的投资协议或自由贸易协定来替代原有的内容简单、适用范围狭窄的双边条约是建立完善的国际投资规则体系的重要方式。

1.区域投资协议的新发展

中国与东盟自贸区是中国对外商谈的第一个自贸区,也是东盟整体对外商谈的第一个自贸区。[②] 2009年8月15日,中国商务部部长陈德铭与东盟10国的经贸部部长共同签署了《中国—东盟全面经济合作框架协议投资协议》(以下简称《投资协议》),与《中国与东盟全面经济合作框架协议》《货物贸易协议》《服务贸易协议》《争端解决机制协议》共同构成了中国—东盟自由贸易区(CAFTA)法律制度框架。《投资协议》的目的是促进中国—东盟自贸区内的资本流动和改善区外投资环境,建立一个自由、便利、透明并具有竞争力的投资体制。该协议共27个条款,在投资待遇上包括投资待遇(国民待遇、最惠国待遇和公平待遇),征收、损失补偿和投资转移,透明度,投资便利化和投资自由,仲裁解决投资争端等条款,为中国和东盟各国提供了全面性的法律投资保障制度。《投资协定》对自贸区投资法律制度的设计是符合国际投资协议的发展趋势的。2015年11月24日,中国—东盟自贸区升级谈判成果文件——《中华人民共和国与东南亚国家联盟关于修订〈中国—东盟全面经济合作框架协议〉及项下部分协议的议定书》(以下简称《议定书》)在马来西亚签署。《议定书》是我国在现有自贸区基础上完成的第一个升级协议,双方的具体改进措施包括扩大服务开放领域,简化投资批准手续,促进投资便利化。[③]

2.含有投资章节或条款的自由贸易协定(FTA)的发展

自2005年与智利签订第一个涉及投资的自由贸易协定之后,中国共签署此类协定11个,其中10个已经生效。但此类新协定大多并不取代旧的双边条约,而是

---

① http://investmentpolicyhub.unctad.org/IIA/CountryOtherIias/42 # iiaInnerMenu,下载日期:2018年6月10日。

② 按照《中国—东盟全面经济合作框架协议》的时间框架,2010年1月1日,中国—东盟自贸区正式启动,它是世界第三大自由贸易区、人口最多的自由贸易区,也是发展中国家之间最大的自由贸易区。

③ 《中国东盟签自贸区升级协议》,http://www.mofcom.gov.cn/article/ae/ai/20151101191508,下载日期:2018年6月7日。

与旧条约平行生效，比如2007年中韩双边投资条约、2012年中日韩投资协定和2015年中韩自由贸易协定均能够规范中韩投资关系，但三者之间并无替代关系，而是平行生效的。这主要是基于法律稳定性和投资者保护的考虑。但这种情况所导致的投资规则的大量重叠乃至矛盾则是新时代的国际投资协议改革中亟待解决的问题。

关于FTAs内容上的发展，已经在双边投资条约部分进行了分析，此处不再赘述。

（二）世界性多边投资条约

1.《解决国家和他国国民之间投资争端公约》

《解决国家和他国国民之间投资争端公约》（*Convention on the Settlement of Investment Disputes between States and Nationals of Other States*），又称《华盛顿公约》，1962年由世界银行主持起草"初步草案"，经过数年的论战和反复修改，发达国家和发展中国家终于达成妥协性的共识，拟定了公约的正式文本。1965年3月18日，《华盛顿公约》由世界银行执行董事会通过，并在美国华盛顿开放签字。1966年10月14日，《华盛顿公约》正式生效。中国政府于1990年2月9日签署了该公约，于1993年2月6日正式对我国生效。截至目前，《华盛顿公约》的签字国有162个，其中正式缔约国为153个。[①] 根据公约建立的投资争端解决国际中心，是世界银行集团的成员，专门为外国投资者与东道国政府之间投资争议提供国际解决的途径，包括调解和仲裁两种方式。

2.《多边投资担保机构公约》

《多边投资担保机构公约》（*Convention Establishing the Multilateral Investment Guarantee Agency*），以前也称《汉城公约》，因其1985年10月在韩国首都汉城（现改称"首尔"）召开的世界银行年会上通过。该公约于1988年4月12日生效。这是继《华盛顿公约》之后第二个正式有效的有关国际投资保护的国际公约。中国已于1988年4月30日批准了该公约，成为公约的原始缔约国。该公约于2010年11月14日修订。[②] 截至目前，公约有181个成员国，其中工业化国家（也称发达国家）25个，发展中国家156个。[③] 根据公约建立的多边投资担保机构（以下简称MIGA），是世界银行集团的成员，它的主要任务是为到发展中国家参与直接投资的外国私人投资者提供非商业风险（政治风险）的担保；除此之外，机构还开展辅助活动，以促进投资流动。

---

① https://icsid.worldbank.org/en/Pages/about/Database-of-Member-States.aspx，下载日期：2018-6-8.

② https://www.miga.org/who-we-are/miga-convention/，下载日期：2018年6月8日。

③ https://www.miga.org/who-we-are/member-countries/，下载日期：2018年6月8日。

3.世界贸易组织(WTO)[①]与投资有关的协定

中国自2001年12月正式加入WTO之后,便受到WTO框架下一揽子协议及入世议定书的约束,其中与投资有关主要有以下四项协议:

(1)《与贸易有关的投资措施协定》(*Agreement on Trade-Related Investment Measures*,简称TRIMs)是乌拉圭回合多边贸易谈判的三个新议题之一。随着WTO的成立和运作,该协议已对成员方生效。它是第一个对投资措施进行国际管制的多边条约,标志着各国引导和管辖外资的权力开始受到多边纪律的约束。但是,TRIMs并没有为外国投资者设立新的保护和救济,也没有为投资自由化制定计划或进程。多哈回合谈判不可避免地认识到投资议题的重要性,但是2004年"新加坡议题"遭到抛弃,WTO将投资问题整体纳入组织架构的努力终止。[②]

(2)《服务贸易总协定》(GATS)首次将服务贸易纳入多边管制,它规定了以商业存在的方式提供服务必须遵守的多边纪律。所谓以商业存在的方式提供服务,实际上就是以任何类型的商业或专业机构在他国提供服务,包含服务性投资,是国际投资者拓展跨国服务的主要形式之一。但它毕竟不是一个国际投资条约。《跨太平洋伙伴关系协定》(TPP)第9章,将"商业存在"形式的服务性投资纳入投资章节的规制范围。

(3)《与贸易有关的知识产权协定》(TRIPs)把对外国投资者知识产权的认可和保护作为涉及外资待遇的一个首要问题,成为各国外资法的重要组成部分。由于知识产权日益成为重要的投资形式,知识产权的国际保护对于推动国际投资的发展,特别是技术密集型国际投资的发展,有着重大意义。

(4)《补贴与反补贴措施协定》(SCM协定)主要针对的是向出口和替代进口活动中提供的补贴,但该协议的实施也会影响到东道国的投资环境,进而影响国际直接投资。因为如果有关国家采取的投资激励措施是以外资企业的出口实绩或国内含量为条件而给予的补贴,或者该补贴对其他成员方的利益造成不利影响,都会受到该协议的制约。[③]

四、中国对外签订投资协议的未来发展趋势

过去几十年间传统BIT只解决外国投资的问题,而近年来的趋势是将外国投资有关条款置于更广泛的语境中协商,即高标准双边投资条约自由贸易协定

---

① 截至2016年7月29日,WTO共有164个成员,https://www.wto.org/english/thewto_e/whatis_e/tif_e/org6_e.htm,下载日期:2018年6月8日。

② Decision of the WTO Gerneral Council of 1 August 2004 on the Doha Agenda Work Program (available at 〈http://www.wro.org〉).

③ 卢进勇、余劲松、齐春生:《国际投资条约与协定新论》,人民出版社2007年版,第195页。

(FTA)和超大型区域协定。伴随着目前各国更愿意在WTO全球规则外缔结双边或区域贸易协定的趋势,各国倾向于在经济合作上缔结广泛的区域或双边协议,而不仅仅只针对贸易或外国投资问题。根据目前的发展趋势来看,中外投资规则体系未来的发展主要有两个方向:其一,由于现行投资规则仍然较为碎片化,因此应当制定更加全面的投资新规则,补充目前规则体系的缺失,比如缔结更广泛的区域协议(RCEP);其二,由于中国签订的双边投资协议数量太多,规则过于繁杂,旧有的规则又大多未经修订。中国应当全面开始对传统的投资规则体系的改革,包括整合新旧协议,重视东道国与投资者的利益平衡,搭建可持续发展的投资规则框架等,这一工作可以参考UNCTAD于2017年发布的《国际投资体系改革综合方案》。

(一)中美、中欧双边投资条约谈判

正在谈判的中美BIT、中欧BIT,是目前我国最高标准的双边投资协定,"准入前国民待遇加负面清单"模式首次适用于中美BIT、中欧BIT谈判。2008年6月,中美第四次战略与经济对话上正式启动BIT谈判。2013年7月,双方开始以"准入前国民待遇加负面清单"的模式进行实质性谈判。2015年中美BIT谈判进入关键阶段,当年6月,双方首次交换负面清单,并开始负面清单谈判。双方交换了三次改进了的负面清单后,由于美国大选,中美BIT谈判暂时搁置。中美BIT谈判历时9年,TPP协议中涉及投资的内容与2012年美国BIT范本高度一致。突破TPP限制、接轨高水平协定、参与国际规则制定,对中国来说是个挑战,也是一种"探路"。

2013年11月,中欧峰会正式宣布启动中欧BIT谈判,这也是2009年《里斯本条约》生效后欧盟委员会代表其成员国对外开展的首个投资条约谈判。2014年1月21日,中欧BIT谈判正式开启,目标是在中国与欧盟成员国已签署的投资保护协定的基础上,尽早达成一个更高水平、涵盖投资保护和市场准入的协定。欧盟在其近期签订的自由贸易协定(FTA)中有诸多创新之举,其中对传统的ISDS(Investar-State Dispate Settlement)机制进行改革从而建立的投资法庭制度(Investment Court System,ICS)尤为引人瞩目。欧盟已明确表示其当前及将来的贸易与投资谈判都将以此两审终审的投资法庭制度为蓝本,取代现行的以投资仲裁为核心的ISDS机制。这也为中欧BIT谈判增加了难度。但是,中欧BIT谈判是当前中国全面深化改革和推动转型发展的重要组成部分。现有的投资协定已不能满足中国资本走出去的需要,中国也迫切需要通过新一代高水平保护和更开放的投资协定,为对外投资提供完善的法律保护,为中国资本拓展更加开放与透明的市场,同时也为外资提供更公平和透明的竞争环境。

(二)《区域全面经济伙伴关系协定》(RCEP)

2012年11月,《区域全面经济伙伴关系协定》(RCEP)谈判正式启动,参加方

包括东盟10国、中国、澳大利亚、印度、日本、韩国、新西兰等16方，谈判议题涵盖货物、服务、投资及协议框架等，RCEP目标是建设拥有30亿人口、15万亿美元GDP总额的全球最大贸易区。截至2018年5月，RCEP已经进行了22轮谈判，在货物、服务、投资等核心领域都已进入实质性的出要价谈判，谈判各方都希望通过RCEP协定推进本地区贸易投资的自由化和便利化，推动区域经济一体化和经济全球化。与TPP的高标准、新议题相比，RCEP更强调以传统议题为谈判重点，更强调根据参与国的不同发展水平，给予其适当的开放与调适弹性，帮助RCEP中的发展中国家完全参与谈判，履行RCEP下的义务，并得以享有RCEP的具体利益。

（三）《国际投资体系改革综合方案》

近年来，国际社会逐渐认识到促进国际投资活动必须兼顾可持续发展。2017年12月18日，UNCTAD发布《国际投资体系改革综合方案》（UNCTAD's Reform Package for the International Investment Regime）。该改革方案以《UNCTAD可持续发展投资政策框架》（UNCTAD's Investment Policy Framework for Sustainable Development）和UNCTAD近20年来对国家和国际投资政策制定的政策分析为基础，将UNCTAD《2015年国际投资协定改革路径》的政策选择和《2017年国际投资协定改革（第二阶段）》综合为一份文件。该综合方案纳入了国际投资协定最新实践，以及近年来关于国际投资协定体系改革的讨论，提供给各国决策者参考。[①]

该改革方案提出，国际投资规则体系的改革已经刻不容缓，关键问题在于改革的实质内容和改革方式。首先，各国应当从五个方面来规划投资规则体系改革：①在保护投资的同时，也应保护政府旨在维护公众利益而进行监管的权力；②改革投资争端解决机制以应对目前存在的合法性危机；③保护和促进投资；④确保负责任的投资，力求使其积极作用最大化而潜在的负面影响最小化；⑤加强国际投资规则的系统性和一致性，力求解决规则的缺失、重叠和冲突问题，建立完善合理的国际投资规则体系。

其次，在实际实施改革方案时，国家在改革方式的选择和组合上也应谨慎，否则可能会导致“过度”改革而使投资规则失去了保护和促进投资的最基本作用。UNCTAD提供了10种改革方式供参考和选择，分别是：①统一解释条约规则；②规则修订；③替代“过时”条约；④整合国际投资协议网络；⑤理清共存的条约之间的关系；⑥参照国际标准；⑦参与多边投资协议；⑧废除未获批准的旧条约；⑨终止现行的旧条约；⑩退出多边投资机制。各国可以自行选择其中任意一种或多种方式来实施改革方案。

---

① http://investmentpolicyhub.unctad.org/Upload/Documents/Reform_Package_web.pdf，下载日期：2018年6月9日。

最后，改革的第三阶段关注的是规则体系内部的一致性及与其他规则体系之间的一致性。从垂直层面上讲，一国在投资领域的国际法与国内法应当做到相互呼应，以免签订的投资协议因为违背国内法而难以发挥作用；从水平层面上讲，国际投资规则体系应当和其他与投资相关的规则体系相一致，改革方案应当超越国际投资协议而关系到整个国际法体系。

第五章

改革开放40年中国国际金融法律制度的发展

国际金融法是国际经济法的重要分支。现代意义上的国际金融法的开始形成,大抵是在20世纪20—30年代。[①] 二战以后,经过美国的积极策划,1944年7月在美国的新罕布什尔州布雷顿森林召开了联合国国际货币金融会议。会议从促进世界范围内的货币和金融合作出发,签订了《国际货币基金协定》和《国际复兴开发银行协定》,并于战后翌年的12月份成立了国际货币基金组织和世界银行。[②] 这些协定奠定了二战以后国际金融法律秩序的基石,标志着作为一个法律体系的国际金融法的最终形成。而作为一门学科的国际金融法学,则一般认为产生于20世纪50年代,因为从那时起,国际金融法这一概念开始出现在法学家的学术论文和著作中,特别是1952年国际法协会(International Law Association)成立"国际货币法委员会"(Committee on International Monetary Law),更是被普遍视为国际金融法学科产生的标志。[③]

国际金融法学在中国是一门新兴学科,是改革开放的产物。事实上,包括国际金融法学在内的国际经济法学,在中国的正式产生是在20世纪70年代末和80年

---

① 李泽锐:《国际货币金融法概论》,经济管理出版社1997年版,第1页。

② 吴用:《对国际经济法若干基本理论问题的再认识——从经济全球化进程的角度》,载《湖北民族学院学报(哲学社会科学版)》2006年第3期。

③ 盛愉:《国际货币法概论》,法律出版社1985年版,前言第1页。

代初，距今不过40年。

回顾中国国际金融法的发展，是与中国金融业的改革开放相伴而生的。我国涉外金融法制的建设可以分为以下四个阶段：

第一节 1978—1993年的起步阶段

一、银行业的管理

在党的十一届三中全会的号召下，我国银行体制改革从1979年2月中国人民银行召开的全国分行行长会议，后国务院批转《中国人民银行全国分行行长会议纪要》开始。这是改革开放后我国银行业改革的第一个阶段，是银行业突破计划经济体制下的一元银行体制，开始向综合性、多功能、企业化的方向转变的时期，也是我国开始注重法律手段、银行业法制建设的起步阶段。[①]

1979—1984年，是中国银行业改革的第一阶段。这一阶段银行业改革的主要目标就是把高度集中的计划经济“大锅饭”体制转向以计划为主、市场调节为辅的新轨道，把银行从“财政的会计”的附属地位中解放出来，将四家国有专业银行重组并从人民银行中分离出来，建立中央银行制度。[②]

1979年2月23日，根据中共十一届三中全会通过的《中共中央关于加快农业发展若干问题的决定(草案)》[该《决定(草案)》中明确提出“恢复中国农业银行，大力发展农村信贷事业”]，国务院决定正式恢复中国农业银行。中国农业银行的恢复开了设立国家专业银行的先例，首次打破大一统的传统金融体制格局。

1979年3月13日，国务院批转了中国人民银行《关于改革中国银行体制的请示报告》，决定将中国银行从中国人民银行中分离出去，作为国家指定的外汇专业银行，统一经营和集中管理全国的外汇业务。

1982年国务院机构改革根据国务院国发〔1982〕99号文件的规定和同年8月五届全国人大常委会第二十四次会议《关于批准国务院直属机构改革实施方案的决议》，并经国务院领导批示同意，中国人民建设银行总行不再作为国务院的直属机构，改为总局级经济单位，是独立经营、独立核算、管理基本建设的专业银行。

1983年9月17日，国务院作出《国务院关于中国人民银行专门行使中央银行

---

① 黄震、周葛子：《改革开放三十年银行业法制建设的历程》，载《湖南社会科学》2008年第6期。

② 《中国银行业三十年改革政策述评》，载吉林大学国有经济研究中心：《第八届国有经济论坛：中国商业银行深化改革与管理创新学术研讨会论文集》，2008年。

职能的决定》,指出:“中国人民银行专门行使中央银行职能,不再对企业和个人办理金融业务;成立中国工商银行,承担原来人民银行办理的工商信贷和储蓄业务。”国家外汇管理局同时设立。

1984年1月1日,中国工商银行正式成立,标志着我国结束了长达30年的计划经济体制下的大一统银行体制。至此,中、农、建、工相继恢复或成立,中国人民银行的职能得以明确。

为了加强对银行和其他金融机构的管理,1986年1月7日,国务院发布了《中华人民共和国银行管理暂行条例》,这是我国第一部较为全面、综合的金融管理基本法规,基本上将当时所有的金融机构和金融活动都囊括在内。它明确了中国人民银行的中央银行地位。中国人民银行是国务院领导和管理全国金融事业的国家机关,是国家的中央银行,应当全面履行下列职责:(1)研究拟订全国金融工作的方针、政策,报经批准后组织实施;(2)研究拟订金融法规草案;(3)制定金融业务基本规章;(4)掌管货币发行,调节货币流通,保持货币稳定;(5)管理存款、贷款利率,制定人民币对外国货币的比价;(6)编制国家信贷计划,集中管理信贷资金,统一管理国营企业流动资金;(7)管理外汇、金银和国家外汇储备、黄金储备;(8)审批专业银行和其他金融机构的设置或撤并;(9)领导、管理、协调、监督、稽核专业银行和其他金融机构的业务工作;(10)经理国库,代理发行政府债券;(11)管理企业股票、债券等有价证券,管理金融市场;(12)代表政府从事有关的国际金融活动。第5条同时确立了专业银行的独立经济实体地位:国家根据国民经济发展的需要,设立若干专业银行。各专业银行按照规定的业务范围,分别经营本、外币的存款、贷款、结算以及个人储蓄存款等业务。(第12条)专业银行都是独立核算的经济实体,按照国家法律、行政法规的规定,独立行使职权,进行业务活动。(第13条)

自1979年外资银行在北京设立首家代表处开始,外国金融机构在我国设立的分支机构不断增加。不过,这些分支机构基本上以银行代表处的形式存在,不从事银行存贷款等金融业务,直至1982年以后才被允许在批准的业务范围内从事营利性金融活动。1983年2月1日,中国人民银行发布了《关于侨资外资金融机构在中国设立常驻代表机构的管理办法》,就侨资外资金融机构代表处的管理进行了规定,逐步批准外国金融机构在部分开放城市、经济特区设立代表机构,中国银行业自此开始迈出了对外开放的步伐。1985年4月2日,国务院发布的《中华人民共和国经济特区外资银行、中外合资银行管理条例》,正式允许外国金融机构在我国深圳、珠海、厦门、汕头和海南设立营业性分支机构,标志着中国金融业开放向规范化方向发展。1990年8月,中国人民银行经国务院批准发布的《上海外资金融机构、中外合资金融机构管理办法》,就经济特区和上海市银行业外资金融机构的设立及监管问题作出了规定。这些法规、规章的颁布与我国逐步开放的金融政策相适应,由于受经济发展水平、金融市场状况的影响,我国银行业的对外开放只能采取有限、逐步放开的政策。

这一阶段我国金融业对外开放的总体战略是,通过外资银行的进入引进外汇资金和改善对外资企业的金融服务,创造更好的投资环境。截至1993年年底,外资银行在中国13个城市设立了76家营业性机构,经营对外资企业和外国居民的外汇业务,资产总额达89亿美元。①

二、外汇管理

1979年以前,与计划经济体制相适应,我国形成和实施的是"高度集中、计划控制"的严格的外汇管理体制。由于管理过于集中,不利于调动各方面的积极性,也不利于对外经济贸易的扩大,随着经济体制的转变,改革开放以来,国家对外汇管理体制开始进行一系列的改革。1979年3月,国务院批准设立国家外汇管理总局,赋予它管理全国外汇的职能,从此改变了外汇多头管理的混乱状况。1979年8月13日,国务院颁发了《关于大力发展对外贸易增加外汇收入若干问题的规定》,开始实行外汇留成办法,这一办法对于调动创汇单位的积极性,扩大外汇收入,改进外汇资源分配起到了重要的作用。

为了加强外汇管理,1980年12月18日国务院发布了《中华人民共和国外汇管理暂行条例》,并决定于1981年3月1日起施行。《中华人民共和国外汇管理暂行条例》是我国第一个比较全面、系统的外汇管理法。新中国成立以后,我国各大行政区和有关部门虽曾先后制定了一些外汇管理办法,但大多数是单项的,有的是内部规定,使外汇管理工作比较分散。为了加强外汇管理,增加国家外汇收入,节约外汇支出,有利于促进国民经济的发展,并维护国家权益,特制定该条例。一切外汇的收入和支出,各种外汇票证的发行和流通,以及外汇、贵金属和外汇票证等进出中华人民共和国国境,都应当遵守该条例的规定。

该条例所称外汇系指:(1)外国货币:包括钞票、铸币等;(2)外币有价证券:包括政府公债、国库券、公司债券、股票、息票等;(3)外币支付凭证:包括票据、银行存款凭证、邮政储蓄凭证等;(4)其他外汇资金。(第2条)中华人民共和国对外汇实行由国家集中管理、统一经营的方针。中华人民共和国管理外汇的机关为国家外汇管理总局及其分局。中华人民共和国经营外汇业务的专业银行为中国银行。非经国家外汇管理总局批准,其他任何金融机构都不得经营外汇业务。(第3条)

为加强对非银行金融机构经营外汇业务的管理,1987年10月1日,中国人民银行发布了《非银行金融机构外汇管理办法》,随后又出台了一系列外汇管理实施细则及其他外汇管理办法,逐步建立起我国的外汇管理体制。

---

① 《中国银行业对外开放报告》,,http://www.cbrc.gov.cn/chinese/home/docView/20070322E53EB19A80F47157FFF41FBA56F2E700.html,下载日期:2018年10月9日。

总的来看，这一阶段，外汇管理体制处于由计划体制开始向市场调节的转变过程，计划配置外汇资源仍居于主导地位，但市场机制萌生并不断发育，对于促进吸引外资，鼓励出口创汇，支持国内经济建设发挥了积极作用。[①]

三、证券管理

1978—1992年，改革开放后，中国证券市场在中国经济转轨的背景下萌生。这一时期的市场特点是：自我演进，缺乏规范和监管，以分割的区域性试点为主。

20世纪80年代初，国家就在号称是中国改革开放试验田的沈阳和上海，分别进行了证券交易方面的试验和探索。

80年代，中国证券市场活动仅局限于国库券的发行和分销。1984年7月，北京天桥股份有限公司和上海飞乐音响股份有限公司经中国人民银行批准向社会公开发行股票。

1986年9月26日，上海建立了第一个证券柜台交易点，开始接受委托、办理由其代理发行延中实业和飞乐音响两家股票的代购、代销业务。这是新中国证券正规化交易市场的开端。小小的柜台交易被评为“1986年全国十大经济新闻”之一。

1986年，沈阳市信托投资公司开设第一个从事证券转让业务的柜台。在这一阶段，我国证券集中交易市场尚没有发育，虽然政府和企业通过证券市场筹集了一定数量的资金，由于缺乏二级市场的配合，资本市场功能的发挥受到了一定的限制。

1990年11月26日，上海证券交易所成立，同年12月19日开业。深圳证券交易所于1990年12月1日开始营业。

1992年中国证监会成立，标志着中国证券市场统一监管环境的形成。证券监管部门建立了统一的市场监管体系并持续完善相关监管条例和规则，从而有力地推动了中国资本市场的发展。1993年国务院先后颁布了《股票发行与交易管理暂行条例》和《企业债券管理条例》，此后又陆续出台若干法规和行政规章，初步构建了基本的证券法律法规体系。

1991年上海和深圳分别发行了《人民币特种股票管理暂行办法》及其《实施细则》。人民币特种股票（以下简称B种股票），是指以人民币标明面值，专供外国和港澳台的投资者用外汇进行买卖的记名式股票。B股在上海和深圳证券交易所挂牌交易。B股的股息、红利和交易收入，依法纳税后可到外汇调剂中心调剂成外汇汇出境外。

---

① 《国家外汇管理局历史沿革》，http://newweb.safe.gov.cn/safe/lsyg/index.html，下载日期：2018年5月10日。

1992年2月1日，上海真空电子器件股份有限公司成功发行1亿元人民币特种股票，并于2月21日在上海证券交易所上市交易。B股的首次发行和上市交易，是继上海扩大外资银行在沪开设分行、上海证券交易所的建立之后，上海经济金融体制深化改革的一个重大突破。它显示了中国进一步改革开放的决心和信心。

1993年以后，B股、H股发行出台，债券市场品种呈现多样化，发债规模逐年递增，证券中介机构在种类、数量和规模上也迅速扩大。

四、借用国际商业贷款的管理

1991年8月1日中国人民银行批准，1991年9月26日国家外汇管理局发布《境内机构借用国际商业贷款管理办法》(以下简称《办法》)。

1."国际商业贷款"的适用范围

国际商业贷款系指境内机构向中国境外的银行及其他金融机构、企业、个人和在中国境内的外资银行、中外合资银行及其他外资、合资金融机构筹借，并以外国货币承担契约性偿还义务的贷款。包括：一般的外汇商业贷款、买方信贷、三来一补项下的外汇贷款、国际金融租赁项下的外汇贷款及其他形式的外汇贷款。

对外借用国际商业贷款的境内机构仅限于：(1)经国家外汇管理局批准，经营境外借款业务的金融机构；(2)经批准的工贸企业或企业集团。(第2条)

2.贷款的审批

中国人民银行是国际商业贷款的审批机关。中国人民银行授权国家外汇管理局及其分局具体负责对国际商业贷款的审批、监督和管理。

境内机构借用中长期国际商业贷款须向国家外汇管理局申请。未经批准，对外签订的贷款协议不能生效，外汇管理部门不予办理外债登记，银行不得为其开立外汇账户，借款本息不准汇出。

此外，该《办法》还对对外借款申请的材料、短期商业贷款的管理、罚责等事宜作出了明确的规定。

这一时期，中国开始实行对内改革、对外开放的政策，逐步开放本国的金融领域。改革开放以前，我国实行的是"大一统"的金融体制，对银行业的管理主要是通过行政指令和计划，基本上都是采取行政手段，缺乏相应的法律法规。自1979年金融体制改革起步以来，银行业也发生了翻天覆地的变化，最主要的表现就是打破了计划经济体制下一统天下的一元化银行体制，开始通过立法规范银行机构管理，基本建立以中央银行为领导、国家专业银行为主体、多种金融机构并存的具有中国特色的金融体系。而这一时期，金融业的法制建设伴随着改革探索的成功也获得了初步发展，法律手段开始发挥作用，国家对金融业的改革基本上都是通过一系列的法律法规实现的。但是，从以上发展历程的细述可以看出，此时的立法以行政法规和规章为主，缺乏相应的法律，立法层级较低、比较分散，带有明显的行政管理的色彩，法律手段的作用仍未得到有效发挥，这也说明我国银行业法制建设在这一阶段仅仅是处于初步发展时期。① 制度设计还处于探索阶段。

第二节　1994—2001年的初步发展阶段

为了贯彻党的十四届三中全会决定，适应建立社会主义市场经济体制的需要，更好地发挥金融在国民经济中宏观调控和优化资源配置的作用，促进国民经济持续、快速、健康发展，国务院决定改革金融体制。1993年12月25日，国务院作出《国务院关于金融体制改革的决定》，决定对金融体制进行全面改革。始于1993年年底的金融体制全面改革的目标是：建立在国务院领导下，独立执行货币政策的中央银行宏观调控体系；建立政策性金融与商业性金融分离，以国有商业银行为主体、多种金融机构并存的金融组织体系；建立统一开放、有序竞争、严格管理的金融市场体系。该决定为金融体制改革指明了方向，这一阶段我国金融业的变革均是围绕此目标进行的。

一、银行管理

1995年3月18日《中国人民银行法》颁布，第一次以基本法律的形式明确了中国人民银行作为我国中央银行的法律地位，第2条指出：中国人民银行是中华人民共和国的中央银行。中国人民银行在国务院领导下，制定和实施货币政策，对金融业实施监督管理。中国人民银行履行下列职责：(1)依法制定和执行货币政策；(2)发行人民币，管理人民币流通；(3)按照规定审批、监督管理金融机构；(4)按照规定监督管理金融市场；(5)发布有关金融监督管理和业务的命令和规章；(6)持有、管理、经营国家外汇储备、黄金储备；(7)经理国库；(8)维护支付、清算系统的正常运行；(9)负责金融业的统计、调查、分析和预测；(10)作为国家的中央银行，从事有关的国际金融活动；(11)国务院规定的其他职责。中国人民银行为执行货币政策，可以依照本法第四章的有关规定从事金融业务活动。(第4条)

至此，中国人民银行成为真正意义上的中央银行，不断加大监管力度，建立起职责分明、分工合作的中央银行监管体系，以控制金融风险，保持金融业的稳健运行，中央银行的作用得以充分发挥。

1994年以前我国并没有明确"国有商业银行"的概念，国有专业银行的改革主

---

① 黄震、周葛子：《改革开放三十年银行业法制建设的历程》，载《湖南社会科学》2008年第6期。

要集中于企业化经营或转换经营机制上。1993年12月,《国务院关于金融体制改革的决定》明确指出,要把国有专业银行办成真正的商业银行,自此,国有专业银行的改革正式定位于商业银行。[①] 1995年5月10日《商业银行法》颁布,并于当年7月1日起正式实施,这是国家第一次以立法的形式明确商业银行的性质和地位,它确立了商业银行的经营原则以及设立和开展业务的基本原则,是调整商业银行的组织及业务经营的基本法律。商业银行是指依照本法和《中华人民共和国公司法》设立的吸收公众存款、发放贷款、办理结算等业务的企业法人。(第2条)商业银行以安全性、流动性、效益性为经营原则,实行自主经营,自担风险,自负盈亏,自我约束。商业银行依法开展业务,不受任何单位和个人的干涉。商业银行以其全部法人财产独立承担民事责任。(第4条)

《中国人民银行法》和《商业银行法》的颁布,标志着金融体制改革在法制化、规范化的轨道上又迈出了关键的一步,结束了我国银行业缺乏基本法律的局面,推动了金融改革和制度创新的进程。

1994年2月25日,《中华人民共和国外资金融机构管理条例》出台,这是全面规范外资银行的第一部法规,具体规定了外资银行在华经营的市场准入条件和监管标准。本条例所称外资金融机构,是指依照中华人民共和国有关法律、法规的规定,经批准在中国境内设立和营业的下列金融机构:(1)总行在中国境内的外国资本的银行(以下简称外资银行);(2)外国银行在中国境内的分行(以下简称外国银行分行);(3)外国的金融机构同中国的金融机构在中国境内合资经营的银行(以下简称合资银行);(4)总公司在中国境内的外国资本的财务公司(以下简称外资财务公司);(5)外国的金融机构同中国的金融机构在中国境内合资经营的财务公司(以下简称合资财务公司)。设立外资金融机构的地区,由国务院确定。外资银行、合资银行的最低注册资本为3亿元人民币等值的自由兑换货币;外资财务公司、合资财务公司的最低注册资本为2亿元人民币等值的自由兑换货币;其实收资本不低于其注册资本的50%。外国银行分行应当由其总行无偿拨给不少于1亿元人民币等值的自由兑换货币的营运资金。(第5条)设立外资银行或者外资财务公司,申请者应当具备下列条件:(1)申请者为金融机构;(2)申请者在中国境内已经设立代表机构2年以上;(3)申请者提出设立申请前1年年末总资产不少于100亿美元;(4)申请者所在国家或者地区有完善的金融监督管理制度。(第6条)设立外国银行分行,申请者应当具备下列条件:(1)申请者在中国境内已经设立代表机构2年以上;(2)申请者提出设立申请前1年年末总资产不少于200亿美元;(3)申请者所在国家或者地区有完善的金融监督管理制度。(第7条)设立合资银行或者合资财务公司,申请者应当具备下列条件:(1)合资各方均为金融机构;(2)外国合资者

① 王健、曹新、焦建国:《金融体制改革研究》,党建读物出版社2004年版,第83、110页。

在中国境内已经设立代表机构;(3)外国合资者提出设立申请前1年年末总资产不少于100亿美元;(4)外国合资者所在国家或者地区有完善的金融监督管理制度。(第8条)中国人民银行是管理和监督外资金融机构的主管机关;外资金融机构所在地区的中国人民银行分支机构对本地区外资金融机构进行日常管理和监督。(第4条)

这是我国第一个全国性的规范外资金融机构行为的管理法规,它确立了对外资金融机构进行审批和日常监督的法律依据,标志着对外资金融机构管理在法制化、规范化方面迈出了重要一步。

1995年,中国建立了第一家中外合资投资银行——中国建设银行与美国摩根·斯坦利合资的中国国际金融有限公司,开始探索规范地开放中国资本市场的途径。

1996年12月,中国人民银行颁布《上海浦东外资金融机构经营人民币业务试点暂行管理办法》,试点经营人民币业务,服务对象限于外资企业和境外居民。

1998年3月,中国人民银行颁布《关于批准外资银行加入全国同业拆借有关问题的通知》,允许外资银行加入全国同业拆借市场,从事人民币同业拆借和现券交易,外国金融机构开始对我国债券市场进行有限的参与。

1999年7月,中国人民银行颁布《关于扩大上海、深圳外资银行人民币业务范围的通知》,放宽对外资银行人民币业务的地域和规模限制。

截至1997年年底,在华外资银行营业性机构达到175家,4年内增加了99家,资产总额增长了3倍多。亚洲金融危机爆发后,外资银行在亚洲地区的发展趋于谨慎,在华机构布局和业务拓展也明显放缓,个别外资银行退出了中国市场。1998年至2001年期间,在华外资银行营业性机构仅净增了15家。为促进外资银行在华发展,中国适时采取了一系列政策措施,批准深圳为继上海之后第二个允许外资银行经营人民币业务的试点城市;允许外资银行加入全国银行间同业拆借市场,解决其人民币业务资金来源问题;放宽外资银行经营人民币业务地域限制,允许上海市外资银行将人民币业务扩展到江苏和浙江,允许深圳市外资银行将人民币业务扩展到广东、广西和湖南。在外汇贷款规模逐年收缩的同时,上述措施促进了外资银行人民币业务的发展。①

二、外汇管理

1993年11月14日,党的十四届三中全会通过了《中共中央关于建立社会主义市场经济体制若干问题的决定》,其中明确要求:“改革外汇管理体制,建立以市

① 《中国银行业对外开放报告》,http://www.cbrc.gov.cn/chinese/home/docView/20070322E53EB19A80F47157FFF41FBA56F2E700.html,下载日期:2018年5月15日。

场供求为基础的、有管理的浮动汇率制度和统一规范的外汇市场,逐步使人民币成为可兑换货币。"这一决定为外汇管理体制进一步改革明确了方向。为适应市场经济体制变革的要求,1994 年 1 月 1 日,人民币官方汇率与外汇调剂价格正式并轨,我国开始实行以市场供求为基础的、单一的、有管理的浮动汇率制。企业和个人按规定向银行买卖外汇,银行进入银行间外汇市场进行交易,形成市场汇率。中央银行设定一定的汇率浮动范围,并通过调控市场保持人民币汇率稳定。随着中国经济的发展,与此相适应的汇率体制也在与时俱进地发生着变革。

为使改革成果法律化,更好地适应改革开放的要求,国务院于 1996 年 1 月 29 日发布了《中华人民共和国外汇管理条例》,并于 1997 年进行了修订。境内机构的经常项目外汇收入,应当按照国务院关于结汇、售汇及付汇管理的规定卖给外汇指定银行,或者经批准在外汇指定银行开立外汇账户。(第 9 条)境内机构的经常项目用汇,应当按照国务院关于结汇、售汇及付汇管理的规定,持有效凭证和商业单据向外汇指定银行购汇支付。(第 10 条)境内机构的资本项目外汇收入,除国务院另有规定外,应当调回境内。(第 18 条)境内机构的资本项目外汇收入,应当按照国家有关规定在外汇指定银行开立外汇账户;卖给外汇指定银行的,须经外汇管理机关批准。(第 19 条)境内机构向境外投资,在向审批主管部门申请前,由外汇管理机关审查其外汇资金来源;经批准后,按照国务院关于境外投资外汇管理的规定办理有关资金汇出手续。(第 20 条)

人民币汇率实行以市场供求为基础的、单一的、有管理的浮动汇率制度。中国人民银行根据银行间外汇市场形成的价格,公布人民币对主要外币的汇率。(第 32 条)国务院外汇管理部门依法监督管理全国的外汇市场。(第 36 条)

1996 年 12 月 1 日,我国正式宣布接受国际货币基金组织(IMF)第 8 条,实现人民币经常项目可兑换。所有正当的、有实际交易需求的经常项目用汇都可以对外支付。

1997 年,亚洲金融危机爆发,给中国经济发展与金融稳定造成严重冲击。为防止危机进一步蔓延,保持国民经济持续发展,我国作出人民币不贬值的承诺,并重点加强资本流出的管制,成功抵御了亚洲金融危机的冲击。总体来看,这一阶段,我国初步确立了适合我国国情、与社会主义市场经济体制相适应的外汇管理制度框架,外汇供求的市场基础不断扩大,奠定了市场机制配置外汇资源的基础性地位。[①]

---

① 《国家外汇管理局历史沿革》,http://newweb.safe.gov.cn/safe/lsyg/index.html,下载日期:2018 年 1 月 9 日。

三、保险法

以1995年《中华人民共和国保险法》的颁布为标志，我国保险业进入规范发展阶段。《保险法》为规范保险市场提供了有力的法律依据，也为发展我国保险市场创造了良好的法律环境。《保险法》出台后，中国人民银行相继制定了《保险代理人暂行规定》(1996年)、《保险管理暂行规定(试行)》(1996年)等一系列保险业法律法规，法制建设不断得到健全。1998年11月18日，中国保险监督管理委员会正式成立，负责统一监督管理全国保险市场，以维护保险业的合法、稳健运行。通过一系列监管改革，规范了保险业经营秩序，保险业步入了规范发展的轨道。

这一阶段是保险业对外开放的初步发展阶段。国务院选定上海作为第一个保险对外开放试点城市，标志着这一阶段的开始。1995年，保险对外开放的试点城市从上海扩大到广州。1992年9月，美国友邦公司作为第一家外资保险公司在上海设立分公司。随后，有一批外国保险公司获准进入我国保险市场。截至入世前，共有来自12个国家和地区的29家外资保险公司在华设立了营业性机构。其中，中外合资保险公司16家，外国保险公司分公司13家。2000年，中国保监会加入国际保险监督官协会，进一步加强了我国与国际保险界的联系与合作。①

四、证券监管

1998年，国务院证券委撤销，中国证监会成为中国证券期货市场的监管部门，并在全国设立了派出机构，建立了集中统一的证券期货市场监管框架，证券市场由局部地区试点试验转向全国性市场发展阶段。

1998年12月29日第九届全国人民代表大会常务委员会第六次会议通过了《中华人民共和国证券法》，并于1999年7月1日施行。这是我国第一部证券法，奠定了我国证券市场的基本法律框架，标志着我国证券法制建设进入一个新阶段。《证券法》一共12章214条，第1条开宗明义：为了规范证券发行和交易行为，保护投资者的合法权益，维护社会经济秩序和社会公共利益，促进社会主义市场经济的发展，制定本法。(1)调整范围：在中国境内，股票、公司债券和国务院依法认定的其他证券的发行和交易，适用本法。本法未规定的，适用公司法和其他法律、行政法规的规定。(2)证券的发行。公开发行证券，必须符合法律、行政法规规定的条件，并依法报经国务院证券监督管理机构或者国务院授权的部门核准或者审批；未经依法核准或者审批，任何单位和个人不得向社会公开发行证券。(第10条)公开发行股票，必须依照公司法规定的条件，报经国务院证券监督管理机构核准。发行

① 周道许：《保险业对外开放：历程、经验与展望》，载《中国发展观察》2006年第12期。

人必须向国务院证券监督管理机构提交公司法规定的申请文件和国务院证券监督管理机构规定的有关文件。(第11条)发行人依法申请公开发行证券所提交的申请文件的格式、报送方式,由依法负责核准或者审批的机构或者部门规定。(第12条)发行人向国务院证券监督管理机构或者国务院授权的部门提交的证券发行申请文件,必须真实、准确、完整。为证券发行出具有关文件的专业机构和人员,必须严格履行法定职责,保证其所出具文件的真实性、准确性和完整性。(第13条)国务院证券监督管理机构设发行审核委员会,依法审核股票发行申请。发行审核委员会由国务院证券监督管理机构的专业人员和所聘请的该机构外的有关专家组成,以投票方式对股票发行申请进行表决,提出审核意见。发行审核委员会的具体组成办法、组成人员任期、工作程序由国务院证券监督管理机构制定,报国务院批准。(第14条)(3)证券的交易。经依法核准的上市交易的股票、公司债券及其他证券,应当在证券交易所挂牌交易。(第32条)证券在证券交易所挂牌交易,应当采用公开的集中竞价交易方式。证券交易的集中竞价应当实行价格优先、时间优先的原则。(第33条)(4)证券的上市。股份有限公司申请其股票上市交易,必须报经国务院证券监督管理机构核准。(第43条)国务院证券监督管理机构可以授权证券交易所依照法定条件和法定程序核准股票上市申请。国家鼓励符合产业政策同时又符合上市条件的公司股票上市交易。(第44条)(5)证券市场的监督管理体制。国务院证券监督管理机构依法对证券市场实行监督管理,维护证券市场秩序,保障其合法运行。(第166条)国务院证券监督管理机构在对证券市场实施监督管理中履行下列职责:(1)依法制定有关证券市场监督管理的规章、规则,并依法行使审批或者核准权;(2)依法对证券的发行、交易、登记、托管、结算,进行监督管理;(3)依法对证券发行人、上市公司、证券交易所、证券公司、证券登记结算机构、证券投资基金管理机构、证券投资咨询机构、资信评估机构以及从事证券业务的律师事务所、会计师事务所、资产评估机构的证券业务活动,进行监督管理;(4)依法制定从事证券业务人员的资格标准和行为准则,并监督实施;(5)依法监督检查证券发行和交易的信息公开情况;(6)依法对证券业协会的活动进行指导和监督;(7)依法对违反证券市场监督管理法律、行政法规的行为进行查处;(8)法律、行政法规规定的其他职责。(第167条)

为了适应股份有限公司境外募集股份及境外上市的需要,根据《中华人民共和国公司法》第85条、第155条,国务院于1995年12月25日发布了《国务院关于股份有限公司境外募集股份及上市的特别规定》(国务院令第160号),第2条规定:“股份有限公司经国务院证券委员会批准,可以向境外特定的、非特定的投资人募集股份,其股票可以在境外上市。”第5条规定:“股份有限公司向境外投资人募集股份并在境外上市,应当按照国务院证券委员会的要求提出书面申请并附有关材料,报经国务院证券委员会批准。”第12条规定:“公司分别发行境外上市外资股和内资股的计划，应当在公司各资募集股份的招股说明材料中全面、详尽披露。对已经批准并披露的发行计划进行调整的，必须重新披露。”第13条规定：“国务院证券委员会会同国务院授权的公司审批部门，可以对公司章程必备条款作出规定。公司章程应当载明公司章程必备条款所要求的内容；公司不得擅自修改或者删除公司章程中有关公司章程必备条款的内容。”

截至2000年6月底，上海证券交易所拥有2600多万投资者和509家上市公司，股票市价总值逾2.1万亿元，相当于1999年我国国内生产总值的26.40%，上市公司累计筹资逾2100亿元，一大批国民经济支柱企业、重点企业、基础行业企业和高新科技企业在该所上市。[①]

五、境外进行项目融资管理暂行办法

1997年4月16日，国家计委和外汇管理局共同发布了《境外进行项目融资管理暂行办法》(以下简称《办法》)。

(1)项目融资的定义

根据《办法》的规定，项目融资是指以境内建设项目的名义在境外筹措外汇资金，并仅以项目自身预期收益和资产对外承担债务偿还责任的融资方式。它具有如下特点：①债权人对于建设项目以外的资产和收益没有追索权；②境内机构不以建设项目以外的资产、权益和收入进行抵押、质押或偿债；③境内机构不提供任何形式的融资担保。由此可见，我国定义的项目融资相当严格，只能以项目预期收入作为还债担保，是一种无追索权的项目融资。这与国际上通行的有限追索的项目融资方式有一定的差异。

(2)项目融资的适用范围

项目融资主要适用于发电设施、高级路、桥梁、隧道、城市供水厂及污水处理厂等基础设施建设项目，以及其他投资规模大，且具有长期稳定预期收入的建设项目。[②]

(3)项目融资的管理

《办法》规定，项目(包括外商投资项目)的建议书和可行性研究报告须由所在地方或部门的计划部门提出，经行业主管部门初审后，报国家计委审批；重大项目报国务院审批。

项目在可行性研究报告经国家计委批准后，应在境内成立项目公司。项目公

---

① 《激荡四十年，证券业的腾飞》，http://finance.huanqiu.com/roll/2018-05/12133141.html，下载日期：2018年5月10日。

② 根据《国务院关于进一步加强借用国际商业贷款宏观管理的通知》，具体项目融资的项目总投资应有3000万美元以上，融资规模1500万美元以上。

司负责融资相关的一切活动。经国家计委批准的项目融资，其对外融资规模纳入国家借用国际商业贷款指导性计划；项目融资条件应具有竞争性，并需经国家外汇管理局审批或审核，其中地方上报的项目融资条件由当地外汇管理分局初审后，报国家外汇管理局审批或审核。

根据《办法》规定，项目公司向国家外汇管理局报批项目融资条件时，应提交以下文件：①申请文件，包括项目融资的方式、金额、市场，以及贷款的期限、利率，各项费用等融资条件；②国家计委批准的项目可行性研究报告或其他文件；③项目融资纳入国家借用国际商业贷款指导性计划的证明文件；④项目融资协议；⑤与项目融资相关的具有保证性质的文件；⑥其他必要文件。

(4)法律责任

凡违反《办法》规定，未经批准擅自进行的项目融资，外汇指定银行不得为之开立还本付息账户，所需外汇不予兑换，偿还贷款的本金不得汇出。

随着金融体制改革的逐步深入，金融立法在这一阶段取得了丰硕的成果。从根本上改变了我国金融业只有金融行政法规、规章，没有金融法律的局面。初步形成了以《中国人民银行法》《商业银行法》《证券法》《票据法》《保险法》等基本法律为基石，以《中华人民共和国外资金融机构管理条例》《国务院关于股份有限公司境外募集股份及上市的特别规定》等其他法律、法规、规章为配套的多层次的金融法律框架。金融法制的逐步完善既是金融改革成果的一个表现，也从法律方面进一步巩固了改革。

在此基础上，进一步扩大了对外资金融机构在经营地域和业务范围上的开放程度。在这一阶段，中国加快了加入世界贸易组织谈判的步伐，国内金融业为了应对外资金融机构的竞争而开始了艰苦的制度改革和准备工作。

第三节　2002—2008年中国涉外金融法制的改革与融合

2001年12月11日中国正式加入世界贸易组织(WTO)，成为其第143个成员。从2002年开始，以加入WTO为契机，中国金融业对外开放进入了一个崭新的阶段，即融入金融全球化阶段。在五年过渡期内，中国认真履行承诺，有序推进银行业对外开放。稳定的开放预期和适时的政策调整推动了金融业的加速发展。中国金融业在融入金融全球化进程之后，对外开放向纵深发展。

一、银行业的对外开放

2003年12月5日，原银监会发布《境外金融机构投资入股中资金融机构管理办法》(以下简称《入股中资机构管理办法》),[①]允许境外金融机构按照自愿和商业的原则,参与中资银行业金融机构的重组与改造,并对投资入股的条件与程序加以适当的规范。

关于入股条件,《入股中资机构管理办法》规定,投资入股中资商业银行的,最近一年年末总资产原则上不少于100亿美元;投资入股中资城市信用社或农村信用社的,最近一年年末总资产原则上不少于10亿美元;投资入股中资非银行金融机构的,最近一年年末总资产原则上不少于10亿美元。(第7条第1款)《入股中资机构管理办法》将单个境外金融机构向中资金融机构投资入股比例的上限规定为20%,(第8条)并同时规定,多个境外金融机构对非上市中资金融机构投资入股比例合计达到或超过25%的,对该非上市金融机构按照外资金融机构实施监督管理。多个境外金融机构对上市中资金融机构投资入股比例合计达到或超过25%的,对该上市金融机构仍按照中资金融机构实施监督管理。该《入股中资机构管理办法》自2003年12月31日起实施。

入世5年的过渡期即将结束之时,中国银行业全面对外开放的期限也日趋临近,11月15日,经国务院审议并通过的《中华人民共和国外资银行管理条例》(以下简称《条例》)正式颁布,并于12月11日起实施。其主要内容包括:(1)人民币业务对外全面开放。外商独资银行、中外合资银行按照国务院银行业监督管理机构批准的业务范围,可以经营包括吸收公众存款,放短期、中期和长期贷款、办理票据承兑与贴现等13项业务,经过中国人民银行批准,还可以经营结汇、售汇业务。从业务范围看,这些外资银行与中资银行已经站到同一起跑线上,可以在同样的市场中争夺客户,分享中国经济高速增长带来的机会。(第29条)(2)体现审慎监管原则。外商独资银行、中外合资银行应当遵守《中华人民共和国商业银行法》关于资产负债比例管理的规定。外国银行分行变更的由其总行单独出资的外商独资银行以及本条例施行前设立的外商独资银行、中外合资银行,其资产负债比例不符合规定的,应当在国务院银行业监督管理机构规定的期限内达到规定要求。国务院银行业监督管理机构可以要求风险较高、风险管理能力较弱的外商独资银行、中外合资银行提高资本充足率。(第40条)(3)法人导向。对于外资银行在中国的商业存在形态,《条例》遵循自愿原则,外资银行可以自由选择在华设立独立法人机构,即独资银行或中外合资银行,也可以只设立分行或者代表处。按照合法性、审慎性和持续经营原则,经国务院银行业监督管理机构批准,外国银行可以将其在中华人民共和国境内设立的分行改制为由其单独出资的外商独资银行。申请人应当按照国

① 根据中国银行保险监督管理委员会令〔2018年第5号〕《中国银保监会关于废止和修改部分规章的决定》已废止,http://www.cbrc.gov.cn/chinese/newShouDoc/F5BB8931572C47AEB02D5BC58944803D.html,下载日期:2018年5月15日。

务院银行业监督管理机构规定的审批条件、程序、申请资料提出设立外商独资银行的申请。(第24条)(4)体现国民待遇原则,为中外资银行公平竞争创造法律环境。外资法人银行除设立条件按照世贸承诺外,准入程序、监管标准尽量与中资银行一致。

2006年11月,原中国银监会颁布《中华人民共和国外资银行管理条例实施细则》,明确了外资银行设立机构、开展业务,包括从事人民币业务的条件、申请程序和审批时限。

二、保险业的对外开放

为了应对加入世贸组织的新形势,加强和完善对外资保险公司的监管,《中华人民共和国外资保险公司管理条例》(以下简称《外资保险公司条例》)于2001年12月5日由国务院通过,自2002年2月1日起施行。

《外资保险公司条例》规定,申请设立外资保险公司者应当具备以下条件:经营保险业务30年以上;在中国境内设立代表机构2年以上;提出设立申请前一年年末总资产不少于50亿美元;所在国家或地区有完善的保险监管制度,并且该外国保险公司已经受到所在国家或者地区主管当局的有效监管;符合所在国家或者地区偿付能力标准;所在国家或者地区有关主管当局同意其申请;中国保监会规定的其他审慎性条件。(第8条)

在资本方面,《外资保险公司条例》规定,合资保险公司和独资保险公司的注册资本最低限额为2亿元人民币或者等值的自由兑换货币,且必须为实缴货币资本。外国保险公司的出资应当为可自由兑换货币。外国保险公司分公司应当由其总公司无偿拨给至少2亿元人民币等值的自由兑换货币。同时,根据外资保险公司业务范围、经营规模,中国保监会可以提高上述注册资本或者营运资金的最低限额。(第7条)

在监管方面,《外资保险公司条例》还规定:外国保险公司分公司应当于每一会计年度终了后3个月内,将该分公司及其总公司上一年度的财务会计报告报送中国保监会,并予公布;外国保险公司分公司的总公司有变更名称、主要负责人、注册地、资本金,变更持有资本总额或者股份总额10%以上的股东,业务范围调整,受到所在国家或者地区有关主管当局处罚,发生重大亏损,分立、合并、解散、被撤销或者破产等情形之一的,该分公司应当将有关情况及时向中国保监会提交书面报告;外国保险公司分公司的总公司解散、被撤销或者破产的,中国保监会可停止该分公司开展新业务;外资保险公司经营外汇保险业务的,应当遵守中国有关外汇管理的规定。此外,《外资保险公司条例》还规定,除经中国保监会批准外,外资保险公司不得与其关联企业从事再保险的分出分入业务以及资产买卖或者其他交易活动。(第21条、第22条)

为充分保护被保险人利益，该《外资保险公司条例》对此有一条特别规定，即外资保险公司解散、依法被撤销或者被宣告破产的，在未清偿债务前，不得将其财产转移至中国境外。

2003年，保险业率先完成了国有公司股份制改造，中国人保、中国人寿、中国平安这三家国内最大的保险公司成功在海外上市，中保国际、民安控股等9家保险公司此后相继在国际证券市场上市，利用国际证券市场塑造和完善我国的现代保险制度。

2006年6月国务院正式发布《关于保险业改革发展的若干意见》，指出统筹国内发展与对外开放，充分利用两个市场、两种资源，增强保险业在全面对外开放条件下的竞争能力和发展能力。认真履行加入世贸组织承诺，促进中外资保险公司优势互补、合作共赢、共同发展。支持具备条件的境内保险公司在境外设立营业机构，为"走出去"战略提供保险服务。广泛开展国际保险交流，积极参与制定国际保险规则。强化与境外特别是周边国家和地区保险监管机构的合作，加强跨境保险业务监管。

为加强和完善对保险行业的法治治理，我国先后于2002年、2009年两次修订了《保险法》，并且不断完善对保险业的监管制度建设，形成了以《保险法》为核心的保险业监管法律法规和规章体系。

2007年7月，人民银行、保监会和外汇局联合发布《保险资金境外投资管理暂行办法》，允许保险机构在总资产的一定比例内，以自有外汇资金或购汇进行境外证券投资。该办法允许保险公司通过委托管理方式，将不超过总资产15%的资金投资境外，并将境外投资范围从固定收益类拓宽到股票、股权等权益类产品，支持保险机构自主配置、提高收益。截至2007年11月底，共有18家保险公司获得71.66亿美元的境外投资额度。2007年获批合格境内机构投资者(QDII)额度的保险公司有16家。[①]

三、证券业的对外开放

2004年1月，国务院《关于推进资本市场改革开放和稳定发展的若干意见》(国九条)发布，要求认真总结经验，积极稳妥地推进对外开放：严格履行我国加入世贸组织关于证券服务业对外开放的承诺。鼓励具备条件的境外证券机构参股证券公司和基金管理公司，继续试行合格的境外机构投资者制度。积极利用境外资本市场。遵循市场规律和国际惯例，支持符合条件的内地企业到境外发行证券并上市。支持符合条件的内地机构和人员到境外从事与资本市场投资相关的服务业

① 北京国际金融论坛课题组：《中国金融对外开放：历程、挑战与应对》，载《经济研究参考》2009年第4期。

务和期货套期保值业务。认真研究合格的境内机构投资者制度。加强交流与合作。落实与香港、澳门更紧密经贸合作安排。进一步加强与相关国际组织及境外证券监管机构的联系与合作。①

加入WTO后,中国证券业对外开放步伐明显加快。截至2006年年底,中国已全部履行了加入WTO时有关证券市场对外开放的承诺:外国证券机构可以直接从事B股交易;外国证券机构驻华代表处可以成为所有中国证券交易所的特别会员;允许国外服务提供者设立合资公司,从事国内证券投资基金管理业务,外资比例达到不超过33%,中国加入WTO三年内外资比例不超过49%;三年内,允许外国证券公司设立合资公司,外资比例不超过1/3,合资公司可以不通过中方中介从事A股的承销,B股、H股及政府与公司债券的承销和交易,以及基金的发起等。② 截至2007年年底,中国共有7家中外合资证券公司,28家中外合资基金公司,其中19家的外资股权已达到40%以上,有4家外资证券机构驻华代表处成为上海、深圳交易所特别会员,有39家和19家境外证券机构分别在上海、深圳交易所直接从事B股业务。此外,2006年银河期货经纪有限公司和荷兰银行合资成立了国内第一家合资期货公司,标志着外资机构正式进入中国期货市场。

2002年11月7日,中国证监会和中国人民银行联合发布《合格境外机构投资者境内证券投资管理暂行办法》,③并于2002年12月1日起正式实施,开启了外资投资A股市场的大门。

合格境外机构投资者(Qualified Foreign Institutional Investor,QFII)(以下简称合格投资者),是指经中国证券监督管理委员会(以下简称中国证监会)批准投资于中国证券市场,并取得国家外汇管理局(以下简称国家外汇局)额度批准的中国境外基金管理机构、保险公司、证券公司以及其他资产管理机构。(第2条)

申请合格投资者资格,应当具备下列条件:(1)申请人的财务稳健,资信良好,达到中国证监会规定的资产规模等条件;(2)申请人的从业人员符合所在国家或者地区的有关从业资格的要求;(3)申请人有健全的治理结构和完善的内控制度,经营行为规范,近3年未受到监管机构的重大处罚;(4)申请人所在国家或者地区有完善的法律和监管制度,其证券监管机构已与中国证监会签订监管合作谅解备忘录,并保持着有效的监管合作关系;(5)中国证监会根据审慎监管原则规定的其他条件。(第6条)

合格投资者在经批准的投资额度内,可以投资于中国证监会批准的人民币金

---

① 国发〔2004〕3号国务院关于推进资本市场改革开放和稳定发展的若干意见,http://www.gov.cn/zhengce/content/2008-03/28/content_2071.htm,下载日期:2018年1月11日。

② 中国证券监督管理委员会:《中国资本市场发展报告》,中国金融出版社2008年版。

③ 现已废止,http://www.csrc.gov.cn/pub/zjhpublic/zjh/200804/t20080418_14491.htm,下载日期:2018年1月11日。

融工具。(第18条)合格投资者可以委托在境内设立的证券公司等投资管理机构,进行境内证券投资管理。(第19条)

在人民币资本项下未实现完全自由兑换的情况下,该条例为外国投资者进入中国证券资本市场提供了合法的投资通道。截至2007年年底,已有52家境外机构获得QFII资格,其中49家获得总计99.95亿美元的投资额度,有13家银行(包括5家外资银行),获准开展QFII托管业务。QFII的持续发展,有利于投资理念的转变,改善了基金行业的竞争格局,提升了行业整体水平,提高了中国资本市场的国际影响力。①

合格境内机构投资者(Qualified Domestic Institutional Investor,QDII)机制也随之建立。中国证监会2007年6月18日发布《合格境内机构投资者境外证券投资管理试行办法》(中国证监会令第46号,以下简称《试行办法》),自7月5日起施行。《试行办法》允许成为合格境内机构投资者的证券公司、基金管理公司公开募集资金进行境外证券投资,这意味着QDII制度从初期的试点已经发展到逐步放开阶段,证券业境外投资的大门正式开启。

合格境内机构投资者(以下简称境内机构投资者),是指符合办法规定的条件,经中国证券监督管理委员会(以下简称中国证监会)批准在中华人民共和国境内募集资金,运用所募集的部分或者全部资金以资产组合方式进行境外证券投资管理的境内基金管理公司和证券公司等证券经营机构。(第2条)申请境内机构投资者资格,应当具备下列条件:(1)申请人的财务稳健,资信良好,资产管理规模、经营年限等符合中国证监会的规定;(2)拥有符合规定的具有境外投资管理相关经验的人员;(3)具有健全的治理结构和完善的内控制度,经营行为规范;(4)最近3年没有受到监管机构的重大处罚,没有重大事项正在接受司法部门、监管机构的立案调查;(5)中国证监会根据审慎监管原则规定的其他条件。(第5条)上述第(1)项所指的条件是:①基金管理公司:净资产不少于2亿元人民币;经营证券投资基金(以下简称基金)管理业务达2年以上;在最近一个季度末资产管理规模不少于200亿元人民币或等值外汇资产。②证券公司:各项风险控制指标符合规定标准;净资本不低于8亿元人民币;净资本与净资产比例不低于70%;经营集合资产管理计划(以下简称集合计划)业务达1年以上;在最近一个季度末资产管理规模不少于20亿元人民币或等值外汇资产。(第6条)上述第(2)项所指的条件是:具有5年以上境外证券市场投资管理经验和相关专业资质的中级以上管理人员不少于1名,具有3年以上境外证券市场投资管理相关经验的人员不少于3名。(第7条)

---

① 《中国资本市场发展报告》,http://www.csrc.gov.cn/pub/newsite/yjzx/cbwxz/ebook/zgfzbg01_03_05.htm,下载日期:2018年9月9日。

2007年11月29日中国证监会通过《关于修改〈外资参股证券公司设立规则〉的决定》，自2008年1月1日起施行。[①]

外资参股证券公司是指：(1)境外股东与境内股东依法共同出资设立的证券公司；(2)境外投资者依法受让、认购内资证券公司股权，内资证券公司依法变更的证券公司。

2002年6月颁布的原《外资参股证券公司设立规则》共28条，修改了其中的16条，新增1条，修订后的《外资参股证券公司设立规则》共29条。修改的内容主要有五个方面：一是将外资参股证券公司中取得证券从业资格的人数要求，从原来的不少于50人降低至不少于30人。(第6条第3款)二是放宽了外资参股证券公司境外股东的条件，从原来的境外股东限于证券经营机构，放宽到金融机构和一般机构投资者，并将境外股东持续经营年限从原来的10年以上降低为5年以上。(第7条、第8条)三是取消了外资参股证券公司组织形式为有限责任公司的限制。(第4条)四是明确了境外投资者参股上市内资证券公司的合法途径、股东资格和持股比例，单个境外投资者持有(包括直接持有和间接控制)上市内资证券公司股份的比例不得超过20%；全部境外投资者持有(包括直接持有和间接控制)上市内资证券公司股份的比例不得超过25%。(第25条)五是修改了滞后于现行法律、法规规定的部分条款。

修订后的《规则》规定的外资参股内资证券公司的准入条件更为宽松、参股渠道更为多样、监管机制更为适当，体现了我国积极稳妥、循序渐进地实施证券业对外开放的一贯政策。

中国证监会与境外证券期货监管机构、国际证监会组织(IOSCO)以及其他国际组织的交流与合作不断加强。2006年6月，中国证监会主席尚福林当选国际证监会组织执委会副主席。截至2007年年底，中国证监会已与33个国家或地区的证券期货监管机构签署了37个双边合作备忘录。这些备忘录的签署，使中外监管机构可以交流监管信息，相互提供跨境调查协助，开展人员交流与研究合作。[②]

四、银行资本充足率监管

1988年的《巴塞尔协议》确立了资本充足率监管标准，以科学反映和衡量银行抵御风险的能力。2006年的《新巴塞尔协议》进一步把资本充足性要求、监管审查

---

① 该规则2012年10月11日《关于修改〈外资参股证券公司设立规则〉的决定》(证监会令第86号)修正。

② 《中国资本市场发展报告》，http://www.csrc.gov.cn/pub/newsite/yjzx/cbwxz/ebook/zgfzbg01_03_05.htm，下载日期：2018年9月9日。

机制和市场约束作为实现有效监管的三大支柱，体现了银行监管思想和方式上的重大进步；2006年修订后的《有效银行监管核心原则》则系统规定了有效监管体系应遵循的25条原则，其中13条原则（第6条至第18条原则）属于银行审慎监管原则。参照以上国际标准，并借鉴英美等发达国家金融监管当局的最佳做法，银监会成立伊始即提出“管法人、管风险、管内控和提高透明度”的新监管理念：坚持法人管，重视对每个金融机构总体风险的把握、防范和化解，坚持以风险为主的监管内容，注重对风险的早期识别、防范和控制，坚持促进银行内控机制的形成和内控效率的提高，增强银监会依法履行职责的透明度。

以上述监管理念为基础，2007年2月23日，为进一步落实《银行业监督管理法》，提高银行体系的稳健性，保护存款人利益，中国银行业监督管理委员会发布了《商业银行资本充足率管理办法》（以下简称《办法》），自2004年3月1日正式施行。

资本充足率，是指商业银行持有的、符合本办法规定的资本与商业银行风险加权资产之间的比率。（第3条）商业银行资本充足率的计算应建立在充分计提贷款损失准备等各项损失准备的基础之上。（第4条）商业银行资本应抵御信用风险和市场风险。（第5条）商业银行资本充足率不得低于8%，核心资本充足率不得低于4%。（第7条）中国银行业监督管理委员会（以下简称银监会）按照本办法对商业银行资本充足率、资本管理状况进行监督检查。（第8条）

从允许商业银行发行次级债并计入附属资本，到鼓励民间资本和外资入股现有商业银行，到动用外汇储备给国有商业银行注资，再到出台《商业银行资本充足率管理办法》，通过这一系列政策措施我们不难看出，管理层正在努力改善中资银行的资本状况，并一步步将银行业管理水平推向国际化。

五、资产证券化的管理

资产证券化是指将缺乏流动性的但能在未来产生可预见的稳定现金流的资产或资产集合，经过一定的结构安排，把它转化为在金融市场上可以销售的证券。各国对于哪些资产可以重组并无统一规定，但高稳定性、高同质性、高变现性和低风险性一般都是首先考虑的标准。

资产证券化自20世纪70年代初在美国资本市场诞生并获蓬勃发展以来，凭借其资产信用融资、结构性融资和表外融资的优势，迅速在主要资本市场发展起来。

我国第一份资产证券化产品始于1992年海南省三亚市建设总公司发行的“三亚地产投资券”，[①]随后市场和监管部门资产证券化进行了广泛研究。2005年，央

---

① 左涛：《中美资产证券化对比研究》，载《财政研究》2014年第2期。

行和银监会发布《信贷资产证券化试点管理办法》(以下简称《试点办法》)。《该点办法》第2条规定:"在中国境内,银行业金融机构作为发起机构,将信贷资产信托给受托机构,由受托机构以资产支持证券的形式向投资机构发行受益证券,以该财产所产生的现金支付资产支持证券收益的结构性融资活动,适用本办法。资产支持证券与一般证券的不同表现在:按照《试点办法》的规定,资产支持证券是一种信托受益凭证,代表特定目的信托的信托受益权份额,受托机构以信托财产为限向投资机构承担支付资产支持证券收益的义务。即使发行人破产,投资机构依然能按约定受偿;倘若信托财产不足以偿付证券,投资机构不能要求发行人用其他财产来偿付证券。这是资产支持证券最重要的特点。

其次,依托同一个资产池可发行不同等级的资产支持证券,它们按照约定的顺序或特定的分配方法享有信托利益,因而具有不同的风险水平。例如,依托50亿元的资产池可分别发行20亿元优先级证券和30亿元次级证券,资产池收到的贷款本息首先保证偿还优先级证券,而次级证券要吸纳整个资产池的风险。

再次,资产支持证券分期偿付本息,本金余额会随之递减。而且,倘若借款人提前偿还贷款,受托机构也会把提前收到的贷款本金转给投资机构,投资机构收到资产支持证券本息的时间不完全确定,需要通过建立模型来预测借款人提前偿还贷款的可能性,资产支持证券的收益率也会随之变化。

中国银行业监督管理委员会(以下简称中国银监会)依法监督管理有关机构的信贷资产证券化业务活动。有关监管规定由中国银监会另行制定。(第9条)

中国人民银行依法监督管理资产支持证券在全国银行间债券市场上的发行与交易活动。(第10条)

银监会同年发布《金融机构信贷资产证券化试点监督管理办法》。2005年12月15日,国开行和建行分别成功发行了第一支ABS债券41.78亿元和第一支MBS债券29.27亿元。2005年9月,证监会推出中国联通CDMA网络租赁费收益计划,是我国推出的首个企业资产证券化产品。这一年也被称为资产证券化元年。2007年9月,我国启动第二批信贷资产支持证券试点。2008年国际金融危机期间,我国出于宏观审慎和控制风险的考虑暂停了资产证券化试点。

中国入世,不仅意味着中国将履行其承诺,扩大金融开放,同时也意味着,有关金融服务贸易方面的措施,必须受WTO框架下以《服务贸易总协定》为基础的一套金融服务贸易规则的约束。这一阶段,中国根据加入世贸组织承诺和自主开放政策的需要,修订和颁布了一系列法律法规和部门规章,法律法规建设体系有序推进。

第四节 2009年至今中国涉外金融法制的创新与发展

2008年以来发生的国际金融危机反映了当前国际货币金融体系存在的巨大缺陷，无论是发展中国家还是发达国家都认为当时的体制需要变革，也因此一些主要的国家或地区都对金融立法进行了修改或变革，以维护国际货币金融体系的安全、公平。

危机过后，细化监管职责、消除监管盲区成为各国的金融监管改革的重要立足点。针对这次危机，世界各国都在进行总结和反思。特别是在应对危机中，二十国集团(G20)和其框架下的有关机构，如金融稳定理事会、巴塞尔监管委员会、国际清算银行、国际货币基金组织等，凝聚了各方面专家和各国有关官员，认真反思和总结危机的经验教训，力求制定一整套金融监管的新标准和有效执行模式。面对新的国际经济金融形势，中国也进行了反思和借鉴。尽管这些国际金融监管新标准并不是百分之百都适合中国，但是这些监管标准的主要原则和理念，对银行、证券、保险领域的监管具有十分清晰的政策含义，最终都会体现到金融机构的盈利水平和竞争力上，对未来中国金融改革和金融发展有着重要意义。所以中国金融业在制定国内相关规定时，积极吸纳了这些标准的原则和理念，缩小我国与发达国家在金融发展上的差异，以加强国内金融安全。[①]

后金融危机时代，随着全球经济放缓，新兴国家经济进入新一轮的调整期，全球经济和金融治理架构、模式、手段、权力安排、议题设置、话语分配、规则制定、制度设计、协调机制面临更加紧迫的调整压力。[②] 走进21世纪和平、发展、合作、共赢的新时代，各国相互依存、利益交融越来越深。全球治理已经成为关系人类未来共同命运的核心问题。

一、银行资本监管

2008年国际金融危机后，为维护我国金融市场稳定，监管部门重点加强防范银行业风险，加强国际监管协调，防范跨境金融风险，此阶段前期，我国银行业对外开放在一定程度上有所放缓。随着国际金融危机的影响减轻，国际金融市场趋于再平衡，全球经济逐渐复苏，我国金融业对外开放的步伐日益加快。

全球金融危机以来，按照二十国集团领导人确定的改革方向，金融稳定理事会

---

① 易纲：《关于国际金融危机的反思与启示》，载《求是》2010年第20期。

② 沈伟：《后金融危机时代的国际经济治理体系与二十国集团——以国际经济法—国际关系交叉为视角》，载《中外法学》2016年第4期。

和巴塞尔银行监管委员会积极推进国际金融监管改革。2010年11月，二十国集团首尔峰会批准了巴塞尔委员会起草的《第三版巴塞尔协议》(巴塞尔Ⅲ)，确立了银行业资本和流动性监管的新标准，要求各成员国从2013年开始实施，2019年前全面达标。2011年11月，二十国集团戛纳峰会要求各成员国带头实施国际新监管标准，并建立了国别评估机制。作为二十国集团、金融稳定理事会和巴塞尔委员会正式成员，我国实施银行业新监管标准既是履行国际义务的需要，也是推进中国银行业健康发展，更好地服务经济社会发展的重要举措。据此，中国银监会结合国内银行业实际，制定了《商业银行资本管理办法(试行)》(以下简称《资本管理办法》)，2013年1月1日开始实施。这标志着一个更为严格的资本监管制度开始实行。

《资本管理办法》分10章、180条和17个附件，分别对监管资本要求、资本充足率计算、资本定义、信用风险加权资产计量、市场风险加权资产计量、操作风险加权资产计量、商业银行内部资本充足评估程序、资本充足率监督检查和信息披露等进行了规范。

《资本管理办法》主要体现了以下几方面要求：(1)建立统一配套的资本充足率监管体系。资本充足率监管要求分为四个层次：第一层次为最低资本要求，核心一级资本充足率、一级资本充足率和资本充足率分别为5%、6%和8%；第二层次为储备资本要求和逆周期资本要求，储备资本要求为2.5%，逆周期资本要求为0～2.5%；第三层次为系统重要性银行附加资本要求；第四层次为第二支柱资本要求。《资本管理办法》实施后，正常时期系统重要性银行和非系统重要性银行的资本充足率总的要求分别为11.5%和10.5%。(2)严格明确资本定义。明确了各类资本工具的合格标准，提高了次级债券等资本工具的损失吸收能力。允许商业银行将超额贷款损失准备计入银行资本，并对国内银行已发行的不合格资本工具给予10年过渡期。(3)扩大资本覆盖风险范围。除信用风险和市场风险外，将操作风险也纳入资本监管框架。明确了资产证券化、场外衍生品等复杂交易性业务的资本监管规则，引导国内银行审慎开展金融创新。(4)按照审慎性原则重新设计各类资产的风险权重。下调小微企业贷款和个人贷款的风险权重，引导商业银行扩大小微企业和个人贷款投放，更有效地服务实体经济。下调公共部门实体债权的风险权重，适度上调商业银行同业债权的风险权重。(5)合理安排资本充足率达标过渡期，以利于保持适当的信贷增速。

商业银行资本管理办法结合中国银行业发展的实际状况，全面吸收了巴塞尔资本协议Ⅱ和巴塞尔资本协议Ⅲ的成果，形成了以资本监管为核心的中国银行业监管体系，迈出了中国银行业监管标准与国际银行监管标准接轨的重要一步。

二、外资银行监管

2010年6月，原中国银监会颁发《关于外资银行在所在城市辖区内外向型企业密集市县设立支行有关事项的通知》，允许外资银行在总行或其分行所在城市辖内外向型企业密集市县设立支行。

2014年9月原中国银监会颁布《外资银行行政许可事项实施办法》，统一中外资银行市场准入标准，取消外资银行在一个城市一次只能设立一家支行的规定，取消支行营运资金的最低限额要求。为外资银行设立运营提供更加宽松、自主的制度环境。

2014年12月20日，国务院公布《国务院关于修改〈中华人民共和国外资银行管理条例〉的决定》，自2015年1月1日起施行。该条例主动实施进一步开放措施，适当放宽外资银行准入和经营人民币业务的条件，为外资银行设立运营提供更加宽松、自主的制度环境。

外商独资银行、中外合资银行的注册资本最低限额为10亿元人民币或者等值的自由兑换货币。注册资本应当是实缴资本。外商独资银行、中外合资银行在中华人民共和国境内设立的分行，应当由其总行无偿拨给人民币或者自由兑换货币的营运资金。外商独资银行、中外合资银行拨给各分支机构营运资金的总和，不得超过总行资本金总额的60%。外国银行分行应当由其总行无偿拨给不少于2亿元人民币或者等值的自由兑换货币的营运资金。国务院银行业监督管理机构根据外资银行营业性机构的业务范围和审慎监管的需要，可以提高注册资本或者营运资金的最低限额，并规定其中的人民币份额。（第8条）业务范围：外商独资银行、中外合资银行按照国务院银行业监督管理机构批准的业务范围，可以经营包括吸收公众存款，发放短期、中期和长期贷款等业务的部分或者全部外汇业务和人民币业务。（第29条）外资银行营业性机构经营本条例第29条或者第31条规定业务范围内的人民币业务的，应当具备下列条件，并经国务院银行业监督管理机构批准：(1)提出申请前在中华人民共和国境内开业1年以上；(2)国务院银行业监督管理机构规定的其他审慎性条件。外国银行分行改制为由其总行单独出资的外商独资银行的，前款第1项规定的期限自外国银行分行设立之日起计算。外国银行的1家分行已经依照本条例规定获准经营人民币业务，该外国银行的其他分行申请经营人民币业务的，不受本条第1款第1项的限制。（第34条）

这次修订主要表现在：首先，对外商独资银行、中外合资银行设立分行，不再规定其总行无偿拨给营运资金不少于1亿元的最低限额，可根据业务需要自行有效配置营运资金，大大提高了外资银行设立分支机构可行性。特别是取消了设立代表处作为设立分行的条件，外资银行设立自由选择度更大。其次，放宽外资银行经营人民币业务条件，由原来3年改为1年，且不对盈利进行要求，外资银行只要有

1家分行获准经营人民币业务，其他机构可不受开业时间限制，大大提高了外资银行经营人民币的主动性和灵活性，为有效开展人民币存贷款业务提供了便捷条件，可极大地拓宽外资银行与中资银行相互交流和合作平台。

2017年1月，国务院《关于扩大对外开放积极利用外资若干措施的通知》，重点放宽银行类金融机构等领域外资准入限制。

2017年3月，原中国银监会颁布《关于外资银行开展部分业务有关事项的通知》，明确在华外资银行可以与母行集团开展内部业务协作，且在风险可控的前提下在华外资法人银行可依法投资境内银行业金融机构。

2018年2月，修订《中国银监会外资银行行政许可事项实施办法》，增加了外资法人银行投资设立，入股境内银行业金融机构的许可条件、程序和申请材料等规定。

2017年7月，修订《中资商业银行行政许可事项实施办法》，明确了外资银行入股中资商业银行条件，指出外商独资银行、中外合资银行作为发起人或战略投资者入股中资商业银行，参照境外金融机构作为发起人或战备投资者入股中资商业银行的相关规定。

2018年4月，中国银保监会发布加快落实银行业和保险业对外开放举措，包括取消对中资银行和金融机构资产管理公司的外资持股比例限制，实施内外一致的股权投资比例规则等多项对外开放具体举措。

2018年版外商投资准入特别管理措施(负面清单)，大幅扩大了服务业的开放范围，在金融领域，取消银行业外资股比限制，将证券公司、基金管理公司、期货公司、寿险公司的外资股比放宽至51%，2021年取消金融领域所有外资股比限制。

三、人民币国际化

为顺应国内外市场和企业的需求，保持我国与周边国家和地区贸易的正常发展，为企业提供更多便利，2008年9月以来，国务院先后下发《关于进一步推进长江三角洲地区改革开放和经济社会发展的指导意见》《关于当前金融促进经济发展的若干意见》和《关于保持对外贸易稳定增长的意见》等文件，要求选择有条件的企业开展国际贸易人民币结算试点。2009年4月8日，国务院决定在上海市和广东省的广州、深圳、珠海、东莞四城市先行开展跨境贸易人民币结算试点工作，境外地域范围暂定为港澳地区和东盟国家；7月2日，经国务院批准，人民银行会同财政部、商务部、海关总署、税务总局和银监会，联合制定并公布了《跨境贸易人民币结算试点管理办法》(以下简称《试点管理办法》)；7月3日，人民银行出台了《跨境贸易人民币结算试点管理办法实施细则》，对《试点管理办法》进行了细化。

《试点管理办法》遵循放松管制、便利企业的原则，采取加强事后监管、充分信息共享的管理思路，探索性地建立了跨境贸易人民币结算试点管理制度。

1.试点企业的选择。试点地区的省级人民政府负责协调当地有关部门推荐跨境贸易人民币结算的试点企业，由中国人民银行会同财政部、商务部、海关总署、税务总局、银监会等有关部门进行审核，最终确定试点企业名单。(第4条)5个试点城市共产生了365家首批试点企业。①

2.人民币资金的跨境清算模式。试点企业与境外企业以人民币结算的进出口贸易，可以通过香港、澳门地区人民币业务清算行进行人民币资金的跨境结算和清算，也可以通过境内商业银行代理境外商业银行进行人民币资金的跨境结算和清算。(第6条)

3.试点企业的义务。试点企业应当确保跨境贸易人民币结算的贸易真实性，应当建立跨境贸易人民币结算台账，准确记录进出口报关信息和人民币资金收付信息。(第19条)试点企业应当选择一家境内结算银行作为其跨境贸易人民币结算的主报告银行。至货物出口后210天时，试点企业仍未将人民币货款收回境内的，应当在5个工作日内通过其境内结算银行向人民币跨境收付信息管理系统报送该笔货物的未收回货款的金额及对应的出口报关单号，并向其境内结算银行提供相关资料。试点企业拟将出口人民币收入存放境外的，应通过其境内结算银行向中国人民银行当地分支机构备案，并向人民币跨境收付信息管理系统报送存放境外的人民币资金金额、开户银行、账号、用途及对应的出口报关单号等信息。试点企业的主报告银行负责提示该试点企业履行上述信息报送和备案义务。(第23条)

4.监督管理。中国人民银行对境内结算银行、境内代理银行、试点企业开展跨境贸易人民币结算业务的情况进行检查监督。发现境内结算银行、境内代理银行、试点企业违反有关规定的，依法进行处罚。(第24条)

2015年，国家外汇管理局发布《关于进一步简化和改进直接投资外汇管理政策的通知》，要求在全国范围内进一步简化和改进直接投资外汇管理政策，促进和便利企业跨境投资资金运作，规范直接投资外汇管理业务，提升管理效率。

2015年10月8日，人民币跨境支付系统(CIPS)投产上线，建立了以CIPS为基础，包括海外清算行、代理行在内的比较完整的人民币跨境和离岸支付清算体系，铺设起跨境资金流转的大动脉，标志着我国跨境支付安排取得重大进展，金融市场基础设施建设再上新台阶。

四、人民币加入特别提款权货币篮子

2016年10月1日，人民币正式加入IMF特别提款权(SDR)篮子，人民币在SDR篮子中的初始比重为10.92%，成为SDR货币篮子中的第三大储备货币。这也意味着人民币国际储备货币地位获得确认，人民币在国际上的吸引力大幅提升，

---

① 王佐罡:《跨境贸易人民币结算试点管理办法简介》，载《金融电子化》2009年12月刊。

是人民币国际化道路上重要的里程碑。

基金组织执董会2015年11月30日批准，自2016年10月1日起，人民币将被认定为可自由使用的货币，并作为除美元、欧元、日元和英镑之外的第五种货币加入特别提款权货币篮子。执董会当时还决定，每种货币的权重分别为：美元41.73%，欧元30.93%，人民币10.92%，日元8.33%，英镑8.09%。

基金组织总裁克里斯蒂娜·拉加德女士表示："特别提款权货币篮子的扩大对于特别提款权、基金组织、中国和国际货币体系都是一个重要的、历史性的里程碑。对基金组织来说，这是一个重大变化，因为这是自欧元采用以来第一次将一种货币增添到篮子中。"

"人民币的加入反映了中国货币、外汇和金融体系改革取得的进展，并认可了中国在放开和改善其金融市场基础设施方面取得的成就。在具备适当保障的情况下，这些举措的继续和深化将使国际货币和金融体系更加强健，进而会对中国的增长和稳定以及全球经济提供支持"。①

五、人民币债券的发行

2010年9月16日，为了进一步规范国际开发机构发行人民币债券的行为，促进我国债券市场发展与对外开放，中国人民银行、财政部、国家发展和改革委员会、中国证券监督管理委员会对2005年2月18日发布的《国际开发机构人民币债券发行管理暂行办法》(〔2005〕第5号公布)(以下简称《办法》)进行了修订，其主要内容包括：(1)主体，国际开发机构是指进行开发性贷款和投资的多边、双边以及地区国际开发性金融机构。(第2条)(2)人民币债券。国际开发机构人民币债券(以下简称人民币债券)是指国际开发机构依法在中国境内发行的、约定在一定期限内还本付息的、以人民币计价的债券。(第3条)(3)国际开发机构申请在中国境内发行人民币债券应具备以下条件：①财务稳健，资信良好，经两家以上(含两家)评级公司评级，其中至少应有一家评级公司在中国境内注册且具备人民币债券评级能力，人民币债券信用级别为AA级(或相当于AA级)以上；②已为中国境内项目或企业提供的贷款和股本资金在10亿美元以上，经国务院批准予以豁免的除外；③所募集资金应优先用于向中国境内的建设项目提供中长期固定资产贷款或提供股本资金，投资项目符合中国国家产业政策、利用外资政策和固定资产投资管理规定。主权外债项目应列入相关国外贷款规划。(4)审核。在中国境内申请发行人民币债券的国际开发机构应向财政部等窗口单位递交债券发行申请，由窗口单位会同

① IMF Launches New SDR Basket Including Chinese Renminbi, Determines New Currency Amounts, available at http://www.imf.org/en/News/Articles/2016/09/30/AM16-PR16440-IMF-Launches-New-SDR-Basket-Including-Chinese-Renminbi.

中国人民银行、国家发展和改革委员会、中国证券监督管理委员会、国家外汇管理局等部门审核通过后，报国务院同意。（第 4 条）

根据该《办法》，熊猫债券主要针对国际开发性金融机构开放，包括进行开发性贷款和投资的国际开发性金融机构。主要变动为：一是进一步明确了各监管部门职责；（第 4 条、第 5 条、第 6 条、第 7 条、第 8 条）二是放宽对募集资金用途的限制，发行人经外汇局批准可将发债所筹集资金购汇汇至境外；（第 17 条）三是增加对信用评级的要求，发行人需由两家以上（含两家）评级公司评级，且至少应有一家评级公司在中国境内注册且具备人民币债券评级能力。（第 9 条第 1 款）四是增加对财务披露要求的灵活性，由应按照中国企业会计准则编制财务报告变更为“应按照中国企业会计准则编制财务报告，除非该国际开发机构所采用的会计准则经财政部认定已与中国企业会计准则实现了等效”。

2013 年 7 月，人民银行发布了《中国人民银行办公厅关于境外非金融企业在银行间市场发行人民币债务融资工具有关事项的批复》；2014 年 7 月，发布了《中国人民银行办公厅关于境外非金融企业境内发行人民币债务融资工具募集资金境外使用的批复》；2014 年 9 月，发布了《中国人民银行办公厅关于境外机构在境内发行人民币债务融资工具跨境人民币结算有关事宜的通知》。2015 年 1 月 15 日，证监会发布《公司债券发行与交易管理办法》，其中第 70 条规定：“境外注册公司在中国证监会监管的债券交易场所的债券发行、交易或转让，参照适用本办法。”

2016 年 2 月底，中国人民银行发布公告，允许商业银行、保险、证券、基金等境外非央行类金融机构进入银行间债市投资，不设额度限制，并简化管理流程。同年 4 月，中国人民银行又发布通知，允许熊猫债发行人将熊猫债募集的资金贷给其在中国境内的子公司，且不再受外债额度限制，突破了此前境外金融企业将熊猫债券募集资金转贷给境内子公司（外资金融机构），受发改委（中长期）和外汇管理局（短期）核准额度限制的规定。

2017 年 3 月 16 日，俄罗斯铝业联合公司（United Company RUSAL Plc）在上海证券交易所成功完成首期人民币债券（熊猫债券）发行，发行期限为 2+1 年，发行金额为 10 亿元人民币。这是首单“一带一路”沿线国家企业发行的熊猫债券。

六、创新企业境内发行股票或存托凭证

2018 年 3 月 30 日，国务院办公厅转发了证监会《关于开展创新企业境内发行股票或存托凭证试点的若干意见》（以下简称《若干意见》）（国办发〔2018〕21 号），为进一步加大资本市场对实施创新驱动发展战略的支持力度，按照市场化、法治化原则，借鉴国际经验，开展创新企业境内发行股票或存托凭证试点，《若干意见》规定：

1.试点企业应当是符合国家战略、掌握核心技术、市场认可度高，属于互联网、

大数据、云计算、人工智能、软件和集成电路、高端装备制造、生物医药等高新技术产业和战略性新兴产业，且达到相当规模的创新企业。其中，已在境外上市的大型红筹企业，市值不低于2000亿元人民币；尚未在境外上市的创新企业（包括红筹企业和境内注册企业），最近一年营业收入不低于30亿元人民币且估值不低于200亿元人民币，或者营业收入快速增长，拥有自主研发、国际领先技术，同行业竞争中处于相对优势地位。试点企业具体标准由证监会制定。《若干意见》所称红筹企业，是指注册地在境外、主要经营活动在境内的企业。

2.试点方式。试点企业可根据相关规定和自身实际，选择申请发行股票或存托凭证上市。允许试点红筹企业按程序在境内资本市场发行存托凭证上市；具备股票发行上市条件的试点红筹企业可申请在境内发行股票上市；境内注册的试点企业可申请在境内发行股票上市。《若干意见》所称存托凭证，是指由存托人签发、以境外证券为基础在中国境内发行、代表境外基础证券权益的证券。

试点企业在境内发行的股票或存托凭证均应在境内证券交易所上市交易，并在中国证券登记结算有限责任公司集中登记存管、结算。试点企业募集的资金可以人民币形式或购汇汇出境外，也可留存境内使用。试点企业募集资金的使用、存托凭证分红派息等应符合我国外资、外汇管理等相关规定。

证监会根据证券法等法律法规规定，依照现行股票发行核准程序，核准试点红筹企业在境内公开发行股票；原则上依照股票发行核准程序，由发行审核委员会依法审核试点红筹企业存托凭证发行申请。

试点企业在境内的股票或存托凭证相关发行、上市和交易等行为，均纳入现行证券法规范范围。证监会依据证券法和本意见及相关规定实施监管，并与试点红筹企业上市地等相关国家或地区证券监督管理机构建立监管合作机制，实施跨境监管。

3.发行条件。试点企业在境内发行股票应符合法律法规规定的股票发行条件。其中，试点红筹企业股权结构、公司治理、运行规范等事项可适用境外注册地公司法等法律法规规定，但关于投资者权益保护的安排总体上应不低于境内法律要求。对存在协议控制架构的试点企业，证监会会同有关部门区分不同情况，依法审慎处理。

试点红筹企业在境内发行以股票为基础证券的存托凭证应符合证券法关于股票发行的基本条件，同时符合下列要求：一是股权结构、公司治理、运行规范等事项可适用境外注册地公司法等法律法规规定，但关于投资者权益保护的安排总体上应不低于境内法律要求；二是存在投票权差异、协议控制架构或类似特殊安排的，应于首次公开发行时，在招股说明书等公开发行文件显要位置充分、详细披露相关情况，特别是风险、公司治理等信息，以及依法落实保护投资者合法权益规定的各项措施。

4.信息披露

试点企业及其控股股东、实际控制人等相关信息披露义务人应真实、准确、完整、及时、公平地披露信息，不得有虚假记载、误导性陈述或重大遗漏。试点红筹企业原则上依照现行上市公司信息披露制度履行信息披露义务。试点红筹企业及其控股股东、实际控制人等相关信息披露义务人在境外披露的信息应以中文在境内同步披露，披露内容应与其在境外市场披露内容一致。

试点红筹企业在境内发行证券，应按照证券法等法律法规规定披露财务信息，并在上市安排中明确会计年度期间等相关问题。试点红筹企业在境内发行证券披露的财务报告信息，可按照中国企业会计准则或经财政部认可与中国企业会计准则等效的会计准则编制，也可在按照国际财务报告准则或美国会计准则编制的同时，提供按照中国企业会计准则调整的差异调节信息。

5.投资者保护

试点企业不得有任何损害境内投资者合法权益的特殊安排和行为。发行股票的，应执行境内现行投资者保护制度；尚未盈利试点企业的控股股东、实际控制人和董事、高级管理人员在企业实现盈利前不得减持上市前持有的股票。发行存托凭证的，应确保存托凭证持有人实际享有权益与境外基础股票持有人权益相当，由存托人代表境内投资者对境外基础股票发行人行使权利。投资者合法权益受到损害时，试点企业应确保境内投资者获得与境外投资者相当的赔偿。

《若干意见》对支持创新企业在境内发行上市作了系统制度安排，主要内容包括：一是明确境外注册的红筹企业可以在境内发行股票；二是推出存托凭证这一新的证券品种，并对发行存托凭证的基础制度作出安排；三是进一步优化证券发行条件，解决部分创新企业具有持续盈利能力，但可能存在尚未盈利或未以弥补亏损的情形；四是充分考虑部分创新企业存在的协议控制（VIE）架构、投票权差异等特殊的公司治理问题，作出有针对性的安排。①

2018年6月，证监会还发布了《存托凭证发行与交易管理办法（试行）》，证监会会同银保监会联合发布《关于商业银行担任存托凭证试点存托人有关事项规定》。同时，证监会修订发布《证券发行与承销管理办法》（以下简称《管理办法》）、《创新企业境内发行股票或存托凭证上市后持续监管实施办法（试行）》、《存托凭证存托协议内容与格式指引（试行）》，这一系列制度的发布，为创新企业在境内发行股票或存托凭证做好了制度安排，有助于完善资本市场结构，健全资本市场机制，发挥资本市场投融资功能。

---

① 《稳妥推进创新企业境内发行股票或存托凭证试点工作——证监会负责人答新华社记者问》，http://www.gov.cn/zhengce/2018-06/15/content_5298998.htm，下载日期：2018年9月9日。

七、保险资金境外投资

保险资金境外投资的法律框架构建起始于2004年8月9日颁布实施的《保险外汇资金境外运用管理暂行办法》，之后中国保监会等监管机构陆续颁布实施了《关于保险外汇资金投资境外股票有关问题的通知》(保监发〔2005〕55号)、《保险外汇资金境外运用管理暂行办法实施细则》(保监发〔2005〕77号)、《保险资金境外投资管理暂行办法》(中国保监会、中国人民银行、国家外汇管理局令2007年第2号)、《保险资金境外投资管理暂行办法实施细则》(保监发〔2012〕93号)、《关于调整保险资金境外投资有关政策的通知》(保监发〔2015〕33号)等一系列关于保险资金境外投资的监管规定。其主要内容有：

1.投资领域。目前保险资金境外投资领域包括货币市场类、固定收益类、权益类、不动产、股权投资基金、证券投资基金、房地产信托投资基金等。保险资金境外投资可以运用利率远期、利率掉期、利率期货、外汇远期、外汇掉期、股指期货、买入股指期权等衍生产品规避投资风险。

2.投资地域。保险资金境外投资的货币市场类、固定收益类、权益类资产应在附件一所列国家或地区的金融市场发行或流通；保险资金直接投资未上市企业股权，则该未上市企业所在地是附件一所列国家或地区；保险资金境外直接投资的不动产应位于附件一所列发达市场主要城市的核心地段；保险资金境外投资证券投资基金的，该证券投资基金本身需经附件一所列国家或地区证券监督管理机构认可或登记注册，证券投资基金投资的基础资产应在附件一所列国家或地区的金融市场发行或流通；保险资金境外投资股权投资基金，如果该股权投资基金的投资标的处于成长期、成熟期或者具有较高的并购价值，则不受附件一所列国家和地区的限制；保险资金境外投资房地产信托投资基金的，则该基金应在所列国家或地区交易所挂牌交易。

3.投资额度。保险机构境外投资余额不超过上年末总资产的15%，投资附件一所列新兴市场余额不超过上年末总资产的10%。

4.风险控制。委托人应当建立覆盖境内外市场的信息管理系统，实时监控投资市场、投资品种、投资比例、交易对手集中度和衍生品风险敞口等指标，确保依规合法运作。委托人上季度末偿付能力充足率低于监管规定的，应当及时调整境外投资策略，不得继续投资或者增持无担保债券、权益类工具、不动产或者相关金融产品。委托人应当自行或者聘请投资咨询顾问，对受托人和托管人进行尽职调查，充分了解托管人选择的托管代理人，关注相关风险。(《保险外汇资金境外运用管理办法实施细则》第17条至第19条)

5.监督管理。中国保监会依法对保险资金境外投资当事人的管理能力进行持续评估和监管。(第3条)。委托人、保险机构、托管人应向中国保监会发行报告义务。(第30条)

这些规定拓展了保险资金境外投资范围，正式开放了险资境外投资渠道。

八、亚投行

亚洲基础设施投资银行(简称亚投行或 AIIB)，是一个亚洲区域政府间性质的多边开发机构，是首个由中国倡议设立的多边金融机构，总部设在北京。已于2016 年 1 月 16 日正式运营。

1.亚投行的宗旨

(1)通过在基础设施及其他生产性领域的投资，促进亚洲经济可持续发展、创造财富并改善基础设施互联互通；(2)与其他多边和双边开发机构紧密合作，推进区域合作和伙伴关系，应对发展挑战。(第 1 条第 1 款)

2.成员资格

(1)银行成员资格向国际复兴开发银行和亚洲开发银行成员开放。①域内成员是指列入附件一第一部分的成员及依照第 1 条第 2 款属亚洲区域的其他成员，其余则为域外成员。②创始成员指已列入附件一、在第 57 条规定的日期当日或之前签署本协定并在第 58 条第 1 款规定的最终日期前已满足所有成员条件的成员。(2)国际复兴开发银行和亚洲开发银行成员，如未能依照第 58 条规定加入银行，可依照第 28 条规定经理事会特别多数投票同意后，遵照银行决定的加入条件成为银行成员。(3)不享有主权或无法对自身国际关系行为负责的申请方，应由对其国际关系行为负责的银行成员同意或代其向银行提出加入申请。(第 3 条)截至 2018 年 3 月，理事会新批准了 5 个区域内成员，8 个区域外成员，使成员总数达到 70 个。[①]

3.治理结构

银行应设立理事会、董事会、一名行长、一名或多名副行长，以及其他必要的高级职员与普通职员职位。(第 21 条)理事会是亚投行的最高决策机构，拥有亚投行的一切权力。理事会采用简单多数、特别多数和超级多数原则进行决策。除协定另有规定外，理事会讨论的所有事项，均应由所投投票权的简单多数决定。选举行长、增加资本金、修改协定、下调域内出资比例等重大事项均需要以超级多数原则批准，吸收新成员则采用特别多数原则批准。(第 28 条)董事会负责指导银行的总体业务，定期召开会议，在非常驻基础上运作。董事会应由 12 名成员组成，其中 9 名应由代表域内成员的理事选出，3 名应由代表域外成员的理事选出。(第 25 条)理事会通过公开、透明、择优的程序，经超级多数投票通过选举银行行长。行长应

---

① Members and Prospective Members of the Bank, available at https://www.aiib.org/en/about-aiib/governance/members-of-bank/index.html，下载日期：2018 年 9 月 9 日。

是域内成员国的国民。任职期间，行长不得兼任理事、董事或副理事、副董事。行长任期5年，可连选连任一次。行长是银行的法人代表，是银行的最高管理人员，应在董事会指导下开展银行日常业务。根据行长推荐任命一名或多名副行长。副行长的任期、行使的权力及其在银行管理层中的职责可由董事会决定。（第29条）

4.决策机制

亚投行有三种决策机制：(1)简单多数通过，指投票权的半数以上。(2)超级多数投票通过指理事人数占理事总人数2/3以上，且所代表投票权不低于成员总投票权3/4的多数通过。(3)理事会特别多数投票通过是指理事人数占理事总人数半数以上，且所代表投票权不低于成员总投票权一半的多数通过。

5.业务运营

银行业务包括普通业务和特别业务。普通业务是指由亚投行普通资本（包括法定股本、授权募集的资金、贷款或担保收回的资金等）提供融资的业务。特别业务是指为服务于自身的宗旨，以亚投行所接受的特别基金所开展的业务。两种业务可以同时为同一个项目或规划的不同部分提供融资。

亚投行以下列方式开展业务：(1)直接贷款、联合融资或参与贷款；(2)参与机构或企业的股权资本投资；(3)作为直接或间接债务人，全部或部分地为用于经济发展的贷款提供担保；(4)根据特别基金的使用协定，配置特别基金的资源；(5)依照第15条的规定提供技术援助；(6)理事会依照第28条规定经特别多数投票通过决定的其他融资方式。（第10条）

亚投行是新兴经济体国家参与全球金融治理、改革国际经济秩序的一次有益尝试。

九、G20杭州峰会

二十国集团(G20)由七国集团财长会议于1999年倡议成立，由阿根廷、澳大利亚、巴西、加拿大、中国、法国、德国、印度、印度尼西亚、意大利、日本、韩国、墨西哥、俄罗斯、沙特阿拉伯、南非、土耳其、英国、美国以及欧盟等20方组成。国际金融危机爆发前，G20仅举行财长和央行行长会议，就国际金融货币政策、国际金融体系改革、世界经济发展等问题交换看法。2008年金融危机的爆发和迅速蔓延，让国际社会认识到传统的国际治理机制G7及其主要执行机构的治理不利。在美国倡议下，G20提升为领导人峰会。2009年9月举行的匹兹堡峰会将G20确定为国际经济合作的主要论坛，标志着全球经济治理改革取得重要进展。目前G20机制已形成以峰会为引领、协调人和财金渠道“双轨机制”为支撑、部长级会议和工作组为辅助的架构。①

2016年9月4日至5日，中国主办了G20杭州峰会。峰会主题确定为《构建创新、活力、联动、包容的世界经济》。峰会成果丰硕，就多项议题达成了共识，其中涉及金融领域的包括：

1.建设更高效的全球经济金融治理

构建一个开放且具有抗风险能力的金融体系对支持可持续增长和发展至关重要。为此，我们继续承诺完成监管框架中剩余的核心工作，以及及时、全面和一致地落实已议定的金融部门改革议程，包括巴塞尔协议Ⅲ和总损失吸收能力标准，以及有效的跨境处置机制。我们重申支持巴塞尔银行监管委员会在2016年年底前完成巴塞尔协议Ⅲ框架，在推动公平竞争的环境的同时，避免进一步大幅度提高整个银行业的总体资本金要求。我们欢迎金融稳定理事会关于金融监管改革执行与效果的第二份年报，并将继续加强监测改革落实情况及其效果，以确保其符合我们的总体目标，包括应对任何未预见到的重大后果。我们将继续应对保险业系统性风险的问题。我们欢迎针对国际活跃保险机构制定保险资本标准的工作。我们致力于充分且及时地落实已议定的场外衍生品改革，我们将消除向交易库报告场外衍生品交易以及当局合理获得数据所面临的法律和监管障碍。我们鼓励成员消除在实施《金融市场基础设施原则》方面的差距，欢迎支付与市场基础设施委员会、国际证监会组织和金融稳定理事会关于加强中央对手抗风险能力、恢复计划和可处置性的报告。鉴于有效的宏观审慎政策在限制系统性风险方面发挥着重要作用，我们欢迎国际货币基金组织、金融稳定理事会和国际清算银行联合进行的总结宏观审慎框架和工具国际经验的工作，以帮助促进实施有效的宏观审慎政策。我们欢迎金融稳定理事会就应对资产管理业务结构脆弱性的政策建议征求意见。我们将继续密切监测并在必要时应对金融体系中的新风险和脆弱性，包括与影子银行、资产管理和其他市场化融资有关的风险。我们将继续通过由金融稳定理事会协调的四项行动计划应对代理行业务减少问题，以支持侨汇、普惠金融、贸易和开放。我们期待进一步合理明确监管预期的相关工作，包括10月份金融行动特别工作组将审议代理行指引。我们呼吁二十国集团成员、国际货币基金组织和世界银行加大对各国能力建设的支持力度，从而帮助其改善全球反洗钱和反恐融资以及审慎标准的合规工作。我们核准二十国集团数字普惠金融高级原则、二十国集团普惠金融指标体系升级版以及二十国集团中小企业融资行动计划落实框架。我们鼓励各国在制定更广泛的普惠金融计划时考虑这些原则，特别是在数字普惠金融领域，

① 《二十国集团》，http://www.g20chn.org/gyg20/G20jj/201510/t20151027_871.html，下载日期：2018年9月9日。

并采取切实行动加快工作进度，让金融服务惠及所有人。[①]

2.重启工作组以完善金融架构

中国担任G20主席国后重启了国际金融架构工作组，与G20各国一道推动建立更加稳定和有韧性的国际金融架构，并形成了《迈向更稳定、更有韧性的国际金融架构的G20议程》，总结提炼了完善国际金融架构五个方面的建议：(1)研究扩大SDR的使用。人民币将于今年10月1日起正式成为SDR篮子货币。G20各方普遍支持进一步研究扩大SDR的作用。中国已同时以美元和SDR发布外汇储备、国际收支和国际投资头寸数据。世界银行也于8月31日发行了SDR债券，这是时隔30多年后的首次公开发行SDR债券。(2)加强全球金融安全网。中国与G20共同推动加强全球金融安全网，以及加强IMF与区域金融安全网之间的有效合作，目前G20各方欢迎即将开展的清迈倡议多边化与IMF开展的联合演练，并呼吁IMF就贷款工具开展更多的工作。(3)完善主权债务重组机制。G20支持将加强的合同条款纳入主权债中的持续努力，并支持巴黎俱乐部讨论一系列主权债问题及吸纳更多新兴债权国。(4)推动IMF份额和治理改革。2016年1月IMF的2010年改革方案正式生效。G20将继续推进IMF份额和治理改革，份额调整应反映各国在世界经济中的相对地位，提高有活力的新兴市场和发展中经济体的份额占比。(5)改善资本流动监测和应对。G20普遍支持改善关于资本流动的分析监测和对资本流动过度波动带来风险的管理，并期待IMF在年底前完成关于应对资本流动的国别经验和新问题的审议。

3.推动金融部门改革

去年以来，全球金融市场多次出现动荡，但全球金融体系本身稳健，体现出了韧性，其在一定程度上反映G20前期采取的金融部门改革措施取得了成效。今年金融部门改革强调建立开放且具抗风险能力的金融体系，总结宏观审慎政策的基本要素，构建稳健的金融市场基础设施以及大力推动普惠金融等工作，具体包括：(1)G20各国就建立开放且具有抗风险能力的金融体系达成共识。各国将继续及时、全面、一致地落实已达成一致的改革，包括巴塞尔Ⅲ和总损失吸收能力标准。同时，继续密切监测金融体系中的新风险和脆弱性。(2)总结宏观审慎政策的基本要素。在G20推动下，相关国际组织全面、系统地总结了各国宏观审慎政策的经验和教训，为下一步建立有效的宏观审慎政策框架打下了坚实基础。(3)构建稳健的金融市场基础设施。推动G20成员缩小在实施《金融市场基础设施原则》方面的差距，支持巴塞尔金融稳建委员会与各国际组织在增强中央对手抗风险能力、恢复计划和可处置性方面的工作，降低系统性风险。(4)大力推动普惠金融。今年

① 《G20峰会公报》第18段，，http://www.g20chn.org/hywj/dncgwj/201609/t20160906_3392.html，下载日期：2018年9月9日。

G20制定了《G20数字普惠金融高级原则》，为各国数字普惠金融的发展进行指导；更新了G20普惠金融指标体系，使得该体系更加科学和完善；还就中小企业融资行动计划制订了具体落实方案，便利中小企业融资。

4.发展绿色金融

今年，G20首次讨论绿色金融议题，成立了绿色金融研究小组。目前已经形成了《G20绿色金融综合报告》，明确了绿色金融的定义、目的和范围，以及面临的挑战，并为各国发展绿色金融献计献策，支持全球经济向绿色低碳转型。

总的说来，改革开放40年，中国金融业发展迅速，变化巨大，主要表现为：

1.金融业对外开放取得了巨大成就。金融业从过去的封闭状态到现在的双向开放，金融产品日益丰富，金融改革有序推进，金融体系不断完善，外资准入、人民币的国际化、资本账户的管制等均采取了渐进式改革政策，金融监管得到改进。中国金融业也成为全球金融市场的重要组成部分。随着2018年《外商投资准入特别管理措施(负面清单)》的推出，金融业的对外开放又将进入一个新的阶段。

2.法制建设得到了加强。市场经济是法治经济，金融市场的规则体系或制度安排是最重要的市场基础设施。从国内层面来看，可以看到40年来规则体系变化之巨大。例如《中国人民银行法》《商业银行法》《银行业监督管理法》《证券法》《保险法》《外汇管理法》《担保法》《票据法》《公司法》等均已实施。在国际层面，我们加入了WTO，积极履行入世承诺，不仅主动接纳一些国际层面的监管规则，而且开始制度创新，积极参与并推动国际金融规则的制订，努力维护现存国际体系的稳定，并在此基础上谋求对国际金融治理秩序改革，以使国际金融体系更为健康有序地运转。

第六章

改革开放 40 年中国海商法的发展

前　言

海商法是调整海上运输关系和船舶关系的法律规范的总称。海商法是由中古时代的航运惯例发展而来，最早载有船舶碰撞规则、货物运输规则及水上航运规则的法律，是公元前 18 世纪的《汉谟拉比法典》。在中世纪，随着航海贸易的不断发展，欧洲相继编纂了适用于不同区域的《奥列隆惯例集》(*Lex Oleron*)、《维斯比海法》(*Rules of Wisby*)和《康索拉多海商法典》(*Lex Consolato*)。三大海法均由私人编纂，在适用的效力上极为有限。近代第一部海商法是法国国王路易十四 1681 年颁布的《海事敕令》。1808 年的《法国商法典》又将该“敕令”的内容收入，成为商法典的第二编。此后，许多国家都制定颁布了海商法。近代欧洲各国的独立及民族主义的影响使以国家的名义立法成为一种趋势，并形成了内容广泛的综合性大法典。

1897 年，国际海事委员会的成立标志着现代海商法时代的开始。在同一时期，联合国在伦敦成立了政府间海事协商组织（后改名为国际海事组织）(International Maritime Organization，简称 IMO)，联合国贸易和发展会议也积极参与了海商法统一的运动，在这三个主要的国际组织的促动下，许多关于国际海事的国际公约得以制定。

中国不但拥有发展航运事业的地理条件，而且历史也证明中国人民有智慧有能力发展自己的航运事业，在相关法律制度制定与完善上也不断发展。中国清朝时颁布的《大清商律》包括海商法的内容，其草案分总则、商行为、公司法、海船法和票据法共五编。其中海船法编的条目有263条之多，是我国历史上最早包含海事法规的商事立法。在新中国成立之前，国民党政府也曾于1929年制定了海商法。鸦片战争后，我国近代海商立法完成了历史上的第一次移植。《海船法草案》于宣统元年(1909年)修成，但终因辛亥革命爆发，未能议决颁行。1926年11月18日，北洋府的法律编查会公布了《海船法案》，分6编263条，基本上沿袭了前清商律草案中的《海船法草案》，该法案并未经表决通过，在此之后，南京国民政府修订《中华民国海商法》共8章174条，是中国历史上第一部正式颁行的海商法，在一定程度上推动了中国海运事业的发展。1949年新中国成立以来，中国政府颁布了一系列海商单行法规，并批准参加了一些国际公约。从1952年我国就开始了海商法的起草工作，于1963年完成了第九稿。“文化大革命”中，立法工作停顿了下来，后又于1981年重新开始。1992年11月7日，第七届全国人大常委会第二十次会议通过了《中华人民共和国海商法》(以下简称《海商法》，该法于1993年7月1日施行)。中国《海商法》从开始起草到通过共经历了40年的时间，它是新中国成立以来第一部以国际条约为基础的立法。

第一节　新中国海商法的制定

一、海商法草案制定的“九稿”(1952—1963年)

1949年新中国成立时，航运事业发展非常困难。1949年2月，中共中央发布“废除国民党的六法全书”的指示，南京国民政府建立的法律体系在大陆被废止，1929年制定的海商法也包括在内。从此，我国的海商法呈现了立法的空白。面对这种情况，新中国政府意识到航运事业对我国这样一个海洋国家发展国民经济的重要意义和立法的必要性。在新中国成立不久的1952年，政府就组建了海商法起草委员会，希望通过立法手段，指导和促进航运事业的发展，开发和利用我国的海域和海洋资源，维护海上交通安全。

我国海商法的立法过程从1952年组建“海商法起草委员会”起，到1992年《中华人民共和国海商法》经第七届全国人民代表大会常务委员会第二十八次会议通过，整整经历了四十个春秋。① 由于《海商法》是与国家交通主管部门关系最密切的一部大法，所以"海商法起草委员会"由交通部牵头组建，邀请相关部门、单位、院校参加，并着手具体的起草工作。四十年中，海商法的立法进程可以大致分成两个阶段：即1952—1963年和1982—1992年。1952年成立的海商法起草委员会经过十年的努力于1963年完成了给国务院的"送审稿"，也就是通常所说的"九稿"。"九稿"被送交国务院后，由于发生"文化大革命"而被搁置，直至1976年"文化大革命"结束。当时国家的经济建设遭到极大破坏，各行各业百废待兴。直到1982年，海商法起草委员会才得以恢复工作。

二、现行海商法的制定(1982—1992年)

(一)现行海商法的立法背景

恢复后的起草委员会在"九稿"的基础上，根据中国经济从计划经济体制到市场经济体制转化的新情况着手工作。尽管一至九稿完全是在计划经济指导下进行的，却是集中了当时国内仅有的几位海商法专家经过十年艰苦细致的工作才形成的文稿。他们做了大量调查研究工作，包括参阅英美法系和大陆法系国家的海商法以及国民党政府的海商法。他们边撰写边征求意见，数易其稿，基本上确定了这部法律的范围、形式和结构。所以，1952年组建的海商法起草委员会(以下简称起草委员会)是功不可没的。

由于经济体制转化的需要，也考虑到海商法的国际性，恢复后的起草委员会的主要工作是：总结新中国成立三十余年来的航运实践和司法实践；搜集和翻译世界主要航运国家海商海事方面的法律法规，深入研究当时世界上通行的以及尚待生效的海事海商国际公约；确定立法的原则、调整对象和范围。起草委员会在统一认识的基础上把各部门分工撰写的条款汇总成草案文稿。文稿在征得各有关行业和部门的意见后经过无数次的修改。最后送审稿于1985年1月提交国务院审议。国务院指派经济法规研究中心负责审议工作。审议意见交由交通部参考。交通部于当年9月上报了送审修改稿。由于受到人事变动的影响，直到1989年1月经济法规研究中心才与交通部和中国远洋运输总公司共同组成海商法审查研究小组，着手更细的工作。审查研究小组，采取了包括"走出去、请进来"在内的方法，召开各种类型的座谈会、论证会，广泛征求国内外海商法专家和有关行业部门的意见，对送审稿进行多次修改和审订，于1992年6月7日将最后审订稿作为议案由国务院提交第七届全国人大常委会。全国人大常委会对草案稿进行了初步审议后，又分别送各省(自治区、直辖市)、沿海城市以及中央各有关部门征求意见，邀请各方

① 吴焕宁：《我国海商法的昨天今天明天》，载于《海商法论丛》，中国商务出版社2007年版，第3页。

面专家(包括有丰富航海经验的船长、熟悉港口作业的港监官员)座谈讨论,并对不同意见进行协调。经过半年紧张的工作,终于取得比较一致的看法。草案最终于1992年11月7日经第七届全国人大常委会第二十八次会议通过,于1993年7月1日起施行。

(二)现行海商法的内容

现行《海商法》共15章,278条。第一章为总则,第1条规定了立法目的:为了调整海上运输关系、船舶关系,维护当事人各方的合法权益,促进海上运输和经济贸易的发展,制定本法。第2条至第6条界定了海上运输、船舶、业务专属、国旗的悬挂以及主管机构。第二章规定了船舶有关的权利:船舶所有权、船舶抵押权、船舶优先权。第三章规定了船员的相关内容,分为一般规定与船长。第四章是海上货物运输合同章节,按照货物运输关系的主体与合同关系等分为八节,涉及承运人、托运人、运输单证、货物交付、合同的解除以及航次租船合同、多式联运合同的特别规定。第五章是海上旅客运输合同。第六章是船舶租用合同章节,我国《海商法》分为定期租船合同与光船租赁合同。第七章是海上拖航合同。第八章至第十章分别规定了船舶碰撞、海难救助、共同海损。第十一章规定了海事赔偿责任限制。第十二章海上保险合同分为六节:第一节一般规定,第二节保险合同的订立、解除和转让,第三节被保险人的义务,第四节保险人的责任,第五节涉及保险标的的损失和委付,第六节保险赔偿的支付。第十三章规定了时效制度。第十四章规定了涉外关系的法律适用。第十五章为附则部分。

三、海商法制定过程中的分歧

海商法的制定过程中,除上述客观干扰外,立法工作也出现了一些分歧,主要反映在以下几个问题上:

(一)关于法律的名称、性质与调整对象

经过座谈、研讨后,人们普遍认为,在社会经济开始从计划经济向市场经济转型的时候,发展航运事业的当务之急是制定一部规范海上商事行为的实体法律,其调整对象应该是平等主体间围绕海上运输和船舶权益产生的财产关系和人身关系。但定名为“海上运输法”或“船舶法”,则调整范围过窄,而称其为“海事法”则其内容必将涉及大量公法规范,如船舶登记与管理,港航监督与管理,海域海洋的开发、利用与保护等行政法规范,也将涉及许多程序法的规范,如管辖、扣船、保全等。这样一部主要应该是私法却又包含大量公法和程序法规范的法律,其内容未免过于宽泛,难以在短期内形成。经过仔细研究和讨论,大家认为将其定名为“海商法”是适宜的,也是必要的。至于海商法的性质,至今仍有不同看法。有人因其主要调整远洋运输等商事关系,又具有很强的国际性或涉外性,主张海商法属于国际经济法的范畴[①]；另外，也有人认为海商法和民法一样调整的是平等主体间的财产关系和人身关系，所以是民法的特别法[②]；而在许多民商法分立的国家，海商法却是商法的组成部分。这样的分歧，其实只是反映了学理上的不同认识，并不妨碍海商法的立法和实施，也不妨碍海商法的教学和科研工作。

(二)关于立法原则和指导思想

由于海商法的国际性很强，海商法的规范，应该严格按照国际标准制定。于是，“有国际公约的，依照国际公约；没有国际公约的，依照事实上起了国际公约作用的民间规则；没有这种规则的，参考具有广泛影响的标准合同”[③]就成了我国海商法的立法原则和指导思想。

(三)关于与国际接轨问题

关于立法中的国际接轨问题，海商法内容需要与现有的国际公约协调、国际惯例。不同国际公约、民间规则和标准合同，往往代表了不同时期、不同方面的利益。以海商法的核心内容——海上货物运输的法律为例，当时国际上已有三个调整海上货物运输的国际公约：1924 年《统一提单的若干法律规定的国际公约》(《海牙规则》)、1968 年《修定统一提单的若干法律规定的国际公约议定书》(《维斯比规则》)、1978 年《联合国海上货物运输公约》(《汉堡规则》)，各国对此三公约的态度和做法很不一致；又如，关于共同海损的民间规则——著名的《约克—安特卫普规则》，除 1864 年和 1877 年先后制定的文本外，当时还存在 1924、1950、1974 诸年修订的有效文本；关于拖航合同，国际上有三种实施不同责任制度的标准合同，等等。我国没有加入任何海上货物运输的国际公约，因此我国海商法的制定没有局限于某一国际公约的框架，而是融合借鉴国际先进立法经验，真正实现与国际接轨。

从我国海商法的立法过程看，工作是非常细致的，体现了走群众路线、共同决策的精神；在立法技术上精益求精，从结构到具体条文，无一不经过长期研究、充分磋商、深思熟虑后才定稿。内容符合当时我国现行法律和政策，与我国对外经济贸易、海上运输、海上保险等业务实践相一致，在很大程度上同国际上的习惯做法、惯例、国际条约相同。从交通部牵头起草到向国务院提交送审稿；再经国务院严格审定后，才形成立法提案，最后由国务院提交人大常委会审议通过，立法过程的每一步都走得踏实、认真，立法程序完全符合法律规定。

① 陈安：《国际经济法学专论(下编)》(分论)，高等教育出版社 2002 年版，第 963 页。

② 郭日齐：《我国海商法立法特点简介》，载交通部政策法规司、交通部交通法律事务中心编：《〈海商法〉学习必读》，人民交通出版社 1993 年版，第 43 页。

③ 郭日齐：《我国海商法立法特点简介》，载《〈海商法〉学习必读》，人民交通出版社 1993 年版，第 2 页。

四、中国海商法的立法特点

(一)海商法在当时具有一定的先进性

中国海商法,从实际出发,从适应计划经济向市场经济转型的需要和促进海上运输和经济贸易发展的需要出发,建立了有我国特色的海上运输风险分担制度,如承运人免责、赔偿限额、延迟交付、责任限制、救助报酬、共同海损分摊等,许多章节的规定具有前瞻性或超前性。在立法过程中,充分考虑国内立法可能的趋势,注意吸收国际立法中的最新成就。例如,关于船舶所有权的规定给船舶个人所有权类型留出了空间;"旅客运输"章吸收了《1974 年雅典公约》关于每名乘客最高赔偿额的规定;"海难救助"章参照了当时尚未生效的《1989 年国际救助公约》,把救助范围扩大到防止和减轻环境污损,增加了特别补偿条款;在"海上货物运输合同"一章采用了我国未加入的《汉堡规则》的某些规定,还设立了一节"多式联运",此节内容吸收了《1980 年国际货物多式联运公约》和《1991 年多式联运单证规则》的某些规定;在有关租船合同的实践方面,《海商法》关于光船租赁合同的规定参考了当时较新的 1989 年的光船租赁标准合同的内容;"共同海损"章参考了当时最新的 1974 年文本。此外,《海商法》还首次正式采用了国际货币基金组织的特别提款权等等。

在先进性上表现最突出的是当时对《1989 年国际救助公约》的引入。《1989 年国际救助公约》有关涉及环境污染的救助的特殊补偿的规定是海上救助制度上的一项最新发展,传统的救助制度采用"无效果,无报酬"的救助的原则,该原则已不能适应现代出现的一些新情况,特别是在救助有潜在污染环境危险的船舶时,救助人面临的风险越大,救助成功的机会就越小,获得救助报酬的机会也越少。如果在涉及污染的救助上继续采用"无效果,无报酬"的原则,就很难鼓励救助人去救助那些受到污染威胁的船舶。于是公约将防止和减轻污染列为救助的间接标的,即使救助不成功,救助人也能获得一定的补偿。在涉及污染的救助中采用了"无效果,也给予补偿"的原则。中国《海商法》基本引入了有关特殊补偿的规定。依中国《海商法》第 182 条的规定,救助人在防止污染有效果时可以从船舶所有人处获得特殊补偿,特殊补偿可以达到救助费用的 30%,受理争议的法院或仲裁机构认为适当的,可以进一步增加特殊补偿至救助费用的 100%。

(二)以国际条约和国际惯例为基础

我国海商法虽然属于国内法,但涉外性和国际性很强。20 世纪 90 年代,挂中华人民共和国国旗的船舶几乎在任何可航水域畅通无阻,可停靠世界 150 多个国家和地区的 1100 多个港口,不可能不涉及某些外国法、国际条约、国际惯例以及世界各地的航运惯例和港口习惯的管辖或约束。

有关如何将国际立法纳入国内立法的问题,我国在海商法之前没有相应的立法实践。在海商法的起草过程中，立法者曾采用了有选择地列入国际公约中的关键性条款的做法。在咨询外国知名的海商法专家时，却被理解为列入的条款是准备接受的条款，未列入的则是不准备接受的。而实际上立法者的本意并非如此。最后，考虑到国际公约本身条款之间具有严格的逻辑性，我国海商法采用了在有些部分将公约的实质性条款全部引入，在有些部分有选择地引入的方法。例如，“海上旅客运输合同”一章，《海商法》基本上是参照1974年《海上旅客及其行李运输雅典公约》制定的。“船舶碰撞”一章是参照1910年《统一船舶碰撞某些法律规定的国际公约》制定的。在海事赔偿责任限制上，《海商法》是参照1976年《海事赔偿责任限制公约》制定的。结合中国的国情，选择引入国际公约的规定这一特点在“海上货物运输合同”一章中表现最为突出。关于国际海上货物运输，国际上有三个现行有效的公约。即1924年《统一提单的若干法律规定的国际公约》(以下简称《海牙规则》)、1968年《修改统一提单的若干法律规定的国际公约议定书》(以下简称《维斯比规则》)和1978年《联合国海上货物运输公约》(以下简称《汉堡规则》)。立法者在制定海商法时，结合了我国的实际情况，根据上述三个公约的不同特点，分别就不同的问题引入了不同公约的规定。

在以国际惯例为基础方面，在国际航运中最有名的一个就是《约克—安特卫普规则》，由国际海事委员会制定。自1860年制定，1877年定名为《约克—安特卫普规则》以来，该规则经历了1890年、1924年、1950年、1974年、1990年、1994年、2016年等的多次修改。规则属于民间性质，已成为目前各国普遍接受的国际惯例。我国《海商法》的“共同海损”一章是以我国有关共同海损的实践为基础，参照当时较新版本的1974年《约克—安特卫普规则》制定的。该章有关共同海损的构成要件、共同海损的牺牲和费用、共同海损的分摊、共同海损的理算等方面均采用了《约克—安特卫普规则》的规定。

（三）实用性和可操作性

海商法是一部专业性极强的法律，既有运输、保险、救助、租船、共同海损、责任限制等航运贸易业务方面的专业词汇，又包含大量法律术语。《海商法》用了多达15章278条共43000字的篇幅涵盖了各有关业务的行为规范，是当时自新中国成立以来条文最多的一部法律。其内容十分丰富，对当事人权利义务的规定十分详细，对法律规范的任意性和强制性界定得十分明确，是一部操作性很强的法律。它不仅为从事海事审判和仲裁的法官、仲裁员、律师带来分析行为是非曲直的标准和断案的法律依据，而且成为航运界、保险界和经济贸易界规范自己生产活动的行为准则，为从事海商法教学和研究工作的人士指出工作的方向。

总之，我国1992年《海商法》的出台填补了我国调整海运领域平等主体间关系的立法空白。在当时结束了在海上运输方面“我们没有法，靠内部文件办事”的时代。[①]

五、中国海商法的适用特点

(一)广义的海商法和狭义的海商法

广义的海商法是一个独立的法律部门，其调整的内容较多，既有私法的内容，又有公法的内容，既有民商法的内容，又有航港行政的内容，很难在性质上将其归入传统法律部门的某一类中，它实际上已发展形成了一个独立的法的部门，独立成为一个体系。海商法虽然属于海法，但区域不限于海上，许多陆上的活动因为与海上航行有关也受海商法的支配。海商法虽然属于私法，但船舶登记、航海文书、船舶国籍这些航港行政的内容也应属于海商法调整的范围。因此，海商法律部门以私法为主，但也兼具公法性质。再者，海商法是商法，但诸如船舶碰撞、海员雇用等在性质上非属商法的内容也应适用海商法的规定。因此，广义地说，海商法作为一个法律部门包括了调整一切因航海而发生的权利义务关系的法律规范，并不以商事为限，也不以私法性质为限。海商法法典是国内法，而海商法法律部门则具有相当的国际性，国际条约和国际惯例均是海商法律部门的渊源。

狭义的海商法是具有较强国际性的民法特别法。海商法仅从法典的角度来分析，其调整的范围限于横向的民事关系，其性质也基本能统一到民法特别法上来，海商法是具有较强国际性的民法性质的特别法。在我国海商法的起草过程中，曾经有一稿由于包括了各个方面的内容而长达350条。后将海商法定位在民法性质的特别法这一基点上，其他方面的内容就相应被删除了。例如，有关行政法的内容，如“港航行政”一章，“船员资格”一章均被取消，有关船舶检验、船舶登记、海上交通安全等行政管理的内容均未作规定，将来由交通部制定专门的行政法规。关于船长救助人命的刑事处罚问题属于刑法的内容，应在刑法中规定。有关海事诉讼程序的内容，应在程序法中规定，于是取消了“程序规范”一章。此外，对于已有专门性规定的部分，海商法也未作规定。例如，因为我国已有《海上交通安全法》和《海洋环境保护法》，因而取消了“油污的责任”一章。现在的海商法所调整的是海上运输关系和船舶关系。这些关系均为平等民事主体之间的横向财产关系和经济关系，属于民事法律的范畴。但海商法又与民法有许多不同之处，首先，尽管两者均为国内立法，但海商法具有较强的涉外性，具体表现在海商法的渊源除了国内立法外，还包括国际条约和国际惯例。在海商法的效力范围上，其效力可及于本国海域的外国船舶，外国海域的本国船舶，及外国海域的外国船舶。其次，两者调整的

---

① 交通部政策法规司、交通部交通法律事务中心编:《〈海商法〉学习必读》，人民交通出版社1993年版，第9页。

社会关系也有一定的区别，民法调整的是财产关系和人身非财产关系，海商法调整的是海商和海事关系，虽然这些关系均属于横向的民事法律关系，但后者具有较强的技术性和专业性，许多问题是民法中没有涉及的。再次，由于海商领域存在特殊风险，因而海商法采用了与民法不同的责任制度和赔偿制度。在责任制度上，民法采用的是严格的责任制度，而海商法采用的是不完全的过失责任制度。在赔偿上，民法采用的是按实际损失赔偿的原则，而海商法采用了法定的责任限制，因而称海商法为特别法。可见，海商法为具有较强国际性的民法特别法，其与民法在法律适用上的原则是：当海商法与民法有不同规定时，适用海商法的规定；海商法没有规定的，适用民法的规定。例如，海商法对船舶碰撞进行了专门的规定，但对于船舶与码头设施相撞等情况没有规定，有关后者的损害赔偿应当适用民法关于侵权行为损害赔偿的规定处理。

（二）强制性条文和非强制性条文的适用关系

中国海商法所调整的关系绝大部分为合同关系，依一般的原则，调整合同关系的法律为任意性的规范，当事人在合同中有约定的依当事人的约定，没有约定的才依法律的规定。而在班轮运输方面，由于班轮运输的承运人为公共承运人，班轮运输中的承运人已形成了垄断的局面，这使得班轮运输合同的另一方当事人货方在谈判时无法与承运人处于平等的地位，为了防止承运人利用其占优势的谈判地位无限制地免除其责任，而使货方处于不利的境地，各国及国际上均有立法对承运人的责任进行强制性的规定。这就使得在有关班轮运输合同的法律规定中出现了强制性的规范。中国《海商法》中有关合同关系的规定共有130个条款，其中强制性的规定有16条，当事人不得以协议加以变更。例如，我国《海商法》中引入的《海牙规则》《维斯比规则》《汉堡规则》等公约的规定多属于强制性的规定。非强制性的规定当事人可以通过协议加以改变。《海商法》中共有114条规定为非强制性的规定，这些规定主要涉及航次租船合同、船舶租用合同、光船租船合同、共同海损、船舶抵押权、海上拖航合同、海上保险合同。对于这类合同，《海商法》规定的有关条款只有在合同没有约定的情况下才适用。海商法妥善地处理了有关合同的规定中强制性规定与非强制性规定的关系，使法律的适用更加明确。

六、小结

新中国成立后的海商法制定主要分为两个阶段。以"文化大革命"为分界点，前期是"九稿"的制定阶段，1982—1992年是海商法逐渐完善的阶段。从立法工作组的成立到《海商法》的制定通过，历经四十年的磨砺。《海商法》是当时中国第一部以国际条约和国际惯例为基础的立法，应该说，这部法律在当时反映了国际国内航运业改革和发展，符合时代潮流，在当时是一部比较新颖、先进的法律。实践证明，我国的海商法在对外与国际接轨，对内完善国内海运制度方面发挥了重要的作用。

第二节　海商法相关立法的新变化

《海商法》颁布实施以来，在我国进出口贸易强势增长的拉动下，外贸货物的运量快速增长。截至2017年，上海港完成的集装箱吞吐量突破4023万标准箱（TEU），创下全球港口集装箱运输史上最高纪录，已连续八年位居世界第一。宁波舟山港成为集装箱吞吐量增长黑马，完成集装箱吞吐量2461万TEU，同比增长14.1%，领跑全球前20大集装箱港口增长。厦门港年集装箱吞吐量破1000万TEU，排名超过高雄。① 以上情况说明，我国已成为世界航运大国，正在向航运强国的目标前进。

一、中国民商事立法的逐步完善

随着国民经济的蓬勃发展，我国陆续颁布和修订了一系列新的民商事法律法规。例如，1993年12月实施的《反不正当竞争法》，1995年实施的《仲裁法》和《担保法》，1999年颁布和实施的《合同法》，1982年通过、1999年修订、2000年实施的《海洋环境保护法》，1999年通过、2000年施行的《海事诉讼特别程序法》，2001年实施的《海域使用管理法》，2001年公布、2002年1月1日起施行的《国际海运条例》及于2002年公布、2003年3月1日起施行的《国际海运条例实施细则》以及2001年根据WTO规则的要求全面修订的《海关法》，2002年修订的《进出口商品检验法》，2002年修订、2003年实施的《保险法》，2004年修订的《外贸法》、《拍卖法》和《票据法》，2005年修订、2006年1月1日起施行的《证券法》和《公司法》，等等。

这些新的法律法规或多或少都涉及和影响到《海商法》的实施和发展。新法颁布和实施后，出现了《海商法》与其后颁布的新法不一致甚至冲突的情形。这就产生了如何解决新法与旧法之间的差异与衔接的问题，以及一般法与特别法的配合与协调等问题。例如，我国《海商法》采用的承运人责任制度是“不完全过失责任制”，而《合同法》规定的违约责任制度是“过失责任制”；又如，《海商法》规定托运人只能在“装货港船舶开航前”要求解除合同，还须承担一定的运费和货物装卸费用；此外，托运人只能在因不可抗力或其他不可归责于托运人和承运人致使合同不能履行的情况下才能要求解除合同，而《合同法》规定，只要当事人协商一致就可以变更或者解除合同。

---

① 《中国各港口吞吐量数据统计》，http://www.chinaports.com/thruput/1/null/CARGO_F/2017/query，下载日期：2018年6月9日。

二、国际海商立法的新发展

《海商法》颁布实施后，无论是国际公约还是国际惯例都有了新的发展。例如，我国于1994年加入的《1989年国际救助公约》于1996年7月4日生效，1993年通过的《船舶优先权与抵押权国际公约》已取代了1967年通过的同名公约，新的《国际扣船公约》于1999年通过；IMO（国际海事组织）主持制定的《国际海上运输有毒有害物质赔偿责任公约》于1996年通过；IMO又于2001年3月通过了《国际船舶燃油污染损害民事责任公约》；2002年10月还通过了对《海上旅客及其行李运输雅典公约》修订，即2002年《雅典公约》；美国“9·11”事件后，随着国际海运及反海运恐怖法规的发展，IMO在2002年12月通过了《1974年国际海上人命安全公约》修正案和《国际船舶和港口设施保安规则》。在与海运有关的国际贸易习惯做法方面，CMI（国际海事委员会）于1994年修订了《约克—安特卫普共同海损规则》，又于2004年和2016年推出了更新的版本；1976年制定的“金康”（GENCON）合同格式已被1994年“GENCON 94”所取代；ICC（国际商会）在1990年《国际贸易术语解释通则》（Incoterms 1990）的基础上推出了新版本的2000年《国际贸易术语解释通则》（Incoterms 2000）以及2011年开始生效的《国际贸易术语解释通则®2010》，等等。这些变化如果不能在《海商法》中得到体现和反映，将使《海商法》丧失其原有的先进性或超前性。

值得特别一提的是，国际上虽然已有三个关于海上货物运输的国际公约，但各航运大国仍各行其是，国际海上货物运输法律极不统一。《汉堡规则》的通过和生效不但没有使各国海上货物运输的法律趋于一致，反而进一步加剧了海运法律不统一的局面。这种不统一已成为国际间货物自由流通的障碍，引起了国际航运界和贸易界的高度重视。1996年，联合国国际贸易法委员会（UNCITRAL，简称“贸法会”）第二十九次会议意识到，1970年以来统一运输法律的努力并未取得预期的效果，因此，要求CMI将审议现行国际海上货物运输的实践与法律纳入它的议事日程，并最终启动了起草“联合国全程或部分海上国际货物运输合同公约”的工程。2008年12月11日，联合国大会通过了《联合国全程或部分海上国际货物运输合同公约》（*UN Convention on the Contracts of International Carriages of Goods Wholly or Partly by Sea*，简称《鹿特丹规则》）。① 从内容上看，《鹿特丹规则》是当前国际海上货物运输规则之集大成者，②不仅涉及包括海运在内的多式联运，在船

---

① 王传丽：《国际经济法》，中国政法大学出版社2012年第4版，第70页。

② 《鹿特丹规则》的目标是取代现有的海上货物运输领域的三大国际公约，即《海牙规则》《海牙—维斯比规则》和《汉堡规则》，以统一国际海上货物运输法律制度。根据公约规定，《鹿特丹规则》于第20份核准书、批准书、接受书或加入书提交之日起满1年后生效。

货两方的权利义务之间寻求新的平衡点，而且还引入了如电子运输单据、批量合同、控制权等新的内容，此外公约还特别增设了管辖权和仲裁的内容。从公约条文数量上看，公约共有96条，实质性条文为88条，是《海牙规则》的9倍，《汉堡规则》的3.5倍。因此，该公约被称为"教科书"式的国际公约。

三、海商法相关司法解释的出台

《海商法》颁布和实施后的十几年来，其尽管取得了令世人瞩目的成就，但不可讳言，在十几年的司法实践过程中，《海商法》的某些条款本身也暴露出不够完善、不够明确的缺陷或者有需要弥补的漏洞，以及值得进一步探讨和深入研究的问题。例如：我国沿海运输不适用《海商法》的调整范围；《海商法》与电子商务和电子提单的国际接轨；海洋环境污染和损害的赔偿问题；现有的承运人责任制度等等。自《海商法》实施以来，最高人民法院针对中国法院在案件审理中遇到的问题和司法实践的需要，在总结海事审判经验的基础上，根据《海商法》的规定和立法精神，陆续提出了关于贯彻执行《海商法》若干问题的意见。针对中国法院在案件审理中遇到的问题和司法实践的需要，在总结海事审判经验的基础上，最高法院陆续出台了一系列有针对性的解释。例如：自1995年8月18日起施行的《最高人民法院关于审理船舶碰撞和触碰案件财产损害赔偿的规定》，自2007年1月1日起施行的《最高人民法院关于审理海上保险纠纷案件若干问题的规定》，自2008年5月23日起施行的《最高人民法院关于审理船舶碰撞纠纷案件若干问题的规定》，自2009年3月5日起施行的《最高人民法院关于审理无正本提单交付货物案件适用法律若干问题的规定》，自2010年9月15日起施行的《最高人民法院关于审理海事赔偿责任限制相关纠纷案件的若干规定》，自2011年7月1日起施行的《最高人民法院关于审理船舶油污损害赔偿纠纷案件若干问题的规定》，自2012年5月1日起施行的《最高人民法院关于审理海上货运代理纠纷案件若干问题的规定》等。除此之外，相关保险立法司法解释的出台也为海事司法实践辨明了方向。2018年5月14日，最高人民法院审判委员会第1738次会议讨论通过了《最高人民法院关于适用〈中华人民共和国保险法〉若干问题的解释（四）》[①]（以下简称《解释》），并于2018年9月1日起施行。这将进一步明确财产保险合同部分有关法律适用的问题，统一裁判标准，保护保险消费者合法权益，促进保险行业健康发展，也为海上保险行业的发展提供了保障。

在涉及海事案件的诉讼程序方面，最高人民法院颁布了自2003年2月1日起施行的《最高人民法院关于适用〈中华人民共和国海事诉讼特别程序法〉若干问题

---

① 《最高人民法院关于适用〈中华人民共和国保险法〉若干问题的解释（四）》，http://www.court.gov.cn/fabu-xiangqing-110571.html，下载日期：2018年8月3日。

的解释》。最高人民法院关于《海商法》的司法解释和具有解释性的批复和规定，是对现行《海商法》的重要诠释，为理解《海商法》的相关规定提供了较具权威性的依据，对弥补法律规定的不足有重要的作用和意义，对中国的司法实践具有约束力。因此，要全面了解和理解《海商法》，这一系列关于《海商法》的司法解释是不可忽视的组成部分。

这些司法解释的存在说明《海商法》的确存在不足和确有完善的必要。但是，这些司法解释在一定程度上又有"造法"的倾向，其功能往往会无法回避地或被迫地被扩大和延伸。[①] 例如，有的司法解释对相关的责任主体，如"船舶经营人"进行了定义；有的则针对《海商法》中缺乏的定义，如"契约托运人和实际托运人"规定了一些新概念；也有的对《海商法》作出了突破性的规定，例如规定了实际托运人有请求交付提单的权利；明确对货运代理人采取过错推定原则；以及，如不当选任无船承运人，货运代理应与无船承运人一起承担连带责任等等。

不言而喻，在厘清《海商法》中某些规定的同时，不断累积的司法解释，也在持续增加法律适用的复杂性，给实际应用造成不便，使非专业律师的实践者难以全面掌握和把握。因此，有必要对其进行系统梳理和编撰。总体而言，这些源于对司法实践的总结并对该实践有重要指导作用的司法解释的另一项重要的功能和作用，是可以为未来修改《海商法》提供非常重要的参照和指导。

第三节　海商立法的与时俱进

虽然中国《海商法》在立法当时具有一定的先进性，但随着中国改革发展的进程，中国《海商法》中存在的缺陷和不尽完善之处也逐渐显现，有的是受到当时立法环境和条件的限制，有的是由当时我国经济的体制和发展水平所决定的，也有的是因为当时中国法律体系不健全、法学研究和学术水平有限，还有的是受到当时社会法制观念和法律意识的制约，以及当时船、货双方以及其他相关各方平衡利益、发展水平和状态等因素影响。另外，更重要的是，中国当时缺乏海商法实践的积累。因此，关于修法的意见和建议从未停止过。特别是在这部法律生效后的前十年，[②] 修法的呼声甚至一度相当强烈。

一、经济的发展要求海商立法必须与时俱进

中国入世后在五年过渡期内基本完成体制转轨与政策法规的调整。要遵守经

① 张永坚：《反思修改中国〈海商法〉之努力》，载《中国海商法研究》2013年第3期。

② 张永坚：《中国海商法的修法之路（上）》，载《中国远洋海运报》2013年6月23日。

济全球化和国际竞争的共同规则，不仅要开放市场，而且要建立统一的市场体系。作为 WTO 的成员方，开放航运市场，打破行政性垄断，是中国航运市场化改革的重要任务。中国为了履行其入世的承诺，就要把航运市场的开放扩展到国际和国内两个市场，建立统一的大市场。例如，《海商法》不适用于沿海运输即有计划经济的考量，而随着中国入世，沿海运输的市场化程度越来越高，沿海运输与国际运输分别适用不同的责任制度已渐渐丧失了其合理性。

《海商法》的起草经历了复杂的历史时期。新中国成立初期，由于经济建设全面学习苏联，当时的起草思路基本上是借鉴了苏联经验①。"文革"期间，《海商法》起草工作中断数年。在国家将工作重心从阶级斗争转移到经济建设之后，考虑到对外贸易的需要，《海商法》起草工作得以恢复，并以促进海上运输和经济贸易发展为主要任务。经过改革开放以来近四十年的不懈努力，中国已经成为世界第二大经济体，在全球治理中发挥着重要作用。辩证地看，国家在不同的历史时期或发展阶段，其社会状况、经济实力和生产力发展水平不尽相同，国家的根本任务和发展思路也相应有所调整，这也决定了法的任务和价值目标。当前世界经济复苏乏力、逆经济全球化思潮泛起、国际地缘政治发生深刻变化。海洋强国建设思想是习近平新时代中国特色社会主义思想的有机组成部分，为建设国际海事司法中心奠定了重要的理论基础。习近平总书记指出，建设海洋强国是中国特色社会主义事业的重要组成部分，对推动经济持续健康发展，维护国家主权、安全、发展利益，实现全面建成小康社会目标，进而实现中华民族伟大复兴都具有重大而深远的意义。习近平总书记关于经略海洋、以海强国的论述，为建设国际海事司法中心提供了行动纲领，指明了前进方向。建设国际海事司法中心要以海事审判为基础，更要高站位、大格局，要着眼于中国特色社会主义事业发展全局，统筹国内国际两个大局，发挥海事审判在保护海洋生态文明、维护国家领土主权和海洋权益方面的积极作用。由习近平总书记提出的构建"一带一路"倡议为经济全球化深入发展注入新的活力，受到了国际社会的广泛欢迎和高度评价。为遏制中国的和平发展，少数国家在中国周边海域制造国际争端，严重损害中国海洋权益。在这种特殊时期，启动《海商法》修改研究工作，当服务于国家战略，其意义重大。

二、海商立法必须契合海洋经济的发展

建设海洋强国，要提高海洋资源开发能力，着力推动海洋经济向质量效益型转变。发达的海洋经济是建设海洋强国的重要支撑。船舶工业是为海洋资源开发提供技术装备的战略性产业，是国家实施海洋强国战略的基础，为开发海洋资源、发展海洋经济、保护海洋生态环境、维护海洋权益提供关键装备和核心技术，是建设

---

① 王淑梅、侯伟：《关于〈海商法〉修改的几点意见》，载《中国海商法研究》2017 年第 3 期。

海洋强国的重要组成部分。2015年5月，国务院发布了《中国制造2025》，这是中国实施制造强国战略第一个十年的纲领性文件，其中海洋工程装备及高技术船舶成为十大重点发展领域之一。经过多年的努力发展，中国已经成为世界造船大国。但随着近年来全球航运市场的持续低迷，外国船东充分利用合同条款弃船，并依据合同约定在国外提起仲裁，中国船厂大部分败诉，并蒙受了巨大经济损失，很多船厂因此破产重组，这个现象已经引起中国相关部门的高度重视。[①]《海商法》修改可以考虑增加船舶建造合同内容，针对目前国际常用的船舶建造标准合同，设计一套对船厂相对有利的合同条款，作为国内船厂在国际谈判中的"示范法"，切实提高风险防范意识及合同谈判能力。

三、海商立法必须服务于"一带一路"建设

"一带一路"建设将有助于全球投资增速，带动全球贸易增长，提升全球经济活力。中国高度重视与"一带一路"国家发展战略对接，已与沿线36个国家及欧盟、东盟分别签订了双边海运协定(河运协定)。在"一带一路"建设过程中，大量的货物、原材料将通过海运(河运)方式在相关国家之间流通，频繁的经济活动势必会引发更多的经济纠纷，法律适用及争端解决是面临的首要问题。随着航运贸易实践的变化，需要及时完善《海商法》第四章海上货物运输法律制度，明确第四章的适用范围，拓宽《海商法》在"一带一路"国家的适用空间。

"一带一路"建设不仅仅是国家间经济发展的桥梁，也是文化传播的纽带。部分"一带一路"沿线发展中国家法律制度并不健全，法律人才欠缺，中国作为倡议国应当加强文化交流，帮助相关国家完善法律制度、培养法律人才。《海商法》在修改过程中要有开阔的国际视野，要站在全球高度发现问题、思考问题、解决问题，制定一部先进的《海商法》，引领"一带一路"沿线发展中国家的海事立法。

中国经济总量已跃居世界第二位，对外贸易额居世界第一，综合国力、国际竞争力、国际影响力大幅提高，在全球治理体系中发挥着越来越重要的作用，但中国作为现行国际规则适应者、接受者的角色还没有根本改变，这与中国的综合国力和国际地位很不相称。积极参与全球治理，做国际规则的维护者、建设者，既是维护中国利益、塑造良好外部形象的迫切需要，也是国际社会的热切期待。中国应当积极参与国际规则制定，提升国际事务话语权，增强运用法律手段参与全球治理的能力。

从1924年《海牙规则》开始，国际社会一直致力于统一国际海上货物运输立法，但遗憾的是，1968年《海牙—维斯比规则》和1978年《汉堡规则》都未能实现这一目标，2008年的《鹿特丹规则》恐怕在短期内也难以生效。虽然《鹿特丹规则》中

① 王淑梅、侯伟:《关于〈海商法〉修改的几点意见》，载《中国海商法研究》2017年第3期。

的很多制度具有先进性，但《海牙规则》《海牙—维斯比规则》《汉堡规则》缔约国受其参加的国际公约限制，很难通过修改国内法借鉴吸收《鹿特丹规则》的相关内容。由于中国没有加入上述任何一部国际公约，修改《海商法》第四章时具有较大的灵活度，应结合中国航运贸易发展的实际情况，客观全面地看待《鹿特丹规则》，并合理借鉴吸收其相关制度，将《海商法》第四章修订成国际上先进的海上货物运输立法。同时，加强与“一带一路”沿线国家之间的合作，寻求制定一部区域性的海上货物运输示范法，逐步推动国际海上货物运输立法的统一进程。

四、海商立法应当服务于海运强国战略

2014 年 8 月 15 日，国务院出台了《关于促进海运业健康发展的若干意见》，标志着中国将全面推进海运强国战略，目的就是改变中国海运业“大而不强”的局面。中国运输服务贸易长期处于逆差状态，与海运中的货运服务有着密切关系，主要原因在于：第一，中国海运高端服务业水平与发达国家相比竞争力较弱，船队总体规模偏小，运力结构、专业化船队、管理能力、技术水平有待优化和提高；第二，中国外贸企业谈判地位不高，缺乏安排运输的主动权，导致中国海运企业承运中国进出口货运量的份额偏低。由此可见，中国航运企业竞争力严重乏力，前景堪忧，离建设海运强国目标还有很远的距离。如何在进一步合理平衡船货双方利益的基础上，提高中国航运贸易行业的国际竞争力是《海商法》修改研究工作中需要认真思考的问题。

五、海商立法应反映司法实践的需求

正如梅因所描述的：“社会的需要和社会的意见常常是或多或少走在法律的前面，我们可能非常接近地达到它们之间缺口的接合处，但永远存在的趋向是要把这缺口重新打开来。因为法律是稳定的，而我们谈到的社会是前进的。”[①]在《海牙规则》的起草过程中，当初的立法者根本无法预见未来会出现全球化、集装箱化和电子商务。技术的革命、实践的创新、社会的需求都会使立法滞后于实践，这是社会发展过程中必然产生的矛盾，需要通过法律的修改积极回应。

（一）海商立法应反映集装箱化的发展

集装箱引发了技术革新，也带来了法律革命。多式联运经营人的活动范围已经超出了港口，其经营内容已经不限于《海商法》第 48 条规定的承运人义务，其提供的集装箱已经成为“载货处所的一部分”，而需要承运人尽到更多的谨慎义务。《鹿特丹规则》对集装箱化引发的法律问题给予了积极回应，如将适用范围扩大到

① ［英］梅因：《古代法》，沈景一译，商务印书馆 1959 年版，第 15 页。

“门到门”运输[①]，承运人增加了“接收”和“交付”货物的义务[②]，承运人适航义务延伸至其提供的集装箱[③]等，为《海商法》修改提供了立法参考。

(二)海商立法应回应电子商务的需求

为了节约交易成本、提高交易效率，国际社会积极推广使用电子单证，例如电子提单。电子提单可以克服纸质提单的缺陷，极大地提高了单证的流转速度，对国际贸易形成更加有力的支撑。在电子商务快速发展的今天，相关领域的技术创新对中国这样的航运贸易大国非常有利。中国应当对电子运输单证的发展给予更多的关注和支持，积极推动电子运输单证的商业实践并完善相关立法。在《海商法》第四章的修改过程中，可以借鉴《鹿特丹规则》相关规定完善电子运输单证制度。

(三)海商立法应充分关注现行法律的漏洞

在适用上，《海商法》第四章没有规定强制适用范围，且该章也不属于《中华人民共和国涉外民事关系法律适用法》第 4 条规定的“强制性规定”[④]，导致在很多情况下该章不能被中国法院直接适用。虽然中国目前对《鹿特丹规则》持谨慎态度，但即使将来不加入该公约，中国法院也会面临因提单首要条款的约定而“被动适用”《鹿特丹规则》的情况，能否参照美国 1936 年《海上货物运输法》规定《海商法》第四章强制适用，也应当是研究的重要问题。

在国内水路货物运输上，中国针对沿海、内河运输没有制定过单独的法律，由沿海、内河运输组成的国内水路货物运输长时期由交通主管部门制定的部门规章进行调整。《海商法》第 2 条也将沿海、内河货物运输明确排除在外。《合同法》出台之后，原交通部于 2000 年在《水路货物运输规则》基础上，根据《合同法》《海商法》制定了《国内水路货物运输规则》。由于人民法院对于《国内水路货物运输规则》认识不一，但考虑其符合国内水路货物运输行业特点，最高人民法院于 2012 年 12 月 24 日颁布了《关于国内水路货物运输纠纷案件法律问题的指导意见》，明确规定人民法院审理国内水路货物运输纠纷案件可以参照《国内水路货物运输规则》，暂时缓解了相关法律适用问题。但交通运输部于 2016 年 5 月 30 日公布废止《国内水路货物运输规则》之后，沿海、内河货物运输合同纠纷只能适用《合同法》有关原则性规定，司法实践中长期适用的一些制度(例如实际承运人)难以被继续沿

① 《鹿特丹规则》第 1.1 条。

② 《鹿特丹规则》第 13.1 条。

③ 《鹿特丹规则》第 14 条。

④ 《最高人民法院关于适用〈中华人民共和国涉外民事关系法律适用法〉若干问题的解释》第 10 条将“强制性规定”限定为以下几类法律:(1)涉及劳动者权益保护的;(2)涉及食品或公共卫生安全的;(3)涉及环境安全的;(4)涉及外汇管理等金融安全的;(5)涉及反垄断、反倾销的;(6)应当认定为强制性规定的其他情形。

用。另外，由于《海商法》第3条将船舶限定为海船或其他海上移动式装置，导致内河船舶被《海商法》排除在外[①]，在司法实践中也引发了很多问题。例如，内河船舶与海船发生碰撞，海船享受海事赔偿责任限制，内河船舶则承担完全赔偿责任；内河船舶不产生船舶优先权，因船员工资或海事事故造成人身伤亡、财产损失，内河船舶与海船适用完全不同的法律制度。在海船与内河船舶经常航行于同一航道的情况下，这些现象有违法律的公平原则。根据交通运输部《2017年交通运输行业发展统计公报》，全国拥有水上运输船舶14.49万艘，比上年下降9.5%；净载重量25651.63万吨，远洋船舶运输净载重量只有5457.50万吨，因此沿海与内河运输船舶对于相关法律制度的完善需求更加迫切。[②] 是否扩大适用范围至国内水路货物运输及内河船舶，是《海商法》修改研究工作面临的最大难题，直接关系到《海商法》适用范围的调整及国内海商法理论体系的改变，需要广泛征求相关部门、企业、司法机关的意见，在深入进行调查研究的基础上提出合理的解决方案。

在船员劳务合同方面，根据近年来的司法统计，船员劳务纠纷在海事海商案件类型中所占比例较大，约占25%。2016年上海海事法院白皮书中就提及了船员权益保护的相关案件，立法部门也逐渐重视船员利益的保护。大多数中国船员与用人单位签订船员劳务合同的非法性问题仍未能得到纠正，这不仅严重侵犯了中国船员的合法权益，在《海商法》的操作中，也违反了《劳动法》关于应签订劳动合同，并给予船员相应的社会保险待遇的强制性规范。中国没有针对船员专门立法，在司法实践中出现的大量新情况新问题，通过《合同法》等一般性法律无法解决，司法裁判尺度极不统一。而且船员是一个特殊群体，船员权益保护不当，一方面会造成很多社会不稳定因素，另一方面难以吸引高素质群体加入到船员队伍，从长远看不利于中国航运业的健康发展。鉴于中国已经加入《2006年海事劳工公约》，且该公约已于2016年11月12日对中国正式生效，《海商法》修改时应充分考虑吸收公约内容，结合中国实际情况，及时完善船员立法。

关于船舶污染损害赔偿，与发达国家相比，中国管辖海域发生的船舶污染事故造成损害的赔偿率不高，除了船舶所有人的赔偿能力有限之外，主要原因是相关法律制度不健全。目前，中国没有针对船舶污染问题的专门立法，相关规定散见于不同的法律和行政法规，例如《中华人民共和国海洋环境保护法》《民法通则》《侵权责任法》《海商法》都涉及船舶污染损害赔偿问题，有关环境侵权责任规定的一般法律及司法解释，似乎都可以从不同的角度理解用于确定船舶碰撞致油污损害非漏油

---

① 船舶碰撞除外，海船与内河船舶在与海相通的可航水域发生碰撞同样适用《海商法》第八章的有关规定。

② 交通运输部：《2017年交通运输行业发展统计公报》，http://zizhan.mot.gov.cn/zfxxgk/bnssj/zhghs/201803/t20180329_3005087.html，下载日期：2018年8月4日。

船责任的法律条文依据。但由于这些法律及司法解释都并非针对船舶碰撞致油污损害这一特殊环境侵权的规定，不同条文适用就会出现非漏油船责任的不同，因此造成理论观点的冲突和司法裁判的混乱，导致司法实践中出现法律适用不统一的情况。在这次《海商法》修改研究中，可以借鉴吸收相关国际公约的内容，重点研究责任主体、归责原则、损害赔偿范围、责任限制、责任保险或财务保证及船舶污染损失赔偿基金、海洋环境修复等问题，及时完善国内船舶污染赔偿责任立法。

关于海上旅客运输合同章节，增加邮轮运输规定以适应邮轮旅游新业态的发展。首先，我国现在旅客运输合同章节还不涉及邮轮运输的相关调整。例如，伴随邮轮旅游业的发展，往返邮轮运输不能适用我国现行《海商法》，我国《海商法》第107条规定："海上旅客运输合同，是指承运人以适合运送旅客的船舶经海路将旅客及其行李从一港运送至另一港，由旅客支付票款的合同。"由此可知，运输目的地只能从"一港至另一港"，"以适合运送旅客的船舶"仅以海上旅客运输为运送目的，范围较小。其次，我国邮轮运输的现行运营模式也需要更为清晰的主体概念界定。与欧美等邮轮市场成熟国家所普遍采用的船票直销模式不同，邮轮运输合同在我国主要通过间接模式订立。也即在一个通常的境外邮轮运输关系中往往会涉及邮轮公司、旅行社和旅客三方主体。这是因为邮轮运输所具有的旅游属性决定其同时也需受相关旅游法规的约束，根据我国《旅行社条例》第23条的规定，外资邮轮公司或其设立的旅行社均不得直接向中国内地旅客销售邮轮船票，只能通过中资旅行社开展经营活动。这就意味着外资邮轮公司若要在中国经营邮轮航线，必须先与中资旅行社签订船票包销或代销合同，其后由后者以自己名义与旅客签订邮轮旅游合同，而邮轮公司与旅客之间仅有船票，并没有直接或以其名义实施订约行为。即使自2015年起我国逐渐放开外资邮轮公司船票直售限制，但受旅游业特许经营所限，外商独资的船务公司和旅行社在我国仍无法从事旅客出境手续的办理以及停靠港岸上旅游项目的经营，旅客通过直接销售模式购买的邮轮旅游服务仍是不完整的。由此可见，邮轮运输的三方模式在未来相当长一段时间内仍将占据主导地位，若继续保留定义中的上述限定很可能在实践中引发不必要的纷争。再次，关于邮轮公司的赔偿责任限制。实践中，邮轮旅客在挂靠港离船游览的情形可能包括三种：一是旅行社组织旅客游览，二是旅客自行游览，三是邮轮公司组织旅客游览。在前两种情形下，邮轮公司无须对离船期间的旅客负责；而后一种情形，邮轮公司应根据《合同法》等一般法规对其与旅客之间另行达成的旅游合同向旅客负责。此时，邮轮公司并非以海运承运人的身份负责，不应享有原有的赔偿责任限制。因此，也应及时完善邮轮运输的相关立法。

（四）海商立法应切实增强法律的可操作性

前面已经谈到，《海商法》的很多制度来源于国际公约、国际惯例和外国法律，由于立法时缺乏实践经验的指引，部分条文缺乏可操作性。例如，《海商法》第28

条规定"船舶优先权应当通过法院扣押产生优先权的船舶行使"，但海事请求人如何行使船舶优先权，以及海事请求人向法院申请确认船舶优先权与实现船舶优先权之间的关系如何处理等问题，有待进一步明确。另外，有些条文缺乏程序性制度保障，实践中难以操作。例如，《海商法》第 14 条虽然规定建造中的船舶可以设定船舶抵押权，但相关规定比较原则性，且实际操作中海事登记机关对有权申请办理在建船舶抵押的船厂范围进行了严格限制，导致部分船厂无法申请办理在建船舶抵押登记。对于这一系列问题，除了对法律条文进行适当修改完善之外，还需要与行政机关协调，确保法律制度实施的配套保障，将法律规定落到实处。实践已经证明，实体法的良好实施需要程序法的有效保障。

第四节　海事司法的立法保障

一、制定特别程序法的必要性

海事诉讼在国际司法领域占有重要的地位。随着海事国际公约的大量产生，各国更加重视对海事诉讼程序立法的完善。目前，英国、美国、日本、澳大利亚、巴拿马、新加坡等主要海运国家为适应对外贸易和航运的需要，在制定了民事诉讼法之后，也大都制定了不同形式的海事诉讼特别法或专门程序法。我国是一个海洋和航运大国，船舶总吨位居世界第五。随着改革开放的深入和扩大，特别是香港、澳门的回归，我国的海上运输事业将会有进一步的发展，对海洋的开发和利用事业方兴未艾，各种类型的海上经济活动也会更加兴旺。制定一部符合我国海事审判实际需要，又与国际海事处理规范相适应的海事诉讼程序法，对于促进海运和对外经贸事业的发展，改革开放，维护国家利益，体现我国的海洋大国地位，都具有十分重要的意义。

（一）制定特别程序法是保障海商法实施的需要

第七届全国人大常委会第二十八次会议通过并于 1993 年 7 月 1 日施行的《中华人民共和国海商法》（以下简称《海商法》），是一部调整海上运输关系和船舶关系，具有中国特色的适应社会主义航运市场经济发展的重要法律。该法的颁布和施行，标志着我国的海事法制建设进入了一个新阶段。《海商法》借鉴国际惯例和国际海事立法的有益经验，规定了诸如船舶优先权、船舶抵押权、海事赔偿责任限制、共同海损、船舶优先权公告、船舶碰撞过失比例责任、海上货物运输和海上拖航中管船过失免责等海事权利义务的实体制度。这些制度的实施需要程序法作保障。现行的《中华人民共和国民事诉讼法》（以下简称《民事诉讼法》）是在《海商法》颁布施行之前制定的，无法为实施这些专门的海事法律制度确立相应的程序性规范。在《海商法》起草过程中，曾有几稿写入了“海事争议的处理”“船舶所有人责任限制的程序”等海事诉讼程序性规定，后经讨论认为海商法是实体法，在实体法中规定程序法的内容，虽部分解决了海事诉讼程序无法可依的问题，但仍不能解决所有海事诉讼程序问题，而且会带来立法分类不清，体系杂乱的不良后果，因此最后通过的《海商法》删除了全部有关程序性的规定。程序法与实体法的不配套给海事审判带来了困难。在当时的条件下，制定海事诉讼特别程序法，使海事诉讼在程序方面有法可依，已是势在必行。

（二）制定特别程序法是履行国际公约规定义务的要求

首先，我国加入的一些有关海事方面的国际公约大多是实体性内容的规定，有关程序性方面的问题由缔约国国内法规定。如我国参加的《1969 年国际油污损害民事责任公约》要求：缔约国保证它的法院具有处理船舶油污损害赔偿诉讼必要的专属管辖权；责任限制基金可采取照数存入银行的方法，或采取按设立基金的缔约国法律可接受的、经法院认可的银行担保或其他担保的方式；代位权必须为所适用的国内法许可为限，等等。又如《1976 年海事索赔责任限制公约》的主要内容已被我国《海商法》所援用，该公约第 14 条规定：关于责任限制基金的设立与分配的规则，以及与之有关的一切程序规则，除本章另有规定外，应受基金设立国法律的制约。这就要求我国必须制定相关的责任限制的程序性法律规定，以保证公约实体性规定的实施。

其次，有关程序方面的国际公约和双边条约要求缔约国有明确的海事诉讼程序性规定。扣押船舶是海事诉讼中的一个重要的程序。我国积极参加制定的《1999 年国际扣船公约》，除规范了扣押船舶的主要内容外，将很多具体的扣船和释放船舶的程序问题交由扣押船舶的国家的国内法加以规定。自 1984 年以来，全国九个海事法院共扣押中外船舶近 1500 艘。因此，急需制定有关扣押船舶的程序性法律规定。正在起草中的《关于民商事管辖权及法院判决承认执行的国际公约》是解决不同法系、不同社会制度国家间判决的承认和执行的一个重要国际公约。该公约强调，承认执行外国法院判决的前提是作出判决的国家的法院必须对该案件拥有管辖权，诉讼程序合法有效。到目前为止，我国已与 22 个国家签订了双边司法协助协议，以解决法院判决的相互承认和执行问题。这些双边协议中对承认和执行法院判决的审查标准是：作出判决的法院对案件有管辖的依据；管辖权的标准基本是依据作出判决法院的国家的法律。海事案件涉外性较强，我国法院受理的涉外海事案件逐年增多，所作出的裁判需要外国法院承认执行的比例较大，但我国对涉外海事案件的管辖权尚缺乏明确的法律规定，为了保障国家利益，保护当事人的合法权益，通过立法，以确立我国法院对海事案件的管辖权是十分必要的。

（三）制定特别程序法是对民事诉讼法的必要补充

海事诉讼属民事诉讼的范畴，海事案件主要涉及船舶、运输、海洋开发利用或相关领域中的民商事纠纷，不仅具有专业技术性、涉外性强和程序性规范特殊的特点，而且涉及民事诉讼法、担保法、拍卖法、行政诉讼法、仲裁法等法律的相关问题。民事诉讼法主要是规范人民法院审理一般民事案件、经济纠纷案件所遵循的程序。它没有对海事诉讼方面的特殊程序性问题作出全面的规定。将特别程序法纳入民事诉讼法中，不仅会使民事诉讼法条文繁缛冗长，而且还会打乱民事诉讼法现有的体例结构。1991年修改《民事诉讼法》时正是考虑到海事诉讼程序的特殊性，为避免出现上述问题，没有将当时已经行之有效的某些海事诉讼特殊程序规范纳入民事诉讼法中，而留待以后解决。海事审判实践表明，民事诉讼法不能完全满足海事诉讼的需要，而且有些规定还制约了海事审判特殊程序的适用。例如，国际通行的船舶碰撞案件的证据保密制度，就有别于《民事诉讼法》中规定的普通的举证和证据交换原则。按照《民事诉讼法》的规定，当事人在向法院提起诉讼时，应当提交相应的证据。而船舶碰撞案件的事故现场不易保留，有些证据容易消失，驾驶人员的记忆未必准确，事故记录可事后补作或更改，因此各国法院强调原告在起诉、被告在答辩时，应当如实填写《海事事故调查表》，法院在向当事人送达起诉状或者答辩状时，不应附送或交换该调查表。其目的是避免给任何一方提供修改证据或作伪证的机会。海事诉讼中法院经常会遇到需责令当事人为一定行为或不为一定行为，如货主请求法院强制对方当事人及时交付货物，承运人请求法院强制对方当事人及时提货等。由于《民事诉讼法》仅规定了财产保全制度，因此需要在总结审判实践经验的基础上，参照国际上的通常做法，制定类似保全程序的规定。

为了解决海事审判实践中遇到的程序性问题，最高人民法院自1985年来先后发布了《关于海事法院诉讼前扣押船舶的规定》《关于海事法院拍卖被扣押船舶清偿债务的规定》《关于涉外海事案件的管辖的具体规定》《关于审理涉外海上人身伤亡案件损害赔偿的具体规定》等司法解释性文件。这些专门用于海事诉讼的程序性的规定，在《民事诉讼法》对海事诉讼程序没有规范的情况下，发挥了积极作用。以法律的形式予以确立和完善的海事诉讼法将有利于海事审判的进一步发展，更有力地保证了司法的权威性和公正性。

二、我国海事诉讼法的基本内容

历经数年起草和制定，2000年7月1日实施的《中华人民共和国海事诉讼特别程序法》(简称《海诉法》)是中国海事立法上的一个里程碑。[①] 十多年来，《海诉法》在有效行使中国司法管辖权，及时审理海事、海商案件维护当事人合法权益，促进中国海上运输和对外经济贸易事业发展等方面，发挥了非常积极有效的作用。

① 李国光：《关于〈中华人民共和国海事诉讼特别程序法(草案)〉的说明》，http://www.npc.gov.cn/wxzl/gongbao/2000-12/06/content_5007229.htm，下载日期：2018年6月9日。

《海诉法》共十二章153条，涵盖了总则、管辖、海事请求保全、海事强制令、海事证据保全、海事担保、海事文书送达、审判程序、海事赔偿责任限．制程序、债权登记与受偿程序和船舶优先权催告程序等与《海商法》主要内容相对应的重要程序问题，其主要内容如下：

(一)适用范围

《海诉法》总则在规定特别程序法的立法宗旨后，规定了其适用范围：在中华人民共和国领域内进行海事诉讼，无论是沿海、内河还是远洋运输发生的海事案件，无论是海事法院还是高级人民法院、最高人民法院审理海事案件，均适用特别程序法，体现了坚持国家主权的原则。在海事诉讼的法律适用问题上，《海诉法》规定特别程序法适用于海事诉讼，特别程序法没有规定的适用《民事诉讼法》和其他有关法律规定，表明特别程序法是以《民事诉讼法》为基本法，是对《民事诉讼法》及其他法律的必要补充，也体现了特别法优先适用的原则。《海诉法》规定审理涉外海事案件时，我国缔结或者参加的国际条约与特别程序法有不同规定的，适用该国际条约的规定，但是我国声明保留的条款除外；我国法律和我国缔结或者参加的国际条约没有规定的，可以适用国际惯例，但是不得违背我国的社会公共利益。这与《民事诉讼法》的规定是一致的。此外，总则还规定了海事案件由海事法院专门管辖，明确了人民法院受理案件的管辖分工，对及时查明案件事实，分清责任，正确适用法律，保护当事人的合法权益是有利的。

(二)管辖制度

管辖是指人民法院受理一审案件的权限和分工。有管辖权的法院才能对案件具体行使审判权。而涉外案件的管辖权是国家主权在司法领域的具体体现。

根据海事案件的不同特点，《海诉法》对海事案件的管辖作了以下规定：

(1)海事案件地域管辖的规定。《民事诉讼法》仅对船舶碰撞、海难救助和共同海损等几类案件的地域管辖作了规定，远远不能适应海事诉讼的要求。草案对海事案件的地域管辖作了较为详细的规定，如船舶碰撞案件，船舶触碰海上、海底、空中、通海水域、港口的设施或者其他财产的损害赔偿案件，船舶损害捕捞、养殖设施、水产养殖物的损害赔偿案件，由船舶最先到达地、侵权行为地或者被告所在地海事法院管辖。这些规定既便于操作，又可以防止争管辖现象的发生。

(2)海事案件级别管辖的规定。海事法院管辖第一审海事案件，其所在地的高级人民法院管辖该海事法院辖区内有重大影响的第一审海事案件和不服该海事法院一审的上诉审案件。

(3)海事案件专属管辖的规定。《民事诉讼法》仅对港口作业纠纷作了专属管辖的规定，已不能满足海事诉讼实际需要。结合海事审判实践，为了维护国家主权和国家利益，草案对海岸带开发利用、船舶污染水域和在我国领域或有管辖权的海域履行的有关合同纠纷等涉及重大国家利益的案件作了专属管辖的规定。

(4)海事案件的协议管辖。协议管辖是国际上普遍承认的管辖原则之一。草案根据方便诉讼和实际联系的原则,规定了当事人可以书面协议选择海事法院对某些案件的管辖。同时还规定,即使海事争议的双方当事人都是外国人、无国籍人,而且争议的发生与我国没有实际联系,只要当事人协议由我国海事法院管辖的案件,我国海事法院就对其具有管辖权。这样规定贯彻了当事人意思自治的原则,有利于确立我国海事审判在国际司法领域的地位。

(三)关于海事请求保全

海事请求保全就是海事法院根据当事人的申请,为保障申请人的民事权利,对被申请人的财产(如船舶、货物)所采取的扣押、查封或拍卖的措施,以便裁判生效后得以执行。海事请求保全是海事诉讼中的重要制度。

《海诉法》结合海事审判实践,借鉴国际扣船公约和其他国家强制拍卖船舶的成功做法,以最高人民法院有关司法解释为基础,对扣押和拍卖船舶这两种主要的海事请求保全形式作了重点规定。对扣押船舶,主要规定了允许扣押船舶的范围。对拍卖船舶,主要对拍卖的条件作了较为严格的规定,即:被请求人在扣押船舶期限届满时不提供担保,且船舶不宜继续扣押的,海事请求人可以在提起诉讼或者申请仲裁后,申请扣押船舶的海事法院拍卖船舶。此外,还参照《拍卖法》的规定,对拍卖船舶的程序作了明确具体的规定,体现了拍卖船舶的公开、公正、规范。

(四)关于海事强制令

《民事诉讼法》仅规定财产保全程序,而在海事审判实践中,常常出现一些不能归属于财产保全的保全申请,如货主要求承运人接收货物后签发提单或者及时交付货物,承运人要求托运人及时结关或者要求收货人及时提货,船舶所有人要求租船人交回船舶等。类似的请求无法通过现行的财产保全或先予执行程序得到解决。

《海诉法》总结了海事审判经验,借鉴了一些国家海事立法的合理内容,为避免或减少损失,保护当事人合法权益,设立了类似于行为保全性质的海事强制令制度。规定海事法院可以根据海事请求人的申请,责令被请求人实施特定的作为或者不作为。海事强制令可在诉讼中,也可以在诉讼前申请海事法院作出。《海诉法》对海事强制令的具体程序作了规范。

(五)关于海事证据保全

《民事诉讼法》仅有在诉讼中可以采取证据保全的原则性规定,并无证据保全的具体操作程序。《海诉法》针对海事诉讼中所涉纠纷船舶的流动性大,证据的收集、保存的时间性强的特点,设立了诉前证据保全程序。规定海事证据保全的申请既可以在诉讼中提出,也可以在尚未进入诉讼时提出。这样的规定可以避免因起诉而耽误证据保全的时机,使证据保全更加及时有效。

(六)关于海事担保

海事担保与《担保法》所规定的担保,在性质上不完全相同。《担保法》上的担保是为了保证债务履行而设立的,从属于主合同。海事担保通常是对海事请求权的担保。《海诉法》规定海事请求人向海事法院申请海事请求保全、海事强制令、海事证据保全时,应当向海事法院提供担保,以保证因申请错误可能给被申请人造成损失的赔偿;同时,被请求人为解除对其财产的扣押,也可以向海事法院或海事请求人提供海事担保。这是在海事保全程序中所特有的一种责任保证。

(七)关于海事诉讼文书的送达

《民事诉讼法》分别对国内案件诉讼文书规定了五种送达方式,对涉外案件诉讼文书规定了七种送达方式。针对海事案件涉外因素复杂,船舶流动性大,时间紧迫,航运企业经营方式灵活隐蔽,诉讼文书的送达特别困难的实际情况,《海诉法》在《民事诉讼法》规定的送达方式的基础上,增加了一些送达方式。即向当事船舶的船长送达有关法律文书;通过能够确认收悉的任何电子手段及其他适当方式送达。将《民事诉讼法》规定的留置送达"应当邀请有关基层组织或者所在单位代表到场,说明情况"的条件改为"经送达人、见证人签名或盖章确认"。这一规定是适应改革开放以来社会生产、生活方式发生重大变化,有关诉讼当事人已脱离基层组织和工作单位的实际情况而作出的。

(八)关于审判程序

规定了海事诉讼的审判程序。其中主要是关于船舶碰撞案件和共同海损案件的审理程序。

鉴于船舶碰撞事故发生后,现场不能保存,证据容易灭失,认定碰撞责任的重要证据——船舶航行记录又很容易被伪造,为了防止责任人掩盖事实,编造假证,保证诉讼证据的客观性、关联性和合法性,《海诉法》规定:原告在起诉、被告在应诉、当事人的证据尚未相互交换前,应当分别如实填写《海事事故调查表》。在此以后,当事人不得推翻其在《海事事故调查表》中的陈述。

审理共同海损案件的特别程序是根据《海商法》第十章的有关规定配套制订的。因共同海损案件涉及如何确定和计算共同海损损失的范围等技术性问题,为较好地审理此类案件,《海诉法》规定当事人在向法院提起共同海损诉讼前,可以协议委托理算机关进行理算。海事法院受理未经理算的共同海损争议,可以指定有理算资格的理算机关进行理算。理算机关作出的理算报告,当事人没有提出异议的,可以作为确定责任的依据。《海诉法》借鉴了1974年关于共同海损理算的《约克—安特卫普规则》和《北京理算规则》中的相关条款,保持了与国际惯例的一致性。《海诉法》还规定了海事法院审理海事案件,可以适用简易程序。

（九）关于海事赔偿责任限制程序

海事赔偿责任限制是海事诉讼的一项特殊制度。《海商法》第十一章规定船舶所有人、救助人对法律规定的海事请求，可以依法享受责任限制。为保证船舶所有人、救助人实现这一权利，《海诉法》在总结实践经验的基础上，参照有关国际条约规定：船舶所有人、承租人、经营人、救助人、保险人，可以向海事法院申请设立海事赔偿责任限制基金。基金设立后，就同一海损事故向申请人提出海事请求的任何人，不得对申请人的任何财产提出扣押等申请。如申请人的船舶或其他财产已被扣押，应及时释放；如申请人为释放被扣押船舶已提供担保的，应当及时退还。该程序可在诉讼中进行，亦可独立于诉讼单独进行，并且不受当事人之间协议管辖或协议仲裁的约束。

制定海事赔偿责任限制制度既要强调对责任人的特殊保护，也要维护对方当事人的合法权益。因此，《海诉法》还规定：海事法院受理海事赔偿责任限制基金的申请并发布公告后，利害关系人可以在规定的期间内对该申请提出异议，只有当异议不能成立时，法院方准许申请人设立基金。

（十）关于债权登记与受偿程序

强制拍卖船舶和海事赔偿责任限制，均存在债权登记和受偿的问题。拍卖船舶所得价款和责任限制基金的分配，应按《海商法》或其他有关法律规定的顺序清偿，这就要求债权人按照一定的程序向海事法院登记债权，并按一定顺序受偿。

关于债权登记与受偿程序，《民事诉讼法》对此没有规定。根据《民法通则》和最高人民法院的有关规定，《海诉法》在总结审判经验的基础上，参照国际习惯做法，规定：海事法院裁定强制拍卖船舶的公告发布后，债权人应当在公告期间，就与被拍卖船舶有关的债权申请登记。海事法院审查并确认债权后，应当向债权人发出债权人会议通知书，组织召开债权人会议，协商提出船舶价款或者基金分配方案，签订受偿协议。同时还规定了审查和确认外国裁判文书或债权文书的效力的原则。

（十一）关于船舶优先权催告程序

船舶优先权是指海事请求人依照《海商法》的规定，向光船承租人、船舶经营人提出海事请求，对产生该海事请求的船舶具有优先于其他债权人而受偿的权利。这是《海商法》规定的一种以船舶为对象的担保物权。该船舶优先权不因船舶所有权的转让而消灭，而是随着船舶的转移而转移。鉴于在船舶买卖中，买船方很难知道所买进的船舶是否附有船舶优先权，《海诉法》借鉴民事诉讼中公示催告的原理，规定船舶的买方可以向海事法院申请船舶优先权催告，以提前消灭船舶所附的债务，对保护船舶买方不受船舶优先权债务的困扰具有重要意义。《海诉法》对船舶优先权催告的申请、审查、公告和判决等作了具体规定。

三、相关立法与我国《民事诉讼法》的协调

《全国人民代表大会常务委员会关于修改〈中华人民共和国民事诉讼法〉的决定》已由第十一届全国人民代表大会常务委员会第二十八次会议于2012年8月31日通过，自2013年1月1日起施行。《民事诉讼法》经历了全面的修改，创设了公益诉讼、小额诉讼程序等新制度，修改的条文涉及《民事诉讼法》的各个部分。根据《最高人民法院关于适用〈海事诉讼特别程序法〉若干问题的解释》（简称《海诉法司法解释》）第97条的规定，海事诉讼虽优先适用《海诉法》，但《海诉法》没有规定的适用《民事诉讼法》，因此，有必要认真梳理《民事诉讼法》修订的内容，针对《民事诉讼法》在海事诉讼中适用的特殊问题进行讨论，以期在海事诉讼中能准确适用《民事诉讼法》。

（一）公益诉讼

《民事诉讼法》第55条规定，对污染环境、侵害众多消费者合法权益等损害社会公共利益的行为，法律规定的机关和有关组织可以向人民法院提起诉讼。本条仅解决了公益诉讼的案件范围和主体资格问题。司法实践虽对公益诉讼进行了有益的探索，但鉴于中国公益诉讼的立法及实践仍处于起步阶段，对本条的“法律”应严格限制，仅限于全国人民代表大会及其常委会颁布的法律。查阅现行立法，《中华人民共和国消费者权益保护法》《中华人民共和国环境保护法》未规定公益诉讼，中国关于公益诉讼原告资格的规定仅见于《中华人民共和国海洋环境保护法》（简称《海洋环境保护法》），该法第90条规定：“造成海洋环境污染损害的责任者，应排除危害，并赔偿损失；完全由于第三者的故意或过失，造成海洋环境污染损害的，由第三者排除危害，并承担赔偿责任。对破坏海洋生态、海洋水产资源、海洋保护区，给国家造成重大损失的，由依照本法规定行使海洋环境监督管理权的部门代表国家对责任者提出损害赔偿要求。”按照本条规定，民事公益诉讼限于破坏海洋生态、海洋水产资源、海洋保护区的案件，原告也限于依法行使海洋环境监督管理权的部门。

国家“十二五”规划确立了海洋经济发展战略，党的十八大提出建设海洋强国、生态文明的战略目标和任务，海洋资源的开发利用必将获得高速发展。与此同时海洋环境污染损害案件频频发生，对中国的海洋生态环境产生严重影响。根据《最高人民法院关于海事法院受理案件范围的若干规定》（以下简称《海事法院受案范围的规定》），海事法院可受理下列案件：海上或者通海水域的航运、生产、作业或者船舶建造、修理、拆解或者港口作业、建设，造成水域污染、滩涂污染及其他财产损失的损害赔偿纠纷案件；在海上或者通海水域、港口的运输、作业（含捕捞作业）中发生的重大责任事故引起的赔偿纠纷案件；海洋开发利用纠纷案件，其中包括对大陆架的开发和利用（如海洋石油、天然气的开采）、海水淡化和综合利用、海洋水下

工程、海洋科学考察等纠纷案件。船舶发生油污事故、海上石油钻井平台(如蓬莱19-3)发生油污泄漏事故等均可能导致海洋生态、海洋水产资源、海洋保护区的破坏,而根据上述受案范围的规定,此类损害赔偿纠纷应由海事法院受理,故根据《民事诉讼法》和《海洋环境保护法》的规定,海事法院可以受理相关海洋环境污染的公益诉讼。

因《民事诉讼法》仅对公益诉讼的主体和案件范围作出规定,即使海事法院审理的公益诉讼还应优先适用《海诉法》,但《海诉法》作为特别程序法,其特别之处体现在海事方面,并非针对公益诉讼的特殊性。在法律、司法解释对公益诉讼没有作出特殊规定之前,其也应如同其他海事诉讼一样,适用《海诉法》和《民事诉讼法》的规定,这会减损法律设立公益诉讼制度的效用,故海事法院应逐步摸索建立一套管辖、受理、审理、调解等符合民事公益诉讼规律的特别程序。

就厦门海事法院审理的海洋环境保护公益诉讼而言,需要厘清的是原告的诉讼主体问题。《厦门市海洋环境保护若干规定》(以下简称《规定》)于2009年11月26日经厦门市第十三届人民代表大会常务委员会第十九次会议通过,于2010年3月26日经福建省第十一届人民代表大会常务委员会第十四次会议批准,于2010年5月1日起实施,其制定的依据是《中华人民共和国立法法》(以下简称《立法法》)第63条第2款,属地方性法规,对发生于厦门市行政区域内的海洋环境污染案件具有约束力。该《规定》第9条规定:“对污染损害海洋环境或者破坏海洋生态、海洋生物资源、海洋保护区,给国家造成重大损失的,由海洋行政主管部门或者其他行使海洋环境监督管理权的部门及其委托的依法成立的公益环保组织对责任者提出损害赔偿要求。”本条是根据《海洋环境保护法》第90条作出的关于公益诉讼的地方性规定,公益诉讼的原告主体包括海洋行政主管部门、其他行使海洋环境监督管理权的部门、受上述两部门委托的依法成立的公益环保组织。把受委托的依法成立的公益环保组织作为公益诉讼的主体有超出《海洋环境保护法》第90条规定的嫌疑,尤其是《民诉法》修订后,《厦门市海洋环境保护若干规定》第9条与《民事诉讼法》第55条的规定相抵触,扩大了主体范围,属于下位法违反上位法规定,应按《立法法》的有关规定予以修改,厦门海事法院在审理海洋环境污染案件时应按《民事诉讼法》的规定认定原告主体资格。

(二)小额诉讼程序

《海诉法》第98条规定,海事法院审理事实清楚、权利义务关系明确、争议不大的简单的海事案件,可以适用《民事诉讼法》简易程序的规定。在审判实践中,海事法院适用简易程序的案件不在少数,如某海事法院2011年适用简易程序的案件占所有诉讼案件的24.78%,2012年为17.05%,有的派出法庭适用简易程序的案件比例甚至达到70%,简易程序在海事诉讼中适用的效果良好。2012年修订的《民事诉讼法》在“简易程序”章中增加小额诉讼程序,该法第162条规定:“基层人民法院和它派出的法庭审理符合本法第一百五十七条第一款规定的简单的民事案件，标的额为各省、自治区、直辖市上年度就业人员年平均工资百分之三十以下的，实行一审终审。”海事法院在级别上虽属中级人民法院，但仍属受理第一审案件的基层法院，且全国各个海事法院均设立了派出法庭，从《民事诉讼法》的规定可知，小额诉讼程序属于特殊的简易程序，在符合《民事诉讼法》第162条规定的情况下，海事诉讼也应适用小额诉讼程序。

从标的额分析，海事案件中有符合《民事诉讼法》第162条规定的案件。海事案件的诉讼标的悬殊，如某海事法院受理的案件中：2011年诉讼标的最大的为52447754.6元，诉讼标的最小的为677.37元；2012年诉讼标的最大的为83478800元，诉讼标的最小的为2406元。2011年诉讼标的额低于20000元的案件有161件，其中有89个案件的诉讼标的额低于10000元；2012年诉讼标的额低于20000元的案件有104件，其中有58个案件的诉讼标的额低于10000元。可见，部分海事案件标的额完全可能在上年度就业人员年平均工资30%以下。

如何准确把握小额诉讼程序适用的案件范围，《最高人民法院关于适用小额诉讼程序审理民事案件相关问题的指导意见（征求意见稿）》指出，符合《民事诉讼法》第162条规定的下列金钱给付案件应当适用小额诉讼程序：借贷、买卖、租赁和借用纠纷案件；身份关系清楚，仅在给付的数额、时间上存在争议的赡养费、抚养费纠纷案件；责任明确、损失金额确定的道路交通事故损害赔偿案件和其他人身损害赔偿纠纷案件；拖欠水、电、暖、天然气及物业管理费纠纷案件；劳动关系清楚，及在劳动报酬的给付数额和给付时间上存在争议的劳动纠纷案件；普通消费服务纠纷案件等。根据《海事法院受案范围规定》，船舶在海上或者通海水域进行航运、作业，或者港口作业过程中的人身伤亡事故引起的损害赔偿纠纷案件，船舶属具和海运集装箱租赁合同纠纷案件，船员劳务合同纠纷案件，与船舶营运有关的借款合同纠纷案件均属征求意见稿中可适用小额诉讼程序的范围。

《海诉法》第116条规定，海事法院对确权诉讼作出的判决、裁定具有法律效力，当事人不得提起上诉，即确权诉讼程序实行一审终审。确权诉讼程序的设计以实现程序效益为目标，对适用确权诉讼程序案件的标的及法律关系的复杂程度没有限制，《海诉法》自2000年7月1日起施行至今，海事法院审理了大量的确权诉讼案件，就一审终审案件的审理积累了丰富的经验。因此，小额诉讼程序有理由适用于海事诉讼。甚至可以考虑根据海事案件的具体情况，允许海事法院在适用小额诉讼程序时适当放宽诉讼标的额的限制；同时，在小额诉讼程序适用范围方面，也可根据海事法院的受案范围予以适当扩大，如可适用于船舶属具和海运集装箱保管合同纠纷案件等简单案件。当然，小额诉讼程序的适用目前仍处于起步阶段，将小额诉讼程序适用于海事审判并作出特殊规定需要进一步的实践探索。

(三)实现担保物权的程序

所谓担保物权,根据《中华人民共和国物权法》(以下简称《物权法》)第170条的规定,是指担保物权人在债务人不履行到期债务或者发生当事人约定的实现担保物权的情形,依法享有就担保财产优先受偿的权利,但法律另有规定的除外。担保物权包括抵押权、质权、留置权,具体到海商法领域,担保物权包括船舶优先权、船舶抵押权、船舶留置权、货物留置权、提单质权。《物权法》等实体法对担保物权的实现虽有规定,但并未明确担保物权的行使是适用诉讼程序还是非讼程序,造成实体法的规定没有相应的程序法作为支撑。

修订后的《民事诉讼法》在第十五章"特别程序"第196条、第197条规定了实现担保物权的程序:申请实现担保物权,由担保物权人以及其他有权请求实现担保物权的人依照《物权法》等法律,向担保财产所在地或者担保物权登记地基层人民法院提出。人民法院受理申请后,经审查,符合法律规定的,裁定拍卖、变卖担保财产,当事人依据该裁定可以向人民法院申请执行;不符合法律规定的,裁定驳回申请,当事人可以向人民法院提起诉讼。实现担保物权程序的确立,实现了实体法与程序法的衔接,明确了担保物权的实现适用非讼程序,而非审判实践中一直采用的传统民事诉讼方式。当然,由于未采取诉讼模式,对担保物权的审查应尽量提供程序保障,甚至采取非讼程序诉讼化的做法,以确保准确审查担保物权。

(四)督促程序与诉讼程序的衔接

在审判实践中,基于特定原因适用督促程序的案件并不多,但修订后的《民事诉讼法》第133条规定,人民法院对受理的当事人没有争议,符合督促程序规定条件的案件,可以转入督促程序。作为案件繁简分流的途径之一,预计适用督促程序的案件数量将会增多,因此有必要讨论海事诉讼中督促程序与诉讼程序的衔接问题。

原《民事诉讼法》规定,督促程序只能由基层法院适用。通常,债务人为外国人时,由于难以直接送达支付令而不得适用。《海诉法》第99条突破了原《民事诉讼法》的限制,规定债权人基于海事事由请求债务人给付金钱或有价证券,符合《民事诉讼法》有关规定的,海事法院可以适用督促程序。债务人是外国人、无国籍人、外国企业或组织,但在中国领域内有住所、代表机构或分支机构并能够送达支付令的,债权人可以向有管辖权的海事法院申请支付令。修订后的《民事诉讼法》第217条规定了督促程序终结及其与诉讼的衔接,该规定也适用于海事诉讼,即海事法院收到债务人提出的书面异议后,经审查,异议成立的,应裁定终结督促程序,支付令自行失效。支付令失效的,转入诉讼程序,但申请支付令的一方当事人不同意提起诉讼的除外。从《民事诉讼法》第214条规定的适用督促程序的条件分析,即债权人与债务人没有其他债务纠纷且支付令能够送达债务人,适用督促程序并无标的额的限制。通常，根据《最高人民法院批准各高级人民法院辖区内各级人民法院受理第一审民事、经济纠纷案件级别管辖标准》，人民法院受理案件根据标的额确定案件的级别管辖。因基层人民法院受理债权人依法申请支付令的案件不受争议金额的限制，基层法院受理的支付令案件标的额可能超过其受理案件的标的额，案件依《民事诉讼法》第 217 条的规定从督促程序转为诉讼程序时，可能需要将案件移送上级法院管辖，或者上级法院根据《民事诉讼法》第 38 条的规定，将案件交由受理支付令的基层法院管辖。但由于海事法院受理一审海事海商案件无标的额限制，在督促程序转为诉讼程序时，无论标的额多大均可由海事法院受理。

综上，梳理《海诉法》与《民事诉讼法》的关系在实践中十分必要，在今后海商法的实体法与程序法的修订中需要注重与民法与诉讼法部门的协调。

四、海事管辖权的扩大

受地缘政治影响，中国周边海洋形势出现了深刻的变化，海洋权益受到了威胁。党的十八大以来，以习近平同志为核心的党中央高度重视海洋强国战略，提出拓展蓝色经济空间，坚持陆海统筹，壮大海洋经济，科学开发海洋资源，保护海洋生态环境，维护中国海洋权益，建设海洋强国。2016 年 8 月，在充分调研的基础上，最高人民法院发布了《关于审理发生在我国管辖海域相关案件若干问题的规定（一）》和《关于审理发生在我国管辖海域相关案件若干问题的规定（二）》，通过司法解释进一步明确人民法院作为沿海国法院对中国管辖海域的司法管辖权，为依法维护海洋安全和海洋权益提供了程序法依据。建设海洋强国涉及很多法律部门，需要对相关法律进行修改与完善，《海商法》修改时应着重考虑以下问题。

随着国民经济持续健康发展，中国对于石油等货物需求呈现出快速增长的趋势，参与国际海上有毒有害物质运输活动也不断增多，这使得中国管辖海域面临着环境污染的严重威胁；特别需要强调，中国南海海域是连接东亚和世界的最主要通道，每年航行通过该海域的船舶数量巨大，海洋环境保护形势非常严峻。《关于审理发生在我国管辖海域相关案件若干问题的规定（一）》第 6 条虽然规定了在中国管辖海域内因海上航运、渔业生产及其他海上作业造成污染的管辖权问题，但中国有关船舶污染损害赔偿的法律制度并不健全，在管辖海域因船舶污染事故造成的损害赔偿率不高，司法裁判尺度不一，亟须通过《海商法》修改予以完善。

第五节　提高中国海运领域国际话语权

中国目前是世界第一国际贸易大国，也是海运需求第一大国。中国在航运、港口和造船方面均居世界前列。随着国际航运中心东移，各种航运要素进一步向中国汇聚。然而,“硬实力”增长并没有同时带来“软实力”的增加,海事司法是国际航运中心软实力的重要组成部分,我们需要通过建设国际海事司法中心,形成有力的国际航运事务话语权,不断提高配置国际航运资源的能力。与此同时,国际海洋局势常波谲云诡,我国海洋权益面临错综复杂的形势。然而,我国在国际海运规则制定中的话语权仍与我国的实力不成比例。如何提高我国在国际航运法领域的话语权,并在世界范围内具有影响力,是我国航运领域各方都高度关注的问题。

一、海事领域国际话语权的提高需要完善先进的立法为支撑

(一)中国目前的海事立法需要完善

要成为国际海事司法中心,其立法应当处于国际海事立法的前列,而中国目前的海事立法尚待改善。近年国际、国内航运和贸易的发展迅速,调整海上运输的《海商法》已表现出一定的滞后性。

从国际层面看,在1992年《海商法》制定后,国际海事立法与实践已有了许多新发展,如1999年通过了新的《国际扣船公约》,2002年通过关于旅客及其行李运输的《雅典公约》,2002年通过《1974年国际人命安全公约修正案》和《国际船舶和港口设施保安规则》,2008年通过《鹿特丹规则》等。此外,在国际惯例方面,我国《海商法》在共同海损上是参照1974年《约克—安特卫普规则》制定的,而该规则现在已修改到了2016年版本。

从国内层面看,自《海商法》实施以来,国内大量的法律法规陆续被制定、颁布和实施,《海商法》属于特别法,应当优先适用。在《海商法》之后新出台了许多一般法,如合同法、物权法、保险法、仲裁法、担保法、侵权责任法、反不正当竞争法、海洋环境保护法等,与《海商法》相比,这些法律从性质和内容上都属于某个方面的一般法,这些一般法的制定反映了《海商法》通过后某个领域的新发展,而依特别法优先于一般法适用的规则,《海商法》的优先适用就会显得滞后。此外,在与运输和进出口相关的领域还出台了一系列的新法,如国际海运条例、海关法、进出口商品检验法、对外贸易法、拍卖法、票据法、证券法、公司法等。《海商法》与这些法律之间的关系,已经成为十分受关注的问题,如这些法律在规范和实施方面存在交叉甚至是冲突的地方应如何处理的问题。

(二)司法解释的补缺作用

目前是中国大量产生新立法的时期,将海事领域的法律修订列入立法议程尚需时日,在这种情况下,最高人民法院的司法解释起到了补缺的作用。最高人民法院近年针对中国法院在案件审理中遇到的具体问题和司法实践的需要,在总结海事审判经验的基础上,陆续出台了一系列有针对性的解释。如2002年《关于适用〈中华人民共和国海事诉讼特别程序法〉若干问题的解释》、2006年《关于审理海上

保险纠纷案件若干问题的规定》、2008年《最高人民法院关于审理船舶碰撞纠纷案件若干问题的规定》、2009年《最高人民法院关于无单放货的规定》以及2012年《关于审理海上货运代理纠纷案件若干问题的规定》。这些司法解释的出台说明《海商法》的确存在不足和确有完善的必要，也在一定程度上缓解了海商领域立法滞后的矛盾。但由于相关解释的有些内容突破了原立法的内容，引起了学术界的一些争议。

（三）成文法体制的羁绊

虽然最高法院的司法解释是针对司法实践中的问题与时俱进而为，但由于一些内容涉及立法中所未涉及的内容，因此也受到了一些诟病，有学者认为司法解释的某些内容在一定程度上有“造法”的倾向。例如，有的司法解释涉及了海商法中缺乏的定义，规定了“契约托运人”和“实际托运人”等一些新概念，规定了实际托运人有请求交付提单的权利、明确对货运代理人采取过错推定原则，以及如不当选任无船承运人，货运代理应与无船承运人一起承担连带责任等。王成于2016年在《中外法学》发题为《最高法院司法解释效力研究》一文，认为“最高院应当主动约束制定司法解释的权利，严格遵守授权范围，只能够就具体的法律条文加以解释。在法律出现需要解释但超出最高院自身解释权限的情形时，应严格按照《立法法》第104条等有关规定处理”。但中国目前的立法或修法需要较长的时间，特别是如《海商法》这种特别法更难列入立法计划，《海商法》从1992年通过至今已25年，一些内容已跟不上时代，还存在一些法律空白，相关部门和学界已启动了多次《海商法》修改的科研项目，但《海商法》的修改始终没有列入议事日程。

司法解释是介于成文法和判例法之间的一种“造法”形式，可以弥补一些成文法的缺陷。成文法具有系统性、确定性、内部和谐一致、逻辑严密等优势，但也有缺乏灵活性和具体妥当性等缺陷。而判例法则具有更强的灵活性，能与时俱进，但判例法又有内容庞杂、难以掌握、预见性和稳定程度较低等缺陷。司法解释是在研究大量案例的基础上，对同类法律关系进行较为稳定的规范化调整的规定方式，该方式既有一定的灵活性，又不会像判例法那样过于庞杂，缺少稳定的规律性。因此，笔者认为应当肯定司法解释的作用并明确其效力。

二、海事领域国际话语权的提高需要海事司法体系的完善

（一）中国具有独特的海事司法体系

在海上运输和其他航运实践以及海事司法实践方面，我国采取“三级法院二审终审制”的海事审判机制，海事审判系统自成一体，所形成的独立海事系统在国际、国内层面都具有独创性。我国还是世界上唯一设有专门海事法院的国家，同时是世界上海事审判机构最多、最齐全的国家。自2012年以来，全国10个海事法院实

行跨行政区域管辖，审理的各类海事案件年均两万多件。不论是在亚太地区还是全球海事司法领域，中国受理海事海商案件的数量都是最多的，数量上远超西方传统航运大国，甚至比其他国家受理同类案件的总和还多。

从案例类型上看，许多国外没有现成答案的问题，在中国都可以找到真实的案例。纠纷主要分为三大类，可概括为“涉海”案件、“涉船”案件和“涉港”案件。在涉海方面，随着海洋产业的蓬勃发展，海洋污染、通海可航水域的水体污染、海洋资源的开发利用纠纷增多。在涉船领域，随着我国航运市场的发展，产生大量的船舶建造、买卖、租赁、修理、承包经营和船舶抵押权、留置权、优先权以及海上运输和海上保险等海商纠纷。另外，就港口而言，我国大陆共有1430个港口，港口的快速发展使得与港口有关的纠纷也随之增多。

（二）“三审合一”的改革及相关的问题

我国海事司法系统正在向“三审合一”海事审判体制的方向进行改革。最高人民法院在2016年发布的《关于海事诉讼管辖问题的规定》中确认赋予海事法院审理海事行政案件的权力。在赋予海事法院行政案件的审判权后，关于海事法院刑事审判权的讨论自然就提上议程。但是，“三审合一”模式的实施存在很多的问题，刑事案件与行政案件从案件性质到复杂程度都明显不同。若将刑事审判权赋予海事法院，则必然需完善相关配套设施，如刑事案件受理后的调查取证、案件审理过程中对犯罪嫌疑人的羁押看守等问题应如何解决？是在海事法院内部完善相关制度与队伍建设，增设刑事审判庭并配备侦查、羁押等相关人员，并建设羁押场所，还是将刑事案件的审判权赋予海事法院，但在案件的侦查以及执行阶段由基层法院予以配合？而且设立海事法院原本是跨行政区域改革的产物，具体案件应当由哪个基层法院予以协助也是需慎重考虑的问题。

除此以外，刑事案件的审理不仅涉及法院自身的变动，而且要求行使国家检察权的监察系统也进行相应的改革。是设立专门的海事检察院，还是在现有检察院系统内设专门处理海事刑事案件的监察部门？若是后者，又将面临“具体的海事案件在跨区域审理的背景下应由哪个检察院行使检察权力”的问题。与此同时，从法院层级的角度，海事法院相当于中级法院的属性，是否意味着在检察系统内部，海事行政案件一审也应由中级人民检察院负责？这些问题的合理解决将对提升我国的涉海司法影响力起到积极的作用。

三、他国海事司法报告在国际上发挥影响力的启示

我国还可以通过制定海事司法报告的方式，在国际上释放影响力。海事司法报告制度最为成熟的国家，乃是英国。作为传统的航运强国，英国在海事领域具有世界级的影响力。19世纪的英国在海运贸易中占主导地位，大量英国公司和商人参与其中，如货主、船东、租船人、收货人、银行家以及海运保险公司等。他们将海

运贸易引起的争议纠纷带到了英国法院，航运相关的海事案例因此成为当时英国商事法的核心。海事法带来的巨大而深远的影响集中在普通法下的损害救济方面，特别是违约解除合同的权利、合同落空原则以及损害相关问题。在这些海事案件基础上建立起来的英国海事法律制度和航运实践不仅仅给英国本身的商事法带来了长达一个世纪的影响，也随着后来英美法系的扩张和发展以及贸易全球化背景下的航运需求激增而在世界范围内发挥举足轻重的影响力。

英国因其优良的海事传统，不论是海事法律制度还是司法实践，在国际海事领域享有很高的话语权。英国的司法实践及沿革，为同样已经崛起且正在扩张的中国海事和航运行业提供了非常宝贵的理论和实践经验。在国际海事规则的制定方面，联合国负责国际海事事务的专门机构国际海事组织 IMO 的总部就设在英国伦敦。作为国际海事领域最权威的立法机构，IMO 享有国际航运话语权和主导权，负责主导国际海事公约、规则、技术标准的制定并在世界范围内邀请各政府参与。

在国际海事案例公布方面，英国《劳埃德法律案例报告》(*Lloyd's Law Reports*，以下简称"劳埃德报告")也是英国在海事领域在世界范围内发挥卓越影响力的重要体现之一。该报告报道自 1919 年以来的法院判决，收集了海事案件现存最为权威而全面的裁判案例。该报告提供综合的网络平台，可以检索到自 1919 年至今的所有报告。负责平台运营的编辑知识渊博，从外国法和英国法范围内进行专业的案例拣选。"劳埃德报告"每年出 24 期和 2 卷合订本，旨在为全球海事领域的专家和法律专业人士提供其所需要的用以保护其权益的案例报道。海事案件通常包含合同或侵权要素并且常通过标准的卷的形式进行报道，在海事领域报告海事案件的标准渊源指的就是劳埃德报告，该报告专门覆盖海上货物运输、国际贸易法以及海事法等涉海事项。

"劳埃德报告"系列下的案例编纂和报告公布均以方便用户引用为导向，采取独特的总结性摘要和关键词，让用户可以清楚地看到案件的全貌及影响，大大地节省了检索时间。这些判决在公布范围上广泛，在语言方面易于理解。所有的案例报道都是一字不差的完整判决，使用户能够直接在法庭上援引。因为这些案件判决编纂的形式易于援引，"劳埃德报告"常被律师和学者在国际或国内案件或者法律文献中引用。其他国家的法院有时候甚至直接采用或遵循英国法院的立场或做法，或是通过讨论将本国案件与英国案件区分开来，又或是直接批评英国法官的判决。

总而言之，其他国家经常通过"劳埃德报告"对英国法院的判决作出反应。"劳埃德报告"以这样的方式，不仅仅在英国国内的具体案件中对规则的解释和适用以及案件的最终结果产生影响，还间接对其他国家甚至是国际层面的海事规则的制定和司法实践发挥作用。"劳埃德报告"对国际法的发展具有影响力，不仅是因为这些判决理由充分、论述合理，更是因为这些都是英国法院的判决，代表的是英国这个传统海运强国的最新海事实践。其他国家基于英国通过“劳埃德报告”发挥世界影响力的经验，也纷纷采取了相同的举措。譬如，德国联邦宪法法院和以色列最高法院目前都在将其判决翻译成英文并出版。法国法院也推出了其在国际法法律体系方面的合订本。英国就以这样的方式塑造着世界上其他国家的国内法律系统。

因此，在案例编纂方面，我国可借鉴英国的经验，将这些年海事法院审理的典型案件整理出来，向国际海事社会展示我国丰富的海事司法实践，借此赢得各国关注并积极发挥影响力。我国10个海事法院自2012年以来年均两万多件的海事案件数量在世界范围内居于首位，这些案件的判决大多已经公开，小部分存在保密问题。如何把我国的这些海事案例资源被国际海运社会所接受并可用以研究的方式呈现出来是关键的一步。要实现案例编纂且各国可使用这些案例的目标需要满足两个基本的要求：一是判决需易于援引；二是提高透明度、突破保密问题。为了让国际航运行业的专业人士或法律人士能够简单方便地引用我国海事案例，我国首先需要进行翻译，随后建立专业的中国海事数据库，并予以推广。其次，针对保密的海事判决我国应根据具体情况，通过审查、编辑或涂黑（redact）的方式在最大程度上争取公开。

四、中国提高海运领域国际话语权的思考

我国应立足于自身法律制度和司法实践的现状，同时吸取他国经验，从以下两个方面来思考如何提高话语权、取得制定规则的主导权的问题。

第一，逐步完善自身的法律制度，立法的滞后或不足之处用司法解释补充，吸取判例法的优势。在规则层面，我国若要发挥影响力，则需要建立起一个完善的海事立法体系。但是由于《立法法》的限制，现今的海事立法跟不上对外贸易和航运需求的快速发展，再加上近年来海上运输模式和经营模式的改变，海事立法目前具有严重的滞后性。现行《海商法》的修订应尽快启动。除此之外，我国海事立法还需要通过吸收英美判例法与时俱进的优势，突破《立法法》的限制。我国目前以制定法为主要法律渊源，不承认判例法，我国也没有遵循先例的传统。但是近年来制定法的滞后性特点愈加明显，国内学术界提倡注重运用判例的声音也愈发增多。另外，就目前而言，世界各国法律制度之间呈现互融互补的总体趋势。在国际、国内这样的背景之下，我国应当考虑借鉴判例法的可能性。鉴于我国最高人民法院有出台司法解释对具体法律问题进行规范的传统，我国应进一步提高司法解释的地位，通过发挥最高人民法院的灵动性对前沿的海事问题进行研究规范，以弥补立法滞后的缺陷。若要实现在国际上产生影响力这个目标，我国光靠滞后的立法是完成不了的。积极推动《海商法》修订、提高司法解释的地位并同时大力发展判例是比较务实的途径。

第二，通过国际海运法律社会易于接受的方式——将我国海事法院自成立以来的典型判决整理翻译、编纂成册，以白皮书、案例报告或其他的形式出版公布出来。以贡献者的角色将自己丰富的案例资源提供出来，面对并接受国际海运社会的评论、建议。凭借自身充足的案件储备，通过实际行动来参与到国际海事规则的制定当中，并基于此争取更多的话语权。提升中国司法的国际话语权需要我们加强国际交流协作，积极参与国际经济规则的研究制定。近年来，最高人民法院与相关国家建立司法交流和合作机制，不断深化司法合作。在2017年6月第二届中国—东盟大法官论坛上，最高人民法院倡议的《南宁声明》达成了推定互惠关系共识，推动互惠原则在司法实践中的新发展，得到了参会各国的一致赞同。指派海事法官参与联合国贸法会《鹿特丹规则》的起草制定工作，参加《关于外国司法出售船舶及其承认的国际公约草案》的讨论，举办中英海事诉讼与海事仲裁研讨会。履行《海牙送达公约》《海牙取证公约》等一系列国际司法协助多边条约义务，开通全国四级法院联网的国际司法协助信息化管理平台，在线办理跨境送达、调查取证等司法协助请求，国际司法协助效率明显提升。

近年来，中国也在向着海洋强国不断努力。2018年7月，海南国际仲裁院设立海事仲裁中心。海南国际仲裁院进行机构改制，设立海事仲裁中心、金融仲裁中心两大分支机构。海南国际仲裁院将在改制完成后，成为继深圳国际仲裁院之后全国第二个建立以理事会为核心的法人治理机制的国际仲裁机构。为建设国际性、开放性、中立性和公平性的国际仲裁员队伍，海南国际仲裁员理事会成员中将有三分之一是境外人士，境外加省外人士将占人数的一般以上。这将会促进海南海上经济贸易和港航业的繁荣兴旺以及海洋资源开发利用，高效化解金融纠纷，防控金融风险，为海南建设区域乃至国际金融中心提供法制保障。

国际航运、造船业对外资的全面放开也是中国迈向海洋强国的重要环节。国家发改委和商务部发布《外商投资准入特别管理措施(负面清单)(2018年版)》，全面放开对国际航运及船舶代理、造船行业的外商投资限制。在制造业，取消船舶(含分段)设计、制造与修理须由中方控股的限制；在交通运输行业，取消国际海上运输企业限于合资、合作，国际船舶代理须由中方控股的限制。这意味着，今后外国企业可以在中国境内设立100%持股的外商独资企业，从事船舶设计、修理、制造业务。

与此同时，上海市高级人民法院为建设国际航运中心发布了《关于为上海国际航运中心建设提供司法服务与保障的若干意见》(以下简称《意见》)。上海市高级人民法院为更好地发挥上海法院的职能作用，助力建设航运资源高度集聚、航运服务功能健全、航运市场环境优良、现代物流服务高效，具有全球航运资源配置能力的上海国际航运中心，结合司法工作实践，积极营造良好的航运法治环境。《意见》指出要依法审理涉海运、空运、集疏运相关合同纠纷案件，依法审理涉航道、航线、海(空)港使用纠纷案件,促进港航企业增强安全意识和风险防控意识。依法审理邮轮运营纠纷案件。根据邮轮服务的国际性、复合式经营特点,准确选择法律适用,妥善审理邮轮运营中发生的各类纠纷,平等保护中外邮轮经营者、合作方和消费者合法权益,引导邮轮消费者依法维权,促进邮轮提高服务品质,营造有利于上海邮轮产业发展的制度环境。此外,《意见》对航运金融纠纷、知识产权案件、航运反垄断和公平竞争案件等都提出了要求。综上所述,为全力对接新时代新要求,上海市致力于提升服务保障水平,保障航运事业的有序发展。

中国是一个海洋大国,也应当成为一个海洋强国。建设海洋强国,不仅要注重加强科技投入、促进对已有海洋资源的进一步利用,更要在建立并完善自身海洋管理规范体系的基础上,提高在国际海洋、海事社会中的话语权。2014年,最高人民法院基于我国海事审判的发展和取得的成就,宣布将我国建设成亚太地区海事司法中心的目标已经实现,进而提出建设国际海事司法中心的奋斗目标。建设国际海事司法中心,维护和创立公平有序的国际海事规则,积极推进国际法治建设,是中国作为一个负责任大国的应有担当。在全面依法治国的背景下,国际海事司法中心建设也是强化海事司法主权,维护国家领土主权和海洋权益的必然选择。我国应根据国内海事法律和实践的现状,借鉴英国的经验,一方面全面提高司法水平,另一方面凭借自身在实践过程中积累的丰富经验,将大量海事案例作为原材料进行案例编纂,同时积极参加国际海事规则的制定,在世界范围内发挥影响力。

五、小结

我国是海洋大国,拥有广泛的海洋战略利益。海事司法是经略海洋、管控海洋工作的重要组成部分。目前,我国是世界上海事审判机构最多、海事法官数量最多、海事案件数量最多的国家。① 我国的海商法也经历了一定的发展阶段,也逐渐产生了与国际接轨的滞后性问题,原有的立法已经不能完全调整现有的海事、海商法律关系,例如船舶污染、邮轮运输关系的发展等问题。因此,我国《海商法》的修订也应当及时、严谨地进行,为我国建设海洋强国奠定法律基础。海洋强国战略、“一带一路”倡议、国际航运中心建设国家战略的推进给海事司法提供了历史性的发展机遇,并对海事司法提出了更高的要求,我国应积极稳妥地推进国际海事司法中心建设,努力实现从海事司法大国向海事司法强国的转变,提高中国国际海运的话语权。

---

① 张文广:《迈向海事司法强国》,载《人民法治》2017年第5期。

第七章

改革开放40年中国国际税收法律制度的发展

第一节　概　述

中国参与国际税收协调的历史发端于改革开放之后。从新中国建立一直到改革开放之前的这段历史时期，由于国内企业实行严格的计划经济，国家并没有建立起完整的所得税税收制度。当时国家只对集体所有制等非国营企业征收工商所得税，而占国家经济主导地位的国营企业则以利润上缴的方式与国家分享经营所得。因此，这一时期中国既没有参与国际税收协调的积极性，也没有相应的紧迫性。直到改革开放之后，国家先后建立起了内外两套企业所得税制度，为了解决在吸引外资过程中的国际重复征税问题，中国开始了参与国际税收协调的历程。从中国1981年开始参与双边税收协定谈判，1983年第一次签订双边税收协定，到目前为止，中国参与国际税收协调的历史已有整整37周年。三十多年来，中国的国际税收法律制度从无到有，直至今天发展成一个相对成熟完善的独立法律制度体系。

一、改革开放初期的双边税收协调

1978年改革开放之后，外资开始逐渐进入中国。但这时候政府面临着外资外企进入中国后无法对其征收所得税的尴尬局面。首先，肯定不能要求其像国营企业一样上缴利润；其次，像集体所有制企业一样缴纳工商所得税也不妥当。一来外资外企本身在企业性质上和我国的集体所有制企业有较大区别，二来当时集体所有制企业缴纳工商所得税的依据是财政部拟定的《工商税条例（试行）》，[①]其不是国家的正式立法，作为行政规章也还处于"试行"的阶段。由此，为了配合改革开放的进程并与当时颁布的《中外合资经营企业法》和《外国企业法》相配套，《中外合资经营企业所得税法》和《外国企业所得税法》先后于1980年9月10日第五届全国人大第三次会议和1981年12月13日第五届全国人大第五次会议通过。这两部企业所得税法的通过，正式确立了我国的涉外所得税制度。

在涉外所得税制度确立的同时，另一个重要问题又浮出了水面。所有外资和外国企业在我国依《中外合资经营企业所得税法》和《外国企业所得税法》缴纳所得税后，其母国还会依其居住国税法再次行使征税权。这样跨国投资者会面临着母国和东道国双重征税的问题。如果不解决跨国投资者的双重征税问题，将极大地影响跨国投资者进行国际投资的积极性。世界各国之间是通过签订双边税收协定来解决跨国投资者的双重征税问题的，从1899年普鲁士和奥地利签订人类历史上第一个避免双重征税的双边税收协定算起，国际社会以双边征税协定解决重复征税问题已经有80多年的历史，[②]而当时中国在此领域还是一片空白！在改革开放的新形势下，为了解决外资和外国企业来中国投资后所面临的国际重复征税问题，中国至此迈入了参与国际税收协调的进程。

为了适应利用外资，引进技术，加强国际经济合作的需要，从1981年起，在完善国内税收法制的基础上，中国陆续和其他国家开始了谈签避免重复征税和防止偷漏税的双边税收协定的工作。[③] 1983年9月6日，《中华人民共和国政府与日本国政府关于对所得避免双重征税和防止偷漏税协定》在北京签字，新中国历史上第一个双边税收协定正式诞生，至此开创了中国参与国际税收协调的先河。紧接着，中国与美国（1984年4月30日），中国与法国（1984年5月30日），中国与英国（1984年7月26日），中国与比利时（1985年4月18日），中国与德国（1985年6月10日）等双边税收协定逐渐签订。至20世纪80年代末期，中国已先后与24个国家签订了避免重复征税和防止偷漏税的双边税收协定。[④]

这一时期，中国处于对外谈签双边税收协定的起步阶段，谈签对象主要是美、日、欧等发达国家；谈签目的主要在于吸引外资、引进技术；谈签原则以维护我国作为资本输入的税收来源国的地位和利益为主；谈签的协定模板以《联合国范本》为

---

① 翟继光：《税法学原理——税法理论的反思与重构》，立信会计出版社2011年版，第218页。

② 高尔森：《国际税法》，法律出版社1993年第2版，第9页。

③ 高尔森：《国际税法》，法律出版社1993年第2版，第199页。

④ 国家税务总局网站，http://www.chinatax.gov.cn/n810341/n810770/index.html，下载日期：2018年5月16日。

主，较少采用《经合组织范本》的规定；[①]谈签的适用税种在中方即以《中外合资经营企业所得税法》和《外国企业所得税法》为主；谈签的内容除了规定重复征税的解决与防止偷漏税外，为了考虑和当时国内外资企业法对外资给予的大面积的税收优惠规定相配套，还纳入了较多税收饶让抵免条款的规定。

总之，中国这一时期的对外税收协调工作，既很好地配合与促进了我国改革开放初期对于招商引资的需要，又较大范围地考虑到了我们作为资本输入国的来源地税收利益，为改革开放初期我国对外经济贸易往来的顺利进行提供了基本的法律保障。

另外需要提及的是，这一时期的国内企业，尤其是国营企业的所得税制度也开始建立。1983 年，我国实行了第一步“利改税”，即国营企业将以前向国家缴纳利润改为缴纳税收；1984 年又实行了第二步“利改税”，全方位确立了国营企业缴纳所得税的制度，为此，国务院于 1984 年 9 月 18 日发布了《国营企业所得税条例》。[②]紧接着，国务院又先后于 1985 年 4 月 11 日发布了《集体企业所得税暂行条例》，1988 年 6 月 25 日发布了《私营企业所得税暂行条例》。上述三个条例的发布，正式建立了我国的内资企业所得税制度，[③]这为中国企业未来“走出去”的税收协调埋下了伏笔。

二、九十年代对外税收协调的大发展

进入 20 世纪 90 年代后，中国的对外税收协调取得了长足的发展，双边税收协定的谈签工作，无论从规模上还是质量上都取得了较大突破。

1991 年 4 月 9 日，第七届全国人民代表大会第四次会议通过了《外商投资企业和外国企业所得税法》，原《中外合资经营企业所得税法》和《外国企业所得税法》废止。除了原有的中外合资经营企业和外国企业以外，新法还将中外合作经营企业和外商独资企业纳入了涉外所得税的征收范畴。该法的颁布进一步完善和统一了我国的涉外所得税法律制度。

---

① 联合国范本与经合组织范本是国际税收协调的两个重要协定范本。经合组织范本亦称“OECD 范本”，全称为《关于对所得和资本避免双重征税的协定范本》(Model Convention for the Avoidance of Double Taxation with Respect to Taxes on Income and on Capital)，由经济与合作发展组织(Organization for Economic Cooperation and Development，简称 OECD 或“经合组织”)1977 年正式颁布；联合国范本亦称“UN 范本”，全称为《发达国家与发展中国家关于双重税收的协定范本》(Model Double Taxation Convention between Developed and Developing Countries)，由联合国经济与社会理事会于 1980 年正式颁布。经合组织范本以维护资本输出的发达国家利益为主，联合国范本以保护资本输入的发展中国家利益著称。

② 翟继光：《税法学原理——税法理论的反思与重构》，立信会计出版社 2011 年版，第 218～219 页。

③ 翟继光：《税法学原理——税法理论的反思与重构》，立信会计出版社 2011 年版，第 219 页。

1992年邓小平南方谈话之后，新一轮改革开放重新启动。1993年11月14日，十四届三中全会通过了《中共中央关于建立社会主义市场经济体制若干问题的决定》，社会主义市场经济体制得以正式确立。在此背景下，国内税收制度改革也拉开了帷幕！首先，1992年9月4日，第七届全国人大常委会第二十七次会议通过了《中华人民共和国税收征管法》，将内资企业所得税和涉外企业所得税在税收征收程序和管理上实现了统一。紧接着，1993年12月13日，国务院发布了《企业所得税暂行条例》，同时废止了前述《国营企业所得税条例》、《集体企业所得税暂行条例》和《私营企业所得税暂行条例》，使国营企业、集体企业和私营企业都按同一个税法条例进行所得税征收，改变了过去三种企业实行三套不同的所得税制度的做法，实现了内资企业所得税制度的统一。由此，内外两套企业所得税制度在我国正式确立。这一制度变革在国内学界和实务界一直被称为1994年的税制改革，虽然这次税制改革早在1991年就已正式开始。

在这一时期，中国的对外税收协调除了继续与发达国家谈签双边税收协定以外，和东欧经济转型各国及广大发展中国家签订税收协定的数量也越来越多。中国和东欧及发展中国家的税收谈签始于20世纪80年代末，比如和捷克(1987年6月11日)，波兰(1988年6月7日)，南斯拉夫(1988年12月2日)，保加利亚(1989年11月6日)，巴基斯坦(1989年11月15日)，科威特(1989年12月25日)等国的双边税收协定均签署于20世纪80年代末期。进入20世纪90年代后，对外双边税收协定的谈签对象，除了瑞士(1990年7月6日)，西班牙(1990年11月12日)和奥地利(1991年4月11日)等少数发达国家外，其他主要都是东欧各国及其他发展中国家，比如塞浦路斯(1990年10月25日)，巴西(1991年8月5日)，蒙古(1991年8月26日)，匈牙利(1992年6月17日)，马耳他(1993年2月2日)，阿联酋(1993年7月1日)等，一直到90年代末，中国已和全球63个国家签订了双边税收协定，和80年代相比整整增加了近40个，[①]是中国对外签订双边税收协定发展速度最快的时期。

这一时期，除了继续和西方发达国家签订双边税收协定以解除国际重复征税和防止逃避税外，更为引人注目的是我们和广大的发展中国家及东欧新兴经济体国家签订了为数众多的双边税收协定。在这类双边税收协定的谈签中，吸引外资已经不是我们的唯一目的，尤其是随着20世纪90年代中后期，中国企业开始尝试着“走出去”，如何维护走出去的中国企业的税收利益越来越多地成为我们进行双边税收协调所要考虑的问题。因此，在这一时期签订的双边税收协定中，除了传统有关国际重复征税问题的解决和防止偷漏税的条款规定外，在协定的税种适用方

① 国家税务总局网站，http://www.chinatax.gov.cn/n810341/n810770/index.html，下载日期：2018年5月16日。

面中方则主要是以《外商投资企业和外国企业所得税法》为主，辅以《企业所得税暂行条例》；在税收饶让抵免条款的规定方面往往是采用缔约国双方相互给予对方饶让，而非像过去主要由发达国家的缔约方单方面给予我们税收饶让。在税收协定谈签的模式范本方面，虽然仍然以《联合国范本》为主，但已开始逐渐引入和借鉴《经合组织范本》的相关规定。

三、中国入世后对外税收协调的新变化

进入21世纪之后，随着中国加入世界贸易组织，中国的对外经济发展更是不可同日而语。其对外税收协调也发生了日新月异的重大变化。

一方面，随着中国加入WTO，面对本已享有大量税收优惠的外资企业和外国企业，逐渐失去关税保护的国内企业处境更加艰难；早在1994年税制改革时即已提出过的，[①]要求统一内外资企业所得税，实行内外资企业税收公平待遇的呼声进一步提高。2003年10月14日，中共十六届三中全会通过了《中共中央关于完善社会主义市场经济体制若干问题的决定》，并再次明确提出"统一各类企业税收制度"。2004年8月，财政部将《企业所得税法(草案)》提交国务院，并经过长达两年的酝酿修改和完善，2006年8月，国务院第147次常务会议通过了《企业所得税法(草案)》并上报全国人大常委会；2006年12月29日，十届全国人大常委会第二十五次会议审议了《企业所得税法(草案)》，并决定将该草案提交全国人大；2007年3月16日，十届全国人大第五次会议通过了《中华人民共和国企业所得税法》，并决定该法于2008年1月1日正式施行。[②]

至此，被称为"两税合一"的，历时长达十几年的内外资企业所得税合并终于落下了帷幕。

另一方面，进入新世纪以后，中国继续同各国尤其是更多发展中国家签订双边税收协定，这一时期和中国签订双边税收协定的国家主要有爱尔兰(2000年)，南非(2000年)，巴巴多斯(2000年)，摩尔多瓦(2000年)，卡塔尔国(2001年)，古巴

① 改革开放初期对外资实行的大幅度税收优惠，随着社会主义市场经济的建立，对于内资企业而言已构成了严重的税收待遇不公，被学界和实务界称为"超国民待遇"。1993年11月14日，《中共中央关于建立社会主义市场经济体制若干问题的决定》即明确提出"统一企业所得税"的目标，随后国务院在1993年底先后发布的《国务院关于实行分税制财政管理体制的决定》和《国务院批转国家税务总局工商税制改革实施方案的通知》中均明确强调了要"统一企业所得税制"的目标；1994年开始财政部正式着手对内外资企业所得税并轨的调研，但随着1997年东南亚金融危机的爆发，周边国家纷纷放宽对外资的税收优惠条件，内外资企业所得税合并的方案遂逐渐搁浅。翟继光著：《税法学原理——税法理论的反思与重构》，立信会计出版社2011年版，第219～220页。

② 翟继光：《税法学原理——税法理论的反思与重构》，立信会计出版社2011年版，第220～221页。

(2001年)等,至2009年8月28日中国和捷克签订双边税收协定截止,中国已对外签订双边税收协定94个,仅2000年至2009年底的十年间即对外签订双边税收协定30个,平均每年达3个之多。[①] 另外值得关注的是,这一时期内地和香港(2006年)、澳门(2003年)地区也达成了双边税收安排,使得内地与港澳地区的经济往来在税收征收和协调方面更加规范有序。

这一时期,中国的对外税收协调工作继续贯彻和扩大了"走出去"的战略方针,税收协定的谈签工作以维护和均衡中国同时作为资本输入国和资本输出国的双重地位为目的,税收协定谈签的模式范本方面,在以《联合国范本》为主的基础上,继续加大引入和借鉴《经合组织范本》的相关规定。

此外,这一时期,中国还开始了和部分国家进行双边税收协定修订的工作。比如和新加坡(2007年)、比利时(2009年)都先后对原来在20世纪80年代中期签订的双边税收协定进行了重新修订。毕竟原来签订的双边税收协定还是以当时的《中外合资企业所得税法》与《外国企业所得税法》为基础的,许多内容与条款显然都已经落后,跟不上时代发展的步伐了。修订后的双边税收协定,首先在协定的适用范围方面作出了较大的变动:协定适用税种的法律基础不再以原《中外合资企业所得税法》与《外国企业所得税法》为主,而改以新《企业所得税法》为主;协定适用的空间范围除了原缔约双方的领土范围外,还明确增加了领海和专属经济区的范畴,以使海上资源开发等的税收征收范围更加明确规范。其次,新修订的税收协定在常设机构的认定、解除重复征税的具体方法、税收饶让抵免条款等方面都有了较大的变化,相关内容将在后续的章节中详述。

四、晚近对外税收协调从双边走向多边

进入2010年以后晚近这七八年,中国对外签订双边税收协定的国家不是很多,但令人惊喜和意外的是,我们在短短几年之内连续参加并签署了三个国际税收公约,对外税收协调的步伐历史性地从双边走向了多边。

2010年以后,中国对外签订双边税收协定一共9个,主要谈签对象国为非洲和拉美各国,如赞比亚(2010年),乌干达(2012年),博茨瓦纳(2012年),厄瓜多尔(2013年),智利(2015年),津巴布韦(2015年)和肯尼亚(2017年),以及叙利亚(2010年)和柬埔寨(2016年)两个亚洲国家,其中乌干达、博茨瓦纳和肯尼亚三国尚未生效;此外,2015年8月25日,大陆与台湾地区也签订了避免双重征税协定,

① 国家税务总局网站,http://www.chinatax.gov.cn/n810341/n810770/index.html,下载日期:2018年5月16日。

但目前尚未生效。[①] 可见，晚近中国对外签订的双边税收协定国家无一例外全是发展中国家，这和我们继续实施“走出去”战略与“一带一路”倡议的提出具有直接的关系。同时，中国继续和早期签订双边税收协定的国家着手进行协定的修订工作。比如和芬兰（2010 年），马耳他（2010 年），英国（2011 年），丹麦（2012 年），荷兰（2013 年），瑞士（2013 年），法国（2013 年），俄罗斯（2014 年），德国（2014 年）及罗马尼亚（2016 年）等[②]都相继重新修订了原八九十年代签订的双边税收协定。

这一时期最值得关注的是，中国相继参加并签署了三个国际税收公约，它们分别是《多边税收征管互助公约》（2013 年）《金融账户涉税信息自动交换多边主管当局间协议》（2015 年）和《实施税收协定相关措施以防止税基侵蚀和利润转移的多边公约》（2017 年），[③]五年间连续参加三个国际公约，这不仅是中国涉外税收历史上绝无仅有的，也是中国对外经济合作历史上极为罕见的。这三个税收公约毫无例外都是有关防止国际逃避税或实施国际反逃避税措施的法律文件。虽然过去以两个范本为引导的双边税收协调也有防止偷漏税的相关规范，但多囿于形式上的摆设，具体实施和落实的不多。随着亚洲各国金融危机，墨西哥金融危机，俄罗斯金融危机，乃至美国金融危机的频频爆发，国际社会越来越深刻地认识到，防范金融危机单靠一国一力的简单监管是不能充分奏效的，必须国际社会联合起来实施全方位多角度的防范和监管，而防止和打击国际逃避税无疑是其中重要的一环。三大国际税收公约的相继出台，正是这一背景下国际社会合作努力的成果与结晶，它们共同构成了现代国际社会防范国际逃避税的三驾马车。中国加入这三大国际税收公约，也正是我们积极参加和融入国际反逃避税浪潮的有力佐证与实际贡献。

五、小　结

中国对外税收协调的历史，从 20 世纪 80 年代初的一片空白，到今天一百多个双边税收协定的诞生，乃至连续三个多边税收公约的签署，短短三十多年时间，经历了一个前所未有的颠覆性变化！纵观整个中国对外税收协调发展的历史，我们可以看到，改革开放政策的实施对其起到了直接的推动与促进作用。没有中国改革开放的需要，就没有中国对外税收协调的必要性和可能性，就更不可能有中国三十多年对外税收协调的长足发展。同时，中国对外税收协调的产生与发展，也为中国的整个经济发展和改革开放起到了保驾护航的作用。中国对外税收协调发展的

① 资料来源：国家税务总局网站，http://www.chinatax.gov.cn/n810341/n810770/index.html，下载日期：2018 年 5 月 17 日。

② 资料来源：国家税务总局网站，http://www.chinatax.gov.cn/n810341/n810770/index.html，下载日期：2018 年 5 月 18 日。

③ 资料来源：国家税务总局网站，http://www.chinatax.gov.cn/n810341/n810770/index.html，下载日期：2018 年 5 月 19 日。

历史，从一个侧面反映了中国改革开放这一历史画卷的波澜壮阔，尤其是作为改革开放中的“对外开放”一侧而言，中国对外税收协调的诞生与发展绝对具有功不可没的历史贡献。

第二节　积极参与国际重复征税的解决

解决国际重复征税是各国参与国际税收协调的初衷，中国也毫不例外。改革开放之初，在招商引资的同时，我们也开始对外资和外国企业征收所得税，而外资和外国企业的投资者母国也会对这些企业的海外所得征收所得税。因此，开放的直接税收会产生大量的国际重复征税，和投资者母国签订以解决双重征税为目的的双边税收协定势在必行。如前所述，从1983年中日双边税收协定签字算起，至2017年年底，中国一共对外签订了103个双边税收协定，另外再加上两岸及港澳签订的双边税收安排和协定，一共是106个。[①] 这一百多个双边税收协定无一例外均是以解决双重征税为主要目标，这从每一个税收协定的名称都冠以“对所得避免双重征税”的字样即可看出。不过值得注意的是，尽管这一百多个双边税收协定都是以解决双重征税为目标，其关于解决重复征税的框架结构乃至大多数条款都是一致的，但由于这一百多个税收协定签订的历史时期不同，当时我国所处的国际经济地位背景不同，缔约对方的经济性质也不完全相同，因此具体到每一个税收协定关于解决重复征税的条款方面则有诸多的不一样，更不用说还有不少协定经历了协定条款本身的修改。

一、有关建筑安装工程构成“常设机构”的规范

常设机构原则是国际税收协调解决重复征税问题时针对非居民的营业利润所适用的一个重要征税规则。它是指来源国仅对非居民纳税人通过设在境内的常设机构而获取的工商营业利润实行征税的原则。[②] 换句话说，如果非居民在来源国境内没有设立常设机构，则其即使有来源于该国境内的工商营业利润，该国政府也不对其征税。因此，非居民是否在来源国境内设有常设机构则成为来源国对其征税的前提条件或“门槛”。在两个范本中，无论《经合组织范本》还是《联合国范本》，都对常设机构的构成进行了诸多一致的规定，比如工厂、车间、办事处，开采自然资

① 国家税务总局网站，http://www.chinatax.gov.cn/n810341/n810770/index.html，2018-5-20最后访问。本章所涉中国对外双边税收协定的资料均来源于国家税务总局网站，后面所涉各处不再一一注明，特此说明。

② 陈安：《国际税法》，鹭江出版社1987年版，第37页。

源的场所等均可构成常设机构，而仓储、准备性或辅助性的场所则不构成常设机构。[①] 但对于有关建筑安装工程构成常设机构的条件，两个范本的规定则有较大的差异。经合组织范本规定，该类建筑安装工程应持续12个月以上才构成常设机构；而联合国范本规定只需持续6个月即可构成常设机构。显然，经合组织范本的规定有利于资本输出国，可以使12个月以下的建筑安装工程在来源国免于征税；而联合国范本的规定有利于作为资本输入的来源国的税收利益，只对6个月以下的建筑安装工程免税，而对6个月以上，但不够12个月的也需要征税。

中国对外签订的双边税收协定，早期基于我国以招商引资为主，中国企业对外输出极少的情况，为了维护我们作为资本输入的来源国地位，20世纪80年代至90年代初期，我们在对外税收协定的谈签中一般都秉持联合国范本的规定，对建筑安装工程以持续时间超过6个月即构成常设机构。比如中日双边税收协定在第五条常设机构的第三款中就规定：建筑工地，建筑、装配或安装工程，或者与其有关的监督管理活动，仅以连续超过六个月的为限。其他如中美、中法、中英、中比、中德等双边税收协定中也均有类似规定。据笔者考证，从1983年中日双边税收协定开始，一直到1990年中国与西班牙双边税收协定止，中国一共对外签订了26个双边税收协定，无论签约对方是发达国家还是发展中国家，该条款的规定都无一例外地规定了6个月的期限。

直到进入90年代后，中国—塞浦路斯(1990年)双边税收协定的签订才使这一情形得到了改变。该协定第5条第3款规定：建筑工地，建筑、装配或安装工程，或者与其有关的监督管理活动，仅以其连续十二个月以上的为限。紧接着，中国—罗马尼亚(1991年)双边税收协定也采用了12个月的规定。此后，尤其是90年代中期以后，中国对外签订的双边税收协定在该条款的规定上大量采用12个月甚至12个月以上的规定，这不仅摈弃了联合国范本对该条款的规范转而采用经合组织范本的规定，甚至还有一些协定大大超出了经合组织范本的规定。据笔者统计考查，整个90年代，我们一共对外签订双边税收协定38个，除了对瑞士、西班牙、奥地利、巴西、卢森堡、韩国、越南、巴布亚新几内亚、印度、孟加拉国、葡萄牙和菲律宾12个国家仍然采用了6个月的规范，另有与马耳他规定的是8个月以外，其他26个双边税收协定都规定了12个月以上的期限，其中与蒙古、俄罗斯、白俄罗斯、乌克兰和苏丹5个国家规定的是18个月，与阿联酋的则规定了24个月，剩下的20个国家均规定的是12个月，它们分别是塞浦路斯、罗马尼亚、匈牙利、毛里求斯、克罗地亚、斯洛文尼亚、以色列、土耳其、亚美尼亚、牙买加、冰岛、立陶宛、拉脱维亚、乌兹别克斯坦、南斯拉夫(塞黑)、马其顿、埃及、爱沙尼亚、老挝、塞舌尔。从前述规定中我们可以看出，采用6个月规范的，缔约对方主要还是发达国家或经济发展程

① 经合组织范本第5条和联合国范本第5条。

度较高的发展中国家，少数是经济发展程度极低的发展中国家，这主要是缘于缔约对方的要求而采用了6个月的规范。而对于采用12个月以上规范的国家，则主要集中于苏联和社会主义阵营解体后成立的新兴经济体国家和其他发展中国家，随着我国“走出去”战略的实施，我国企业在这些国家有大量的工程类项目，采用12个月乃至更长的时间来确定其常设机构的认定，显然有利于我国企业走出去后在这些国家的税收利益。

进入21世纪以后，直到2017年年底，中国一共对外签订了40个双边税收协定，其中与爱尔兰、巴巴多斯、尼泊尔、印度尼西亚、尼日利亚、突尼斯、斯里兰卡、特立尼达和多巴哥、文莱、格鲁吉亚、墨西哥、沙特、阿尔及利亚、埃塞俄比亚、乌干达和智利16个国家该条款采用的是6个月的规范；与南非、摩尔多瓦、古巴、哈萨克斯坦、伊朗、巴林、希腊、吉尔吉斯斯坦、摩洛哥、阿尔巴尼亚、阿塞拜疆、塔吉克斯坦、土库曼斯坦、捷克、博茨瓦纳、厄瓜多尔、津巴布韦和肯尼亚18个国家该条款规定的是12个月；另有卡塔尔、委内瑞拉、阿曼、赞比亚、叙利亚和柬埔寨6个国家该条款规定的是9个月。这一时期我们新签订税收协定的缔约对方已很少发达国家，采用6个月和12个月规范的几乎一半对一半，少数采用了折中的9个月规范。而之所以采用6个月的规范应该还是基于缔约对方要求的为多，从保护我方企业税收利益的角度，还是更乐于采用时间规范更长一些的12个月或9个月，但这一时期比12个月更长的18个月乃至24个月规范则完全没有了。

此外，这一时期，两岸及港澳签订了双边税收安排或协议，其关于建筑安装工程构成常设机构的时间规定，香港和澳门是6个月，台湾是12个月。另外从2007年起，我们又先后对原八九十年代签订的双边税收协定进行了修改，除与新加坡和芬兰的该条款规范没有变动，还是保持6个月，以及俄罗斯保持18个月以外，其他如与法国、英国、比利时、德国、丹麦、荷兰、瑞士、罗马尼亚及马耳他等均从原6个月修改为12个月。

可见，中国对外双边税收协定中有关建筑安装工程构成常设机构的规范，早期以按联合国范本的6个月规定为多，以维护我国作为资本输入国的税收来源国利益；而晚近则更多地采用经合组织范本的12个月规范，以促进我国企业“走出去”战略和“一带一路”倡议的实施，当然也还有相当一部分协定仍然维持了6个月的规定，但这更多是基于缔约国对方的要求而非我方的本意。

二、有关利息免税的适用规范

有关利息所得的税收征收，双边税收协调一般采取税收分享原则，即利息支付所在国和利息收入所在国均享有一半左右的征税权。但为了促进各国经济的发展和国家宏观政策的实施与落实，双边税收协定往往会对一些特殊情形下的利息所得征收给予免税待遇。中国对外签订的双边税收协定也多有类似规定，同时这些

规定又会基于中国改革开放后经济的发展及政策的变化出现适用方面的困境，从而引发协定相关条款的修改。

我们首先来看中日双边税收协定第11条第3款规定："虽有第二款的规定，发生在缔约国一方而为缔约国另一方政府、地方当局及其中央银行或者完全为其政府所有的金融机构取得的利息；或者为该缔约国另一方居民取得的利息，其债权是由该缔约国另一方政府、地方当局及其中央银行或者完全为其政府所有的金融机构间接提供资金的，应在该缔约国一方免税。"从该条款的规定中我们完全可以看出，缔约国一方企业发生在缔约国另一方的利息应按照协议第11条第2款的规定征税，但如果这些利息是直接或间接基于缔约国另一方的官方机构产生的，则可以获得免税待遇。这是双边税收协定为了鼓励缔约国双方的国家政策银行或类似机构为两国经济发展提供助力而设置的特别免税条款。同样的道理，中美双边税收协定在第10条第3款进行了同样的规定。但无论是中日双边税收协定，还是中美双边税收协定，对何为"政府、地方当局、中央银行及政府所有的金融机构"都没有做进一步的规范或说明。此后，中英、中比、中挪、中丹、中芬、中国—新西兰、中国—意大利等双边税收协定都采用了类似的规定。

我们再来看中法双边税收协定第10条第3款的规定：

> 虽有第二款的规定，发生在缔约国一方的利息应在该缔约国一方免税，当该利息是支付给：
>
> (一)在中华人民共和国
>
> 1.中华人民共和国政府；
>
> 2.中国人民银行；
>
> 3.因直接或间接贷款或担保贷款的中国银行或者中国国际信托投资公司；
>
> 4.中华人民共和国政府所拥有并为缔约国双方主管当局所一致承认的金融机构。
>
> (二)在法兰西共和国
>
> 1.法兰西共和国政府；
>
> 2.法兰西银行；
>
> 3.因直接或间接贷款或担保贷款的法国对外贸易银行或者法国对外贸易保险公司；
>
> 4.法兰西共和国政府所拥有并为缔约国双方主管当局所一致承认的金融机构。

显然，中法双边税收协定作出了更为明确的规定，除了描述性的规定如双方政府及政府承认的金融机构等以外，更是将中方的中国人民银行、中国银行、国际信托投资公司和法方的法兰西银行、法国对外贸易银行及法国对外贸易保险公司等做了明确列举,这无疑大大增强了协议的可操作性。其后,中德双边税收协定也采用了类似的规定,且列举的中方机构除了前述中国人民银行、中国银行、国际信托投资公司外,还增加了中国农业银行、中国建设银行、中国投资银行和中国工商银行;而德方列举的则是德意志联邦银行、重建贷款银行和德国赫尔梅斯担保公司。此后,中国—马来西亚、中国—新加坡、中国—加拿大、中国—瑞典、中国—泰国、中国—奥地利等双边税收协定都采用了这种模式。

列举式的模式虽然具有可操作性强的特征,但也容易在实务中出现只承认协议中已有的列举而不承认协议中没有列举但其性质仍然属于国家政策银行的情况。比如签订于1989年的中国—巴基斯坦双边税收协定第11条第3款规定可以享受利息免税待遇的"国家银行",在中国是指中国人民银行和中国银行,在巴基斯坦是指巴基斯坦国家银行。但后来随着经济的发展,在中国一方具有国家政策属性的银行远不止中国人民银行和中国银行两家,经济实践中使得这些银行鼎力支持的双边贷款项目利息不能获得免税待遇,从而影响到了缔约双方合作项目的进一步开展。有鉴于此,经磋商,中国和巴基斯坦双方税务主管当局于2007年4月签订了《中华人民共和国政府和巴基斯坦伊斯兰共和国政府关于对所得避免双重征税和防止偷漏税的协定第二议定书》,该议定书明确规范,取消协定第11条第3款第(3)项的规定,用下列规定代替:"(三)缔约国双方主管当局随时同意的缔约国另一方地方当局、金融机构和部门。第(二)项中所说的'国家银行',在中国是指中国人民银行、中国银行、中国进出口银行、中国农业发展银行和国家开发银行,在巴基斯坦是指巴基斯坦国家银行。"可见,在议定书中新增加了中国进出口银行、中国农业发展银行和国家开发银行和原中国人民银行与中国银行一起作为中方享有利息免税待遇的"国家银行"。很显然,新增加的这几个国家政策银行都是随着中国经济发展的需要在20世纪90年代以后才逐渐成立起来的,而签订于1989年的中巴双边税收协定显然不可能对此有所列举了。很有意思的是,中韩税收协定也曾先后两次通过谅解备忘录(1994年11月26日和2007年7月13日)对1994年3月28日签订的税收协定中第11条第3款进行重新修订,不仅将原协定中的描述性规定改为了列举式规范,还将两国纳入"国家银行"的机构范围做了大幅度的扩充:在中方由中国人民银行、中国国家开发银行、中国进出口银行和中国农业发展银行扩充至中国国际贸易促进委员会、中国出口信用保险公司、全国社会保障基金理事会及执行银行业、保险和证券监管职能的组织等;在韩国一方则从韩国银行、韩国产业银行、韩国进出口银行扩展至韩国贸易投资促进局、韩国旅游组织、韩国投资公司、韩国出口保险公司及韩国金融监督院等。同样道理,中国—新加坡通过签订税收协定第二议定书(2009年8月24日),中国—荷兰(2013年5月31日),中国—法国(2013年11月26日)和中国—德国(2014年3月28日)均通过修订新的税收协定,中国—奥地利则通过签订税收协定谅解备忘录(2014年6月16日)

等不同形式对原税收协定的第11条第3款规定进行了增补。

反观通过描述式模式规定的政策性利息免税待遇条款，则多保持了较为稳定的状态，即便像中英、中丹、中芬、中国—瑞士、中国—比利时等双边税收协定后来都整体作出了重新修订，但关于第11条第3款的规定却基本都没有变动。

三、有关避免重复征税方法的规范

国际税收实践中，除了征税权划分以外，避免重复征税的具体方法主要有免税法和抵免法两种。免税法是指居住国对本国居民来源于国外的所得和位于国外的财产免于征税。① 抵免法则是指纳税人可将已在收入来源国实际缴纳的所得税税款在应当向居住国缴纳的所得税额内扣除。②

避免重复征税具体方法的采用，自然是避免双重税收协定的核心内容和条款。两个税收协定范本在这个问题上都推荐了免税法和抵免法。各国在签订双边税收协定时一般会根据国内法的规范及缔约双方的谈判协商选取其中一种或两种作为解决重复征税的实际方法。我国由于国内税法一直援用抵免法作为解除重复征税的主要方法，因此在双边税收协定谈签中也习惯采用抵免法；但作为缔约双方谈判协商的产物，我们在双边税收协定中有时也会应缔约对方的要求而同意采用免税法。

比如中日、中美、中英、中国—马来西亚、中国—丹麦等双边税收协定都在第22条或第23条消除双重征税中规定了缔约双方对本国居民征税时允许对其已在缔约对方所缴纳税款进行抵免。但中法税收协定在该条的规定中除了前述抵免法的规定外，还对部分纳税人在中国已经缴纳过税款的所得在法国给予免税，之所以采用这样的规定，是因为法国国内税法对居民海外所得有较多的免税规定，双边税收协定采用免税法可以和国内税法保持一致，以更有利于税收实践的操作执行。但这里要注意的是，中方对于本国居民在法国已经缴纳过税款的所得依然是采用抵免法而没有相对应地采用免税法消除双重征税；同时法方对于股息、利息、特许权使用费及董事费等收入也是采用抵免法而非免税法消除双重征税。因此，中法双边税收协定应该说是同时采用了抵免法和免税法来避免对不同所得重复征税。同理，中德、中国—比利时、中国—挪威等双边税收协定均采用了类似中法双边税收协定的规定，在中方以抵免法消除重复征税，在缔约对方则针对不同所得既有免税法又有抵免法的规定。其他中外双边税收协定都要么采用了中日、中美等双边税收协定模式，缔约双方相互给予税收抵免以避免重复征税；要么采用了中法、中德等双边税收协定模式，中方以抵免法，对方以免税法和抵免法来避免双重征税，

---

① 高尔森：《国际税法》，法律出版社1993年第2版，第88页。

② 高尔森：《国际税法》，法律出版社1993年第2版，第90页。

在此就不再一一赘述。

另外值得一提的是，上述所有双边税收协定中对避免双重征税的规定，都涉及股息所包含的股息支付企业已缴纳税收的抵免问题。也即是说，中国对外签订的双边税收协定中，关于避免重复征税的规定，不仅及于直接抵免，还包括解决国际重叠征税的间接抵免。这在当时应该是我国对外税收协调中的极大突破，因为彼时我国的国内税法中，无论是最早的《中外合资经营企业所得税法》和《外国企业所得税法》，还是后来的《外商投资企业和外国企业所得税法》及《企业所得税暂行条例》，都没有关于解决重叠征税的间接抵免规定。我国国内税法中对股息所涉及的重叠征税给予间接抵免的明确规定，还是到2007年新的《企业所得税法》正式颁布以后。① 可见，早在改革开放之初的八十年代，我国的对外税收协调中就已经引入了解决国际重叠征税的间接抵免法，这比国内立法中的相应规定早了二十多年。这一方面体现了中国的对外税收协调为促进改革开放对外经济发展所作出的极大努力与担当，另一方面也反映了中国国内税收制度的改革与完善所经历的曲折与漫长的过程。直至今日，中国对外签订的所有双边税收协定，包括2007年以后陆续重新修订的双边税收协定，有关避免双重税收征收的规定，都援用了直接抵免和间接抵免的规定，只是在具体适用的条件方面有所变化而已。比如中法、中比双边税收协定原来规定股息所包含已纳税收的间接抵免适用条件是持股比例为10%，而重新修订后的双边税收协定则将这一持股比例修改为了20%。②

此外，为了配合双边税收协定中有关避免双重征税的相关规定，1995年11月16日，财政部和国家税务总局联合发布的《境外所得计征所得税暂行办法》(财税〔1995〕96号)，1997年11月25日，财政部和国家税务总局颁发的《关于发布〈境外所得计征所得税暂行办法〉(修订)的通知》(财税〔1997〕116号)，2009年12月25日，财政部、国家税务总局《关于企业境外所得税收抵免有关问题的通知》(财税〔2009〕125号)和2010年7月2日，国家税务总局《关于发布〈企业境外所得税收抵免操作指南〉的公告》(国家税务总局公告2010年第1号)所发布的《企业境外所得税收抵免操作指南》等规范性文件对解决重复征税的具体方法和操作细则都作了较为详尽的规定。

---

① 《中华人民共和国企业所得税法》第24条。

② 《中华人民共和国政府和法兰西政府关于对所得避免双重征税和防止偷漏税的协定》(1984年5月30日)第22条第1款第(2)项及《中华人民共和国政府和法兰西政府关于对所得避免双重征税和防止偷漏税的协定》(2013年11月26日)第23条第1款第(2)项;《中华人民共和国政府和比利时王国政府关于对所得避免双重征税和防止偷漏税的协定》(1985年4月18日)第23条第2款第(2)项及《中华人民共和国政府和比利时王国政府关于对所得避免双重征税和防止偷漏税的协定》(2009年10月7日)第22条第2款第(2)项之规定。

四、有关税收饶让抵免的规范

税收饶让抵免，是指居住国政府对本国纳税人所得因来源国给予的税收减免而未缴纳的税款视同已纳税款给予抵免。① 如上所述，由于我国对外签订的双边税收协定大多以抵免法来消除双重征税，而我国改革开放之初为了吸引外资，国内税法中从最早的《中外合资企业所得税法》与《外国企业所得税法》到后来的《外商投资企业和外国企业所得税法》都规定了大量的涉外税收优惠，如果对于这些税收优惠，纳税人居住国不在进行税收抵免时予以承认，则无异于将我国本应征收的大量税款拱手让给了投资者母国的国库，使得跨国投资者不能真正享受到我国涉外税收优惠的好处，从而不仅使得我国的涉外税收优惠政策不能落到实处，反而还会白白损失一大笔财政收入。因此，中国从参与国际税收协调开始之初，就将税收饶让抵免条款的签订作为了我国对外税收谈签的重要内容和基本原则。②

比如中日税收协定第23条消除双重征税的第4款即规定："在第2款所述的抵免中，'缴纳的中国税收'一语应视为包括假如没有按以下规定给予免税、减税或者退税而可能缴纳的中国税收数额。"基于该条款的规定，实际上按中方当时国内税法给予日方投资者的"两免三减""五免五减"和再投资退税等优惠都可以在日方给予投资者的税收抵免中得到认可。同理，中英、中丹、中国—新加坡、中加、中国—新西兰、中国—澳大利亚、中国—科威特、中国—阿联酋等双边税收协定都做了类似规定，由缔约对方单方给予我方税收饶让抵免。

中国—马来西亚双边税收协定是我国对外税收协调中第一次规定缔约双方相互给予税收饶让抵免的协定。该协定第23条消除双重征税方法的第2款规定：第1款中'缴纳的马来西亚税收'一语，应视为包括根据马来西亚法律和本协定的规定对以下所得已经缴纳的马来西亚税收：(一)假如没有根据以下法律规定给予减税、免税的任何从马来西亚来源的所得；(二)假如没有根据第十一条第三款给予该款所适用的利息免税。"该协定第23条消除双重征税方法的第4款还规定："第3款提及的抵免中，'缴纳的中国税收'一语应视为包括假如没有按以下规定给予免税、减税或退税而可能缴纳的中国税收数额。"显然，中国—马来西亚双边税收协定相互认可，将两国国内税法给予的税收优惠而没有缴纳的税收均视为已经缴纳而加以抵免，马方还承诺依据协定本身获得的利息免税也可以给予抵免。此后，中国和其他大多数发展中国家签订的双边税收协定都采用了类似的规定，由缔约双方相互给予税收饶让抵免。比如中泰、中意、中国—保加利亚、中国—巴基斯坦、中国—塞浦路斯、中韩、中国—巴布亚新几内亚、中印、中越、中柬等。截至2017年

① 高尔森：《国际税法》，法律出版社1993年第2版，第165页。

② 高尔森：《国际税法》，法律出版社1993年第2版，第199页。

底，中国对外税收协调中，一共有28个双边税收协定规定了相互给予税收饶让抵免的条款。[①]

当然，中国还有许多对外双边税收协定中没有规定税收饶让抵免条款。这其中既有像美国这样一贯反对税收饶让抵免的国家，在中美税收协定第22条关于税收抵免的规定中未涉及税收饶让，仅在换文中写明双方同意，如美国今后修改有关饶让的法律，或美国同其他任何国家对税收饶让的规定达成协议时，中美协定即应修改列入税收饶让的规定；也有像法国、德国、瑞典、西班牙、比利时等国，在其与我国之间的双边税收协定中，由于这些国家对其居民纳税人来源于我国境内的营业利润等所得采用免税法消除双重征税，因而无须在这些协定中再规定税收饶让措施。[②] 此外，还有相当的国家和港澳台地区没有和我们签订税收饶让条款，一是因为20世纪90年代以后，经合组织国家对税收饶让抵免的问题提出了新的认识，对签订税收饶让的热情降低；二是因为我国2007年新的《企业所得税法》颁布，取消了原对外资企业和外国企业的大量税收优惠，由此我国本身签订税收饶让的迫切性也不再存在。

到目前为止，我国对外签订税收协定或税收安排共106个，而有税收饶让抵免条款的协定只有37个，也就是说没有签订饶让抵免条款的协定仍然占大多数。从长远来看，未来这一数字也不会有太多增长。自2007年新的企业所得税法颁布以后，中国新签订和重新修订的双边税收协定中，除中国—柬埔寨税收协定规定有相互给予税收饶让抵免条款外，其他协定均没有规定，其中中国—丹麦新修订的税收协定还将原丹麦单方面给予中方的税收饶让抵免条款取消了。也就是说我国目前签订有税收饶让抵免规定的双边税收协定只有36个。此外，我国目前尚未有单方给予缔约对方税收饶让抵免的规定。

虽有双边税收协定中对税收饶让抵免的规定，但实践中还需国内税法的配套规范才能得到更好的实施。改革开放之初，虽然从中日双边税收协定开始即有大量税收饶让的规定，但国内税法在此问题上还是一片空白。

直到1995年11月16日，财政部和国家税务总局联合发布的《境外所得计征所得税暂行办法》(财税〔1995〕96号)，该文第2条有关境外已缴纳所得税税款的扣除的规定指出："在境外已缴纳所得税税款，包括纳税人在境外实际缴纳的税款及本规定第3条规定中视同已缴纳的税款"；其第三条"境外减免税处理"则规定："纳税人境外投资经营活动，按所在国(地区)税法规定或政府规定获得的减免所得税，应区别不同情况按以下办法处理：(一)纳税人在与中国缔结避免双重征税协定

① 国家税务总局网站，http://www.chinatax.gov.cn/n810341/n810770/index.html，下载日期：2018年6月16日。

② 刘剑文：《国际税法学》，北京大学出版社2013年第3版，第193页。

的国家，按所在国税法及政府规定获得的所得税减免，可由纳税人提供有关证明，经税务机关审核后，视同已交所得税进行减免；（二）对外经济合作企业承揽中国政府援外项目、当地国家（地区）的政府项目、世界银行等世界性经济组织的援建项目和中国政府驻外使、领馆项目，获当地国家（地区）政府减免所得税的，可由纳税人提供有关证明，经税务机关审核后，视同已交所得税进行减免。”两年之后的1997年11月25日，财政部和国家税务总局又颁发了《关于发布〈境外所得计征所得税暂行办法〉（修订）的通知》（财税〔1997〕116号），取代了前述财税〔1995〕96号文。在税收饶让的基本规则方面，财税〔1997〕116号文，与财税〔1995〕96号文的已有规定保持一致。

2007年新的《企业所得税法》颁布实施以后，2009年12月25日，财政部、国家税务总局《关于企业境外所得税收抵免有关问题的通知》（财税〔2009〕125号）发布，该号文第7条规定："居民企业从与我国政府订立税收协定（或安排）的国家（地区）取得的所得，按照该国（地区）税收法律享有了免税或减税待遇，且该免税或减税的数额按照税收协定规定应视同已缴税额在中国的应纳税额中抵免的，该免税或减税数额可作为企业实际缴纳的境外所得税额用于办理税收抵免。"2010年7月2日，国家税务总局《关于发布〈企业境外所得税收抵免操作指南〉的公告》（国家税务总局公告2010年第1号）发布《企业境外所得税收抵免操作指南》，该指南对上述财税〔2009〕125号文进行了逐条释义，其中关于第7条的释义主要涉及税收饶让的相关规范。

五、小　结

解决国际重复征税是国际税收协调的初衷和主要目的，中国对外税收协调的产生也是基于改革开放后对解决双重征税问题的需要。因此，长期以来解决国际重复征税问题都是我国对外税收协调的中心工作，也是我国对外谈签双边税收协定的重要内容。在长期的对外税收协调中，我国不仅积累了相对成熟的经验和做法，而且还随着对外经济交往的发展和国际经济地位的变化作出了适时的调整。可以毫不夸张地说，改革开放以后我国对外税收协调最大的贡献即很好地解决了国际重复征税的问题，为我国对外经济的发展无论是基于"引进来"还是"走出去"，都创设了良好的国际税收环境。

第三节　融入国际反避税的洪流

一国税收的征收是由该国的国内税法确定的，当纳税人发生跨境经营活动时，各国国内税法之间的相互作用，可能导致一项所得被一个以上的税收管辖区征税，从而形成双重征税现象。然而，各国税法之间的相互作用也会留下税收管理漏洞，致使一项所得不被任何一方征税，从而导致国际逃税避税现象层出不穷。因此，国际税收协调一般包括解决国际重复征税和防止国际逃避税两个目的，既对积极冲突的税收管辖权下的重复征税加以解除，又对消极冲突的税收管辖权下的国际逃避税加以防范。中国的对外税收协调自然也不例外。我们也可以看到，中国对外签订的双边税收协定，几乎每一个协定的名称都是《中华人民共和国政府和×××政府关于对所得避免双重征税和防止偷漏税的协定》，从协议名称即凸显了解决双重征税和防止逃避税这两个目的。除了双边税收协调以外，随着国际反避税的发展，近一二十年国际反逃避税的洪流更多地涌现在了国际多边税收协调领域，而中国也积极地参与到了这一国际反避税浪潮之中。

一、双边税收协调中的防止偷漏税规范

由于税收情报是各国实施税收征管和防止国际逃避税的重要前提和基本要素，所以在双边税收协调中，对于防止偷漏税的规定主要集中于有关税收情报交换的条款中，无论是经合组织范本，还是联合国范本，对此都有非常明确的规定。[①]中国对外税收协调协定签订之初也同样援引了两个范本的此项规定。比如中日税收协定第26条情报交换即规定："缔约国双方主管当局应交换为实施本协定的规定所需要的情报，缔约国双方与本协定有关税种的国内法律(以根据这些法律征税与本协定不相抵触为限)的情报和防止偷漏税的情报。"其他如中美、中法、中德等几乎所有的中外双边税收协定都纳入了此条类似的规定。但以解决双重征税为主的双边税收协定对此的规定大多偏于简单且缺乏可操作性，大多数双边税收协定在缔约之初都基本是限于形式的规定，在双边税收实践中真正落到实处的不多，前期中国只和日本等少数国家之间在税收实践中有过情报交换的先例，并且以缔约对方请求我方情报交换为主。

直到2001年以后，为了有效保护我国税收权益，正确履行税收协定义务，国家税务总局先后发布了《税收情报交换管理规程(试行)》(国税发〔2001〕3号)和《税收情报交换保密规则》(国税函〔2002〕931号)，有效保证了我国税收情报交换工作的开展。为了使税收情报交换工作跟上国际形势的发展，进一步提高我国国际税收情报交换工作的质量与效率，国家税务总局于2006年对《税收情报交换管理规程(试行)》进行了重新修订，并将其与《税收情报交换保密规则》整合后下发了正式

---

① 《经济合作与发展组织关于对所得和财产避免双重征税的协定范本》第26条；《联合国关于发达国家与发展中国家间双重税收的协定范本》第26条。

的《国际税收情报交换工作规程》。[①] 该规程一共五章，44条，除了总则与附则以外，主要对情报交换的种类与范围、税收情报的保密、情报交换的管理程序等内容进行了较为详细的规定。这使得我国的税收情报交换工作有了更大的可操作性。

同时，为了防止有害税务竞争，OECD于2002年推出了《税收情报交换协定范本》，税收情报交换协定的目的和要求与OECD税收协定范本情报条款基本一致，但规定更为细致，执行性也更强。随着国际税收实践的发展，尤其是在美国金融危机以后，国际社会进一步认识到反避税的重要性，并加强了对国际避税地税收透明度的要求，许多国家纷纷和避税地国家和地区达成税收情报交换协议。在这一大背景之下，中国也和巴哈马(2009年)、英属维尔京(2009年)、马恩岛(2010年)、根西(2010年)、泽西(2010年)、百慕大(2010年)、阿根廷(2010年)、开曼(2011年)、圣马力诺(2012年)、列支敦士登(2014年)10个国家和地区签订了税收情报交换协议。[②] 相较于避免双重征税协定中过于简单而原则性的情报交换条款，这种专门的税收情报交换协议则相对要详细和完整得多，其可操作性也得到了大大的加强。比如《中华人民共和国政府和巴哈马国政府关于税收情报交换的协议》一共规定了14条，除了生效、终止及相互协商等程序性的规定外，还主要对协议的范围、管辖权、税种范围、定义、专项情报交换、境外税务检查或调查、拒绝请求的可能、机密性、保护措施以及管理费用和语言等条款作了细致的规范。特别是专项情报交换、境外税务检查或调查、拒绝请求的可能三个部分是整个情报交换协议的核心和重要内容，对于缔约双方具体实施情报交换具有重要的实践性和可操作意义。而中国—英属维尔京税收情报交换协议则除了上述规定外，还增加了第11条限制性措施的规定，同时还另外签订了《关于税收情报交换协议的议定书》对协议的各个条款做了更进一步的说明和解释。其他和马恩岛、根西、泽西、百慕大、阿根廷、开曼、圣马力诺及列支敦士登所签订的税收情报交换协议条款内容均与中国—巴哈马的税收情报交换协议类似，其中只有中国—百慕大又另外签订了谅解备忘录，中国—列支敦士登另外签订了议定书来对税收情报交换协议的相关条款做进一步的详细说明。

除了税收情报交换以外，防止税收协定滥用也是国际反逃避税中重要的一环，而中国早期对外签订的双边税收协定中并未纳入对此的规范。但随着中国改革开放的进展，非缔约方的跨国纳税人通过滥用第三方税收协定来获取税收利益的情

---

① 《国家税务总局关于印发〈国际税收情报交换工作规程〉的通知》(国税发〔2006〕70号)，载百度文库，https://wenku.baidu.com./view/965af1eff8c75fbfc77fdb24d.html，下载日期：2018年6月18日。

② 国家税务总局网站，http://www.chinatax.gov.cn/n810341/n810770/index.html，下载日期：2018年6月26日。

形也逐渐显现，由此中国开始通过对原税收协定补充签订议定书的形式来增设防止税收协定滥用的条款，而后期新签订的税收协定则直接纳入反税收协定滥用的条款。比如中韩税收协定即采用了补签议定书的方式，而中国—智利双边税收协定则是直接在协定中规定了反滥用协定条款。

二、参加《多边税收征管互助公约》

《多边税收征管互助公约》(*The Multilateral Convention on Mutual Administrative Assistance in Tax Matters*，以下简称《公约》)是一项旨在通过开展国际税收征管协作，打击跨境逃、避税行为，维护公平税收秩序的多边条约。该公约最早由欧洲委员会和经合组织于1988年1月25日在法国斯特拉斯堡共同制定，起初公约只对欧洲理事会和经合组织的成员国开放。美国金融危机之后，国际社会高度重视税收征管协作，2009年4月，二十国集团伦敦峰会呼吁采取行动，打击国际逃避税，2010年5月，经合组织与欧洲理事会通过议定书形式对《公约》进行了修订。修订后的公约于2011年6月1日开始生效，并向所有国家开放，而不再局限于欧洲理事会和经合组织的成员国。中国于2013年8月27日加入了该公约，2016年2月1日公约开始对我国生效，2017年1月1日正式执行。①

公约是全球第一个多边税收公约，在国际税收协调的历史上无疑是具有划时代意义的国际公约，也是中国参加的第一个国际税收公约。中国的对外税收协调从此开启了从双边迈向多边的历史！该公约的内容除了适用范围、定义、语言、生效等基本规定以外，主要规范了税收征管协助的各种形式，包括税收情报交换、税款追缴协作和文书送达等，其中税收情报交换依然是核心内容。

根据《公约》的规定，在公约涵盖的税种范围内，凡是与缔约方运用或实施相关国内法有可预见相关性的情报，各缔约方均应进行交换。《公约》将税收情报交换分为专项情报交换、自动情报交换、自发情报交换、同期税务检查、境外税务检查以及内容矛盾的情报交换等方式分别加以规定。在双边税收情报交换中，专项税收情报交换或经缔约对方请求的税收情报交换是主要的交换方式，而《公约》吸收了国际社会对于税收情报交换的新标准，将自动情报交换作为了核心的交换方式，这也可以说是《公约》对税收情报交换规定的一大亮点。所谓自动情报交换，即是指缔约各方按照事先约定的时间、方式和程序自动批量交换规定范围内的税收情报。

为了配合《公约》在中国的执行，国家税务总局于2016年1月18日专门发布了文号为“国家税务总局公告2016年第4号”的《关于〈多边税收征管互助公约〉生

① 国家税务总局网站，http://www.chinatax.gov.cn/n810341/n810770/index.html，下载日期：2018年6月26日。

效执行的公告》。[①] 该公告第1条即明确指出公约在我国的适用税种范围,《公约》适用于根据我国法律由税务机关征收管理的税种,具体包括:企业所得税、个人所得税、城镇土地使用税、房产税、土地增值税、增值税、营业税、消费税、烟叶税、车辆购置税、车船税、资源税、城市维护建设税、耕地占用税、印花税、契税。由此可以看出,公约适用的税种范围几乎涵盖了我国除关税以外的其他所有税种,这和双边税收协定主要只适用所得税的规定有很大的不同。

公告还规定现阶段我国与其他缔约方的税收征管协助形式为税收情报交换,具体要求按照《国家税务总局关于印发〈国际税收情报交换工作规程〉的通知》(国税发〔2006〕70号)规定执行。

依据《公约》第30条保留的内容规定,任何签署或参加公约的国家,均可对公约适用的税种范围、税款追索和文书送达等内容提出保留。因此,中国在参加公约时,也对相关内容提出了保留,并在有关公约生效执行的"国家税务总局公告2016年第4号"文中明确说明:"以下事项属于《公约》批准书中我国声明保留内容:(一)对上述税种以外的税种,不提供任何形式的协助;(二)不协助其他缔约方追缴税款,不协助提供保全措施;(三)不提供文书送达方面的协助;(四)不允许通过邮寄方式送达文书。"

因此,我们可以看到,《多边税收征管互助公约》在我国的执行,实质上其核心内容主要在于税收情报交换的实施,而具体实施方式按照前述国税发〔2006〕70号文中有关《国际税收情报交换工作规程》的规定执行。

三、参与《金融账户涉税信息自动交换多边主管当局间协议》

《多边税收征管互助公约》虽然确定了自动情报交换作为国际税收情报交换的新标准,但这一新标准如何有效实施,还存在许多具体问题需要加以明确规范。2012年6月,OECD向二十国集团(G20)提交了一份关于自动情报交换的报告,全面论述了实施这一交换的关键性问题以及可采取的国际协调措施。在获得G20认可后,于2013年9月G20圣彼得堡峰会上,税收情报自动交换被正式确立为国际税收征管协作中的一项新的全球标准。2014年7月15日,OECD受G20之托完成并发布了《金融账户涉税信息自动交换标准》(*Standard for Automatic Exchange of Financial Account Information in Tax Matters*)。该标准的主体内容包含"主管当局间协议范本"(CAA)和"统一报告标准"(CRS)两部分。主管当局间协议范本是规范各国(地区)税务主管当局之间开展金融账户涉税信息自动交换的操作性文件,以互惠型模式为基础,分为双边和多边两个版本;统一报告标准规

① 国家税务总局网站,http://www.chinatax.gov.cn/n810341/n810755/c2004626/content.html,下载日期:2018年6月26日。

定了金融机构收集和报送外国税收居民个人和企业账户信息的相关要求和程序。为了保障新标准的有效实施，OECD于2014年12月13日发布《金融账户涉税信息自动交换之多边政府间协议》(*Multilateral Competent Authority Agreement on Automatic Exchange of Financial Account Information*)，截至2016年6月30日，已有101个国家(地区)承诺实施“标准”，共有96个国家(地区)正式签署了该协议，[①]我国也于2015年12月16日签署参加了该协议。

该协议规定了定义、需报送账户的信息交换、信息交换的时间和方式、合规与执行的合作、保密与数据保护、协商与修订、本协议的期限和协调机构秘书处共八章的内容。

根据“标准”开展金融账户涉税信息自动交换，首先由一国(地区)金融机构通过尽职调查程序识别另一国(地区)税收居民个人和企业在该机构开立的账户，按年向金融机构所在国(地区)主管部门报送账户持有人名称、纳税人识别号、地址、账号、余额、利息、股息以及出售金融资产的收入等信息，再由该国(地区)税务主管当局与账户持有人的居民国税务主管当局开展信息交换，最终为各国(地区)进行跨境税源监管提供信息支持。

中国加入该多边协议之后，国家税务总局于2016年6月和2017年5月先后发布了《关于完善关联申报和同期资料管理有关事项的公告》(国家税务总局公告2016年第42号)和《非居民金融账户涉税信息尽职调查管理办法》(国家税务总局2017年第14号公告，该管理办法被称为中国版的CRS)，初步完成了国际规则在我国落地的重要一步。根据管理办法和相关实施时间安排，2017年7月1日，金融机构开始对新开立的个人和机构账户开展尽职调查；2017年12月31日前，金融机构完成对存量个人高净值账户(截至2017年6月30日金融账户加总余额超过100万美元)的尽职调查；2018年5月31日前，金融机构报送信息；2018年9月，国家税务总局与其他国家(地区)税务主管当局第一次交换信息；2018年12月31日前，金融机构完成对存量个人低净值账户和全部存量机构账户的尽职调查。此外，管理办法还对金融账户涉税信息尽职调查和信息报送工作的主体、报送对象、报送内容和报送程序都一一作了详细的规定。

四、签署《实施税收协定相关措施以防止税基侵蚀和利润转移的多边公约》

迄今为止，国际社会关于防止国际逃避税的措施，除了前述多边税收征管互助和CRS的实施以外，最为引人瞩目的即是被称为“BEPS行动计划”的国际反逃避税活动。BEPS是Base Erosion and Profit Shifting的英文缩写，翻译成中文是“税

① 《金融账户涉税信息自动交换》，载http://www.chinatax.gov.cn/aeoi_index.html，下载日期：2018年7月6日。

基侵蚀和利润转移”，是指利用税收规则存在的漏洞和不匹配人为将利润转移至仅有少量或没有经济活动的免税或低税地区，导致少缴或者总体上不缴纳公司税的税收筹划安排。[①] 有鉴于经济全球化背景下，跨国企业从事BEPS的现象愈演愈烈，有害税收竞争对各国经济都造成了极大的威胁，OECD和G20联手出击，于2013年在圣彼得堡峰会启动实施BEPS国际税收改革项目，旨在修改国际税收规则，遏制跨国企业规避全球纳税义务侵蚀各国税基的行为。BEPS行动计划的出炉是对国际税收规则体系实施百年来最为重大的一次重塑，标志着一个世纪以来国际税收规则体系正在发生根本性变革。

由34个OECD成员国、8个非OECD的G20成员国和19个其他发展中国家共计61个国家共同参与的BEPS行动计划（也被称为BEPS项目），经过24个月紧锣密鼓的工作，在整合2014年9月发布的BEPS项目首批7项产出成果的基础上，于2015年10月5日发布了BEPS项目全部15项产出成果。这些成果2016年10月8日于G20财长与央行行长会议审议通过，并提交G20安塔利亚峰会由各国领导人背书。2017年6月7日，《实施税收协定相关措施以防止税基侵蚀和利润转移（BEPS）的多边公约》首次联合签字仪式在法国巴黎OECD总部举行，67个国家和地区的政府代表共同签署了该公约，中国政府也在此次仪式上签署了该项公约。

BEPS公约除序言外，规定了共7章39条的内容。公约序言开宗明义地写道：“本公约各缔约方，考虑到激进的国际税收筹划人为将利润转移至免税或低税地区，导致了政府公司税收的大量流失；意识到税基侵蚀和利润转移（以下称“BEPS”）问题对于工业化国家、新兴经济体和发展中国家都已迫在眉睫；认识到确保利润在产生利润的实质经济活动发生地和价值创造地征税的重要性；欢迎在经济合作与发展组织/二十国集团BEPS项目下制定的应对措施（以下称“OECD/G20 BEPS应对措施”）；注意到OECD/G20 BEPS应对措施包含了与税收协定相关的措施，以应对混合错配安排、防止协定滥用、解决人为规避常设机构构成问题并改进争议解决机制；意识到有必要确保税收协定相关BEPS措施在多边框架下迅速、协调、一致地实施；注意到有必要确保将避免双重征税协定的目的理解为消除对协定适用税种的双重征税，同时不为通过逃税或避税（包括意在使第三方管辖区居民间接享受协定优惠的协定套用安排）导致的不征税或少征税创造机会；认识到有必要建立一个有效机制，以同步、高效地在现有避免双重征税协定网络中作出已达成共识的修改，无需逐一开展双边谈判修订协定；达成协议如下：……”。从中

① 《〈实施税收协定相关措施以防止税基侵蚀和利润转移的多边公约〉的解释性声明》，第1页；载http://www.chinatax.gov.cn/n810341/n810770/c2672578/content.html，下载日期：2018年7月10日。

我们可以看到，BEPS公约致力于在全球范围内对国际逃避税采取有效遏制措施；这些措施包括应对混合错配安排、防止协定滥用、解决人为规避常设机构构成问题及争议解决机制的完善等内容；而所有这些措施的实施都涉及避免双重税收协定的修订和完善；为了使现有避免双重税收协定网络的重新修订更加高效和同步，无须再逐一开展双边谈判修订协定，从而达成该多边公约。因此，我们完全可以这样认为，签署BEPS公约的实质是使现有国际税收秩序从双边迈向了多边。如果说《多边税收征管互助公约》和CRS的实施，还只是国际税收领域中的局部问题在多边之间进行协调的话，BEPS公约则几乎使国际税收协调的全部问题都进入了多边规范。国际社会一直以来梦寐以求达成全球多边税收公约的理想终于实现！尽管BEPS公约的规范尚有许多缺口和可以保留的条款，公约本身也还未正式生效执行，距离公约的有效实施还有较长的一段路要走，但这都完全不影响我们对BEPS公约的肯定。国际税收协调在此达到了一个前所未有的高峰！

从BEPS行动计划，到BEPS 7项产出成果再到BEPS 15项产出成果，最后到BEPS行动计划的最终成果BEPS公约的达成和签署，这一路走来，实际上中国政府从一开始就以OECD合作伙伴身份全程平等参与了BEPS行动计划，为BEPS行动计划的全面推进做出了巨大贡献。为了做好BEPS工作，国家税务总局专门成立了G20税制改革工作领导小组，制订工作方案，明确职责分工、时间表和路线图，全面推进此项工作。国家税务总局还派员担任BEPS指导委员会委员，和其他委员一起设计、监督和审议各项行动计划方案、进程和成果。2013年至2015年，中国国家税务总局共参加BEPS相关会议86次，向OECD提交我国立场声明和建议1000多条，其中很多意见得到采纳并体现在最终成果中，为该项目所遵循的核心原则的确立和各项成果顺利完成作出了重要贡献，也为发展中国家和新兴经济体提升规则制定的话语权、维护税收权益发挥了独特作用。

同时，为深入研究和应用BEPS成果，国家税务总局在2014年和2015年报告完成之后，及时取得OECD授权，迅速组织各项成果报告的翻译工作，在OECD发布英文版后的第一时间在国家税务总局网站发布了报告的中文版。此外，中国国家税务总局高度重视BEPS成果在国内层面的转化。近年来，国家税务总局出台了《一般反避税管理办法（试行）》（2014年国家税务总局令第32号）、《关于非居民企业间接转让财产企业所得税若干问题的公告》（国家税务总局公告2015年第7号）、《国家税务总局关于修改〈非居民企业所得税核定征收管理办法〉等文件的公告》（国家税务总局公告2015年第22号）、《国家税务总局关于非居民企业所得税源泉扣缴有关问题的公告》（税务总局公告2017年第37号）等强化反避税管理的规章和规范性文件，并在2015年我国与智利新签署的避免双重征税协定中加入了反协定滥用条款。尤其是《一般反避税管理办法（试行）》的出台，在我国的税收法律制度中第一次使用了"避税"和"反避税"等字眼，这意味着我国税收法律制度第一次正面确认了"避税"的非法性和"反避税"的正当性，具有重要的法律意义。此外，中国国家税务总局目前正在全面修订《特别纳税调整实施办法》，这将是我国全面借鉴BEPS最新研究成果，并结合我国实际制定的反避税操作指南。①

五、小　结

解决国际重复征税问题是国际税收协调的初衷和主要目的，而反逃避税则是国际税收协调的另一重要任务和长远目标。但较长时期以来，由于国际合作的复杂性和各国税收利益的不可调和性，国际反逃避税工作以各国国内法措施为主，其效果自然大打折扣。美国金融危机以后，国际社会达成共识，国际反逃避税必须由国际社会共同采取措施才能达到预期的目的。因此，近一二十年来，国际反逃避税浪潮蓬勃发展，国际反避税合作也硕果累累；同时，这也是中国参与国际税收协调最为成熟稳定的时期，中国改革开放的经济发展亦面临着国际逃避税的危害。因此，积极参与到国际反逃避税的洪流之中是我们的应然之选。无论是《多边税收征管互助公约》的参加，还是CRS的实施，以及BEPS公约的签署，中国都是积极的参与者和支持者；在未来的国际反逃避税合作中，我们更会是国际反逃避税措施的执行者和引领者。我们也必须认识到，积极参与和引领国际反逃避税的洪流，这不仅有涉我国的大国形象，更关涉中国改革开放胜利成果的维护与保障。因此，中国积极融入国际反逃避税的浪潮，不仅是国际税收协调的发展趋势所致，也是我们实施改革开放政策，参与国际经济一体化的必然选择。

第四节　中国国际税收协调的未来展望

经过改革开放近40年的发展，中国的国际税收法律制度从无到有，从弱小到强大，已基本建立起了自己较为完整的国际税收法律制度体系。但放眼未来，我们仍然任重而道远，尚有许多艰巨的任务与责任需要我们去一一践行。比如，"一带一路"倡议背景下的国际税收如何协调、国际税收的诸多新规则如何实施以及如何加强中国在国际税收协调中的主体地位等问题，这都需要我们加大马力去努力研究和一一落实。

---

① 《国家税务总局发布OECD/G20税基侵蚀和利润转移项目2015年最终报告中文版》，http://www.chinatax.gov.cn/n810219/n810724/c1836574/content.html，下载日期：2018年7月8日。

一、"一带一路"倡议下的国际税收协调

"一带一路"倡议无疑是我国未来相当长一个历史时期对外经济发展的重要引领，如何保障"一带一路"的顺利发展，税收协调占据着无可置疑的重要一席。近年来，学界也有较多关于"一带一路"倡议下国际税收协调的探讨和研究，这些研究为"一带一路"经济背景下国际税收协调的发展提供了思路和指引。[①] 但我们也同时注意到，这些研究大多还是浮于表面的泛泛而谈，深入细致的进一步深化研究并不多。因此，未来迫切需要对"一带一路"倡议背景下的国际税收协调进行更为深入细致的具体制度和国别研究。

虽然不少学者力主应该对"一带一路"倡议实行顶层设计，建立"一带一路"区域经济圈并实施统一的税收制度和争议解决机制等，这些思路不可否认具有其独特的优越性。但考虑到"一带一路"沿线国家众多，地缘辽阔，国情复杂，经济发展水平悬殊，法律制度各异，要建立和形成统一的区域经济圈难度较大，目前较为现实和稳妥的办法还是双边协调。实际上，最近几年我们针对"一带一路"沿线国家的税收协调也正是沿着这个路径进行的。

虽然"一带一路"沿线国家大部分与我国已经签署了双边税收协定，但这些税收协定多数都签订于20世纪八九十年代，如斯洛伐克、波兰、保加利亚、乌兹别克斯坦、塞尔维亚等等。这些协定内容已较为陈旧，缔约双方的政治经济形势等都发生了较大的变化，协定内容已难以符合飞速发展的现实经济需要。另外还有少数国家尚未与我国签订双边税收协定，必须加快和这些国家进行税收协定谈签的进程，这样才能很好地服务和适应"一带一路"发展。国家税务总局国际税务司的领导也曾在多种场合表示：未来，我们将积极服务"一带一路"等对外开放战略，加快税收协定谈签和修订进程，为跨国纳税人构建更加全面的协定网络；将深入开展对我国主要投资目的地国家税收政策和征管制度的研究，提供更加优质的国外税收政策咨询服务。[②] 实际上，2013年以后，我们确实加快了和"一带一路"沿线国家税收协定谈签的进程。2014年与德国、俄罗斯签订全面修改后的双边税收协定，2015年与智利、津巴布韦和印度尼西亚签订双边税收协定，2016年与罗马尼亚、波

---

① 宗禾：《税收协定服务"一带一路"战略实施》，载《中国财经报》2015年5月28日；杨志勇：《实施"一带一路"战略的财税政策研究》，载《税务研究》2015年第6期；漆彤：《"一带一路"战略的国际税法思考》，载《税务研究》2015年第6期；朱宝琛：《实施税收"一带一路"发展战略促进企业"走出去"》，载《证券日报》2016年2月3日；王文静、赖泓宇：《"一带一路"战略的国际税收协调》，载《国际税收》2016年第4期；金亚萍：《通过国际税收协调落实"一带一路"战略的路径选择》，载《经济研究参考》2017年第6期等。

② 廖体忠：《积极参与规则制定 主动服务对外开放》，载《中国税务报》2016年1月6日，第A02版。

兰、马来西亚、柬埔寨和巴基斯坦签订双边税收协定，2017年与肯尼亚签订双边税收协定。不过需要注意的是，在今后我们已经加入BEPS公约的背景之下，双边税收协定的谈签和修订过程中一定要注意和公约规定的契合。如果缔约对方也已经加入了BEPS公约，则双边税收协定的谈签或修订都最好按照公约的要求和规范进行；如果缔约对方没有参加BEPS公约，则在双边税收协定的谈签或修订过程中，要充分评估和衡量是否应该引入公约的相关规定。

此外，经常性地召开"一带一路"国际合作高峰论坛、开展多边税务专题培训和交流研讨、加强国别研究、收集税收信息、编写国别投资涉税指南、推动税收领域高层互访、建立重点国家税务部门常态化合作机制、促进国际税收征管合作、帮助沿线发展中国家提升税收征管能力等，都是我们未来税收工作的重点和要点。

据最新消息，2018年5月14日，以"共建'一带一路'：税收协调与合作"为主题的国际税收合作会议在哈萨克斯坦首都阿斯塔纳举行，这次会议由哈国家收入委员会、中国国家税务局、OECD共同举办，来自50多个国家（地区）和国际组织的200多名代表参会。[①] 经过为期三天的会议，与会各方就税收合作机制、税收法治、纳税服务、税收争端解决和各国税收能力建设等议题深入交换了意见并达成共识，联合发布了《阿斯塔纳"一带一路"税收合作倡议》；同时，与会各方均对此次会议给予了极高的评价。如中国国家税务总局局长王军表示，建设"一带一路"国家和地区税收合作长效机制，是完善国际税收治理的务实之举，是持续优化营商环境的务实之举，也是促进世界经济发展的务实之举；各方应以丝路精神为指引，聚焦实现更加深入、更加全面、更加多元、更高层次的"一带一路"税收合作目标，共同推动沿线国家和地区实现共赢共享发展。哈副总理叶尔波拉特·多萨耶夫在致辞时表示，"一带一路"倡议与哈"光明之路"新经济政策深入对接，有效促进了哈经济社会发展，本次会议将为倡议参与国带来更广阔的发展空间。哈财政部长苏丹诺夫指出，各国都可以借助"一带一路"倡议推动本国经济发展，从中受益；哈作为倡议的重要参与者，将进一步促进贸易便利化，创造更好的营商环境。OECD副秘书长河野正道在致辞时表示，此次"一带一路"税收合作会议有里程碑意义，将加强参与国家及地区之间的税收交流与合作，助力经济的可持续和包容性发展。[②]

总之，我们完全有理由相信，"一带一路"倡议下的国际税收协调不仅对沿线国家经济的发展，乃至对带动全球经济的共同发展都将会产生不可估量的影响，同时对促进沿线国家税收法治的建设，提高税收征管能力，提升税收争端解决机制的效

① 《构建"一带一路"税收国际合作长效机制》，http://www.sohu.com/a/234054636_611489，下载日期：2018年7月19日。

② 《"一带一路"税收合作会议在阿斯塔纳开幕》，https://www.dzwww.com/xinwen/guojixinwen/201805/t，下载日期：2018年7月19日。

率等都会产生积极的作用。

二、国际税收新规则的落地实施

随着诸多国际税收公约的签署，国际税收新规则的实施必将是我国未来相当长一段时期税收工作的重点和难点。由于《多边税收征管互助公约》相对签署的时间更早，我们已经经历了一个相应的适应期，因此其执行的难度相对不大。但CRS的实施，BEPS公约的生效和执行等都面临着前所未有的难度和挑战，而CRS的实施，本身也是《多边税收征管互助公约》的具体落实。因此，我国未来涉及国际税收新规则的实施，主要体现在CRS的落实和BEPS公约的生效与执行两个方面。

根据中国的承诺和CRS实施的时间表，2018年9月，国家税务总局与其他国家（地区）税务主管当局将进行第一次信息交换；2018年12月31日前，金融机构将完成对存量个人低净值账户和全部存量机构账户的尽职调查。为此，国家税务总局联合财政部、中国人民银行、银监会、证监会和保监会于2017年5月发布了2017年第14号公告，宣布《非居民金融账户涉税信息尽职调查管理办法》于2017年7月1日起正式施行。本办法一共规定了7章44条，除总则与附则外，主要规定了基本定义、个人账户尽职调查、机构账户尽职调查、其他合规要求和监督管理等诸多内容。

为了进一步明确中国版CRS的落地实施，2018年1月，中国人民银行、国家税务总局和国家外汇管理局联合发布了《银行业存款类金融机构非居民金融账户涉税信息尽职调查细则》；同时，国家税务总局会同银监会、证监会和保监会下发的《非居民金融账户涉税信息报送规范》也已正式实施；此外，CRS涉税数据服务平台也于2017年12月19日在国家税务总局门户网站正式上线。① 上述一系列“组合拳”的连续出台，表明我国在履行金融账户涉税信息自动交换国际义务方面力求稳扎稳打，措施得力，成效显著。

在BEPS公约的生效和执行方面，更是有漫长的路等待着我们去走。按照公约第34条生效的规范，公约将于交存第五份批准书、接受书或核准书之日起满三个公历月后的次月第一日生效。一旦公约生效，接下来面临的就是如何正确执行公约的问题。

BEPS公约的执行，首先涉及涵盖哪些税收协定的问题。据中国政府向OECD提交的清单，中国明确涵盖的税收协定有101个，只有中国与智利、印度，内地与香港、澳门，大陆与台湾的双边税收协定或类似安排不包括在涵盖的税收协定

---

① 《全球征税CRS申报平台已经上线 大陆9月份自动交换》，http://www.sohu.com/a/232477169-295978，下载日期：2018年7月20日。

中,除去港澳台地区,实际上我们目前对外签订的103个双边税收协定中,只有智利和印度两个主权国家的双边税收协定没有涵盖,但智利和印度提交的涵盖清单中包括了和中国政府签订的双边税收协定。[①] 其次,防止协定滥用是BEPS公约要求的最低标准之一,中国也已承诺要就此目的和内容着手修订首批49个双边税收协定,这些协定包括中国主要的OECD贸易伙伴国和"一带一路"沿线大多数国家。更新后的税收协定不仅将在协定的序言部分明确,税收协定的目的除了消除重复征税以外,还意在防止通过逃避税行为导致的不交税或少交税;同时还将在协定中规定采用主要目的测试法作为实质性技术规则方案来防止税收协定被滥用。此外,关于股息享有预提税优惠待遇中国采用了持股期限为1年的最低标准。再次,对于规避常设机构的问题,中国和11个欧盟成员一样选取了不对协定中的常设机构条款给予修订,这主要是考虑中国对外双边税收协定中有关常设机构的规范早已经采取了联合国范本和经合组织范本注释中对规避常设机构的解释,其已符合BEPS公约的相关规定。复次,关于消除混合错配影响,考虑到相关措施并非BEPS行动计划要求的最低标准,所以中国并未选择对透明实体适用消除混合错配安排的相关条款。但是,对于除个人以外的成为双重居民的税收居民,中国选择实施新的"加比规则",即按照"永久性住所—重要利益中心—习惯性居所—国籍"的顺序逐条判断税收居民身份,以代替原先的实际管理机构所在地标准。并且,若缔约管辖区各方主管当局,未能通过相互协商就该居民身份达成一致的,则该居民不能享受税收协定下的待遇。最后,在改进争议解决机制方面,中国已经表示不会采纳OECD协定范本2014年版第25条相互协商程序第1款的规定,即纳税义务人可在收到通知起3年内,将案情提交缔约任一方主管当局,而是只允许纳税义务人将案情提交至该纳税义务人为其居民的缔约方的主管当局。中国采纳了《实施税收协定相关措施以防止税基侵蚀和利润转移的多边公约》第17条相应调整的规定,如果主管当局认为该项调整是合理的,则应当作出适当的相应调整。中国不采纳有关强制性约束力的仲裁条款。[②]

三、加强中国在国际税收协调中的主导地位

长期以来,国际税收协调都是以发达国家,特别是OECD国家为主导的,中国一直处于被动跟随的地位。这主要是由我们过去在国际经济中的地位所决定的。但随着中国经济的迅速发展,在国际税收领域,我们也开始逐步引领世界,走在了

---

① 柴生伟:《执行〈BEPS公约〉的中国方案》,http://www.ctaxnews.com.cn/2018-06/28/content_335283.html,2018-7-22。

② 有关中国执行BEPS公约的相关内容,均参见柴生伟的《执行〈BEPS公约〉的中国方案》一文。

前列。作为一个负责任的大国，我们必须加强在国际税收协调中的主体地位并扮演好这个角色，这不仅是由我国在国际经济中的地位所决定的，也是我们作为发展中国家的领头羊这个角色所必须肩负的责任与义务。

实际上，党的十八大以来，习近平主席多次就做好国际税收工作发表重要讲话，作出重要指示。早在2013年G20圣彼得堡峰会上，习近平就指出，“中国支持加强多边反避税合作，愿为健全税收国际治理机制尽一份力”；2014年的布里斯班G20峰会，习近平又提出“强化全球税收合作，打击国际逃避税，帮助发展中国家和低收入国家提高税收征管能力”三点新主张。遵照习近平主席的指示，中国政府在最近几年的国际税收协调实践中，积极参与全球税收对话与合作，为国际税收新规则的制定贡献中国智慧、中国力量。特别是在这次BEPS行动计划中，中国政府紧盯这一有利契机，不断创新理念，推介中国方案，将中国方案积极融入国际税收新规则。

在整个BEPS行动计划期间，我国国家税务总局以OECD合作伙伴身份全程参与BEPS项目，参加相关会议和谈判百余次，向OECD提交立场声明和意见千余条，主导提出的“利润应在经济活动发生地和价值创造地征税”成为BEPS的指导原则，为维护发展中国家利益和促进各项成果的顺利完成做出了重要贡献。[①] 此外，税务总局与联合国(UN)、经济合作与发展组织(OECD)、国际货币基金组织(IMF)等25个国际组织建立合作关系，为国际经济合作做出积极贡献；与“一带一路”沿线国家建立双边税收合作机制，全力服务对外开放；签署《金砖国家税务合作备忘录》，将金砖国家税收领域合作上升至制度层面；作为BEPS多边协议工作组第一副主席国，中国积极参加多边税收协调及多边协议的起草、谈判与签署；以联合国国际税收合作专家委员会委员身份参与《联合国税收协定范本》修订，以及《联合国发展中国家转让定价实用手册》的编纂；以副主席国身份参与税收信息交换全球论坛有关工作，在国际税收规则体系重塑中持续发挥重要作用。[②] 正如国家发改委国际合作中心战略研究处处长盛思鑫所说：“我国国际税收管理实现了从涉外税收—国际税收—国际税收升级版的‘三级跳’，成为我国整体税收工作的重要组

---

① 《深度参与国际税收改革 书写大国税务责任担当——党的十八大以来国际税收改革发展综述》，http://www.gov.cn/zhuanti/2017-10/12/content_5231350.htm，下载日期：2018年7月28日。

② 《深度参与国际税收改革 书写大国税务责任担当——党的十八大以来国际税收改革发展综述》，http://www.gov.cn/zhuanti/2017-10/12/content_5231350.htm，下载日期：2018年7月28日。

成部分，走上了法制化、规范化道路，我国在国际税收体系中的地位显著提升”。[①] 据国家税务总局信息，截至2018年4月，中国税务部门已经与25个国际组织和区域税收组织建立合作关系，与117个国家和地区建立双边税收合作机制，与“一带一路”54个国家和地区签署了税收协定，发布了75份国别投资税收指南；2015到2017年，税务部门利用税收协定下的相互磋商机制，开展双边税收磋商211例，为“走出去”和“引进来”企业消除重复征税128.78亿元。[②]

可以预见的是，在未来相当长的历史时期里，中国政府必将持续在国际税收合作领域发挥大国作用，书写大国责任，引领国际税收协调的方向，为维护发展中国家的税收利益做出贡献。

四、小　结

虽然改革开放40年来我国的对外税收协调法律制度得到了长足的发展，但未来的路依旧任重而道远。以“一带一路”倡议背景下的国际税收协调为契机，进一步完善我国的对外税收协调法律制度是今后相当长历史时期的重要任务。在落实和实施CRS与BEPS公约的进程中，继续为国际税收关系的发展贡献中国智慧和中国力量，在国际税收领域持续引领发展中国家为维护自身的税收权益而负重前行，这都是作为大国的中国不可推卸的责任。

另外还要特别注意的是，在前述一系列国际税收合作机制中，美国政府基于其自身利益的考量，无论是《多边税收征管互助公约》，还是CRS的执行，乃至BEPS行动计划，均没有参加，而是单方面推行其《海外账户税收遵从法案》(*The Foreign Account Tax Compliance Act*，简称FATCA)。尽管美国单方推行FATCA法案引起了国际社会的反弹，但基于国际反逃避税的需要，大多数国家还是采取了与美国合作的态度。中国政府也已经承诺，将和美国就FATCA法案的签订实施双边合作协议，但目前相关协议尚未正式出台。因此，未来积极推进中美双边的税收合作，也是我们参与国际税收协调的重要组成部分。

---

① 《深度参与国际税收改革 书写大国税务责任担当——党的十八大以来国际税收改革发展综述》，http://www.gov.cn/zhuanti/2017-10/12/content_5231350.htm，下载日期：2018年7月28日。

② 《“一带一路”税收合作打破国际壁垒 助力中企出海》，http://finance.sina.com.cn/roll/2018-05-16/doc-ihapkuvm5091597.shtml，下载日期：2018年7月28日。

第八章

改革开放40年中国涉外民事诉讼管辖权制度的发展

第一节 导 论

新中国成立后，根据1949年9月29日中国人民政治协商会议第一届全体会议通过的《中国人民政治协商会议共同纲领》第17条的规定，新中国废除了国民党反动政府一切压迫人民的法律、法令和司法制度，并开始制定保护人民的法律、法令，建立人民司法制度。1949年10月1日，中央人民政府任命沈钧儒为最高人民法院院长。1950年7月14日政务院通过了《人民法庭组织通则》，中央人民政府随后于1951年颁布了《中华人民共和国人民法院暂行组织条例》，相继在全国各地建立了司法审判机构，开始审理各种民事纠纷，其中也包括涉外民事纠纷，尤其是涉外婚姻和继承纠纷。1954年，《中华人民共和国宪法》和《人民法院组织法》颁布，标志着新中国司法制度的初步建立。但是，《民事诉讼法》一直未能如期颁布。新中国初期的涉外民事审判大都依照最高人民法院及其他政府部门的批复文件和

通知处理。[①] 1957年开始的反右派运动和之后的“文化大革命”期间，公检法机关遭到破坏，我国涉外民事审判工作无法正常开展。

1978年12月18—22日，中国共产党召开第十一届三中全会，这标志着我国改革开放政策揭开序幕。1979年7月，党中央、国务院决定在深圳、珠海、汕头和厦门试办特区。1979年8月13日，国务院颁发《关于大力发展对外贸易增加外汇收入若干问题的规定》，扩大地方和企业的外贸权限，鼓励出口和办好出口特区。1980年5月16日，中共中央、国务院批准《广东、福建两省会议纪要》，正式开办“经济特区”。对外开放政策的实施带来了我国涉外民商事交往的迅速发展，也必然导致涉外民商事纠纷的大量增加，客观上促进了我国涉外民事诉讼制度的建立和完善。

1979年2月2日，最高人民法院颁布《人民法院审判民事案件程序制度的规定(试行)》，其中明确规定由中级人民法院受理“涉外的案件”。这是最高人民法院首次对涉外民事案件的管辖权限进行明文规定。

1982年3月8日，全国人大常委会颁布了《中华人民共和国民事诉讼法(试行)》[以下简称为《民事诉讼法(试行)》]，[②]其中第五编为“涉外民事诉讼程序的特别规定”，这标志着我国涉外民事诉讼制度的正式建立。不过，《民事诉讼法(试行)》第五编并没有专门规定涉外民事诉讼的管辖权。该法第185条规定：“外国人、无国籍人、外国企业和组织在中华人民共和国领域内进行民事诉讼，适用本编

---

① 例如1951年6月14日《最高人民法院华东分院关于波侨财产遗赠中国人应否有效问题的批复》、1951年8月13日《最高人民法院关于处理外侨案件应随时与当地外事部门联系的通报》、1951年9月26日《最高人民法院关于处理外侨案件如当地无外事处可就近与省(市)人民政府外事处联系处理的通报》、1953年12月4日《最高人民法院关于法院不得与外国政府直接联系的通报》、1954年6月2日《最高人民法院关于抄转中央华侨事务委员会对粤东分院处理华侨婚姻问题报告所提意见的复函》、1954年7月27日《最高人民法院关于华侨离婚处理手续问题的复函》、1955年3月25日《最高人民法院办公厅关于华侨眷属与华侨离婚问题的处理办法的复函》、1956年3月15日《最高人民法院关于林嘉秀与在美国居住的华侨康继光离婚问题的批复》、1956年10月22日《最高人民法院关于归国华侨与日籍配偶离婚问题的批复》、1957年5月4日《最高人民法院关于波兰法院对双方都居住在波兰的中国侨民的离婚判决在中国是否有法律效力问题的复函》、1958年9月5日《最高人民法院、华侨事务委员会关于修改给国外华侨的婚姻诉讼文件寄递办法的暂行规定的通知》、1962年3月24日《最高人民法院关于我国公民与外国公民离婚后的子女抚养费问题的批复》、1963年6月28日《最高人民法院关于旅居国外华侨委托他人出售国内房屋的公证认证手续问题的复函》、1963年11月25日《最高人民法院关于办理华侨转让国外财产的转让书的通知》、1963年12月9日《最高人民法院关于旅蒙华侨持我国法院离婚调解书向我国使馆申请结婚登记问题的复函》、1964年12月27日《最高人民法院关于外国人与中国公民以夫妻关系同居多年现外国人提出离婚应如何处理的批复》等。

② 中华人民共和国第五届全国人民代表大会常务委员会第二十二次会议于1982年3月8日通过，自1982年10月1日起试行。

规定。本编没有规定的，适用本法其他有关规定。”因此，涉外民事诉讼的管辖权应根据《民事诉讼法(试行)》第二章的规定予以确定。

1988年12月12日至16日，全国沿海地区涉外、涉港澳经济审判工作座谈会在广东省佛山市召开，并发布了《全国沿海地区涉外、涉港澳经济审判工作座谈会纪要》供全国各级人民法院参照执行。纪要强调了维护国家主权的原则。根据我国法律和国际条约的规定，凡是应当由我国法院管辖的案件，人民法院都必须行使司法管辖权。

1991年第七届全国人大通过的《中华人民共和国民事诉讼法》(以下简称《民事诉讼法》)[①]第四编为“涉外民事诉讼程序的特别规定”，其中新增了第二十五章“管辖”，专门对涉外民事诉讼管辖权进行了规定。其中，第243条规定了涉外合同或者其他财产权益纠纷案件的地域管辖，第244条规定了协议管辖，第245条规定了应诉管辖，第246条规定了专属管辖。

2005年11月15日至16日，最高人民法院在江苏省南京市召开了第二次全国涉外商事海事审判工作会议，并发布了《第二次全国涉外商事海事审判工作会议纪要》。该纪要对涉外商事案件的管辖权做了严格要求：“人民法院在审理国内商事纠纷案件过程中，因追加当事人而使得案件具有涉外因素的，属于涉外商事纠纷案件，应当按照《最高人民法院关于涉外民商事案件诉讼管辖若干问题的规定》确定案件的管辖。当事人协议管辖不得违反前述规定。无管辖权的人民法院不得受理涉外商事纠纷案件；已经受理的，应将案件移送有管辖权的人民法院审理。”该纪要还对外国法院和我国法院之间的平行诉讼问题做了规定，采纳了不方便法院原则，对非排他性管辖权协议的效力作了认定。

2007年，第十届全国人大常委会第三十次会议对《民事诉讼法》作了修改，第四编关于涉外民事诉讼程序的规定有所调整，其中第二十五章“管辖”改为了第二十四章，相关条文的编号分别改为第241条至第244条，但内容没有任何变化。

2012年，第十一届全国人大常委会第二十八次会议对《中华人民共和国民事诉讼法》再次进行了较大范围的修正。[②] 此次修正对第四编“涉外民事诉讼程序的特别规定”第二十四章中的管辖条款做了重要调整。该章原有的4个条文(2007年《民事诉讼法》第241～244条)，2012年第二次修正后只保留了2个条文(新法第265～266条)。其中取消了原第242条(协议管辖)，将其合并入新法第34条；取消了原第243条(应诉管辖)，将其合并入新法第127条。保留下来2条，即原第

---

① 中华人民共和国第七届全国人民代表大会第四次会议于1991年4月9日通过，自1991年4月9日起施行。

② 2012年8月31日第十一届全国人民代表大会常务委员会第二十八次会议《关于修改〈中华人民共和国民事诉讼法〉的决定》第二次修正。

241条(特别地域管辖)和第244条(专属管辖)。

这次对《民事诉讼法》的修正表明,我国立法者似乎认为涉外民事诉讼管辖权应该尽量比照国内民事诉讼管辖权制度,使国际民事诉讼管辖权规则和《民事诉讼法》中的地域管辖规则相统一,实现真正的国民待遇。这似乎又开始向1991年《民事诉讼法(试行)》的道路回归。

2012年2月1日上午,第三次全国涉外商事海事审判工作会议在海口召开。这次会议上,沈德咏常务副院长特别指出要完善涉外商事案件管辖制度。他认为,集中管辖是实施涉外商事审判精品战略的产物,客观上推进了涉外商事审判质量的提高,其历史功绩不应否认。但也要看到,随着国务院引导外资向中西部流动政策的实施、区域经济的协调发展,涉外商事案件的普遍化乃大势所趋。边境贸易的发展、境外自然人境内经济活动的频繁导致小额纠纷大量增加,当事人为小额纠纷到路途遥远的中级法院或高级法院提起诉讼成本过高,不利于保护当事人的合法权益。近年来,为适应情况的发展变化,最高人民法院通过单个审批的方式,赋予了一部分中级人民法院及个别基层法院涉外案件管辖权。完善涉外案件管辖制度,要进行一次全面的调查摸底,在充分弄清弄准情况的基础上,提出改进涉外案件集中管辖机制的具体方案。

2014年11月18日,第四次全国涉外商事海事审判工作会议在天津举行。周强院长要求各级人民法院紧密联系我国实际,深入研究自贸区建设、"一带一路"倡议实施中的法律问题,推动完善相关法律和政策,促进相关案件公正审理,不断增强我国涉外商事海事审判的国际公信力和影响力。

2015年《最高人民法院关于适用〈中华人民共和国民事诉讼法〉的解释》(以下简称为《民事诉讼法司法解释》)出台,[①]该解释第531～533条对《民事诉讼法》中有关涉外民事管辖权的内容做了补充规定。

2018年1月23日,中共中央总书记、国家主席、中央军委主席习近平主持召开中央全面深化改革领导小组会议,审议通过了《关于建立"一带一路"国际商事争端解决机制和机构的意见》(以下简称《意见》)。近日,中共中央办公厅、国务院办公厅印发了《意见》,并发出通知,要求各地区各部门结合实际认真贯彻落实。《意见》要求,国家有关部门应引导国内法学专家加强对国际商事争端解决有关问题的研究,努力形成一批有价值的研究成果,并切实做好成果转化工作。探索推进民事诉讼法、仲裁法等相关法律法规、司法解释及其他规范性文件的配套修改工作,为"一带一路"国际商事争端解决机制和机构的建立与完善提供充分的法律依据和保障。

本章试图在对40年来我国涉外民事诉讼管辖制度进行系统梳理的基础上,对

---

① 法释〔2015〕5号,最高人民法院审判委员会于2014年12月18日第1636次会议通过。

相关具体制度规则进行全面归纳总结，并提出进一步完善的意见和建议。

第二节　地域管辖权制度

一、一般地域管辖规则

一般管辖权是指法院对与本地有密切和持久联系（通常是住所在本地）的被告行使的管辖权。根据一般管辖权，法院可以审理针对住所在本地的被告的任何诉讼请求，包括与法院地完全无关的行为所引起的诉讼请求。因此，一般管辖权也被称为“全能管辖权”（all-purpose jurisdiction）。

特别管辖权是指法院根据被告与法院地之间的特殊联系而行使的管辖权。根据特别管辖权，法院仅能就与该特殊联系有关的诉讼请求行使管辖权。

一般管辖权通常是根据被告住所（或经常居所）这一联系因素确立的管辖权，而特别管辖权则是根据其他联系因素确立的管辖权，比如财产所在地、行为地等。之所以各国都接受原告就被告原则，因为原告是诉讼中的“进攻方（aggressor）”，是打破现状的人，根据“被告可比其进攻方要求更多保护”的一般规则，原告可在能够直接执行其期待的判决利益的法院起诉，而被告的利益是在对其及其证人便利的法院进行诉讼，被告的此项利益应优先于原告。①

我国《民事诉讼法》也采用“原告就被告原则”作为一般管辖原则。在判断被告的住所地时，通常依照法院地法。我国《民事诉讼法》第21条规定：“对公民提起的民事诉讼，由被告住所地人民法院管辖；被告住所地与经常居住地不一致的，由经常居住地人民法院管辖。对法人或者其他组织提起的民事诉讼，由被告住所地人民法院管辖。同一诉讼的几个被告住所地、经常居住地在两个以上人民法院辖区的，各该人民法院都有管辖权。”最高人民法院《民事诉讼法司法解释》第3条规定：“公民的住所地是指公民的户籍所在地，法人或者其他组织的住所地是指法人或者其他组织的主要办事机构所在地。法人或者其他组织的主要办事机构所在地不能确定的，法人或者其他组织的注册地或者登记地为住所地。”该解释第4条规定：“公民的经常居住地是指公民离开住所地至起诉时已连续居住一年以上的地方，但公民住院就医的地方除外。”

---

① ［美］阿瑟·冯迈伦：《国际私法中的司法管辖权之比较研究》，李晶译，法律出版社2015年版，第133页。

二、特别地域管辖规则

特别管辖权是指不是根据被告住所，而是根据其他特别连结因素(specific contacts)对案件行使的管辖权。特别管辖权通常根据法律纠纷的不同类型而定。根据我国法律的规定，我国法院针对以下不同纠纷，可以依据以下不同连结因素确定管辖权：

1.合同纠纷

(1)合同签订地在中国领域内的，由合同签订地人民法院管辖(《民事诉讼法》第265条)；

(2)合同履行地在中国领域内的，由合同履行地人民法院管辖(《民事诉讼法》第265条)；合同约定履行地点的，以约定的履行地点为合同履行地。合同对履行地点没有约定或者约定不明确，争议标的为给付货币的，接收货币一方所在地为合同履行地；交付不动产的，不动产所在地为合同履行地；其他标的，履行义务一方所在地为合同履行地。即时结清的合同，交易行为地为合同履行地。合同没有实际履行，当事人双方住所地都不在合同约定的履行地的，由被告住所地人民法院管辖(《民事诉讼法司法解释》第18条)；

(3)诉讼标的物在中国领域内的，由诉讼标的物所在地人民法院管辖(《民事诉讼法》第265条)；

(4)被告在中国领域内设有代表机构的，由代表机构所在地人民法院管辖(《民事诉讼法》第265条)；

(5)被告在中国领域内有可供扣押的财产的，由可供扣押的财产所在地人民法院管辖(《民事诉讼法》第265条)；[①]

(6)保险合同，由保险标的物所在地人民法院管辖(《民事诉讼法》第24条)；因财产保险合同纠纷提起的诉讼，如果保险标的物是运输工具或者运输中的货物，可以由运输工具登记注册地、运输目的地、保险事故发生地人民法院管辖。因人身保险合同纠纷提起的诉讼，可以由被保险人住所地人民法院管辖(《民事诉讼法司法解释》第21条)；

(7)铁路、公路、水上、航空运输和联合运输合同纠纷案件，由运输始发地、目的地人民法院管辖(《民事诉讼法》第27条)；

(8)财产租赁合同、融资租赁合同以租赁物使用地为合同履行地。合同对履行

---

① 根据最高人民法院《涉外商事审判实务问题解答(讨论稿)》，采用"可供扣押财产地"行使管辖权时，人民法院应当查实有关财产确实是被申请人所有的财产。独资公司、合作合资公司中的股权、知识产权以及到期债权都可作为可供扣押的财产。根据最高人民法院《第二次全国涉外商事海事审判工作会议纪要》第3条，一方当事人以外国当事人为被告向人民法院起诉，该外国当事人在我国境内设有"三来一补"企业的，应认定其在我国境内有可供扣押的财产。

地有约定的，从其约定(《民事诉讼法司法解释》第19条)；

(9)以信息网络方式订立的买卖合同，通过信息网络交付标的的，以买受人住所地为合同履行地；通过其他方式交付标的的，收货地为合同履行地。合同对履行地有约定的，从其约定(《民事诉讼法司法解释》第20条)；

(10)海上运输合同纠纷案件，如果转运港在中国领域内，也可以由转运港所在地海事法院管辖(《海事诉讼特别程序法》第6条第2款第2项)；

(11)因海船租用合同纠纷提起的诉讼，如果交船港、还船港、船籍港所在地在我国领域内，可以由交船港、还船港或船籍港所在地海事法院管辖(《海事诉讼特别程序法》第6条第2款第3项)；

(12)因海上保赔合同纠纷提起的诉讼，如果保赔标的物所在地或事故发生地在我国领域内，可由保赔标的物所在地或事故发生地海事法院管辖(《海事诉讼特别程序法》第6条第2款第4项)；

(13)因海船的船员劳务合同纠纷提起的诉讼，如果原告住所地、合同签订地、船员登船港或离船港所在地在我国领域内，可由原告住所地、合同签订地、船员登船港或离船港所在地海事法院管辖(《海事诉讼特别程序法》第6条第2款第5项)。

2.物权纠纷

(1)诉讼标的物在中国领域内的，由标的物所在地人民法院管辖(《民事诉讼法》第265条)；

(2)被告在中国领域内有代表机构的，由代表机构所在地人民法院管辖(《民事诉讼法》第265条)；

(3)被告在中国领域内有可供扣押的财产的，由可供扣押的财产所在地人民法院管辖(《民事诉讼法》第265条)；

(4)因海船的船舶所有权、占有权、使用权、优先权纠纷提起的诉讼，如果船舶所在地、船籍港所在地在我国领域内，可由船舶所在地或船籍港所在地海事法院管辖(《海事诉讼特别程序法》第6条)；

(5)因海事担保纠纷提起的诉讼，如果担保物所在地在我国领域内，可由担保物所在地海事法院管辖；因船舶抵押纠纷提起的诉讼，如果船籍港在我国领域内，可由船籍港所在地海事法院管辖(《海事诉讼特别程序法》第6条第2款第6项)；

(6)当事人申请认定海上财产无主的案件，如果财产所在地在我国领域内，则由财产所在地海事法院管辖(《海事诉讼特别程序法》第9条第1句)。

3.侵权赔偿纠纷

(1)被告在中国领域内有代表机构的，由代表机构所在地人民法院管辖(《民事诉讼法》第265条)；

(2)被告在中国领域内有可供扣押的财产的，由可供扣押的财产所在地人民法院

院管辖(《民事诉讼法》第265条);

(3)侵权行为地(包括侵权行为实施地和侵权结果发生地)在中国领域内的,由侵权行为地人民法院管辖(《民事诉讼法》第28条、第265条);

(4)因产品、服务质量不合格造成他人财产、人身损害提起的诉讼,产品制造地、产品销售地、服务提供地、侵权行为地和被告住所地人民法院都有管辖权(《民事诉讼法司法解释》第26条);

(5)因铁路、公路、水上和航空事故请求损害赔偿提起的诉讼,可由事故发生地或车辆、船舶最先到达地,航空器最先降落地人民法院管辖(《民事诉讼法》第29条);

(6)海事侵权行为的损害赔偿,可由船籍港所在地海事法院管辖(《海事诉讼特别程序法》第6条第2款第1项);

(7)因船舶碰撞或者其他海事损害事故请求赔偿提起的诉讼,由碰撞发生地、碰撞船舶最先到达地、加害船舶被扣留地人民法院管辖(《民事诉讼法》第30条)。如果船籍港在我国领域内,也可由船籍港所在地的海事法院管辖(《海事诉讼特别程序法》第6条第2款第1项);

(8)网络著作权侵权纠纷案件,由侵权行为地或者被告住所地人民法院管辖。侵权行为地包括实施被诉侵权行为的网络服务器、计算机终端等设备所在地。对难以确定侵权行为地和被告住所地的,原告发现侵权内容的计算机终端等设备所在地可以视为侵权行为地(最高人民法院《关于审理涉及计算机网络著作权纠纷案件适用法律若干问题的解释》[①]第1条);涉及域名的侵权纠纷案件,由侵权行为地或者被告住所地的中级人民法院管辖。对难以确定侵权行为地和被告住所地的,原告发现该域名的计算机终端等设备所在地可以视为侵权行为地(最高人民法院2001年6月26日《关于审理涉及计算机网络域名民事纠纷案件适用法律若干问题的解释》第2条第1款)。

信息网络侵权行为实施地包括实施被诉侵权行为的计算机等信息设备所在地,侵权结果发生地包括被侵权人住所地(《民事诉讼法司法解释》第25条)。

4.其他财产权益纠纷

(1)诉讼标的物在中国领域内的,由诉讼标的物所在地人民法院管辖(《民事诉讼法》第265条);

(2)被告在中国领域内设有代表机构的,由代表机构所在地人民法院管辖(《民

① 根据2003年12月23日最高人民法院审判委员会第1302次会议《关于修改〈最高人民法院关于审理涉及计算机网络著作权纠纷案件适用法律若干问题的解释〉的决定》第一次修正;根据2006年11月20日最高人民法院审判委员会第1406次会议《关于修改〈最高人民法院关于审理涉及计算机网络著作权纠纷案件适用法律若干问题的解释〉的决定(二)》第二次修正。

事诉讼法》第265条)；

(3)被告在中国领域内有可供扣押的财产的，由可供扣押的财产所在地人民法院管辖(《民事诉讼法》第265条)；

(4)因票据纠纷提起的诉讼，可以由票据支付地人民法院管辖(《民事诉讼法》第25条)；

(5)因公司设立、确认股东资格、分配利润、解散等纠纷提起的诉讼，以及因股东名册记载、请求变更公司登记、股东知情权、公司决议、公司合并、公司分立、公司减资、公司增资等纠纷提起的诉讼，由公司住所地人民法院管辖(《民事诉讼法》第26条，《民事诉讼法司法解释》第22条)；

(6)因船舶碰撞或者其他海事损害事故请求损害赔偿提起的诉讼，由碰撞发生地、碰撞船舶最先到达地、加害船舶被扣留地人民法院管辖(《民事诉讼法》第30条)；

(7)因海难救助费用提起的诉讼，可以由救助地或者被救助船舶最先到达地人民法院管辖(《民事诉讼法》第31条)；

(8)因共同海损提起的诉讼，可由船舶最先到达地、共同海损理算地或航程终止地人民法院管辖(《民事诉讼法》第23条)。

5.有关身份关系的涉外民事诉讼

1982年《民事诉讼法(试行)》第21条规定："对不在中华人民共和国领域内居住的人提起的有关身份关系的诉讼，由原告户籍所在地人民法院管辖；原告的户籍所在地与居所地不一致的，由居所地人民法院管辖"。

1991年《民事诉讼法》第23条对其做了适当修改："下列民事诉讼，由原告住所地人民法院管辖；原告住所地与经常居住地不一致的，由原告经常居住地人民法院管辖：(一)对不在中华人民共和国领域内居住的人提起的有关身份关系的诉讼……"

2012年《民事诉讼法》第22条又进一步将其修改为："对不在中华人民共和国领域内居住的人提起的有关身份关系的诉讼，如果原告住所地或经常居住地在我国领域内，由原告住所地或者经常居住地人民法院管辖。"

对下落不明或者宣告失踪的人提起的有关身份关系的诉讼，如果原告住所地或经常居住地在我国领域内，由原告住所地或者经常居住地人民法院管辖(《民事诉讼法》第22条第2项)。

在国内结婚并定居国外的华侨，如定居国法院以离婚诉讼须由婚姻缔结地法院管辖为由不予受理，当事人向人民法院提出离婚诉讼的，由婚姻缔结地或者一方在国内的最后居住地人民法院管辖(《民事诉讼法司法解释》第13条)。

在国外结婚并定居国外的华侨，如定居国法院以离婚诉讼须由国籍所属国法院管辖为由不予受理，当事人向人民法院提出离婚诉讼的，由一方原住所地或者在

国内的最后居住地人民法院管辖(《民事诉讼法司法解释》第 14 条)。

中国公民一方居住在国外,一方居住在国内,不论哪一方向人民法院提起离婚诉讼,国内一方住所地人民法院都有权管辖。国外一方在居住国法院起诉,国内一方向人民法院起诉的,受诉人民法院有权管辖(《民事诉讼法司法解释》第 15 条)。

中国公民双方在国外但未定居,一方向人民法院起诉离婚的,应由原告或者被告原住所地人民法院管辖(《民事诉讼法司法解释》第 16 条)。

已经离婚的中国公民,双方均定居国外,仅就国内财产分割提起诉讼的,由主要财产所在地人民法院管辖(《民事诉讼法司法解释》第 17 条)。

三、方便法院和必要法院制度

所谓"方便法院"(forum conveniens)也称"必要法院"(forum necessitatis),是指原本对纠纷没有管辖权的法院,对于没有其他适当法院行使管辖权的案件,为了保障当事人权益,或者出于便利的考虑,可以行使管辖权。

"方便法院原则"与"不方便法院原则"是英美普通法上的概念。[①] 大陆法系国家多采用"必要法院"。例如 1987 年《瑞士联邦国际私法》第 3 条(必要管辖权)就明确规定:"如果本法未规定瑞士法院有管辖权,而诉讼在其他国家不可能进行或在外国提起诉讼不合理时,与案件有足够联系的地方的瑞士司法或行政机关对案件有管辖权。"加拿大魁北克《民法典》第 3136 条也有类似规定。欧盟 2012 年通过的《继承事项管辖权、准据法和判决承认与执行以及创设欧洲继承证书的条例》第 11 条也采纳了这一原则。

我国《民事诉讼法》第 22 条第 1 项规定:"对不在中华人民共和国领域内居住的人提起的有关身份关系的诉讼,如果原告住所地或经常居住地在我国领域内,由原告住所地或者经常居住地人民法院管辖。"该规定也体现了方便原则。而《民事诉讼法司法解释》第 13 条和第 14 条则体现了必要原则。

第三节　协议管辖制度

一、概论

我国 1982 年颁布的《民事诉讼法(试行)》并没有对涉外民事诉讼管辖问题的专门规定。但是该法第 192 条第 2 款规定:"外国企业、组织之间的经济、贸易、运输和海事中发生的纠纷,当事人按照书面协议,可以提交中华人民共和国的涉外仲

---

① [加]威廉·泰特雷:《国际冲突法》,刘兴莉译,法律出版社 2003 年版,第 534 页。

裁机构仲裁，也可以向有管辖权的人民法院起诉。”针对该条文中“书面协议”的含义，最高人民法院于1982年发布的《关于适用民事诉讼法（试行）第一百九十一条第二款和第一百九十二条第二款的两个问题的批复》[①]中指出：“《民事诉讼法（试行）》第一百九十二条第二款所规定的‘书面协议’，是兼指仲裁协议和选择司法管辖的协议。凡是我国人民法院原来没有管辖权的外国企业、组织之间的经济、贸易、运输和海事纠纷案件，双方当事人协议归我国人民法院管辖的，我国人民法院依据当事人提交的此种书面协议，取得对案件的管辖权。但是对于我国人民法院依据《民事诉讼法（试行）》第二章的规定具有法定管辖权的外国企业、组织之间的经济、贸易、运输和海事纠纷案件，只要符合《民事诉讼法（试行）》第八十一条规定的起诉条件，受诉人民法院即应受理，无须当事人提交此种选择司法管辖的书面协议。”这表明，我国1982年的《民事诉讼法（试行）》就允许当事人协议选择我国法院作为管辖法院。

1991年《民事诉讼法》正式颁布后，协议管辖制度得到进一步明确。[②] 该法第244条规定：“涉外合同或者涉外财产权益纠纷的当事人，可以用书面协议选择与争议有实际联系的地点的法院管辖。选择中华人民共和国人民法院管辖的，不得违反本法关于级别管辖和专属管辖的规定。”

2007年《民事诉讼法》修正案将第244条调整为第242条，内容没有任何变化。然而，2012年新修正后的《民事诉讼法》却删除了第242条。但这并不意味着新《民事诉讼法》不再允许涉外民事纠纷当事人协议选择法院，而是把第242条并入到新法第34条。

2012年《民事诉讼法》第34条规定：“合同或者其他财产权益纠纷的当事人可以书面协议[③]选择被告住所地、合同履行地、合同签订地、原告住所地、标的物所在地等与争议有实际联系的地点的人民法院管辖，但不得违反本法对级别管辖和专属管辖的规定。”该条与原第242条表面上大同小异，它同样保留了书面形式要件和实际联系原则，同样规定了级别管辖和专属管辖例外原则。但是认真分析的话，我们会发现这两个条款具有根本性的区别。

原第242条第一句“涉外合同或者涉外财产权益纠纷的当事人，可以用书面协议选择与争议有实际联系的地点的法院管辖”，其中没有用“人民法院”，而是用“法

---

① 最高人民法院〔1982〕法研字第18号。

② 1991年《民事诉讼法》第25条规定国内合同的双方当事人可以在书面合同中协议选择被告住所地、合同履行地、合同签订地、原告住所地、标的物所在地人民法院管辖；第244条规定涉外合同或者涉外财产权益纠纷的当事人可以用书面协议选择与争议有实际联系的地点的法院管辖。2007年修正后的《民事诉讼法》完全保留了该两条规定，只是调整了序号。

③ 《民事诉讼法司法解释》第29条规定：“民事诉讼法第三十四条规定的书面协议，包括书面合同中的协议管辖条款或者诉讼前以书面形式达成的选择管辖的协议。”

院”，这表明，当事人既可以选择中国的法院管辖(prorogation)，也可以选择外国的法院从而排除我国法院管辖权(derogation)。也就是说，原第242条是一条双边指引规范。

反观第34条，它是一条单边指引规范，它似乎将当事人可以选择的法院限于我国的“人民法院”。至于当事人能否选择外国法院，第34条没有规定。那么能否援引“法无明文禁止即为允许”这一原则而主张当事人可以选择外国法院管辖呢？我们认为不能这么理解，因为“法无明文禁止即为允许”只适用于私权领域，在公法领域适用相反的原则，即“法无明文允许即为禁止”。管辖权是国家的主权，不能被任何私人当事人协议排除，除非法律明文允许。这也就意味着，如果严格按照第34条的规定，新《民事诉讼法》没有明文允许当事人选择外国法院作为管辖法院。

但是，这样的理解显然是与我国法院长期的司法实践相矛盾的，显然不是立法者取消第242条而修改第34条的本意。我们认为，应该把这里的“人民法院”做扩大化解释，即指通常意义上的法院，包括我国人民法院和海事法院及其他审理民事案件的专门法院，也包括外国法院，而不管其名称如何。[①]

有人会质疑，如果把“人民法院”的含义扩大化，那么国内合同或其他财产权益纠纷当事人也可以选择外国法院，因为第34条并没有像原第242条那样仅限于“涉外”合同或“涉外”财产权益纠纷案件。这种担心没有必要，因为第34条中有一项限制性条件，即当事人只能选择“被告住所地、合同履行地、合同签订地、原告住所地、标的物所在地等与争议有实际联系的地点的”法院，这就排除了纯粹国内案件当事人选择外国法院的可能性。

如前所述，鉴于涉外案件和非涉外案件的区分越来越淡化，新《民事诉讼法》此次把涉外民事诉讼管辖权制度统一到一般管辖权制度中的努力是值得肯定的，但是在具体规范上应该注意准确性。2015年《民事诉讼法司法解释》第531条对此做了补充规定：“涉外合同或者其他财产权益纠纷的当事人，可以书面协议选择被告住所地、合同履行地、合同签订地、原告住所地、标的物所在地、侵权行为地等与争议有实际联系的地点的外国法院管辖。”

二、法院选择协议的准据法

如果实践中当事人在合同中明文约定外国法院作为合同争议的管辖法院，该项选择是否有效？这里首先需要确定该法院选择协议(choice of forum agreement)的准据法。对此应当区分两个不同层面的问题：可执行性(enforceability/ zulässigkeit)与

① 欧盟《布鲁塞尔第一条例》中对“法院”一词的解释就采用了广义解释，包括不同国家的审判机构，无论其名称为何。参见《2012年12月12日欧洲议会和欧洲理事会关于民商事案件管辖权和判决执行的第1215/2012号(欧盟)条例》第2条。

有效性(validity/Zustandekommen)。

1. 法院选择协议是否可被执行

法院选择协议与法律选择协议在性质上是一种合同,属于诉讼合同(Prozessvertrag)。[①] 诉讼合同是否被许可或被执行,属于程序法问题,应当依照法院地法律(lex fori)判断。[②] 对此又要区分两种情况:

(1)协议服从内国法院管辖(prorogation):当事人协议选择某国法院管辖的,该选择是否被允许以及应当满足的条件,应当适用当事人所选择的法院所在地法律(lex fori of the prorogated forum)。协议选择中国法院的,就依照《民事诉讼法》第34条予以审查。这一规则被普遍接受。2005年《海牙协议选择法院公约》第5条第1款规定:"根据排他性选择法院协议指定的缔约国一个或多个法院应该有管辖权以裁决协议适用的争议,除非该协议依据被选择的法院国的法律是无效的。"欧盟2012年修订后的《布鲁塞尔条例》第25条采用了类似规定。这一做法被认为可以解决平行诉讼问题。修订前的《布鲁塞尔第一条例》要求后诉法院必须搁置案件的审理,等待先诉法院确定其管辖权,以避免平行诉讼。但这一规则往往会被当事人滥用。当事人可以到一个本来没有管辖权的国家法院去起诉,让该法院去判断自己的管辖权,这样就可以把案件拖延数月甚至数年。修订后的《布鲁塞尔第一条例》为此增加了一个管辖权协议的准据法条款,根据该条款,管辖权协议的实质有效性依照当事人所选择的法院地国家的法律确定。这样就可以避免有关国家的法院根据其自己的法律否决管辖权协议的有效性。

(2)协议排除内国法院管辖(derogation):当事人协议选择某一外国法院管辖,从而排除了内国法院的管辖权。这种情况下,如果当事人事后在内国法院起诉,内国法院需要判断该管辖权协议的效力。对于这种情况,应适用实际受理案件的法院地国家法律(lex fori of the derogated forum)。[③]

根据我国最高人民法院历年来的实践,管辖权条款的效力一概依照法院地法(即我国法律)判断,也就是依据我国原《民事诉讼法》第242条(新《民事诉讼法》第34条)来判断。

在"先进氧化铁颜料有限公司与HOP投资有限公司居间合同纠纷管辖权异议案"[④]中,最高人民法院再次指出:"本案系管辖权争议,属于程序性事项,居间人住所地法属于实体法,不适用于管辖权争议,故先进公司提出的实体法的适用问题

---

① Gerhard Wagner, Prozessverträge: Privatautonomie im Verfahrensrecht, (Mohr Siebeck 1998), S.32.国内学者的研究见张嘉军:《论诉讼契约的性质》,载《河北法学》2008年第12期;张嘉军:《论诉讼契约的效力》,载《法学家》2010年第2期。

② H. Schack, Internationales Zivilverfahrensrecht (2001), S.193.

③ Geimer, Internationales Verfahrensprozessrecht, Rn. 1677, von Hoffmann/Thorn, IPR, S.89.

④ 最高人民法院〔2010〕民申字第417号裁定。

并不影响管辖权的确定。"此外,在"上海衍六国际货物运输代理有限公司与长荣海运股份有限公司海上货物运输合同纠纷案"[①]"德力西能源私人有限公司与东明中油燃料石化有限公司买卖合同纠纷案"[②]等案件中,最高人民法院一再重申了该原则。

法院选择协议已经得到多数国家的承认。美国法院在20世纪70年代前仍然拒绝执行合同中的法院选择条款,直到1972年联邦最高法院在著名的"Bremen诉Zapata案"[③]中打破了先例。此后法院选择协议越来越受到美国法院的尊重。

巴西是一个例外,迄今仍然完全禁止当事人选择外国法院以排除巴西法院的管辖权。2000年的一起案件中,合同中约定由美国法院管辖,但巴西最高法院否决了上诉人美国保险公司提出的管辖权抗辩。卡内罗法官(Athos Gusmão Carneiro)在该案中指出:"法官更应关注公正而不是效率……当事人可以以效率为由作为抗辩,但不能排除巴西法院的管辖权……巴西关于管辖权的规定属于公法,不能被合同排除,因为管辖权的行使是国家主权的固有表现形式……效率原则不妨碍巴西的管辖权。"[④]

2. 法院选择协议是否有效成立及其解释

法院选择协议作为一种诉讼合同,其成立(conclusion)、生效(validity)以及解释(interpretation)等问题属于实体问题,应当适用合同准据法(lex causae)。比如当事人是否有缔结法院选择协议的缔约能力、当事人的意思表示是否真实等问题,都依照合同准据法判断。如果当事人选择了合同准据法,则管辖权条款的效力当然适用所选择的法律。

最高人民法院曾在一起案件中指出:"由于本案双方当事人同时在融资贷款协议第23.1条约定'本协议适用香港法律,故应适用当事人约定的该融资贷款协议的准据法即香港法律对约定管辖条款的含义作出解释。依据香港法律,该协议管辖条款应理解为,若借款人新华公司作为原告就该融资贷款协议纠纷提起诉讼,应接受香港法院的非专属管辖权;若贷款人住友银行作为原告就该融资贷款协议纠纷提起诉讼,即可以向香港法院提起,也可向香港以外的其他有管辖权的法院提起。"[⑤]

3. 对原《民事诉讼法》第242条的理解

曾有学者对原《民事诉讼法》第242条提出批判,认为应当取消该条,理由是该

---

① 中华人民共和国最高人民法院民事裁定书〔2011〕民提字第301号。

② 中华人民共和国最高人民法院民事裁定书〔2011〕民提字第312号。

③ M/S Bremen and Unterseser Reederei v. Zapata Off-Shore Company,407 U.S. 1,92 S. Ct. 1907,32 L. Ed. 2d 513.

④ S.T.J.,R.E. No.251.438/RJ,Relator: Athos Gusmão Carneiro,08.08.2000 (Brazil).

⑤ 最高人民法院民事裁定书〔1999〕经终字第194号。

条所规定的法院地法原则不利于保护当事人的意思自治。[①] 我国一些法院的判决也认为应当依照合同准据法来判断管辖权条款的效力。比如在"山东聚丰网络有限公司与韩国MGAME公司、天津风云网络技术有限公司网络游戏代理及许可合同纠纷管辖权异议案"[②]中,二审法院山东省高级人民法院在判决书中就认为:"本案为涉外知识产权纠纷,虽然原告聚丰网络公司与被告MGAME公司于2005年3月25日签订的《游戏许可协议》第21条约定产生的争议应当接受新加坡的司法管辖,但是双方同时约定'本协议应当受中国法律管辖并根据中国法律解释',双方在协议适用法律上选择中国法律为准据法。因此,双方协议管辖条款也必须符合选择的准据法即中国法律的有关规定。"

如上所述,这种观点实际上是混淆了管辖权协议的"有效性"(validity)和"效果"(effect)这两个不同的问题。[③] 管辖权协议是否有效成立属于合同的实质问题,当然应适用合同准据法;而该管辖权协议是否约束我国法院,属于程序问题,应依照法院地法。原《民事诉讼法》第242条和新《民事诉讼法》第34条都是关于管辖权协议在我国是否被承认的规定,无论合同准据法是哪国法律,该合同中的管辖权条款都应依照我国上述规定予以审查。最高人民法院在这个问题上的认识是正确的,在上述"山东聚丰案"的再审判决中,最高法院驳斥了原审法院的观点:"对协议选择管辖法院条款的效力,应当依据法院地法进行判断;原审法院有关协议管辖条款必须符合选择的准据法所属国有关法律规定的裁定理由有误。"[④]

管辖权协议本身是否有效成立取决于该协议本身的准据法,而且根据合同法上的"争端解决条款独立性原则",管辖权条款的有效性独立于主合同,不受主合同无效、变更或者终止的影响。我国《合同法》第57条规定:"合同无效、被撤销或者终止的,不影响合同中独立存在的有关解决争议方法的条款的效力。"[⑤]该规定与1980年联合国《国际货物销售合同公约》第81条是一致的。根据这一原则,管辖权协议的有效性与主合同的有效性在准据法上也可能会不一致。如果管辖权协议是主合同中的条款,且当事人没有对管辖权条款单独约定准据法,则主合同的准据法就是管辖权条款的准据法;相反,如果合同当事人单独为管辖权协议约定了准据法,则管辖权协议的准据法应当独立于主合同。

另外,管辖权协议的形式有效性并不适用合同准据法,而应当适用法院地法,因为《民事诉讼法》第34条和原《民事诉讼法》第242条都强制要求书面形式。根

① 焦燕:《法院选择协议的性质之辩与制度展开》,载《法学家》2011年第6期。

② 山东省高级人民法院〔2008〕鲁民三初字第1号民事裁定。

③ 我国法学界把validity和effect都翻译为"效力",实际上是混淆了二者的根本差异。

④ 最高人民法院民事裁定书〔2009〕民三终字第4号。

⑤ 这里的"效力"一词应当是指"有效性"(validity),而非"效果"(effect)。

据最高人民法院《关于适用〈民事诉讼法〉的意见》第1条第23款，这种书面形式是指合同中的协议管辖条款或者诉讼前达成的选择管辖的协议。

江苏省高级人民法院审理的“无锡市华冶发动机专件有限公司诉康斯博格汽车部件（德国）公司国际货物买卖合同纠纷案”①是一起典型的管辖权协议条款效力案件。该案中，双方签署的销售手册中的争议解决条款明确约定：如双方协商不成，应诉至康斯博格公司登记地有管辖权的法院。华冶公司事后向江苏省无锡市中级人民法院起诉。华冶公司认为，该销售手册是华冶公司与泰利福德国公司签署的，康斯博格公司并未提供泰利福德国公司变更为康斯博格公司的证据，故手册中的纠纷管辖条款不适用于华冶公司与康斯博格公司之间的纠纷。

此案管辖权争议存在两个方面的问题：第一，双方当事人之间是否达成了有效的管辖权协议？第二，该管辖权协议在我国是否被承认并排除我国法院的管辖权？

第一个问题属于合同的有效性问题，应依照合同准据法判断；第二个问题属于程序法问题，应依我国原《民事诉讼法》第242条判断。法院最终认为：华冶公司与康斯博格公司之间已就双方纠纷解决的管辖法院达成协议；根据原《民事诉讼法》第242条，该协议所选择的法院应与纠纷有实际联系，故我国法院无管辖权。

最高人民法院再审判决的一起船舶碰撞纠纷管辖权异议案也涉及同样的问题。该案中，三林海运（塞浦路斯）所有的“鹏托达曼”轮与青岛海运承租的“和达98”轮在中国长江口水域发生碰撞。后来青岛海运代表船东与三林海运律师签订的船舶碰撞管辖协议约定：每一方索赔，包括责任限制，确定排他性地由香港法院根据香港法律与惯例管辖。三林海运基于该管辖协议向香港法院提起海事对物诉讼；青岛海运则在青岛海事法院申请扣押三林海运所属的“鹏托达曼”轮，并向三林海运提起了船舶碰撞损害赔偿诉讼，三林海运对此诉讼提出管辖权异议，认为应根据双方管辖权协议由香港法院审理。三林海运认为，本案应适用管辖协议约定的准据法即香港法解释协议的含义。青岛海运则辩称：管辖协议约定的准据法仅指香港实体法，而不应当包括冲突法和程序法，对本案审理的管辖争议，应当适用内地法；青岛海运是光船承租人而不是船东，故不受管辖权协议约束。最高人民法院再审后根据原《民事诉讼法》第242条认为管辖权协议对青岛海运不具有约束力。

该案中，青岛海运是否受管辖权协议约束的问题，属于实体法问题，应依约定的准据法判断；而该管辖权协议是否约束内地法院，应依原《民事诉讼法》第242条处理。

三、实际联系原则

原《民事诉讼法》第242条规定，当事人只能协议选择“与争议有实际联系的地

① 江苏省高级人民法院民事裁定书〔2011〕苏商外终字第0041号。

点的法院"管辖。新《民事诉讼法》第34条规定:"合同或者其他财产权益纠纷的当事人可以书面协议选择被告住所地、合同履行地、合同签订地、原告住所地、标的物所在地等与争议有实际联系的地点的人民法院管辖。"该条规定也采纳了"实际联系原则",并且明确规定与争议有实际联系的地点的法院可以是被告住所地、合同履行地、合同签订地、原告住所地、标的物所在地等地点。

国内外长期争论的一个问题是:是否允许当事人在合同中约定一个完全中立的第三方法院(a neutral forum)作为纠纷管辖法院?对此问题,不同学者之间存在很大争议。持肯定态度的学者认为,这有利于当事人之间纠纷的公正解决,因为当事人双方都不愿意在对方国家法院打官司,一个中立的、与纠纷没有牵连的第三国法院是一个理想的选择。[①] 另一种观点则认为,管辖权要受到国际法的限制,一个与纠纷没有任何联系的国家的法院对案件的管辖不符合国际法上的管辖标准。该法院所作出的判决也很难得到其他国家的承认与执行。[②]

我国新《民事诉讼法》第34条仍保留了"实际联系原则"。最高人民法院也一直坚持该原则。在2009年"山东聚丰网络有限公司与韩国MGAME公司网络游戏代理及许可合同纠纷管辖权异议案"[③]中,最高人民法院指出:"涉外合同当事人协议选择管辖法院应当选择与争议有实际联系的地点的法院,而本案当事人协议指向的新加坡,既非当事人住所地,又非合同履行地、合同签订地、标的物所在地,同时本案当事人协议选择适用的法律也并非新加坡法律,上诉人也未能证明新加坡与本案争议有其他实际联系。因此,应当认为新加坡与本案争议没有实际联系。相应地,涉案合同第21条关于争议管辖的约定应属无效约定,不能作为确定本案管辖的依据。"在稍后的"上海衍六国际货物运输代理有限公司与长荣海运股份有限公司海上货物运输合同纠纷一案"[④]"德力西能源私人有限公司与东明中油燃料石化有限公司买卖合同纠纷案"[⑤]和"中信澳大利亚资源贸易有限公司与山煤煤炭进出口有限公司、青岛德诚矿业有限公司管辖权案"[⑥]等案件中,最高人民法院也都坚持了"实际联系原则"。

需要注意的是,当事人选择我国法院管辖的,不受"实际联系原则"的限制。我

---

① Kropholler, Internationales Zivilverfahrensrecht, S. 46; Geimer, Internationales Zivilprozessrecht (2009), Rn. 1745; Schack, Internationales Zivilverfahrensrecht(2010), Rn.330.

② F. A. Mann, The Doctrine of Jurisdiction on International Law, Rec. des Cours 111(1964-I), pp.76～81.

③ 中华人民共和国最高人民法院民事裁定书〔2009〕民三终字第4号,载《中华人民共和国最高人民法院公报》2010年第3期。

④ 最高人民法院民事裁定书〔2011〕民提字第301号。

⑤ 最高人民法院民事裁定书〔2011〕民提字第312号。

⑥ 最高人民法院民事裁定书〔2016〕最高法民终66号。

国《海事诉讼特别程序法》第 8 条规定:“在海事纠纷诉讼当中,如果纠纷当事人都是外国人、无国籍人、外国企业或者组织,当事人书面协议选择中华人民共和国海事法院管辖的,即使与纠纷有实际联系的地点不在我国领域内,我国海事法院对该纠纷也有管辖权。”

例如在“韩国基金株式会社因船舶融资租赁合同纠纷起诉被告韩国 SH 航运有限公司一案”[①]中,原告于 2007 年 5 月 15 日与被告 SH 航运有限公司签订了船舶融资租赁合同,后被告因破产倒闭在韩国进入了破产重整程序。原、被告之间的船舶融资租赁合同中原订有韩国法院管辖的条款,但韩国的破产重整程序比较复杂,抵押权的确认更是耗时漫长,在金融危机日益加深的情况下,原、被告于 2008 年 11 月 27 日在韩国达成了船舶融资租赁合同管辖权条款的修正案,约定将纠纷提交上海海事法院管辖。

在司法实践中,对于如何判断与争议有实际联系的地点,由法院根据具体案情灵活掌握,而不同法院的做法可能会不一致。但有一点是肯定的,即选择某国法院管辖本身不能使该国与争议有实际联系。[②]

四、推定协议管辖

推定协议管辖也被称为“无抗辩应诉管辖”(unconditional appearance, rügelose Einlassung),是对当事人协议选择管辖法院的一种补充。许多国家民事诉讼法都规定,即使当事人之间没有明确的约定,但如果原告向本国法院起诉,而被告自愿出庭应诉且不提出管辖权抗辩,则可以认为原被告双方默认了本国法院具有管辖权。

德国《民事诉讼法》第 39 条规定:“在第一审法院里,被告不主张管辖错误而进行本案的言词辩论时,也可以产生管辖权。但未依第 504 条的规定而告知者,不能适用本条的规定。”瑞士《国际私法》第 6 条也规定:“在财产事项方面,被告未提出关于法院管辖权的抗辩而直接就案件的实质问题进行言词辩论时,法院既有管辖权,除非该法院在第 5 条第 3 款许可的范围内拒绝管辖。”

我国原《民事诉讼法》第 243 条规定:“涉外民事诉讼的被告对人民法院管辖不提出异议,并应诉答辩的,视为承认人民法院为有管辖权的法院。”新《民事诉讼法》将其删除,并入第 127 条第 2 款:“当事人未提出管辖异议,并应诉答辩的,视为受诉人民法院有管辖权,但违反级别管辖和专属管辖规定的除外。”

① 〔2009〕沪海法商初字第 147 号。

② 最高人民法院《第二次全国涉外商事海事审判工作会议纪要》第 4 条。国外有学者认为,选择一国法院管辖或者选择一国法律作为准据法本身就使得该国与纠纷具有了联系。Schack, Internationales Zivilverfahrensrecht(2010), Rn.442.

我国法院最早在“香港百粤金融财务有限公司诉香港红荔美食有限公司返还贷款纠纷案”[①]中采用了该做法。该案中，原被告双方都不是中国内地企业，双方借贷合同的签订地和履行地均不在广州，但原告向内地法院起诉，被告也已应诉，按照《最高人民法院关于审理涉港澳经济纠纷案件若干问题的解答》第2条第5款的规定，应视为双方承认本院有管辖权。

在2002年天津海事法院审结的“河北圣仑进出口股份有限公司与津川国际客货航运有限公司、津川国际客货航运（天津）有限公司无正本提单放货纠纷案”[②]中，虽然涉案提单背面条款约定“因提单引起的争议应在韩国解决或根据承运人的选择在卸货港解决并适用英国法。任何其他国家的法院均无权管辖”，但是，原告在中国法院起诉后，两被告在法定期限内未对本院管辖提出异议，并进行了应诉答辩，视为两被告承认该法院是有管辖权的法院。其他相关案例还有“鲁能英大集团有限公司诉仲圣控股有限公司企业借贷纠纷案”[③]“勒纳集团有限公司诉北京博瑞斯通科贸有限公司等买卖合同纠纷案”[④]“王艳玲与哈尔滨克拉斯家俬有限公司股东知情权纠纷上诉案”[⑤]“三和集团发展有限公司诉儋州文峰实业有限公司等联营合同纠纷案”[⑥]等。

与国外立法相比，我国的“无抗辩应诉管辖”制度尚待进一步完善，主要是立法过于宽泛，缺乏必要的限制，容易被法官滥用。而国外立法都对“无抗辩应诉管辖”规定了限制条件，比如：

(1)只有涉及财产权的案件才适用无抗辩应诉管辖权，人身权纠纷案件不能采用；

(2)如果其他国家或地区法院对案件有专属管辖权，本国法院不宜行使管辖权；

(3)被告出庭应诉必须是就实质问题进行答辩，而非仅就程序问题事项；

(4)法院应当告知被告无抗辩应诉的后果，以避免因被告不了解自己行为的后果而损害其应有的权利。

五、管辖权协议的排他性

如果在案件中，当事人通过协议选择外国法院为管辖法院，那么这种协议管辖权能否排除我国法院根据一般地域管辖原则和特殊地域管辖原则所拥有的管辖权

① 《人民法院案例选》1992年第2辑，人民法院出版社1992年版。

② 中华人民共和国天津海事法院民事判决书〔2002〕海商初字第144号。

③ 北京市第一中级人民法院〔2012〕一中民初字第799号。

④ 北京市第一中级人民法院〔2012〕一中民初字第8583号。

⑤ 黑龙江省高级人民法院〔2010〕黑高商外终字第1号。

⑥ 〔2011〕海中法民三初字第16号。

呢？这个问题，通常根据当事人所作的管辖权选择条款的性质而定。实践中，当事人所约定的管辖权条款有两种：排他的（exclusive）管辖权和非排他的（non-exclusive or permissive）管辖权。如果当事人约定的是"非排他性"管辖权，即使在其中还加上了"这种选择是不可撤销的"等限定用语，也不能排除当事人在事后向其他有管辖权的法院起诉的权利。相反，如果当事人约定的是"排他性"管辖权，则当事人必须受该管辖法院的约束，非经当事人协议一致，不能改向其他法院起诉，除非该协议管辖条款被法院认定为无效。

如果当事人在其管辖协议中未明确写明他们所选择的是"排他性"，该如何认定呢？对此问题，美国和欧盟的做法正好相反。在美国并没有这样一种推定，认为法院选择条款所赋予的是一种排他性管辖权。实际上，根据一些案例所反映的情况，在美国，一项法院选择条款被认为仅仅具有许可性（permissive）而非排他性，除非其中包含相反的用语。[①] 2012 年的一个案例是"Boland 诉 George S. May Intern.公司案"[②]。在该案中，法院选择条款规定"管辖权授予伊利诺伊州"。让该条款起草者失望的是，马萨诸塞州法院认为该条款只是"允许而非要求诉讼在伊利诺伊州法院进行"。[③] 相反，根据在大多数欧洲国家适用的《布鲁塞尔第一条例》和《卢加诺公约》的规定，约定俗成的做法是相反的——一项法院选择条款被认为具有排他性（exclusive），除非其中包含相反用语。[④]

海牙国际私法会议于 2005 年 6 月 30 日通过的《选择法院协议公约》的规定采纳了欧盟的做法，它将"排他性选择法院协议"定义为："排他性选择法院协议实质是由双方或多方当事人根据第三款要求而订立的协议，其指定某一缔约国法院或者某一缔约国的一个或者多个具体法院处理因某一特定法律关系而产生或者可能产生的争议，从而排除任何其他法院的管辖。指定某一缔约国法院或者某一缔约国的一个或者多个具体法院的选择法院协议应当被认为是排他性的（deemed to be exclusive），除非当事人另作明确规定。"

---

① John Boutari & Son, Wines & Spirits, S.A. v. Attiki Imp.and Distrib., Inc., 22 F.3d 51, 53 (2d Cir. 1994); Docksider, Ltd. v. Sea Technology, Ltd., 875 F.2d 762, 764 (9th Cir. 1989); Hunt Wesson Foods, Inc. v. Supreme Oil Co., 817 F.2d 75, 77-78 (9th Cir. 1987); Keaty v. Freeport Indonesia, Inc., 503 F.2d 955, 956-57 (5th Cir. 1974); Citro Florida, Inc. v. Citrovale, S.A., 760 F.2d 1231, 1231-32 (11th Cir. 1985).

② 969 N.E.2d 166(Mass. App.Ct. 2012).

③ Id. at 168. McDonald v. Amacore Group, Inc., 2012 WL 2327727 (unpublished, N.J. Super. Ct. App.Div. June 20, 2012)，该案中的法院选择条款规定"本协议应受佛罗里达州法律支配，该州对本合同有关的事务引起的任何请求或纠纷具有排他性管辖权……"。

④ 《布鲁塞尔第一条例》第 25 条规定："当事人无论住所位于何地，如果同意某一成员国法院解决他们之间特定法律关系引起的纠纷，该法院即拥有管辖权，除非该协议根据该成员国法律在实质上无效或失效。除当事人另有约定外，该管辖权具有排他性。"《卢加诺公约》第 23 条之规定也相同。

实践中，如果合同中的用语本身就模棱两可，那么该条款到底是排他性的还是非排他性的则必须通过司法解释来回答。如果合同中没有包含法律选择条款，那么就应当根据法院地法律来进行。如果合同中有法律选择条款，那么问题就演变为：司法解释应当根据法院地法律来进行还是根据法律选择条款所选定的法律来进行？美国法院的实践二者兼有，有些法院适用法院地法律，①有些法院则适用当事人所选择的法律，前提是法律选择条款有效。② 我国法院通常按照法院地法判断。

如果当事人的管辖权协议中明确出现"非排他性"字样，我国法院一般都认为其不能排除我国法院的法定管辖权。在"菱信租赁国际（巴拿马）有限公司与中国远洋运输（集团）总公司、北京幸福大厦有限公司、北京市外国企业服务总公司、庆新集团私人有限公司借款合同纠纷案"中，③当事人达成的协议约定："借款人特此不可撤销地同意，因本协议或本协议中述及的任何文件发生任何法律诉讼或程序均可提交东京和香港法庭审理，并特此不可撤销地、就其自身和其财产而言、普遍地和无条件地服从上述法庭的非排他性的司法管辖。"由于合同中明确出现"非排他性"表述，这种约定并不能排除一般地域管辖权。因此，该案中我国法院仍然根据"被告住所地原则"行使了管辖权。

在"中国国际钢铁投资公司与日本国株式会社、劝业银行等借款合同纠纷管辖权异议案"④中，最高人民法院认为："由于当事人约定香港法院享有的管辖权是非

① Wong v. PartyGaming Ltd., 589 F.3d 821, 827 (6th Cir. 2009); Fru-Con Constr. Corp. v. Controlled Air, Inc., 574 F.3d 527, 538 (8th Cir. 2009); Doe 1 v. AOL LLC, 552 F.3d 1077, 1083 (9th Cir. 2009); Ginter ex. rel. Ballard v. Belcher, Prendergast & Laporte, 536 F.3d 439, 441 (5th Cir. 2008); Phillips v. Audio Active Ltd., 494 F.3d 378, 384 (2d Cir. 2007); P & S Bus. Machs. v. Canon USA, Inc., 331 F.3d 804, 807 (11th Cir. 2003); Jumara v. State Farm Ins. Co., 55 F.3d 873, 877 (3d Cir. 1995); Manetti-Farrow, Inc. v. Gucci America, Inc., 858 F.2d 509, 513 (9th Cir. 1988); Golden Palm Hospitality, Inc. v. Stearns Bank Nat'l Ass'n, 874 So.2d 1231, 1234-1235 (Fla. Dist. Ct. App.2004); Fendi v. Condotti Shops, Inc.754 So.2d 755, 757-758 (Fla. Dist. Ct. App.2000); Yamada Corp. v. Yasuda Fire & Marine Ins. Co., Ltd., 712 N.E.2d 926 (Ill. App.Ct. 1999).

② Abbott Laboratories v. Takeda Pharmaceutical Co. Ltd., 476 F.3d 421, 423 (7th Cir. 2007); Yavuz v. 61 MM, Ltd., 465 F.3d 418 (10th Cir. 2006); Jacobsen Constr. Co. v. Teton Builders, 106 P.3d. 719, 723 (Utah 2005); Szymczyk v. Signs Now Corp., 168 N.C. Ct. App.182, 606 S.E.2d 728 (2005); Jacobson v. Mailboxes Etc. USA, Inc., 646 N. E. 2d 741 (Mass. 1995); Cerami-Kote, Inc. v. Energywave Corp., 773 P.2d 1143 (Id. 1989); Simon v. Foley, W.D.N.Y. No.07-CV-766S, 2011 WL 4954790 (Oct. 18, 2011); Lanier v. Syncreon Holdings, Ltd., E.D.Mich. No.11-14780, 2012 WL 3475680 (Aug. 14, 2012); Global Link, LLC. v. Karamtech Co., Ltd., 06-CV-14938, 2007 WL 1343684 (E.D. Mich. May 8, 2007); TH Agric. & Nutrition, LLC v. Ace European Group Ltd., 416 F. Supp.2d 1054 (D. Kan. 2006).

③ 北京市第二中级人民法院〔1999〕二中经初字第1795号民事判决书；中华人民共和国北京市高级人民法院民事判决书〔2001〕高经终字191号。

④ 中华人民共和国最高人民法院民事裁定书〔2001〕民四终字第12号。

排他性的司法管辖权，因此不能排除其他依法享有管辖权的法院的司法管辖权。……因此，被上诉人有权在香港法院以外的其他依法有管辖权的法院就贷款合同纠纷提起诉讼。”最高人民法院在“汕头海洋（集团）公司、李国俊与被上诉人中国银行（香港）有限公司借款担保纠纷管辖权异议一案”①和“黄艺明、苏月弟与周大福代理人有限公司、亨满发展有限公司以及宝宜发展有限公司股权转让合同纠纷案”②等案中都有相同判决。

如果当事人在管辖权协议中没有使用“非排他性”用语，即使使用了“可以”等不明确的用语，我国法院一般也会承认该管辖条款的排他性。

六、格式合同中的管辖权条款

1.消费者合同和劳动合同

实践中特别有争议的是格式合同中的管辖权条款。在美国，管辖权协议受到法院的普遍尊重，即使是在格式合同中也不例外。在 1991 年的“Shute 案”中，③联邦最高法院甚至将法院选择协议神圣化，以至于在涉及消费者和劳动者的合同中也不加犹豫地加以承认。这一点虽然遭到学者广泛批评，④但美国法院始终我行我素。2012 年的 Estate of Myhra 诉“Royal Caribbean Cruises Ltd.案”⑤仍然援引了“Shute 案”，承认了一张船票中的英格兰法院选择条款的效力。而欧盟立法在有关保险合同、消费者合同和雇佣合同中，弱方当事人应受到相对于一般规则而言对其更有利的管辖权规则的保护，在这些合同中，当事人只有有限的意思自治来决定管辖法院。比如对于消费者合同，《布鲁塞尔第一条例》第 19 条规定：“本节各项规定只能在下列条件下通过双方协议予以排除：(1)该协议是在争端发生后订立的；(2)该协议允许消费者在本节规定以外的法院提起诉讼；(3)该协议系由消费者和合同另一方当事人订立，且双方于合同缔结之时在同一成员国有住所或惯常居所，且该协议授予该成员国法院以管辖权，但以此项协议不违反该国的法律为限。”对于劳动合同，该条例有相同规定。⑥

我国最高人民法院《民事诉讼法司法解释》第 31 条也规定：“经营者使用格式条款与消费者订立管辖协议，未采取合理方式提请消费者注意，消费者主张管辖协议

---

① 中华人民共和国最高人民法院民事裁定书〔2007〕民四终字第 16 号。

② 中华人民共和国最高人民法院民事裁定书〔2011〕民四终字第 32 号。

③ 499 U.S. 585 (1991).

④ Patrick J. Borchers, Forum Selection Agreements in the Federal Courts after Carnival Cruise: A Proposal for Congressional Reform, 67 Wash. L. Rev. (1992), p.55.

⑤ 695 F.3d 1233 (11th Cir. 2012).

⑥ 2012 年 12 月 12 日《欧洲议会和欧洲理事会关于民商事案件管辖权和判决执行的第 1215/2012 号(欧盟)条例》。

无效的，人民法院应予支持。”

2.提单

在国际海上货物运输中，提单背面通常订有管辖权条款，规定提单项下的争议提交某一国家的法院(大多为承运人主要营业所所在地国法院)审理或者提交某一仲裁机构仲裁。对于这种管辖权条款的效力，不同国家法院有不同认定。

(1)否定说

该观点认为，提单中的管辖条款为承运人利用其优势地位单方面拟订的对自己有利的格式条款，没有体现双方意思自治原则。尤其是在提单发生转让的情况下，提单持有人更没有表达意思的自由。故此类条款不应具有拘束力。尤其是当提单中约定的管辖法院所在地是“方便旗”国家或“避税港”时，承认提单中约定的管辖法院会纵容当事人的规避法律行为。

(2)肯定说

另一种观点则认为，应更多地遵从商业习惯。在国际海运实务中，班轮提单或租约提单的争议解决条款虽然是格式条款，但都是公布在外的，托运人或提单持有人并非不能知道该条款，或无法表达对争议解决条款的意思。因此，应将接受提单视为默示同意了提单的争议解决条款。比如《德国一般运输条件法》第65条(b)项就明确规定管辖法院为承运人营业地法院，实践中也都予以承认。[①] 美国法院对提单中的管辖条款也非常支持。

我国不同法院对待提单中管辖条款的态度各异。比如在“上海衍六国际货物运输代理有限公司与长荣海运股份有限公司海上货物运输合同纠纷案”中，法院的观点发生了反复变化。一审法院认为，提单所证明的海上货物运输合同与提单所选择的美国纽约州没有实际联系，长荣公司提出管辖权异议的理由不符合《中华人民共和国民事诉讼法》第242条的规定，应予驳回。二审推翻了一审意见，认为现有证据不能证实衍六公司不清楚提单背面条款，一、二审期间，衍六公司对此亦未提出抗辩。根据当事人意思自治原则，本案应依据提单约定确定管辖。最高人民法院再审则推翻了二审意见，认为涉案提单协议管辖条款约定不明确，不具有排他性，选择的法院不属于与争议有实际联系的地点的法院，不能排除中国法院对本案依法行使管辖权。

3.合同中并入的管辖权条款

在国际航运实践中，越来越多的格式提单中明示规定租约的仲裁条款并入提单，例如1994年版的Congenbill格式提单的并入条款为“All terms and conditions, liberties and exceptions of the Charter-party, dated as overleaf, including the Law and Arbitration Clause, are herewith incorporated.”目前中国进

① Schack, Internationales Zivilverfahrensrecht (2010), Rn.445.

口货物最常用的就是Congenbill,其并入的租船合同中多数订有伦敦仲裁条款,一旦发生纠纷就要到伦敦仲裁,而我国当事人普遍不熟悉伦敦当地的仲裁规则和法律。因此,主流观点认为,无论提单自身的仲裁条款还是租船合同仲裁条款并入提单,对我国的当事人均极为不利,故我国法院多判此类并入条款无效。[①] 最高人民法院也曾指出:并入提单的租船合同为定期租船合同,亦未在提单正面载明具体的租船合同和明确并入仲裁条款的意思表示。因此当事人关于涉案提单并入了仲裁条款的主张没有事实依据。

第四节　涉外民事诉讼专属管辖制度

一、一般规定

1982年《民事诉讼法(试行)》第30条规定:“下列案件,由本条规定的人民法院专属管辖:(一)因不动产提起的诉讼,由不动产所在地人民法院管辖;(二)港口作业中发生的诉讼,由港口所在地人民法院管辖;(三)因登记发生的诉讼,由登记机关所在地人民法院管辖;(四)继承遗产的诉讼,由被继承人生前户籍所在地或者主要遗产所在地人民法院管辖。”

2012年《民事诉讼法》第33条规定:“下列案件,由本条规定的人民法院专属管辖:(一)因不动产纠纷提起的诉讼,由不动产所在地人民法院管辖;(二)因港口作业中发生纠纷提起的诉讼,由港口所在地人民法院管辖;(三)因继承遗产纠纷提起的诉讼,由被继承人死亡时住所地或者主要遗产所在地人民法院管辖。”

该条规定沿用的是几十年前的旧例,已经不太符合现实的情况。比如,对于继承遗产纠纷,没有必要定为专属管辖。[②] 在涉外纠纷中,如果被继承人死亡时住所地位于我国,而主要遗产所在地即其他联系因素都在境外,我国法院是否非要行使专属管辖权呢?[③] 如果当事人所争议的仅仅是遗嘱的有效性,是否也属于专属管辖?

即使是不动产纠纷,也应当区分纠纷的类型。如果涉及不动产的权属纠纷,则不动产所在地法院拥有专属管辖权。如果涉及的仅是不动产合同纠纷或其他纠

① 梓贝克股份公司、联合王国船东互保协会(欧洲)有限公司海上、通海水域货物运输合同纠纷管辖民事裁定书,〔2016〕津民辖终8号;拉雷多海运公司、山东省轻工业供销总公司海上、通海水域货物运输合同纠纷管辖民事裁定书,〔2016〕津民辖终108号等。

② 刘力:《涉外继承案件专属管辖考》,载《现代法学》2009年第2期。

③ 在〔2010〕中法民四初字第21号判决书中,中山市法院承认了澳门法院作出的继承判决,并依照该判决执行了当事人位于内地的遗产。

纷,则不动产所在地法院并无必要行使专属管辖权。①

我国法院在审判实践中还遇到针对位于外国境内的不动产提起的诉讼。在河南省高级人民法院审理的一起案件中,涉案标的是位于法国巴黎的房产,而且该房产是我国国有企业的海外资产。该案中,法院认为“虽然当事人争议的财产登记在法国巴黎,但双方当事人对巴黎房产的注册登记及其资金来源等事实均不持异议,争议产权的实质内容与中华人民共和国更具密切联系,故中华人民共和国人民法院处理双方争议适当”,而且被告“对我国法院的管辖不提出异议并应诉答辩,视为其承认原审法院有管辖权”。法院根据1999年9月27日中华人民共和国财政部、外交部、国家外汇管理局、海关总署联合发布的《境外国有资产管理暂行办法》对案件作出了判决。②

《民事诉讼法》第266条(原第244条)规定:“因在中华人民共和国履行中外合资经营企业合同、中外合作经营企业合同、中外合作勘探开发自然资源合同发生纠纷提起的诉讼,由中华人民共和国人民法院管辖。”该条所规定的几类合同纠纷其实并非属于涉外合同纠纷,不应放在第四编中加以规定。根据《第二次全国涉外商事海事审判工作会议纪要》第5条的解释,中外合资经营企业合同、中外合作经营企业合同中合资、合作企业的注册登记地为合同履行地;涉及转让在我国境内依法设立的中外合资经营企业、中外合作经营企业、外商独资企业股份的合同,上述外商投资企业的注册登记地为合同履行地。合同履行地的人民法院对上述合同纠纷享有管辖权。这种管辖权并非专属管辖权。

根据国际上的经验,专属管辖的目的主要是保护本国主权和社会公共利益,同时方便特定案件的当事人。比如日本2011年新修订的《民事诉讼法》规定的专属管辖主要涉及需要在日本登记的权利有关的纠纷,种类并不是很多,比如根据《公司法》提起的有关公司组织、公司职员责任或职员解雇问题的诉讼,与知识产权的设立、注册、存在和效力有关的诉讼等。③ 欧盟《布鲁塞尔第一条例》规定的专属管辖也仅涉及不动产物权纠纷、与公司有关的纠纷、其他与身份登记有关的纠纷和知识产权纠纷等。④

---

① 在有关判例中,当事人约定《国有土地抵押合同》产生的纠纷由香港法院管辖。内地法院在审判中并未以违反专属管辖为由予以否定。参见中华人民共和国最高人民法院民事裁定书〔2006〕民四终字第11号。

② 〔2010〕豫法民三终字第00115号。

③ 2011年4月28日日本第177届国会通过的《部分修改民事诉讼法及民事保全法的法律案》第三条之五。

④ 2012年修订的《布鲁塞尔第一条例》第19条。

二、专属管辖的排他性

专属管辖可以排除当事人的协议管辖，原《民事诉讼法》第244条和新法第33条均规定，当事人选择我国法院管辖的，不得违反我国法律规定的级别管辖和专属管辖。假如当事人仍然约定境外法院管辖且境外法院依此受理了该案件，其判决也不能得到我国法院承认和执行。

但是，我国法院的专属管辖并不排斥仲裁管辖。《最高人民法院关于适用〈中华人民共和国民事诉讼法〉若干问题的意见》第305条也规定："依照民事诉讼法第三十四条和第二百四十六条[①]规定，属于中华人民共和国人民法院专属管辖的案件，当事人不得用书面协议选择其他国家法院管辖。但协议选择仲裁裁决的除外。"当事人可以约定将有关争议提交中国涉外仲裁机构或者其他国家的仲裁机构仲裁。只要该仲裁协议或者仲裁条款有效，我国人民法院就不再受理。当事人坚持向我国法院起诉的，法院应当依法裁定驳回起诉，不能以属于我国法院专属管辖为由否定当事人之间仲裁条款或仲裁协议的效力。[②]

"山西亨达内燃机总公司与美国TH&H公司合资侵权纠纷上诉案"[③]属于原《民事诉讼法》第244条规定的我国法院专属管辖的案件，但双方在合资经营合同中约定："董事会经过协商不能解决争端时，提请中国国际贸易促进委员会对外经济贸易仲裁委员会，按该会的仲裁程序规则进行仲裁。"最高人民法院经过审理认为，双方的争议应依据双方原先的合资经营合同中的仲裁条款提交仲裁解决，人民法院不享有管辖权。

司法实践中，如果当事人协议选择的法院不符合我国法律关于级别管辖和专属管辖的规定，人民法院不应认定协议全部无效，首先应当肯定当事人选择我国法院管辖的效力，然后按照我国法律关于级别管辖和专属管辖的规定办理。有关案件已经由我国有关人民法院受理的，受理案件的法院应当按照级别管辖和专属管辖的规定移送有管辖权的人民法院审理。[④]

专属管辖与专门管辖不同。根据1984年11月第六届全国人大常委会第八次会议通过的《关于在沿海港口城市设立海事法院的决定》，我国先后在广州、上海、青岛、天津、大连、武汉、厦门、海口、宁波和北海等地设立了海事法院。海事法院与中级人民法院同级，专门审理海事、海商案件，包括海事侵权纠纷、海商合同纠纷以

---

① 在2012年《民事诉讼法》中为第33条和第266条。

② 最高人民法院1989年发布的《全国沿海地区涉外、涉港澳经济审判工作座谈会纪要》第3条第(1)款第2项。

③ 最高人民法院民事裁定书〔1998〕经终字第42号。

④ 最高人民法院《涉外商事审判实务问题解答(讨论稿)》第1条第2款。该讨论稿只涉及级别管辖问题，对于专属管辖也应同样处理。

及法律规定的其他海事纠纷案件。最高人民法院2015年重新颁布的《关于海事法院受理案件范围的规定》[①]对海事法院的管辖范围作了详细规定。对于属于海事法院受理范围的案件，地方人民法院不得受理。当事人如果约定由地方人民法院管辖的，也应当认定无效，但当事人选择我国法院管辖的约定不受影响。另外，根据最高人民法院《关于铁路运输法院案件管辖范围的若干规定》，[②]国际铁路联运合同和铁路运输企业作为经营人的多式联运合同纠纷案件，由铁路运输法院管辖。对于知识产权案件，我国还专门设立了知识产权法院。[③]

海事法院、铁路运输法院、知识产权法院受理的案件并不都属于专属管辖案件。

三、知识产权纠纷的专属管辖权

1.知识产权专属管辖的范围

知识产权纠纷中，由于专利权和商标权属于需要登记注册才享有的权利，因此有关专利权和商标权权属的纠纷，特别是关于专利和商标的有效性，通常属于注册登记地国家司法机关的专属管辖范围。欧盟《布鲁塞尔第一条例》第24条第4款就规定："有关专利、商标、设计模型或必需登记或注册的其他类似权利的注册或效力的诉讼，专属业已申请登记或注册或已经登记或注册，或按照国际公约视为已经登记或注册的成员国法院。"在这一点上，专利权和商标权类似于不动产物权，都属于需要登记的权利，以该权利为诉讼标的的案件，属于专属管辖范围。《保护工业产权巴黎公约》也规定："本同盟国成员国法律关于司法及行政程序、管辖权力以及送达通知地址的选定或代理人的指定的规定，凡属工业产权法律所要求的，特声明保留"。[④] 根据该规定，各国在工业产权纠纷的司法管辖问题上可以不实行国民待遇，因此对涉外工业产权纠纷实行专属管辖的规定并不违背国际公约的规定。

专属管辖排除协议管辖，因此，我国《民事诉讼法》第34条(原第242条)规定的协议管辖不适用于商标和专利权利归属纠纷诉讼案件。根据我国相关立法和司法解释，我国法院可以审理专利申请权纠纷案件和专利权权属纠纷案件以及商标

---

① 法释〔2016〕4号，2015年12月28日由最高人民法院审判委员会第1674次会议通过，自2016年3月1日起施行。

② 法释〔2012〕10号，2012年7月2日由最高人民法院审判委员会第1551次会议通过，自2012年8月1日起施行。

③ 《全国人民代表大会常务委员会关于在北京、上海、广州设立知识产权法院的决定》，2014年8月31日第十二届全国人民代表大会常务委员会第十次会议通过。

④ 《巴黎公约》第2条第3款。

专用权权属纠纷案件，[①]但对于该类案件的管辖权没有具体规定。根据各国实践，此类纠纷应当由商标或专利注册登记地（或注册登记申请地）法院专属管辖。在海牙国际私法会议制定《民商事管辖权与外国判决公约》的过程中，各国代表对此也基本达成一致。[②]

这种做法会带来重复诉讼的问题。比如苹果公司与三星公司的专利权纠纷中，双方的诉讼大战在全世界十多个国家展开。[③] 由于专利权的地域性，即使是相同专利，由于在不同国家注册，各国均对其有专属管辖权。如何解决专利纠纷中的平行诉讼问题，成为当前学界探讨的热点。[④]

2.不属于专属管辖的知识产权纠纷

（1）著作权纠纷

由于著作权或邻接权不需要登记或注册就可以自动获得，因此著作权或邻接权一般不适用专属管辖原则。[⑤] 此类案件可以根据我国《民事诉讼法》规定的一般管辖和特别管辖原则进行管辖。《最高人民法院关于审理著作权民事纠纷案件适用法律若干问题的解释》[⑥]第4条规定："因侵犯著作权行为提起的民事诉讼，由著作权法第四十六条、第四十七条所规定侵权行为的实施地、侵权复制品储藏地或者查封扣押地、被告住所地人民法院管辖。前款规定的侵权复制品储藏地，是指大量或者经营性储存、隐匿侵权复制品所在地；查封扣押地，是指海关、版权、工商等行政机关依法查封、扣押侵权复制品所在地。"第5条规定："对涉及不同侵权行为实施地的多个被告提起的共同诉讼，原告可以选择其中一个被告的侵权行为实施地人民法院管辖；仅对其中某一被告提起的诉讼，该被告侵权行为实施地的人民法院有管辖权。"

尽管如此，著作权权属纠纷或侵权纠纷也不能适用《民事诉讼法》第34条（原第242条）规定的协议管辖。[⑦] 因为著作权与商标权、专利权不同，商标权和专利

---

① 《最高人民法院关于审理专利纠纷案件适用法律问题的若干规定》第1条；《最高人民法院关于审理商标案件有关管辖和法律适用范围问题的解释》第1条。

② 《民商事管辖权及外国判决公约（草案）》第12条第4款；《〈民商事管辖权及外国判决公约〉（草案）爱丁堡会议综述》，载《中国涉外商事海事审判指导与研究》第一卷，人民法院出版社2001年版，第316页。该公约草案并未被通过。

③ Florian Mueller, List of 50＋ Apple-Samsung Lawsuits in 10 Countries, FOSS PATENTS (Aug. 29, 2012), http://business.time.com/2012/04/list-of-50-apple-samsung-lawsuits-in-10.html.

④ Marketa Trimble, Global Patents, Limits of Transnational Enforcement, Oxford 2012, p.72.

⑤ 海牙国际私法会议拟订的《民商事管辖权及外国判决公约（草案）》第12条第4款也明确将著作权或邻接权权属或侵权纠纷排除在专属管辖之外。

⑥ 2002年10月12日最高人民法院审判委员会第1246次会议通过，法释〔2002〕31号。

⑦ 保罗·戈尔斯坦：《国际版权原则、法律与惯例》，中国劳动社会保障出版社2003年版，第71页。

权的内容主要是经济权利(财产权利),而不包含人身权[①]。而著作权则不仅仅是"财产权益",而是与权利人的人身紧密结合在一起,其中的精神权利与经济权利往往不可截然分开。[②] 根据各国通例,有关人身权的纠纷,不允许当事人任意约定管辖法院。即使被告侵犯的只是著作权人著作权中的经济权利,在侵权纠纷中一般也不会出现原告和被告事先约定管辖法院的情况。原告在起诉被告侵权行为之前不可能去征求被告的意见。因此,《民事诉讼法》第34条(原第242条)的规定也不适用于著作权侵权纠纷。

另外要注意的是,如果当事人在合同中约定的法院选择条款只针对当事人之间关于合同发生的纠纷,则一旦当事人之间的纠纷是因侵权引起的,该选择条款就不适用。[③] 例如,一位外国作家授权某出版商在中国香港和台湾地区出版其著作的中文繁体字版,双方约定合同纠纷由香港地区法院管辖。后来该出版商同时在内地出版了该书的中文简体字版。该外国作家向中国内地法院起诉,要求被告承担侵犯著作权的责任。被告主张由双方合同约定的香港法院审理。虽然纠纷也涉及双方在合同中约定的著作权授权范围,但原告提起的是侵犯著作权的侵权诉讼,所以应当依据侵权纠纷的管辖权原则确定管辖法院,而双方的合同中约定的法院选择条款对该案无效。

(2)专利与商标侵权纠纷

实践中最为经常发生的是专利权和商标权侵权纠纷,此类纠纷一般不属于专属管辖范围。海牙国际私法会议草拟的《民商事管辖权与外国判决公约(草案)》第12条第4款虽然规定了专利、商标权属纠纷的专属管辖,但第5款又规定:"以专利侵权为标的的诉讼中,前款规定不排除其他任何法院根据本公约或缔约国国内法的管辖权。"

我国《专利法》[④]第60条规定:"未经专利权人许可,实施其专利,即侵犯其专利权,引起纠纷的,由当事人协商解决;不愿协商或者协商不成的,专利权人或者利害关系人可以向人民法院起诉,也可以请求管理专利工作的部门处理。管理专利工作的部门处理时,认定侵权行为成立的,可以责令侵权人立即停止侵权行为,当事人不服的,可以自收到处理通知之日起十五日内依照《中华人民共和国行政诉讼法》向人民法院起诉;侵权人期满不起诉又不停止侵权行为的,管理专利工作的部

① 例如我国《商标法》规定的商标侵权纠纷只是侵犯商标专用权纠纷;我国《专利法》规定的专利侵权纠纷主要是指侵犯专利实施权的纠纷。

② 我国《著作权法》第10条专门规定了著作权包括人身权和财产权。

③ 美国的Corcovado Music公司诉Hollis Music公司案,保罗·戈尔斯坦:《国际版权原则、法律与惯例》,中国劳动社会保障出版社2003年版,第97页。

④ 1984年3月12日第六届全国人民代表大会常务委员会第四次会议通过,2008年12月27日第三次修正,自2009年10月1日起施行。

门可以申请人民法院强制执行。进行处理的管理专利工作的部门应当事人的请求，可以就侵犯专利权的赔偿数额进行调解；调解不成的，当事人可以依照《中华人民共和国民事诉讼法》向人民法院起诉。”

《民事诉讼法》第 265 条(原第 241 条)规定：“因合同纠纷或者其他财产权益纠纷，对在我国境内没有住所的被告提起的诉讼，如果合同签订地、合同履行地、诉讼标的物所在地、侵权行为地在我国或被告在我国有可供扣押的财产或有代表机构的，我国法院可以行使管辖权。”因此，专利或商标侵权纠纷，如果侵权行为地在我国，我国法院有管辖权。

《最高人民法院关于审理专利纠纷案件适用法律问题的若干规定》[①]第 5 条规定：“因侵犯专利权行为提起的诉讼，由侵权行为地或者被告住所地人民法院管辖。侵权行为地包括：被诉侵犯发明、实用新型专利权的产品的制造、使用、许诺销售、销售、进口等行为的实施地；专利方法使用行为的实施地，依照该专利方法直接获得的产品的使用、许诺销售、销售、进口等行为的实施地；外观设计专利产品的制造、许诺销售、销售、进口等行为的实施地；假冒他人专利的行为实施地。上述侵权行为的侵权结果发生地。”第 6 条规定：“原告仅对侵权产品制造者提起诉讼，未起诉销售者，侵权产品制造地与销售地不一致的，制造地人民法院有管辖权；以制造者与销售者为共同被告起诉的，销售地人民法院有管辖权。销售者是制造者分支机构，原告在销售地起诉侵权产品制造者制造、销售行为的，销售地人民法院有管辖权。”

《最高人民法院关于审理商标民事纠纷案件适用法律若干问题的解释》[②]第 6 条规定：“因侵犯注册商标专用权行为提起的民事诉讼，由商标法第十三条、第五十二条所规定侵权行为的实施地、侵权商品的储藏地或者查封扣押地、被告住所地人民法院管辖。前款规定的侵权商品的储藏地，是指大量或者经常性储存、隐匿侵权商品所在地；查封扣押地，是指海关、工商等行政机关依法查封、扣押侵权商品所在地。”第 7 条规定：“对涉及不同侵权行为实施地的多个被告提起的共同诉讼，原告可以选择其中一个被告的侵权行为实施地人民法院管辖；仅对其中某一被告提起的诉讼，该被告侵权行为实施地的人民法院有管辖权。”

另外，《最高人民法院关于审理商标案件有关管辖和法律适用范围问题的解

---

① 2001 年 6 月 19 日由最高人民法院审判委员会第 1180 次会议通过，自 2001 年 7 月 1 日起施行，2013 年 2 月 23 日最高人民法院修订；2015 年 1 月 19 日最高人民法院修改，2015 年 2 月 1 日起施行。

② 2002 年 10 月 12 日由最高人民法院审判委员会第 1246 次会议通过，自 2002 年 10 月 16 日起施行。

释》[①]第2条规定:“商标民事纠纷第一审案件,由中级以上人民法院管辖。”《最高人民法院关于审理专利纠纷案件适用法律问题的若干规定》第2条规定:“专利纠纷第一审案件,由各省、自治区、直辖市人民政府所在地的中级人民法院和最高人民法院指定的中级人民法院管辖。最高人民法院根据实际情况,可以指定基层人民法院管辖第一审专利纠纷案件。”

第五节 平行诉讼问题与不方便法院原则

一、平行诉讼的概念

“平行诉讼”(parallel proceedings)也称为“重复诉讼”(duplicative proceedings)或“诉讼竞合”(concurrent proceedings),是指相同当事人就同一争议基于相同事实以及相同目的在两个以上国家的法院进行诉讼的现象。[②] 在西方法学文献中,也经常使用“异地未决诉讼”(lis alibi pendens)这一概念来表示这种现象。[③]

平行诉讼的产生是与各国法院在国际民事案件上的平行管辖权密切相关的。对于绝大多数国际民事纠纷案件来讲,并非只有一个国家法院才有管辖权。比如,甲和乙之间因为合同发生纠纷,甲和乙的住所地均在外国,但合同在我国缔结和履行。对于该合同纠纷,甲和乙可以在外国法院起诉,该外国法院可以根据“被告住所地”原则享有管辖权,但如果甲或乙向我国法院起诉,我国法院也可以根据合同缔结地或履行地在我国境内而行使管辖权。如果甲向外国法院起诉,而乙向我国法院起诉,而各国都不放弃自己的管辖权,此时就会产生“平行诉讼”或“诉讼竞合”问题。

平行诉讼的产生很大程度上也是当事人“挑选法院”(forum shopping)的结果。因为对于同一涉外民事纠纷,在几个国家都有管辖权的情况下,不同当事人会选择去不同国家法院提起诉讼,以便获得对自己最有利的判决结果。[④]

平行诉讼也可能因某国法院的“过度管辖”(exorbitant jurisdiction)而引起。[⑤]

---

① 2001年12月25日由最高人民法院审判委员会第1203次会议通过,自2002年1月21日起施行。

② Austen L. Parrish, Duplicative Foreign Litigation, 78 George Wash. L. R. (2010), p.237.

③ 肖凯:《国际民事诉讼中未决诉讼问题比较研究》,载《中国国际私法与比较法年刊》2001年卷,法律出版社2002年版,第495页。

④ 李晶:《国际民事诉讼中的挑选法院》,北京大学出版社2008年版,第10页。

⑤ 杜涛:《国际民事诉讼中的过度管辖权》,载《武大国际法评论》2016年第2期。

过度管辖在美国也被称为“长臂管辖”(long-arm jurisdiction),即只要案件与法院地存在最低限度的联系,该法院就可行使管辖权。[①] 美国各州都制定了自己的长臂管辖立法,法院在实践中也经常对其做扩张性解释,这就会与其他国家的管辖权发生重叠。

平行诉讼通常会带来相抵触的判决,非常不利于当事人之间纠纷的解决。重复诉讼也会造成司法资源的浪费,引发不同国家之间的管辖权竞争,影响国家间友好合作关系。因此,各国都通过一定方式加以避免和解决。

二、平行诉讼的解决方式

1.国际条约

各国对于平行诉讼的态度各异。一些国家通过对本国法院管辖权的限制来中止本国法院的诉讼,而让位于外国诉讼。另一些国家则对外国法院的管辖权作出限制,限制诉讼在外国的进行。也有很多国家对平行诉讼采取放任态度,不加干预。

通过国际条约来解决平行诉讼是最佳方式。目前比较有效的区域性国际公约是欧盟国家间的《布鲁塞尔公约》[②]和欧洲经济区国家之间的《卢加诺公约》[③]以及1979年《美洲国家间关于外国判决和仲裁裁决的域外有效性公约》。[④] 海牙国际私法会议长期以来一直致力于国际民事诉讼程序规则的全球统一。20世纪90年代初,在美国代表倡议下,海牙国际私法会议开始起草一项《民商事管辖权及外国判决公约》。[⑤] 由于美国和其他国家之间的巨大分歧,该公约草案未能通过。经过妥协,2005年6月30日,海牙国际私法会议在其第20届外交大会上,通过了一项范围较小的《选择法院协议公约》。[⑥] 该公约是海牙国际私法会议经过十多年艰苦谈判形成的,标志着第一项全球性的涉及民商事管辖权和判决承认与执行的国际公

① International Shoe Co. v. Washington,326 U.S. 310,66 S. Ct. 154,90 L. Ed. 95(1945).

② 该公约已于2000年被转化为《2000年12月22日关于民商事管辖权和判决承认与执行的第44/2001号条例》,简称为《布鲁塞尔第一条例》,2012年12月12日修订。

③ Convention on jurisdiction and the enforcement of judgments in civil and commercial matters at Lugano on 16 September 1988. 2007年,欧盟与冰岛、芬兰、挪威和丹麦签订了新的《卢加诺公约》,取代了1988年的公约。新公约与欧盟《布鲁塞尔条例》保持完全一致。

④ Inter-American Convention on Extraterritorial Validity of Foreign Judgments and Arbitral Awards.该公约由美洲国家组织在蒙得维的亚订立,1980年生效,已有9个缔约国,http://www.sice.oas.org/dispute/comarb/caicmoe.asp,下载日期:2018年9月9日。

⑤ 汉斯·范·鲁:《迈向一个关于民商事事件国际管辖权及外国判决效力的世界性公约》,《中国国际私法与比较法年刊》(第三卷),法律出版社2000年版,第100页。

⑥ Convention of 30 June 2005 on Choice of Court Agreements,2015年生效。迄今已有墨西哥、欧盟、新加坡等缔约国。

约最终得以诞生。然而该公约的适用范围仍然是很有限的。它只适用于当事人之间达成了排他性法院选择协议的民商事案件,对于这样的案件,当事人协议选择的法院拥有排他性管辖权,其他缔约国法院不得再行使管辖权。但是如果当事人之间没有达成此类管辖协议,或者对于那些不属于公约适用范围的特殊领域的案件,则仍然难以避免平行诉讼问题。

此外,由美国法学会和国际统一私法协会联合起草的《跨国民事诉讼原则》(ALI/UNIDROIT *Principles of Transnational Civil Procedure*)也是世界上影响较大的一项示范性立法文件。[①] 国际法协会也曾在2000年发布过一项范围广泛的比较法研究报告,向各国推荐了一些关于在什么情况下可以放弃管辖权和推迟管辖权的原则(鲁汶/伦敦原则),[②]这些原则都不具有法律效力。

不同国家间也可以通过缔结双边国际条约来解决彼此间的诉讼竞合问题。我国与其他国家订立的数十个双边司法协助条约,大都没有关于管辖权的规定,也没有解决彼此间平行诉讼问题的直接规定,只是对平行诉讼情况下判决的承认与执行问题作了规定。其中,大多数司法协助条约都规定,在我国和其他缔约国之间相互申请承认和执行对方法院的裁决时,如果被请求的缔约一方的法院对相同当事人之间就同一标的和同一事实的案件正在进行审理,则被请求国可以拒绝承认和执行。例如我国和古巴、埃及、哈萨克斯坦、吉尔吉斯斯坦、蒙古、波兰、罗马尼亚、俄罗斯、塔吉克斯坦、摩洛哥、土耳其、乌兹别克斯坦等国订立的双边司法协助条约。有一些条约里还要求这一审理是先于提出请求的缔约一方法院开始的,如中国与保加利亚、希腊、意大利等国的司法协助条约。这相当于间接承认了先受理法院优先规则。但在中国与埃及、法国、西班牙等国订立的双边司法协助条约里,并没有把被请求的缔约一方法院对相同案件正在进行审理作为拒绝承认与执行裁决的理由。[③]

2.先诉法院优先原则

"先诉法院优先原则"(first-filed rule)是指同一案件在其他国家法院已经被受理,如果当事人又到本国法院提起诉讼,此时本国法院应在某些条件下中止本法院的诉讼,等待外国法院的判决结果。[④]

大陆法系国家如德国一般不采用"不方便法院"原则,对于本国法院享有管辖权的案件,原则上是不加拒绝的。但在实践中,对于国际诉讼竞合,德国法院如果

① 该原则2004年通过,不具有法律效力,供各国立法参考。具体内容参见http://www.unidroit.org/english/principles/civilprocedure/main.htm,下载日期:2013年8月5日。

② International Law Association Committee on International Civil and Commercial Litigation, Third Interim Report: Declining and Referring Jurisdicition in International Litigation (2000).

③ 司法部司法协助局编:《中外司法协助条约规则概览》,法律出版社1998年版,第193页。

④ 杜涛:《先受理法院规则与国际平行诉讼的解决》,载《武大国际法评论》2015年第2期。

认为外国法院对该案件所作出的判决有可能得到德国法院的承认，则会类推适用德国《民事诉讼法》第261条第3款的规定，禁止或中止当事人在本国法院提起的相同诉讼。德国的做法影响到法国、日本、瑞士等国家。瑞士1987年《联邦国际私法立法》第9条也采用了类似规定。比利时2004年《国际私法典》第14条也规定："如果一项诉讼在外国尚处于未决状态，且能预见该外国判决可在比利时获得承认或执行，则对于相同当事人间具有相同标的和诉因的诉讼，后受理案件的比利时法院得暂缓作出判决，直至外国判决的宣告。"

欧盟《布鲁塞尔公约》和取代该公约的《布鲁塞尔第一条例》也都采用了"先诉法院优先原则"，并排除了"不方便法院原则"。该条例第29条规定："相同当事方就相同诉因在不同成员国法院提起诉讼时，首先受诉的法院之外的任何法院均应主动暂停诉讼，直到首先受诉的法院确定其管辖权为止。……当首先受诉的法院的管辖权确定时，任何其他受诉法院都应放弃管辖权，将案件交由首先受诉法院受理。"

美国法院也曾在判例中根据礼让原则终止本法院对案件的审理而让位于先受理案件的外国法院。[①]

我国立法中尚未对平行诉讼问题进行专门规定。但《最高人民法院关于适用〈中华人民共和国民事诉讼法〉若干问题的意见》第306条规定："中华人民共和国人民法院和外国法院都有管辖权的案件，一方当事人向外国法院起诉，而另一方当事人向中华人民共和国人民法院起诉的，人民法院可予受理。判决后，外国法院申请或者当事人请求人民法院承认和执行外国法院对本案作出的判决、裁定的，不予准许；但双方共同参加或者签订的国际条约另有规定的除外。"该意见第15条也规定："中国公民一方居住在国外，一方居住在国内，不论哪一方向人民法院提起离婚诉讼，国内一方住所地的人民法院都有权管辖。如果国外一方在居住国法院起诉，国内一方向人民法院起诉的，受诉人民法院有权管辖。"2015年《民事诉讼法司法解释》第533条保留了原来的规定。[②] 可见，我国并未将《民事诉讼法》第34条的"先诉法院优先原则"运用到涉外案件。

在"旅美华侨张雪芬重复起诉离婚案"中，旅居美国的中国公民张雪芬，为与居

---

① Royal & Sun Alliance Ins. Co. of Can. v. Century Int'l Arms, Inc., 466 F.3d 88, 96 (2d Cir. 2006); Belize Telecom, Ltd. v. Gov't of Belize, 528 F.3d 1298, 1305 (11th Cir. 2008); Parrish, Duplicative Foreign Litigation, 78 Geo. Wash. L. Rev. 237, 248 et seq. (2010).

② 该条规定："中华人民共和国法院和外国法院都有管辖权的案件，一方当事人向外国法院起诉，而另一方当事人向中华人民共和国法院起诉的，人民法院可予受理。判决后，外国法院申请或者当事人请求人民法院承认和执行外国法院对本案作出的判决、裁定的，不予准许；但双方共同缔结或者参加的国际条约另有规定的除外。外国法院判决、裁定已经被人民法院承认，当事人就同一争议向人民法院起诉的，人民法院不予受理。"

住在中国上海市的中国公民贺安廷离婚,向中国上海市中级人民法院起诉,同时也向其居住地的美国法院起诉,中国法院受理后还未审结前,美国法院已就同一案件作出了判决。最高人民法院于 1985 年 9 月 18 日批复指出,在张雪芬未撤回向中国法院起诉的情况下,按《中华人民共和国民事诉讼法(试行)》第 20 条第 1 款的规定,中国受诉法院得依法作出裁决,不受外国法院受理同一案件和是否作出裁决的影响。

在另一起"中国公民忻清菊与美国公民曹信宝互诉离婚案"中,美国公民曹信宝与中国公民忻清菊 1944 年在中国结婚,1990 年,曹在美国密苏里州杰克逊郡巡回法庭取得与忻的离婚判决书,并于 1990 年 3 月来中国,在宁波市民政局涉外婚姻登记处办理了与他人的结婚登记(后由登记处撤销了该登记),中国公民忻清菊则于 1991 年 12 月 14 日向宁波市中级人民法院提起离婚诉讼,宁波市中级人民法院受理了此案,经调解,双方达成了离婚调解协议。

而在"渣打(亚洲)有限公司诉广西壮族自治区华建公司借款合同担保义务纠纷案"中,原告在向广西南宁市中级人民法院起诉前,曾在香港地区的法院起诉,并且香港最高法院已作出裁决。因内地目前与香港地区尚无司法协定,香港地区法院作出的判决无法在内地执行,故原告就同一事实向南宁市中级人民法院单独起诉在内地的担保人,这就构成平行诉讼问题。内地法院是否受理涉港合同纠纷案件不受香港地区法院受理同一案件和是否作出裁决的影响,故该院对此案有管辖权。①

但我国个别地方法院也曾在案件中以当事人在国外法院先行起诉为由,驳回了当事人在我国法院的诉讼。比如浙江省乐清市人民法院在"刘少洋与施建娥、贺学飞买卖合同纠纷案"中就明确指出:"原告已就本案事实于 2011 年 9 月 30 日向乌干达最高法院(商业分院)提起诉讼,要求二被告承担偿付责任,该案至今尚未审结,现就同一事实向本院起诉,不符合人民法院受理民事诉讼的条件,依照《最高人民法院关于适用〈中华人民共和国民事诉讼法〉若干问题的意见》第 139 条的规定,裁定驳回原告的起诉。"②

3.不方便法院原则

"不方便法院原则"(forum non conveniens)是英美国家通常采用的一种方式,它是指对于本法院受理的某一案件,如果有其他法院审理该案件更为合适,而本法

① 类似案例还有:柯某某与蔡某某离婚纠纷案,〔2016〕闽 05 民辖终 310 号;许甲与金甲离婚纠纷一审民事判决书,〔2014〕黄浦民一(民)初字第 8663 号等。

② 〔2012〕温乐商初字第 705 号民事裁定书。

院审理该案件不方便，则可以拒绝行使对案件的管辖权，而将该案件交由其他法院审理。[①] 英国法院也采用该原则。[②] 加拿大魁北克《民法典》第3135条也有规定。

"不方便法院原则"是与英美国家相对灵活的管辖权制度紧密联系在一起的。尤其是在美国，法院在确定属人管辖权时，往往依据的是所谓的"最低限度联系"(minimum contacts)标准，法院在解释该标准时往往会扩大其范围，从而导致美国法院管辖权的过度扩张，即所谓的"长臂管辖权"。为了弥补，法院才需要采用"不方便法院原则"适当限制自身的管辖权。大陆法系国家的管辖权制度建立在严格的法典制度之上，法官自由裁量的空间有限，需要自我限制管辖权的机会也相对较少。

我国2004年的"包头空难"发生后，因国内赔偿标准被遇难者家属认为严重偏低，2005年11月，21名遇难者家属在美国加利福尼亚州法院提起赔偿诉讼，以产品缺陷损害赔偿为由起诉失事飞机制造商加拿大庞巴迪公司、飞机发动机制造商美国通用电气公司，并将中国东方航空集团公司列为共同被告。该案被美国法院以"不方便法院"为由驳回。[③] 诉讼审理也从美国转回中国。直到2009年8月，北京市二中院才正式受理该案。

我国作为大陆法国家，立法中未采纳"不方便法院原则"。我国学者对于该原则也存在广泛争议。[④] 但在司法实践中，我国法院逐渐接受了这一原则。

"日本公民大仓大雄要求在中国起诉离婚案"[⑤]中，日本公民大仓大雄欲与中国籍妻子离婚，向上海市中级人民法院起诉。由于此案夫妻双方婚后住所均在日本，婚姻事实以及有关夫妻财产也在日本，法院认为如果诉讼在中国进行，既不便于双方当事人的诉讼，也不利于弄清夫妻关系的真实情况，更无法查明大仓大雄在日本的财产，难以保护当事人的合法权益。为此，上海市中级人民法院决定不行使司法管辖权，告知大仓大雄去日本法院起诉。后日本法院审理后判决双方离婚，并

---

① 美国联邦最高法院在1947年的Gulf Oil Corp.诉Gilbert案(330 U.S.501[1947])和Koster诉Lumbermens Mutual Casualty Co.案(330 U.S. 518[1947])中第一次正式运用不方便法院原则；参见Born/Rutledge，International Civil Litigation in United States Courts，5th Edition(2010)，p.369；Donald Earl Childress Ⅲ，Forum Conveniens：The Search for a Convenient Forum in Transnational Cases，53 Virginia J. Int'l L.(2013)，p.157.

② The Spiliada [1986] 3 All ER 843，856 (House of Lords)；Lubbe v. Cape plc [2000] 1 W.L.R. 1545 (House of Lords).

③ Zhang Guimei et al. v. General Electric Co. et al.，Los Angeles County Super. Ct. No. BC342017 c/w BC338418，BC362009，BC343313.

④ 奚晓明：《不方便法院制度的几点思考》，载《法学研究》2002年第1期；胡振杰：《不方便法院说比较研究》，载《法学研究》2002年第4期；徐伟功：《不方便法院原则研究》，吉林人民出版社2002年版。

⑤ 盛勇强：《涉外民事诉讼管辖权冲突的国际协调》，载《人民司法》1993年第9期。

判令大仓大雄支付妻子近十万元人民币。

在“住友银行有限公司与新华房地产有限公司贷款合同纠纷管辖权异议上诉案”[①]中，最高人民法院认为：从方便诉讼的原则考虑，本案由香港特别行政区法院管辖更为适宜，广东省高级人民法院不宜受理本案。在“东鹏贸易公司诉东亚银行信用证纠纷案”[②]中，广东省高级人民法院依据最高人民法院的批复，认为双方当事人均为香港法人，纠纷与内地无密切联系，为方便诉讼起见，驳回原告起诉。在“大浩化工株式会社诉宇岩涂料株式会社、内奥特钢株式会社买卖合同纠纷案”[③]中，法院按照上述标准以不方便法院原则驳回了韩国原告的诉讼请求。同样的案例还有“捷腾电子有限公司与时毅电子有限公司买卖合同纠纷上诉案”[④]“美国联合航空公司服务合同纠纷”案[⑤]等。

2015年《民事诉讼法司法解释》第532条在总结司法实践经验的基础上规定：

> 涉外民事案件同时符合下列情形的，人民法院可以裁定驳回原告的起诉，告知其向更方便的外国法院提起诉讼：
>
> （一）被告提出案件应由更方便外国法院管辖的请求，或者提出管辖异议；
>
> （二）当事人之间不存在选择中华人民共和国法院管辖的协议；
>
> （三）案件不属于中华人民共和国法院专属管辖；
>
> （四）案件不涉及中华人民共和国国家、公民、法人或者其他组织的利益；
>
> （五）案件争议的主要事实不是发生在中华人民共和国境内，且案件不适用中华人民共和国法律，人民法院审理案件在认定事实和适用法律方面存在重大困难；
>
> （六）外国法院对案件享有管辖权，且审理该案件更加方便。

4.禁诉令

《布鲁塞尔第一条例》中采用的“先诉法院优先原则”存在一个弊端，往往会被当事人滥用。某方当事人可以抢先到一个本来没有管辖权的国家法院去起诉，让该法院去判断自己的管辖权，其他法院必须中止诉讼等待先诉法院的裁决，这样就可以把案件拖延数月甚至数年。这样就在当事人之间产生“诉讼竞赛”(race to judgement)，甚至引发所谓的“鱼雷诉讼”(torpedo actions)。[⑥]

---

① 最高人民法院民事裁定书〔1999〕经终字第194号。

② 广东省高级人民法院编：《中国涉外商事审判热点问题探讨》，法律出版社2004年版，第45页。

③ 〔2010〕苏商外终字第0053号。

④ 〔2009〕沪高民四(商)终字第59号。

⑤ 〔2016〕沪02民终1731号。

⑥ Christopher Stothers, Forum shopping and “Italian torpedoes” in competition litigation in the English courts, G.C.L.R. 2011, 4(2), 67-73.

为克服这一弊端,英国法院有时会采用“禁诉令”(anti-suit injunction)的方式来阻止当事人在外国法院的诉讼。[①] 美国法院也经常采用禁诉令来维护自己的管辖权。[②] 但这种方法运用在国际民事纠纷中,会被认为干涉外国法院的司法主权。[③] 因此,欧盟司法实践均不承认他国法院发布的禁诉令。[④]

我国对外国法院发布的禁诉令通常不予承认和执行。广东深圳市粮食集团公司与外国某公司签订货物买卖合同,该货物由希腊美景公司承运。因发生严重货损,深圳粮食集团公司拒付货款并向青岛海事法院请求扣船,并起诉索赔。美景公司则以双方签订有仲裁协议为由提出管辖权异议,并向英国高等法院起诉,请求该法院发出禁诉令,撤销中国青岛海事法院的诉讼。英国高等法院作出了禁止深圳市粮食集团公司在中国法院提起诉讼的禁诉令,并向中国司法部提出请求协助送达该禁诉令的申请,但遭到我国司法部的拒绝。[⑤] 在“香港上海汇丰银行有限公司上海分行与景轩大酒店(深圳)有限公司、万轩置业有限公司金融借款合同纠纷案”中,最高人民法院也认定香港法院颁布的禁诉令在内地不具有法律效力。[⑥]

第六节　管辖豁免制度

1982年《民事诉讼法(试行)》第188条规定:“对享有司法豁免权的外国人、外国组织或者国际组织提起的民事诉讼,人民法院根据中华人民共和国法律和我国缔结或者参加的国际条约的规定办理。”

《民事诉讼法》第261条规定:“对享有外交特权与豁免的外国人、外国组织或

---

① 李旺:《国际诉讼竞合》,中国政法大学出版社2002年版,第47页;欧福永:《国际民事诉讼中的禁诉令》,北京大学出版社2007年版,第6页。

② Laker Airways v. Sabena,731 F.2d 909 (D.C.Cir. 1984),discussed further in GE v. Deutz,270 F.3d 144,160 (3rd Cir. 2001). For an oft-cited test,see China Trade & Dev. Corp.v. M.V. Choong Yong,837 F.2d 33 (2nd Cir. 1987),followed in Kahara Bodas Co.,LLC v. Perusahaan Pertambangan Minyak Dan Gas Bumi Negara,500 F.3 111 (2nd Cir 2007),cert. denied 111 U.S. 500 (2008),and Lam Yeen Leng v. Pinnacle Performance,Ltd.,474 Fed. Appx. 810 (2nd Cir. 2012). See also Fox,The Position of the United States on Forum Selection and Arbitration Clauses,Forum Non Conveniens,and Anti-suit Injunctions,35 Tul. Mar. L. J. 401 (2011).

③ 张丽英:《“最先受诉法院原则”与禁诉令的博弈》,载《中国海商法年刊》2012年第1期。

④ ECJ 10 February 2009- C-185/07-Allianz SpA et al. v. West Tankers,Inc.,[2009] ECR I-663. See also Kronke,Acceptable Transnational Anti-suit Injunctions,in: Geimer und Schütze,Recht ohne Grenzen - Festschrift für Kaissis 549 (2012).

⑤ 青岛海事法院民事裁定书〔2004〕,青海法海商初字第245号。

⑥ 最高人民法院〔2010〕民四终字第12号。

者国际组织提起的民事诉讼，应当依照中华人民共和国有关法律和中华人民共和国缔结或者参加的国际条约的规定办理。”

《中华人民共和国外交特权与豁免条例》[①]第14条第2款规定：“外交代表享有民事管辖豁免和行政管辖豁免，但下列各项除外：(一)外交代表以私人身份进行的遗产继承的诉讼；(二)外交代表违反第二十五条第三项规定在中国境内从事公务范围以外的职业或者商业活动的诉讼。外交代表免受强制执行，但对前款所列情况，强制执行对其人身和寓所不构成侵犯的，不在此限。外交代表没有以证人身份作证的义务。”该法第15条规定：“外交代表和第二十条规定享有豁免的人员的管辖豁免可以由派遣国政府明确表示放弃。外交代表和第二十条规定享有豁免的人员如果主动提起诉讼，对与本诉直接有关的反诉，不得援用管辖豁免。放弃民事管辖豁免或者行政管辖豁免，不包括对判决的执行也放弃豁免。放弃对判决执行的豁免须另作明确表示。”

最高人民法院2007年发布的《关于人民法院受理涉及特权与豁免的民事案件有关问题的通知》[②]指出：“凡以在中国享有特权与豁免的主体为被告、第三人向人民法院起诉的民事案件，人民法院应在决定受理之前，报请本辖区高级人民法院审查；高级人民法院同意受理的，应当将其审查意见报最高人民法院。在最高人民法院答复前，一律暂不受理。这些主体包括：(1)外国国家；(2)外国驻中国使馆和使馆人员；(3)外国驻中国领馆和领馆成员；(4)途经中国的外国驻第三国的外交代表和与其共同生活的配偶及未成年子女；(5)途经中国的外国驻第三国的领事官员和与其共同生活的配偶及未成年子女；(6)持有中国外交签证或者持有外交护照(仅限互免签证的国家)来中国的外国官员；(7)持有中国外交签证或者持有与中国互免签证国家外交护照的领事官员；(8)来中国访问的外国国家元首、政府首脑、外交部长及其他具有同等身份的官员；(9)来中国参加联合国及其专门机构召开的国际会议的外国代表；(10)临时来中国的联合国及其专门机构的官员和专家；(11)联合国系统组织驻中国的代表机构和人员；(12)其他在中国享有特权与豁免的主体。”

广东省高级人民法院曾就“蓝婕诉被告马腾和荷兰驻广州总领事馆等机动车交通事故责任纠纷案”向最高人民法院请示是否受理。最高人民法院指出，该案被告马腾虽然是荷兰驻广州总领事馆领事，但根据《维也纳领事关系公约》和我国《领事特权与豁免条例》的规定，对于因车辆在我国境内造成的事故涉及损害赔偿的诉讼，领事官员并不享有司法豁免权，人民法院应予受理。荷兰驻广州总领事馆系荷兰驻我国的外交代表机构，不具备民事诉讼主体资格，不应作为被告参加诉讼。另

---

① 全国人民代表大会常务委员会1986年9月5日通过。

② 法〔2007〕69号。

外，根据我国一贯坚持的国家绝对豁免原则，也不能将荷兰国家作为本案的被告。[①]

第七节　我国法院审理涉外案件的级别管辖

一、基本原则

对于涉外民事案件的级别管辖问题，早在1982年《民事诉讼法(试行)》第17条就规定，中级人民法院审理一审涉外民事案件。但是，1991年《民事诉讼法》第19条作了重大修改："中级人民法院管辖下列第一审民事案件：(一)重大涉外案件；……"也就是说，非重大涉外案件可以由基层人民法院一审。2012年修订后的《民事诉讼法》第18条沿用了该规定。

对于"重大涉外案件"的定义，1992年《最高人民法院关于适用〈中华人民共和国民事诉讼法〉若干问题的意见》第1条第1款规定："《民事诉讼法》第19条第(1)项规定的重大涉外案件，是指争议标的额大，或者案情复杂，或者居住在国外的当事人人数众多的涉外案件。"

2008年《最高人民法院关于调整高级人民法院和中级人民法院管辖第一审民商事案件标准的通知》[②]对高级人民法院和中级人民法院审理涉外案件的标准进行了具体规定。

二、集中管辖制度

我国加入WTO之后，为了提高涉外案件的审判质量，最高人民法院于2001年发布了《关于涉外民商事案件诉讼管辖若干问题的规定》，对我国人民法院审理涉外民商事案件的级别管辖问题作了调整。该规定第1条规定："第一审涉外民商事案件由下列人民法院管辖：(一)国务院批准设立的经济技术开发区人民法院；(二)省会、自治区首府、直辖市所在地的中级人民法院；(三)经济特区、计划单列市中级人民法院；(四)最高人民法院指定的其他中级人民法院；(五)高级人民法院。根据这一规定，我国对涉外民商事案件的第一审审级做了提高，一般的基层人民法院不再受理涉外民商事案件(国务院批准设立的经济开发区人民法院除外)，一般的涉外案件的一审原则上都由中级以上人民法院受理，而且还

---

① 最高人民法院《关于原告蓝婕诉被告马腾和荷兰驻广州总领事馆等机动车交通事故责任纠纷一案受理问题的请示的复函》，〔2012〕民四他字第31号。

② 法发〔2008〕第10号。

必须是特定的中级人民法院，一般的中级人民法院也没有一审受理权。高级人民法院也可以受理第一审涉外民商事案件。另外，对国务院批准设立的经济技术开发区人民法院所作的第一审判决、裁定不服而提起的上诉，由所在地中级人民法院受理。

集中管辖制度是我国最高人民法院为迎接“入世”而出台的一项重大举措，从实践来看，对涉外案件进行集中管辖，确实起到了提高案件审判质量的作用。但集中管辖制度并不符合司法中的国民待遇原则，也暴露出诸多问题。

三、新司法解释的规定

为了进一步规范各级人民法院对一审民商事案件的管辖权，最高人民法院于2004年12月29日发布《最高人民法院关于加强涉外商事案件诉讼管辖工作的通知》①，对涉外民商事案件的一审管辖权逐步进行下放。② 2008年3月，最高人民法院进一步公布了《全国各省、自治区、直辖市高级人民法院和中级人民法院管辖第一审民商事案件标准》。③ 最高人民法院还于2009年7月20日发布了《关于审理民事级别管辖异议案件若干问题的规定》。④

四、特殊案件的一审管辖

2014年《最高人民法院关于北京、上海、广州知识产权法院案件管辖的规定》对相关知识产权法院的一审管辖权作了规定。此外，《最高人民法院关于审理专利纠纷案件适用法律问题的若干规定》⑤第2条进一步明确规定，专利纠纷第一审案件，由各省、自治区、直辖市人民政府所在地的中级人民法院和最高人民法院指定的中级人民法院管辖。最高人民法院根据实际情况，可以指定基层人民法院管辖第一审专利纠纷案件。根据2014年5月1日起施行的《最高人民法院关于商标法修改决定施行后商标案件管辖和法律适用问题的解释》⑥第3条：“第一审商标民事案件，由中级以上人民法院及最高人民法院指定的基层人民法院管辖”。涉及对

---

① 法〔2004〕265号。

② 2004年至今，最高人民法院先后授权一些省、直辖市和自治区地方中级人民法院和基层人民法院管辖一审涉外民商事案件。北京、上海等城市的基层人民法院都已获得涉外民事案件的管辖权，参见《最高人民法院关于授权上海市高级人民法院指定辖区十六家基层人民法院(不包括黄浦区人民法院、浦东新区人民法院)管辖一审涉外民商事案件的批复》，〔2010〕民四他字第78号；《最高人民法院关于对北京市高级人民法院关于指定北京市基层法院审理涉外商事案件的请示的批复》，〔2012〕民四他字第51号。

③ 最高人民法院于2008年3月31日公布，自4月1日起执行。

④ 法释〔2009〕17号。

⑤ 2014年2月10日最高人民法院通过，2014年5月1日起施行。

⑥ 法释〔2002〕1号。

驰名商标保护的民事、行政案件，由省、自治区人民政府所在地市、计划单列市、直辖市辖区中级人民法院及最高人民法院指定的其他中级人民法院管辖。《最高人民法院关于审理著作权民事纠纷案件适用法律若干问题的解释》[①]第2条规定："著作权民事纠纷案件，由中级以上人民法院管辖。各高级人民法院根据本辖区的实际情况，可以确定若干基层人民法院管辖第一审著作权民事纠纷案件。"

2010年，最高人民法院发布了《关于调整地方各级人民法院管辖第一审知识产权民事案件标准的通知》，[②]其中规定："高级人民法院管辖诉讼标的额在2亿元以上的第一审知识产权民事案件，以及诉讼标的额在1亿元以上且当事人一方住所地不在其辖区或者涉外、涉港澳台的第一审知识产权民事案件。对于上述标准以下的第一审知识产权民事案件，除应当由经最高人民法院指定具有一般知识产权民事案件管辖权的基层人民法院管辖的以外，均由中级人民法院管辖。如果人民法院在审理国内民商事案件过程中，因追加当事人或者第三人而使得案件具有涉外因素的，此时案件也属于涉外民商事案件，应当按照《全国各省、自治区、直辖市高级人民法院和中级人民法院管辖第一审民商事案件标准》中涉外或涉港澳台案件的标准确定一审管辖权。"

涉外海事海商纠纷案件由海事法院专门管辖，涉外铁路运输纠纷案件由铁路法院专门管辖，根据《全国各省、自治区、直辖市高级人民法院和中级人民法院管辖第一审民商事案件标准》的有关规定，它们也不受案件标的数额的影响。但涉外航空运输纠纷案件不存在专门法院管辖，因此，此类纠纷案件仍应按照最高院上述规定确定一审管辖权。

第八节　总结与建议

经过40年改革开放的发展，我国涉外民事诉讼制度从无到有，从粗到细，越来越完善。涉外民事诉讼管辖权仍然应当以坚持国家主权原则为基本原则。国际管辖权的行使需要遵守一般国际法原则，其中最重要的是属地主权原则，一国行使管辖权时不能过度，否则会侵犯他国主权和管辖权，从而导致作出的判决得不到他国的承认和执行。[③]

2018年1月23日，中共中央总书记、国家主席、中央军委主席习近平主持召开中央全面深化改革领导小组会议，审议通过了《关于建立"一带一路"国际商事争

① 2002年10月12日最高人民法院审判委员会第1246次会议通过，法释〔2002〕31号。

② 法发〔2010〕5号。

③ 杜涛：《国际民事诉讼中的过度管辖权》，载《武大国际法评论》2016年第2期。

端解决机制和机构的意见》(以下简称《意见》)。2018年6月,中共中央办公厅、国务院办公厅印发了《意见》,并发出通知,要求各地区各部门结合实际认真贯彻落实。《意见》提出:"最高人民法院设立国际商事法庭,牵头组建国际商事专家委员会,支持"一带一路"国际商事纠纷通过调解、仲裁等方式解决,推动建立诉讼与调解、仲裁有效衔接的多元化纠纷解决机制,形成便利、快捷、低成本的"一站式"争端解决中心,为"一带一路"建设参与国当事人提供优质高效的法律服务。"可以预料,随着"一带一路"建设的深入,相关涉外民商事法律纠纷必然会大幅增长,而且会越来越复杂。我国的涉外民事诉讼制度仍然要服从国家战略目标的现实需要,作出适当的改革。

第九章

改革开放40年来中国国际私法立法的传承与发展

光阴荏苒，时光飞逝，转眼间中国改革开放已经走过40年历程。40年的改革开放是中华民族发展史上的伟大创举，是人类社会发展史上的瑰丽篇章。改革开放激发了中华民族的生机与活力，推动了中国的崛起和繁荣，也造就了中国国际私法的辉煌，使得中国调整涉外民事关系的法律屹立于世界民族之林。

第一节　改革开放之前我国的国际私法立法

中国是历史悠久的文明古国，传统文化博大精深。法律作为文化的重要组成部分，需要底蕴，需要传承。改革开放40年来我国国际私法之所以能够获得前所未有的发展和繁荣，重要原因之一是中国具有国际私法立法传统，有着深厚的文化底蕴。西汉时期“刘细君和亲”的驼铃，演奏出中国国际私法的序曲——涉外转继婚适用属人法还是适用属地法。汉武帝诏书“从其国俗”，揭开了中国国际私法的序幕。[1] 大唐盛世,八方朝拜,商贾云集,蕃坊密布,“化外人”纷争时起。《永徽律》彰显礼仪之邦宽宏之大度:“诸化外人同类相犯者,各依本俗法;异类相犯者,以法律论。”唐律的起草人长孙无忌奉皇命注释《永徽律》,编撰《唐律疏议》。《唐律疏议》之中,长孙无忌详解《永徽律》“化外人”条款:“化外人,谓蕃夷之国别立君长者,各有风俗,制法不同。其有同类自相犯者,须问本国之制,依其俗法断之。异类相犯者,若高丽与百济相犯之类,皆以国家法律论定刑名。”[2]《永徽律》“化外人”条款和《唐律疏议》释义,坚持中国法律的属地效力,同时承认外国法律在中国具有域外效力。蕃人之间发生争议,当事人来自同一国家时,适用当事人本国法律,创立共同属人法原则,来自不同国家时,适用汉律。这是世界上首开先河,独树一帜的法律适用理论,也是世界上最早的国际私法成文法。[3]

宋、元两朝是我国国际私法立法发展鼎盛时期。宋朝将《永徽律》“化外人”的规定原版移植于《宋刑统》,并将长孙无忌对“化外人”的解释上升为法律律条。[4]对法律没有规范的对外贸易关系,以敕令形式作为补充规定。敕令具有法律效力。元袭宋制,在立法方面,“大抵皆因宋旧制而为之法焉”[5]。对人际法律冲突,元朝有“诸色人同类自相婚者,各从本俗法;递相婚姻者,以男为主。蒙古人不在此限”的规定;[6]在涉外继承方面,有同族人之间的继承适用本俗法,不同民族的人之间的继承适用男方法律或习俗的规定。[7]

明、清两朝我国封建社会从顶峰滑落低谷,为防外患,闭关自守,法律适用走向单边主义。清朝末年,西方列强坚船利炮打开了中国尘封已久的大门,中国被强行推入国际社会之中。在与西方国家通商的同时,中外通婚之风日盛,数量渐多,为调整涉外婚姻关系,1888 年 5 月,清廷与德国在北京签订《中德人民互相嫁娶归夫治管辖章程》,1889 年 1 月 12 日、1889 年 2 月 24 日中意两国就中意人民互相嫁娶归夫治管辖互换照会,确立了中德、中意两国人民之间通婚归夫治管辖原则。[8]

1911 年辛亥革命胜利宣告民国建立,之后进入北洋政府。北洋政府改变了清末以来“固有法与继受法”的二元对立,以渐进的方式推进了中国传统法律与西方现代法律的融合。在涉外立法方面,北洋政府于 1918 年以日本《法例》为蓝本制定

---

① 齐湘泉,中国政法大学教授,法学博士。刘素,中国政法大学 2017 年博士研究生。陈鹏:《中国婚姻史稿》,中华书局 1990 年版,第 33 页。

② 长孙无忌等:《唐律疏议》,中华书局 1983 年版,第 133 页。

③ 齐湘泉:《中国涉外民事法律关系的演进与勃兴》,载《西南民族大学学报》2013 年第 7 期。

④ 窦仪:《宋刑统》第六卷《名律例》,中华书局 1984 年版,第 97 页。

⑤ 《元史·食货二·市舶》。

⑥ 郭成伟点校:《大元通制条格》,法律出版社 2000 年版,第 38 页。

⑦ 张晋藩:《中国古代法律制度》,中国广播电视出版社 1992 年版,第 595～597 页。

⑧ 牛创平、牛冀青:《近代中外条约选析》,中国法制出版社 1998 年版,第 291～292 页。

了《法律适用条例》，这部条例是我国国际私法单行法的起源，在我国法律适用法的发展史上具有重要地位。《法律适用条例》颁行后，民国政府于1923年起草了《法律适用条例草案》，但未公布实施。1927年8月12日，南京国民政府下令暂准援用《法律适用条例》。1953年6月6日中国台湾地区在《法律适用条例》的基础上制定了"涉外民事法律适用法"。

从中国封建社会、民国时期国际私法立法梳理中可以看出：法律作为社会关系的调节器，受制于生产关系。中国封建社会出现了零星的调整涉外民事关系的法律，与特定时期经济状况相吻合，在特定的历史环境中发挥过应有的作用，其法律地位、历史作用应该得到肯定，中国是国际私法起源最早的国家的地位应得到确认。历史的发展使汉代"从其国俗"的诏令流变为习惯，唐朝"化外人"的规定演变为今日的共同属人法，这是法律文化传承的结晶。1918年《法律适用条例》颁布，是我国国际私法发展史上的里程碑事件，该法的制定很大程度上表明中国要求主权完整，恢复对涉外民事关系行使管辖权的决心，该法在中国国际私法立法史中的地位不应低估。更不能妄自菲薄，诟病这部法律一无是处。

第二节　改革开放40年中国国际私法立法

1949年10月1日中华人民共和国成立，中国进入了新的时代。中华人民共和国成立后至改革开放之前这一时期，由于实行计划经济，涉外民事争议只是偶发现象，且主要集中在涉外婚姻领域，因此，这一时期我国没有进行国际私法立法，对偶发的涉外民事关系，我国通过制定行政规章，采用行政手段解决。1950年11月8日颁布的《中央人民政府法律委员会关于中国人与外侨、外侨与外侨婚姻问题的意见》，1951年10月16日出台的《中央人民政府内务部关于外侨相互间及外侨与中国人间婚姻问题的暂行处理意见》，1975年2月4日，最高人民法院转发公安部、外交部制定的《关于处理外籍人来华同中国公民结婚问题的规定的函》，都是这一时期调整涉外婚姻关系的行政规章和文件。

1978年我国实行改革开放政策，革除封闭，打开国门，开放市场，互市贸易，促进资本流动和商品流通，形成全球经济一体化的格局。改革开放初期，我们并没有意识到制定调整涉外民事关系法律的重要性，对市场经济的管理，仍然袭用轻车熟路的行政手段。随着改革开放的深入，以法律手段调整涉外民事关系成为共识，我国积极开展了国际私法立法。40年来，我国国际私法立法成果斐然，初步建立起国际私法法律体系。

（一）我国缔结、加入国际条约，加速融入国际社会

改革开放40年来，我国缔结、加入了一系列国际条约，与"一带一路"沿线国家

共同制定了合作协议，倡导人类命运共同体意识。自1987年5月4日我国与法国签订第一个《关于民事、商事司法协助协定》至2018年2月，我国已与71个国家缔结司法协助条约、资产返还和分享协定、引渡条约和打击“三股势力”条约共138项（116项生效），其中具有民商法性质的司法协助条约39项，其中37项已经生效。[①]我国1953年加入《国际货物联运协定》、1958年加入《统一国际航空运输某些规则的公约》（《华沙公约》）、1980年加入《国际油污损害民事责任公约》、1975年加入《修订1929年10月12日在华沙签订的〈统一国际航空运输某些规则的公约〉的议定书》、1986年加入《联合国国际货物销售合同》及《承认及执行外国仲裁裁决公约》、1991年加入《儿童权利公约》、1992年加入《关于向国外送达民事或商事司法文书和司法外文书公约》、1997年加入《关于从国外调取民事或商事证据公约》、2005年加入《统一国际航空运输某些规则的公约》《1999蒙特利尔公约》等国际条约，我国采用纳入方式适用国际条约，我国加入的国际条约是我国法律的组成部分。此外，我国2005年签署《联合国国家及其财产管辖豁免公约》、2017年签署《选择法院协议公约》，我国签署但未获批准的国际条约在我国不具有法律效力，实践中可作为国际惯例或者合同条款使用。

我国缔结、加入的国际条约，多为程序性条约，涉及涉外民商事案件管辖权、司法文书域外送达、跨境调查取证、判决及裁决的承认及执行等事项；少部分为实体性条约，具体规定了涉外民事关系当事人权利义务。迄今为止，我国尚未加入冲突法公约，只是将许多冲突法公约确立的法律适用规则已为我国立法所采纳，一些公约的条文被移植到我国国内法中，经采纳已经成为我国法律的组成部分。在我国缔结和加入国际条约的领域，我国法律和缔约国法律保持了一致，促进了国际经济交往和人员跨国流动。我国缔结或者参加的国际条约有高于我国国内法的效力，我国缔结或者参加的国际条约与我国法律有不同规定的，适用国际条约。

2013年9月7日上午，中国国家主席习近平在哈萨克斯坦纳扎尔巴耶夫大学作演讲时提出共同建设“丝绸之路经济带”，2013年9月和10月，习近平总书记在出访中亚和东南亚国家期间，先后提出共建“丝绸之路经济带”和“21世纪海上丝绸之路”的重大倡议。2015年2月1日，中央在京召开推进“一带一路”建设工作会议，正式形成“一带一路”倡议，并将“一带一路”建设作为重大事项和重点工作。“一带一路”倡议实施5年来，已有100多个国家和地区参与其中，我国与40多个国家签署合作协议，这些合作协议属于“软法”，对涉外民事关系法律适用有指导作用。

① 中华人民共和国外交部，http://www.fmprc.gov.cn/web/ziliao_674904/tytj_674911/wgdwdjdsfhzty_674917/t1215630.shtml，下载日期：2018年5月3日。

(二)国际私法立法由散见式、篇章式发展到单行法,继而向法典式发展

改革开放之初,我国国际私法立法采用散见式方式,在单行法规中以条款的方式规定国际私法规范。1979年《中外合资经营企业法》第2条规定"合营企业的一切活动应遵守中华人民共和国法律、法规的规定",中国对合营企业不实行国有化和征收,开启了我国国际私法立法。1985年《涉外经济合同法》(已废止)、1985年《继承法》第36条、1991年《收养法》第21条、1999年《合同法》第126条采用了散见式立法模式。1986年《民法通则》第八章规定了"涉外民事关系的法律适用"在散见式立法基础上提升了立法层次,采用了篇章式立法模式。继此之后,1992年《海商法》第十四章、1995年《民用航空法》第十四章、1995年《票据法》第五章等法律都采用了篇章式立法模式,形成了篇章式立法为主,散见式立法为辅的立法格局。此外,在1994年《仲裁法》,1999年《海事诉讼特别程序法》,1991年、2007年和2012年《民事诉讼法》以篇或者编的形式对我国涉外民事诉讼、涉外海事诉讼、涉外商事仲裁作了规定。我国国际私法立法从无到有,从简到繁,取得的进步令人欣喜,但与20世纪下叶国际社会出现的国际私法法典化的立法潮流仍有距离。我国与时俱进,开始了国际私法法典化的进程。2010年我国颁布了《涉外民事关系法律适用法》(以下简称《法律适用法》),实现了国际私法立法由散见式、篇章式到单行法的转变。现行的《法律适用法》是民法典的一编,又是独立的单行法规。我国于2017年3月启动民法典编纂工作,将于2020年完成。《法律适用法》并未列入民法典之中,《法律适用法》有望独立成典以适应国际私法法典化时代和"一带一路"倡议。

(三)国际私法立法缺失的司法补位

我国立法一直采用"宜粗不宜细""改批发为零售"方针,造成立法缺漏和法条概括。最高人民法院采用司法解释的方法进行补位。最高人民法院发布的有关涉外民事关系法律适用的司法解释主要有1985年《关于贯彻执行〈中华人民共和国继承法〉若干问题的意见》、1987年《关于适用涉外经济合同法若干问题的解答》、1988年《关于贯彻执行〈中华人民共和国民法通则〉若干问题的意见(试行)》、1992年《关于适用〈中华人民共和国民事诉讼法〉若干问题的意见》、2007年《最高人民法院关于审理涉外民事或商事合同纠纷案件法律适用若干问题的规定》、2012年《最高人民法院关于适用〈中华人民共和国涉外民事关系国际私法〉若干问题的解释(一)》、2014年《关于适用〈中华人民共和国民事诉讼法〉的解释》等。最高人民法院所作的大量司法解释,不仅是针对司法实践中所遇到的新情况和新问题,而且大多是司法实践的总结概括,具有较强的实践性、针对性和可操作性。在中国涉外民事关系法律适用法立法尚不完备的情况下,这些司法解释,不但为法院处理涉外民商事案件提供了指南,也为中国涉外民事关系法律适用立法的进一步发展和完善提供了经验，可以说从司法解释角度创造性地丰富和完善了中国涉外民事关系法律适用法制度。[①]

（四）国际惯例是我国法律的组成部分

国际惯例是在长期的国际贸易实践中形成的，具有确定的内容，可用以确定当事人权利义务关系的行为规则。我国承认国际惯例的法律效力，1985年《涉外经济合同法》规定涉外合同关系可以适用国际惯例，1986年《民法通则》第142条第3款进一步规定："中华人民共和国法律和中华人民共和国缔结或者参加的国际条约没有规定的，可以适用国际惯例"。上述规定表明，我国法律认可国际惯例作为调整涉外民事关系的规范，是我国法律的组成部分。在我国，国际惯例的适用与国际条约、国内立法的适用是不同的，国际条约、国内立法的适用具有强制性，而国际惯例的适用受到一定限制，在我国缔结或者加入的国际条约和我国国内立法没有规定的前提下，通过当事人选择、行政机关或者行业组织推荐适用。司法审判过程中，为了维护经济秩序的稳定，法官可强制适用国际惯例。

第三节　改革开放40年国际私法立法成就与展望

改革开放40年来，我国国际私法立法取得的成就主要有：

（1）国际私法多层次纵向立法体系建立，根据实际情况需要不断完善。我国国际私法纵向立法体系可以分为六个层次：第一层次是全国人民代表大会负责制定的《宪法》、宪法性法律和基本法律，这些法律规定了我国对外经济交往政策，国际经济合作和涉外民事往来的基本原则，外国人在我国的民事法律地位；第二层次是全国人民代表大会常务委员会负责制定的一般性法律。由于全国人民代表大会工作方式是会议制，每年召开一次会议，而我国立法任务繁重，全国人民代表大会将部分立法工作交由常务委员会完成，因此，我国国际私法立法工作主要是全国人大常委会完成的；第三层次是国务院、中央政府各职能部门制定的行政法规，这些行政法规是采用行政手段调整涉外民商事关系的依据；第四层次是最高人民法院经授权对国际私法规范所作的司法解释或者对具体涉外民商事案件所作的批复，这些司法解释和批复主要用以指导涉外民商事审判实践；第五层次是各省、直辖市、自治区人民代表大会，负责制定的本辖区地方法律；第六层次是国务院批准的经济特区、开发区、自贸区具有先行先试功能，享有部分立法权限，可以制定在区域内实施的法律，这些法律如果符合我国国情，可在全国推行。

---

① 黄进：《中国涉外民事关系法律适用法的制定与完善》，载《政法论坛》2011年第3期。

(2)调整涉外民事关系法律体系形成。改革开放40年来,我国国际私法立法逐步完善,形成了国际私法体系,各领域大都有相应的法律适用规范调整。我国《宪法》规定了外国人在我国的民事法律地位,《民法通则》《民事诉讼法》及相关行政法规对外国人民事权利、诉讼权利作了具体规定。法律适用规范涵盖国籍、住所、经常居住地、自然人权利能力和行为能力、物权、合同、侵权、票据、海商、航空、婚姻、收养、监护、扶养、继承、信托、代理、人格权、法人民事权利能力和行为能力、知识产权、死亡宣告等领域;对于国际民事诉讼和国际商事仲裁程序,《民事诉讼法》采用专编,《仲裁法》采用专章作了专门性规定。据不完全统计,我国160多个法律、法规、司法解释和地方性法规中规定了各类国际私法规范达480条之多,这些法律构成调整涉外民事关系法律体系,基本做到了解决涉外民事争议有法可依。

(3)借鉴各国立法经验,外来与本土结合,移植与创新并举。《法律适用法》制定过程中,我国借鉴了瑞士等国家立法,特别是借鉴了欧盟国际私法立法,使我国国际私法有个高起点。在借鉴、吸收、移植国际上国际私法最新立法成果基础上,我国国际私法立法坚持外来与本土结合,移植与创新并举,在较短的时间内就能与发达国家国际私法立法比肩。总体上看,我国制定的多数国际私法规则与国际通行的国际私法规则保持了一致,部分条款在坚持本土化前提下有所创新。

(4)国际私法立法成果斐然。改革开放40年来,我国国际私法立法取得了丰硕的成果,与西方国家相比已不落后。我国建立了强制性规定、公共秩序保留、外国法查明等法律制度,将属人法由国籍国法变更为经常居所地法。特别值得提及的是:第一,最密切联系原则和意思自治原则在我国已作为法律适用基本原则;第二,经常居所地作为属人法的重要连结点得到广泛使用;第三,弱者利益保护在《法律适用法》广泛体现;第四,选择性双边冲突规范广泛采用;第五,动产物权意思自治。这些立法成果代表着我国国际私法的发展和超越,对国际社会而言,也是重要贡献。

改革开放40年来,我国国际私法经历了筚路蓝缕的恢复阶段和手胼足胝的立法过程,摈弃经院学风,注重实践需求,由完全照搬照抄苏联发展到如今广纳各国精华,立足我国国情,不崇洋,不媚外,建立起具有中国特色的国际私法体系。我国应当不忘初心,砥砺前行,在改革开放40年取得的丰硕成果基础上,更上一层楼,为改革开放的深入进行提供更加完善的法律保障。

第十章

改革开放40年中国涉外仲裁法律制度的发展

中国的改革开放自1978年党的十一届三中全会起算，迄今已走过40年的历史征程。40年来，中国涉外仲裁法律制度的发展轨迹既是改革开放在法律上的投射，又是中国仲裁法本身对时代发展的自觉回应。在改革开放进入“不惑之年”之际，对中国涉外仲裁法治理论与实践的发展谱系进行梳理和回顾，既是对中国涉外仲裁事业发展进程的总结和交代，也是思考中国涉外仲裁法治未来发展方向的起点。

第一节　引　言

通常认为，国际商事仲裁是有效解决平等市场主体之间跨国经贸纠纷的重要法律机制，源起于欧洲中世纪海外贸易的繁荣发展，经过近现代国家法制的锻造和

国际经贸组织的大力推行，在当今社会呈现出日趋繁盛的景象。[①] 仲裁的发展史深刻表明，这种纠纷解决方式脱胎并成长于国际贸易发展中，其以商人共同体及商业社会的自治力量为基础，借助独特的伦理文化、行为规则通往和谐的社会秩序，堪称链接法律系统与商事系统的结构性耦合工具。[②] 除了商人社会下的自治力量、契约属性、民间色彩外，以立法方式对仲裁加以认可，是促使仲裁程序规则成文化及保障裁决顺利执行的必要手段。[③] 纵观世界范围内国际仲裁法制的发展状况可知，现代仲裁立法的显著特征之一即对国际仲裁与国内仲裁加以区分。[④] 相较之下，国际商事仲裁的当事人往往比国内仲裁的当事人享有更高程度的意思自治，且法院对国际仲裁的干预范围受到更严格的牵制与约束。[⑤]

对于中国而言，国际商事仲裁无疑是“舶来品”，新中国成立后才建立真正意义上的仲裁体制，这主要体现为中国国际经济贸易仲裁委员会(简称“贸仲”)与中国海事仲裁委员会(简称“海仲”)的成立。[⑥] 然而，任何一种法律制度的有效运行，不独取决于规范文本的制定，还受制于社会所处的商事与贸易环境，国际商事仲裁的成长尤其受跨国贸易往来自由环境的约束，这导致改革开放之前我国仲裁法制的“后发劣势”尤为明显。[⑦]

党的十一届三中全会的召开标志着改革开放的起步，这促使我国的民主与政治生活进入了崭新的时代，亦为仲裁法学研究的复兴和仲裁法律实践步入正轨提供了宝贵的机遇和广阔的空间。自1978年以来，中国的经贸环境与涉外法制状况均得以改善，这为纠纷的妥当解决及仲裁方式的运用提供了基础。尤其是自《中华

---

① 特别是在第二次世界大战之后，随着国际贸易的飞速发展，国际商事仲裁在全球范围内进入了快速发展的历史时期，仲裁事项日益广泛，仲裁规则不断完善，仲裁条约及各国立法日趋完备，仲裁理论不断突破，案件量大幅上升促使仲裁进入了产业化发展阶段。黄进：《国际商事争议解决机制研究》，武汉大学出版社2010年版，第89页。

② 林一：《国际商事仲裁中的意思自治原则——基于现代商业社会的考察》，法律出版社2018年版，第86页。

③ 杨玲：《国际商事仲裁程序研究》，法律出版社2011年版，第30页。

④ Nigel Blackaby, Constantine Partasides, Alan Redfern et al., *Redfern and Hunter on International Arbitration*, 6th edition, London: Sweet & Maxwell, 2015, p.8.

⑤ 以中国仲裁制度为例，法院对不具有涉外因素的仲裁裁决能够审查案件的实体事项，而对涉外仲裁裁决，则只能进行程序性审查。刘晓红：《国际商事仲裁专题研究》，法律出版社2009年版，第6页。

⑥ 陈燕红：《“非内国化”理论及其对国际商事仲裁一体化的影响》，中国政法大学出版社2015年版，第193页。

⑦ 具言之，后发国家虽可在短时间内照搬国际及其他国家的法律条款，节省立法成本，但法律并非“纸上谈兵”，具体的仲裁制度中隐含着宪政传统、文化背景、人才培养等多重因素，后发国家因缺乏积淀而难以充分、有效地移植外来制度。宋连斌：《中国国际私法的实践困境及出路》，载韩德培：《中国国际私法与比较法年刊》(第六卷)，法律出版社2003年版，第89页。

人民共和国仲裁法》(以下简称《仲裁法》)于1995年实施以来,我国仲裁机构受理涉外仲裁案件的数量始终处于稳步持续增长的状态。相关统计数据显示,《仲裁法》实施的第一年,即1995年全年,全国仲裁委员会共受理案件1048件;2013年,全国仲裁年受案量首次突破"十万件";自2014年全国19家仲裁机构展开"案件受理多样化、纠纷处理多元化"(简称"两化")试点工作后,仲裁受案数量增速更为明显。2016年,全国仲裁年受案量突破"二十万件"。[①]

就涉外仲裁案件而言,我国仲裁机构的受案数量堪称国际领先。以中国国际经济贸易仲裁委员会(以下简称贸仲)为例,2016年全年,它受理了483起涉外案件,以英文或中英双语为仲裁语言的案件达59起,令人瞩目。[②] 2017年全年,贸仲共受理476起涉外仲裁案件,当事人涉及60多个国家和地区,外国当事人的国籍分布创历史新高,国际化步伐的加速再次引起关注。[③] 目前,全国共250家仲裁机构,年受案总量达208545件,几乎是1995年的两百倍。[④] 由此可见,我国的商事仲裁(尤其是国际商事仲裁)事业正处于蒸蒸日上的发展期。

需要指出的是,我国《民事诉讼法》及《仲裁法》并未采用"国际商事仲裁"的措辞,而是使用"涉外经济贸易、运输和海事仲裁"的表述。[⑤] 鉴此,本章以"涉外仲裁"为题,以贴近我国当前的立法用语,并充分涵盖国际商事仲裁与国际投资仲裁等不同形态。此外,应予肯定的是,改革开放40年来,中国学者对国际仲裁的理论研究在不断向纵深发展,所探讨的问题与采用的方法都有了新的突破,整体上呈现

---

① 张维:《中国仲裁事业保持迅猛发展势头 2017年仲裁受案量仍将大幅增长》,http://www.legaldaily.com.cn/index/content/2018-01/08/content_7441610.htm? node=20908,下载日期:2018年4月24日。

② 中国国际经济贸易仲裁委员会:《中国国际商事仲裁年度报告》(2016),http://cietac.org/Uploads/201710/59df3824b2849.pdf,下载日期:2018年6月8日。

③ 万学忠:《贸仲委2017涉外案件标的额翻番——案件当事人涉及60个国家和地区创历史新高》,载《法制日报》2018年2月26日第6版。

④ 2017年,华南国际经济贸易仲裁委员会(又称"深圳国际仲裁院")与深圳仲裁委员会合并,这使得我国的仲裁机构总数变为250家。刘晓春:《特区仲裁机构合并的背景与未来》,http://www.sohu.com/a/222360478_159412,下载日期:2018年6月8日。

⑤ 霍政欣:《国际私法》,中国政法大学出版社2017年版,第321页。

出百家争鸣、百花齐放的繁荣景象。[①] 与此同时，外国学者及专业人士对中国仲裁法律制度与实践的关注度日渐升温，相关文献不断充实。[②] 这些研究成果，或是对现有的制度作了鞭辟入里的精准剖析，或是对中国政府及中国当事人参与国际商事及投资仲裁提供了有益的智力支持，从不同的视角为中国国际仲裁法的学术研究添砖加瓦。因篇幅所限，本章的讨论主要集中于中国涉外仲裁法律制度的变迁与展望，对学理演进不作专门考察。

第二节 《仲裁法》颁行前中国涉外仲裁制度的形成与演进

一、中国涉外仲裁制度的萌芽与初创期

如果严格按照时间纵轴作代际划分，中国仲裁法肇始于1912年国民政府颁布的《商事公断处章程》及相关的办事细则。1921年，北洋政府又制定了《民事公断暂行条例》，国民政府于1927年暂准援用《商事公断处章程》及《商事公断处办事细则》。不过，当时的公断处附设于所在地的商会，裁决的执行难以保障，因而更近似于一种行业内部的调解机制而非现代意义上的仲裁。[③]

新中国成立后，中国的仲裁制度可追溯至1956年中国国际贸易促进委员会组建对外贸易仲裁委员会（即贸仲的前身），但在改革开放前夕，该机构成立20多年

① 经比较可知，早期对国际商事仲裁的研究主要集中在管辖权、法律适用、裁决的承认与执行、司法监督、仲裁协议、《纽约公约》的适用及中国《仲裁法》的修改等方面，现今的研究则愈发深入，所探讨的议题囊括了国际商事仲裁的证据问题、仲裁程序司法化问题、仲裁权问题，以及国际投资仲裁的法律适用、裁判法理、条约解释等问题。除了惯常采用的规范分析及理论建构方法外，法经济学方法、实证研究方法也逐渐普及开来。崔起凡：《国际商事仲裁中的证据问题研究》，浙江工商大学出版社2013年版；晏玲菊：《国际商事仲裁制度的经济学分析》，上海三联书店出版社2016年版；胡荻：《国际商事仲裁权研究》，法律出版社2015年版；于湛旻：《国际商事仲裁司法化问题研究》，法律出版社2017年版；林一：《国际商事仲裁中的意思自治原则：基于现代商业社会的考察》，法律出版社2018年版；张生：《国际投资仲裁中的条约解释研究》，法律出版社2016年版；丁夏：《国际投资仲裁中的裁判法理研究》，中国政法大学出版社2016年版；肖军：《规制冲突裁决的国际投资仲裁改革研究——以管辖权问题为核心》，中国社会科学出版社2017年版等。

② 张潇剑、韩辉：《有哪些仲裁研究值得关注？——2009年中文法学期刊仲裁研究论文综述》，载《北京仲裁》2010年第2期；顾维遐：《我们信赖仲裁吗？——关于中国仲裁研究的英文文献综述》，载《北京仲裁》2010年第2期；张潇剑：《我国仲裁研究之动态——2010年中文期刊仲裁研究文章综述》，载《北京仲裁》2011年第3期；刘艺多、杨玲：《2014年中文商事仲裁研究文献综述》，载《北京仲裁》2015年第3期；张舒：《2016年关于中国仲裁的英文文献综述》，载《北京仲裁》2017年第3期；支延杰等：《2016年中文商事仲裁研究文献综述》，载《北京仲裁》2017年第3期。

③ 谢冬慧：《民国时期民事仲裁制度论略》，载《仲裁研究》2014年第1期。

间受案总量仅20多件，且这些案件多以调解方式解决。[①] 鉴此，将中国国际仲裁制度的真正起点定位为改革开放之际是客观、准确的。

二、改革开放至《仲裁法》颁布前的恢复与调整期

《仲裁法》颁行前，尤其是在20世纪80年代，中国虽然已经存在经济合同纠纷仲裁，但相关规定与机构设置缺乏规范，体制混乱，受案分散，程序不统一，并且实行多头仲裁、又裁又审。根据1979年《关于管理经济合同若干问题的联合通知》与1980年《关于工商行政管理部门合同仲裁程序的试行办法》，当时的经济合同纠纷实行"两级仲裁"与"先裁后审"相结合的模式，程序相当烦琐。1982年《经济合同法》与1983年《经济合同仲裁条例》颁布后，经贸合同仲裁又从"两裁两审制"转变为"一裁两审制"，仲裁实行一次裁决制，当事人不服仲裁裁决不得再次申请仲裁，只能向法院起诉，但无论如何，仲裁程序的耗时漫长，裁决的拘束力与执行力难以得到保障，这与国际通行的仲裁制度相去甚远，效率与公正的价值理念均难实现。

在这段期间内，1991年颁行的《民事诉讼法》堪称《仲裁法》制定前我国关于国际商事仲裁最重要的一部国内立法。[②] 该法专设一章，对我国的涉外仲裁作出了特别规定。其中包括：涉外仲裁协议具有排除法院管辖权的效力、涉外仲裁中的财产保全、强制执行涉外裁决的管辖法院、不予执行涉外裁决的条件、裁决被不予执行后可采取的救济。与此同时，该法"司法协助"一章还就我国涉外仲裁机构所作裁决在国外申请执行作了原则性规定。除该法外，1979年《中外合资经营企业法》、1982年《对外合作开采海洋石油资源条例》、1983年《海上交通安全法》、1985年《涉外经济合同法》、1988年《中外合作经营企业法》等法律法规鼓励以仲裁方式解决相关争议。[③]

通过将有关国内仲裁与涉外仲裁的法律制度作比较可以发现，在改革开放初期至《仲裁法》颁布前这段时期内，除了《民事诉讼法》及上述若干特别立法中的零散条款外，国内仲裁法制在整体上发展滞后，亟待规范。与此相对，在改革开放的春风下，我国对外贸易及吸引外资的环境得到了明显改善，具有涉外因素的商事纠纷开始涌现。经过各界的不懈努力，中国加入了一些与仲裁相关的重要国际公约，并借此初步实现了与国际社会的对话，涉外仲裁制度因而发展得更快。

细言之，1986年12月，中国决定加入国际商事仲裁领域影响力最大的《承认

---

① 陶春明、王生长：《中国国际经济贸易仲裁——程序理论与实务》，人民出版社1993年版，第3页。

② 韩德培：《国际私法问题专论》，武汉大学出版社2004年版，第394页。

③ 赵健：《回顾与展望：世纪之交的中国国际商事仲裁》，载《仲裁与法律》(2001年合订本)，法律出版社2001年版，第26页。

与执行外国仲裁裁决公约》(以下简称《纽约公约》)。[①] 公约自1987年4月22日对我国生效。[②] 为了正确地理解、贯穿并落实公约,最高人民法院于1987年4月发布了《关于执行我国加入的〈承认及执行外国仲裁裁决公约〉的通知》(法经发〔1987〕5号),作出中国政府在加入公约之际所提出的互惠保留与商事保留声明,并具体规定有权审理承认与执行外国仲裁裁决请求的管辖法院及申请执行期限。加入《纽约公约》是中国仲裁史上的重大历史性事件,标志着具有中国国籍的仲裁裁决能够通过公约在其他缔约国的法院得到广泛的承认与执行。同时,除非存在第5条所列明的拒绝事由,中国法院有义务承认与执行外国仲裁裁决。这对优化中国的营商环境,增强外国当事人选择在中国仲裁的信心,提升中国仲裁机构的国际公信力,具有极为深远的现实意义。

除了解决平等主体之间跨国民商事争议的国际商事仲裁之外,自改革开放以来,中国在解决外国投资者与东道国政府之间争端的国际投资仲裁方面亦有长足的进展。早在20世纪80年代改革开放初期,中国就已经启动了对外缔结双边投资条约(以下简称BIT)的实践,其中绝大多数条约中都订入了投资者与国家间争端解决条款(以下简称ISDS),而投资仲裁方式是重要选项之一。[③] 然而,在早期缔结的BIT中,ISDS条款规定的投资仲裁选项多为根据《联合国国际贸易法委员会仲裁规则》(简称《UNCITRAL仲裁规则》)进行专设仲裁或约定在瑞典斯德哥尔摩商会仲裁院(简称SCC)仲裁。1990年2月9日,中国政府签署了《解决国家与他国国民间投资争端公约》(简称《华盛顿公约》),并于1993年1月正式向公约存管机构交存了批准书,公约已于1993年2月6日起正式对中国生效。[④] 此后,中国政府在对外缔结BIT时,开始将国际投资争端解决中心(简称ICSID)仲裁作为ISDS条款的必备选项之一,这标志着中国在国际投资仲裁法制方面走出了第一步,也为中国政府与海外投资者解决国际争端奠定了条约基础。

---

① 《纽约公约》使得国际商事仲裁具有了极强的国际性,促使仲裁裁决得以在所有缔约国得到承认与执行。英国退休法官Michael Kerr甚至略带夸张地比喻称:即使是太空人仲裁员在月球上作出的裁决,也可以在英国得到执行。宋连斌:《国际商事仲裁管辖权研究》,法律出版社2000年版,第23页。

② 2018年3月22日,联合国贸法会秘书处宣布,佛得角共和国已交存加入《纽约公约》的文书,成为公约第158个成员国;2018年3月26日,苏丹也交存了加入《纽约公约》的批准文件,成为公约第159个成员国,随着缔约国数量的增多,公约影响力正不断扩大,http://www.newyorkconvention.org/countries,下载日期:2018年4月16日。

③ 我国自1978年实行改革开放以来,对谈判和签订双边投资保护协定始终持积极态度,在坚持主权原则和平等互利原则的基础上,积极与有关国家磋商并缔结了大量的条约。据统计,中国历史上最早的一份双边投资条约是1982年与瑞典缔结的,目前中国缔结BIT的总数量已达到全球第二,仅次于德国。余劲松:《国际投资法》,法律出版社2018年第5版,第189页。

④ 吕岩峰、何志鹏、孙璐:《国际投资法》,高等教育出版社2005年版,第255页。

第三节 《仲裁法》颁行后中国涉外仲裁制度的革新与发展

一、《仲裁法》为我国涉外仲裁建章立制

1995年《仲裁法》的实施堪称中国涉外仲裁立法史上的分水岭。在此之前，中国涉外仲裁乃至中国整体的仲裁立法呈现散见式、专章式、碎片化状态，分布于不同的经贸法律规范中；《仲裁法》的颁行，不仅统一了仲裁法律原则、更新了仲裁理念，而且明确了仲裁程序规范、划定了司法监督的界限。尤其是，针对改革开放初期中国行政仲裁制度的弊病，《仲裁法》正式确立了协议仲裁、或裁或审、一裁终局等基本原则与制度，对仲裁机构、仲裁协议、仲裁员、仲裁程序、仲裁裁决的司法监督（含撤销与不予执行）及涉外仲裁作出了全面规定，力图在借鉴国际经验的基础上恢复仲裁的本来面目，从而还原中国仲裁的自治性、独立性、民间性等优势，真正实现与国际接轨。

尤须指出，《仲裁法》推动了仲裁机构的重新组建工作，一改此前依据受案范围与职能的不同区分国内仲裁委员会与涉外仲裁委员会（即贸仲与海仲）的做法。细言之，《仲裁法》中不再严格区分国内机构与涉外机构，也并不禁止某一类机构受理涉外案件，自1996年开始，前述两类仲裁委员会的职能开始融合，不复存在原则性区别。对于仲裁工作的性质而言，《仲裁法》第8条与第14条分别明确了仲裁的独立性与非行政性，第10条则改变了原来仲裁机构按行政区划及行政隶属关系层层设置的做法，并规定了组建中国仲裁协会作为规范与监督全国各仲裁委员会工作的自律性组织。这些机构改制方面的努力，使原本只能受理国内案件的机构具备了受理涉外案件的基本条件，进而为中国涉外仲裁事业的健康成长铺平道路。[①]

二、最高法院确立涉外仲裁司法审查的内部报告制

法院对涉外仲裁实施的司法审查是维持仲裁良性运转的必要条件。[②]《仲裁法》实施后，为了充分保证国际商事仲裁司法审查案件的裁判质量，防止下级法院在审理涉外仲裁协议效力认定、申请撤销或不予执行涉外仲裁裁决、申请承认与执

---

① 有观点特别指出，《仲裁法》的颁布之所以堪称中国仲裁法制发展史的里程碑，其首要原因在于本法否定了国内原有的行政仲裁模式。与此同时，决不能把仲裁的行政化理解为中国仲裁制度的特色，也不能在中国特色仲裁制度的大旗下掩盖或纵容仲裁行政化的发展。费宗祎：《费宗祎先生谈仲裁法的修改》，载《北京仲裁》2007年第2期。

② 杜焕芳：《近年来中国法院对国际商事仲裁的司法审查》，载《商事仲裁》（第十辑），法律出版社2013年版，第46页。

行外国裁决的案件中作出不当决定，最高人民法院自1995年以来，先后下发了《关于人民法院处理与涉外仲裁及外国仲裁事项有关问题的通知》(法发〔1995〕18号)(以下简称《涉外仲裁通知》)、《关于人民法院撤销涉外仲裁裁决有关事项的通知》(法〔1998〕40号)及《关于承认和执行外国仲裁裁决收费及审查期限问题的规定》(法释〔1998〕28号)，其中要求受理案件的人民法院在对涉外、涉港澳台仲裁司法审查案件作出否定性结论的(包括拟认定仲裁协议无效、拟撤销或不予执行仲裁裁决)，必须逐级报请最高人民法院审定。①

值得一提的是，中国涉外仲裁领域的内部报告制脱胎于特定的历史背景。改革开放之初至《仲裁法》颁布前，相当一部分地方法院对仲裁的认知存在误区，将其视为与法院竞争管辖权的敌对方，因此在司法审查中漠视当事人意思自治，并对本应提交仲裁的案件行使了司法管辖权。内部报告制实施后，最高人民法院在大量案件中纠正了地方法院拟作出的涉外仲裁协议无效、拒绝承认与执行外国裁决、撤销涉外裁决的错误决定。可见，内部报告制在特定的历史环境下对端正下级法院的仲裁观念、统一法律适用的裁判准绳，起到了重要作用。但同时，这一机制也受到了来自各方面的批判与质疑。

首先，内部报告制的实施只能由地方法院启动，如果初审法院未能上报，则高级人民法院与最高人民法院不会主动审查中级人民法院的管辖权是否正当。实践中，某些初审法院并未有效遵行内部报告制，从而导致错误的认定脱离了审查。②

其次，内部报告程序对双方当事人的保护是单向的，只有在初审法院认定仲裁协议无效而要行使司法管辖权、决定受理一方当事人起诉的情况下方才启用，但在当事人仅仅申请否定声明时则不予适用。事实上，对《涉外仲裁通知》作过于严格的解释，或将导致内部报告制被当事人所规避或者被架空。③

再次，内部报告制在一定程度上增加了高级人民法院与最高人民法院的受案量，且整套程序可能耗费数月，抵消了商事仲裁内在的效率优势。据观察，更奇特

---

① 朱科：《国际商事仲裁司法审查案件内部请示报告制度的转型》，载《法学杂志》2017年第6期。

② 例如，在鲁琴(香港)有限公司与广东中外运船务代理有限公司关于仲裁协议效力异议的案件中，上海海事法院认定租船合同中的仲裁条款无效，直接行使了管辖权。后一审被告向上海市高院上诉，二审法院依据查明的英国法和香港法，认定系争仲裁条款有效，一审法院对本案没有管辖权。很明显，上海海事法院在一审中并未履行内部报核程序，因此才导致二审法院与一审法院作出截然相反的认定。宋连斌：《涉外仲裁协议效力认定的裁判方法——以“仲裁地在香港适用英国法”为例》，载《政治与法律》2010年第11期。

③ 例如，在铁行渣华(香港)有限公司等诉华兴海运(中国)有限公司申请确认提单仲裁条款无效案中，申请人向法院请求确认仲裁协议无效，法院据此作出了消极认定，裁定提单背面所附仲裁协议无效。但本案法院并未向高级人民法院上报，原因是其仅仅是否定了仲裁协议的有效性，而未打算据此行使司法管辖权，严格来讲，并不符合1995年通知中所载明的内部报告制的启动条件。

的现象是，法制观念越先进与裁判水准越高的一审法院对仲裁协议效力的认定正确性越高，且其更可能严格遵行报核程序，进而导致了正确的结论却必须经历程序的拖延；恰相反，越是对仲裁怀有敌意或对仲裁法治存在认识误区的一审法院对仲裁协议的效力认定越容易出错，但这类法院恰恰不愿遵循内部报告制，即错误的结论反而逃避了上级的审查与纠错。[①] 当然，这一悖论不是单纯制度层面的问题，其解决方案尚且依赖于法官整体司法裁判水平的进步，且内部报告制能否如愿发挥效果，有赖于最高人民法院的办案效率与初审法院的裁判质量。

自 2017 年 5 月至 2018 年 3 月，最高人民法院先后发布了《关于仲裁司法审查案件归口办理有关问题的通知》(法〔2017〕152 号)、《关于仲裁司法审查案件报核问题的有关规定》(法释〔2017〕21 号)、《关于审理仲裁司法审查案件若干问题的规定》(法释〔2017〕22 号)、《关于人民法院办理仲裁裁决执行案件若干问题的规定》(法释〔2018〕5 号)。最高人民法院发布的这四项支持仲裁的新规定，堪称继 2006 年《仲裁法司法解释》颁布十多年以来对中国仲裁司法监督制度调整力度最大的一次革新，对这一系列司法解释的正确理解与适用，不仅关系到中国能否被成功打造为国际仲裁中心地，而且对中国仲裁界提升竞争力、铸造公信力、建设“一带一路”国际商事争端预防与解决中心亦颇具现实意义。[②] 尤其值得关注的是，考虑到内部报告制在涉外仲裁司法审查实践中取得了成功经验，法释〔2017〕21 号已将其推广至不具有涉外或涉港澳台因素的内地仲裁案件中，但内地案件裁判意见的核准者系所属辖区的高级人民法院，而非最高人民法院。

三、《法律适用法》重构涉外仲裁协议的法律适用规则

在判定国际商事仲裁协议有效性的实践中，准据法的确定问题始终是个“疑难杂症”。综合各国实践，至少存在国际仲裁协议适用当事人协议选择的法律、主合同准据法、仲裁程序准据法、法院地法、仲裁地法、仲裁机构所在地法等多重方案。[③] 在中国涉外经贸仲裁制度运用之初，尽管受案量在不断增长，但法官在认定仲裁协议准据法时，多将涉外仲裁协议的有效性纠纷识别为争议解决的管辖权之争，继而定位为程序问题，径行依赖于法院地法予以判断，在仲裁协议的解释及发

---

① Zheng Sophia Tang, Yongping Xiao, Zhengxin Huo. *Conflict of Laws in the People's Republic of China*, Cheltenham: Edward Elgar Publishing, 2016, p.99.

② 宋连斌:《仲裁司法监督制度的新进展及其意义》,载《人民法治》2018 年第 3 期。

③ Mauro Rubino-Sammartano, International Arbitration Law and Practice, Beijing: CITIC Publishing House, 2003, p.23.

现仲裁协议准据法方面乏善可陈。[①] 国际商事仲裁的法律适用问题受到漠视的状况，直至2004年北京仲裁委员会修订仲裁规则时才引起重视。[②] 随着实践的推进，最高人民法院也意识到了这一问题，并于2006年在《仲裁法司法解释》第16条中确立了涉外仲裁协议法律适用的基本顺序：当事人意思自治——仲裁地法——法院地法。[③] 可见，无论合同中是否存在法律选择条款，主合同的准据法并不当然是仲裁条款的准据法，仲裁协议应独立确定准据法，这种"准据法分裂"的选法方式常被用作确定仲裁协议准据法的辅助手段。[④] 然而在仲裁与司法实践中，罕见有当事人专为仲裁条款选定准据法的，适用仲裁地法与法院地法成为我国的主流实践。本着尽可能促使对仲裁协议作有效认定且可执行的理念指引，法院采取了种种支持仲裁的举措，通过颁布一系列批复明确了在约定仲裁机构不明确、约定或裁或审、约定多家仲裁机构等情况下仲裁协议效力的认定规则。[⑤]

特别应予强调的是，2011年生效的《法律适用法》及最高人民法院于2013年针对本法发布的司法解释[⑥]对涉外仲裁协议的法律适用问题作出了明确规定，结

① 有观点提出，在强制执行仲裁协议阶段（即仲裁裁决作出前），应依据涉外合同的选法规则决定仲裁协议的准据法，即首先适用当事人选择的法律，在当事人未作明确选择时，依最密切联系原则确定准据法；而在裁决作出后的申请撤销阶段，法院可参考《国际商事仲裁示范法》，首先适用当事人所选择的法律，无选择的则适用法院地法。朱克鹏：《国际商事仲裁的法律适用》，法律出版社1999年版，第59页。

② 该规则第58条确立了国际商事仲裁法律适用的几项基本原则，这些原则与国际通行标准相一致，例如允许当事人意思自治优先、排除反致、当事人没有选择法律时遵循最密切联系原则、仲裁庭尊重当事人之间的合同并考虑商事惯例等。宋连斌：《中国仲裁的国际化、本土化与民间化——基于2004年〈北京仲裁委员会仲裁规则〉的个案研究》，载《暨南学报（哲学社会科学版）》2006年第5期。

③ 2006年《仲裁法司法解释》第16条对仲裁协议法律适用的规定符合1958年《纽约公约》第5条第1款a项，根据公约，判定仲裁协议的有效性时依据当事人共同选择的应当适用的法律，或者未指定此项法律时适用仲裁地的法律。赵秀文：《国际商事仲裁现代化研究》，法律出版社2010年版，第101页。

④ 陈卫佐：《国际性仲裁协议的准据法确定——以仲裁协议的有效性为中心》，载《比较法研究》2016年第2期。

⑤ 根据仲裁协议独立性原则（又称可分性原则），主合同变更、解除、终止、未成立、无效、失效、被撤销等，并不必然对仲裁协议的效力构成消极影响。对仲裁协议的有效性，应由仲裁庭或法院作出独立认定。根据最高人民法院《关于同时选择两个仲裁机构的仲裁条款效力问题的函》（法函〔1996〕176号），当仲裁协议中同时约定A或B仲裁机构的情况下，最高人民法院的复函认定此类协议为明确的、有效的且可以执行的。不过，2006年《仲裁法司法解释》则要求对于此类情形需要当事人另行达成补充协议，如果无法通过补充协议具体选择其中一家机构，则将导致仲裁条款归于无效，林一飞：《商事仲裁实务精要》，北京大学出版社2016年版，第45页。

⑥ 《最高人民法院关于适用〈中华人民共和国涉外民事关系法律适用法〉若干问题的解释（一）》（法释〔2012〕24号，自2013年1月7日起施行，简称《法律适用法司法解释一》）。

合二者来看，当下涉外仲裁协议的效力认定遵循新的顺位：当事人意思自治——仲裁机构所在地法或仲裁地法——法院地法。事实上，这种安排对2006年《仲裁法司法解释》作出了一定的修改，鉴于《法律适用法》的位阶高于司法解释，因此在《法律适用法》生效之后，涉外仲裁协议的法律适用顺序应遵循新的安排。但不容否认的是，无论是新规定抑或旧规定，立法者和最高人民法院的理念是一致的，即尽可能促成仲裁协议的有效性认定。[①] 这种有利于认定仲裁协议效力的价值取向，在新出台的法释〔2017〕22号第14条中得以“一脉相承”，依据该条，在当事人未选择仲裁协议准据法时，若依据仲裁地法与机构所在地法将得出不同的结论，则应当适用确认仲裁协议有效的法律，从而使两个并列联结点的适用有了规范指引，更具可操作性。

四、最高人民法院发布一系列司法解释支持涉外仲裁

近些年来，除了就涉外仲裁司法审查的内部报告制度发布专项规定、对涉外仲裁协议的法律适用规则进行系统更新外，最高人民法院还通过颁布司法解释的方式频频出台多项仲裁新规定。在我国仲裁法律体系中，最高人民法院的司法解释主要侧重于以司法监督的角度从外部调整仲裁法律关系，而《仲裁法》及仲裁规则更为集中于从仲裁协议、仲裁机构、仲裁员、仲裁程序、仲裁裁决等内部视角调整仲裁法律关系，二者实属相互补充、相互配合、共同发挥作用的关系。概言之，相关司法解释虽是从外部调整司法与仲裁的关系，但是对仲裁自治理念之塑造亦颇具影响。

2015年，最高人民法院发布了三份重要的与仲裁有关的司法解释，分别是：《最高人民法院关于适用〈中华人民共和国民事诉讼法〉的解释》（法释〔2015〕5号，简称《民事诉讼法司法解释》）、《最高人民法院关于认可和执行台湾地区仲裁裁决的规定》（法释〔2015〕14号）、《关于对上海市高级人民法院等就涉及中国国际经济贸易仲裁委员会及其原分会等仲裁机构所作仲裁裁决司法审查案件请示问题的批复》（法释〔2015〕15号）。这三份解释，分别澄清了中国仲裁实务中的若干疑难。其中，《民事诉讼法司法解释》号称新中国史上最长的司法解释，全文多达552条，其中共有17个条款与仲裁有关，为明确司法与仲裁的关系指明了方向。[②]

---

① 《关于审理仲裁司法审查案件若干问题的规定》（法释〔2017〕22号）第14条、第15条重申了这一理念在仲裁协议效力认定案件中的适用。

② 这17个条款的内容分别涉及：仲裁前保全、生效仲裁裁决所确认事实的证明力、仲裁条款的妨诉抗辩效力、仲裁裁决被撤销或变更引起的法院再审程序、仲裁裁决的部分不予执行、裁决被不予执行后法院不受理有关异议或复议、仲裁程序确认或分割财产不影响执行、申请不予执行的期间、仲裁协议排除法院专属管辖、申请执行仲裁裁决的形式要求、仲裁裁决执行的抗辩、保全申请、审查与担保、外国临时裁决的执行等。

2012年10月与2013年4月，贸仲与其原华南分会、上海分会发生了分立风波，两分会发布了《上海贸仲、华南贸仲关于贸仲委“管理公告”的联合声明》以抵制贸仲的管理公告，而且通过更名的方式强化其独立仲裁机构的身份，给贸仲增添了两家强大的竞争对手。从长远来看，分立整体上提升了中国涉外仲裁服务业的市场化竞争程度。① 但是，此事引发了仲裁管辖权冲突的特殊难题，即在此之前当事人约定由某个分会仲裁的协议，在分会独立之后，这些案件究竟应由哪个仲裁机构受理的问题。② 特别是，尽管贸仲极力否认两分会独立的合法性并力争案件管辖权，但部分地方法院肯定了分会的独立受案权。③ 这一问题的出现，既使仲裁机构彼此纷争，又让相关当事人不胜困扰，法院在对此类裁决进行司法审查时也颇为犯难。鉴此，最高人民法院于2015年对此作出批复(法释〔2015〕15号)，试图从根本上解决问题。④ 具言之，根据该批复，最高人民法院以贸仲分立的时间点为界限，在更名及独立前约定由贸仲分会仲裁的案件，由更名后的深圳国仲及上海国仲行使仲裁管辖权，而在更名及独立后约定由贸仲分会仲裁的案件，一律由贸仲予以管辖。对于分立后、该批复生效前这段期间内已经由某机构受理的案件，如果当事人没有提出管辖权异议或者仲裁机构已经作出裁决，视为合法有效，当事人以该批复的意见为由申请撤销或不予执行的，法院不予支持。

除了上述司法解释外，最高人民法院还在涉外仲裁内部报告制度的运行实践中针对若干典型个案作出了批复，这些复函同样折射出中国涉外仲裁法制的完善进程。例如，最高人民法院在《关于申请人安徽省龙利得包装印刷有限公司与被申请人BP Agnati S.R.L申请确认仲裁协议效力案的复函》(〔2013〕民四他字第13号)中阐明：当事人约定国际商会仲裁院在上海进行仲裁的仲裁条款有效；⑤在《关于浙江逸盛石化有限公司申请确认仲裁条款效力一案请示的复函》(〔2013〕民四他字第60号)中，最高人民法院确认：当事人选定贸仲作为仲裁的管理机构，同时适用《UNCITRAL仲裁规则》的仲裁条款不违反我国《仲裁法》，法院应认定此类条

---

① 池漫郊：《国际仲裁体制的若干问题及其完善——基于中外仲裁规则的比较研究》，法律出版社2014年版，第90页。

② 高菲：《贸仲委上海、华南两分会与贸仲委之争的法律问题研究——贸仲委上海、华南两分会不是独立的仲裁委员会》，载《时代法学》2012年第6期。

③ 例如广东省深圳市中级人民法院民事裁定书，〔2012〕深中法涉外仲字第225号、〔2012〕深中法涉外仲字第226号。

④ 宋连斌、傅攀峰、陈希佳：《中国商事仲裁年度观察(2015)》，载黄进、肖永平、刘仁山：《中国国际私法与比较法年刊》(第十九卷)，法律出版社2017年版，第317页。

⑤ 刘健勤、胡秀娟、唐云峰：《中国仲裁发展的成就与展望——谨以此文献给中国〈仲裁法〉颁布20周年》，载《商事仲裁》2014年第1期。

款有效；[①]在《关于ED&F曼氏(香港)有限公司申请承认与执行伦敦糖业协会仲裁裁决的复函》(〔2003〕民四他字第3号)中，最高人民法院澄清：仲裁裁决的内容对行政法规、部门规章等我国法律强制性规定的违反，并不必然构成对公共政策的违反，不能径行以裁决违反法律强制性规定而拒绝承认与执行；在《关于不予承认和执行国际商会仲裁院仲裁裁决的请示的复函》(〔2008〕民四他字第11号)中，最高人民法院则指出：国际商会审理并裁决我国法院业已裁判的纠纷，侵犯我国司法主权和司法管辖权，构成对公共秩序的违反，裁决应被拒绝承认及执行。[②] 此类复函，虽然多针对个案作出，但是其所解决的问题大多是普遍存在的，因此相关裁判意见也具有后续的启示意义，对这些复函予以整合，是总结我国法院对涉外仲裁实施司法监督经验并概括裁判规律的重要根据，其对我国法院在后续案件中准确理解并适用《纽约公约》亦具有深远意义。[③]

第四节　中国现行涉外仲裁制度存在的问题及成因

一、现行《仲裁法》的滞后性

我国现行《仲裁法》自1994年颁布、1995年生效实施以来，只修改过两次，分别是：其一，2009年第十一届全国人大常委会第十次会议通过《关于修改部分法律的决定》。此次修订只涉及因《民事诉讼法》修订所导致的《仲裁法》援引相关条款的条文序号问题；其二，2017年第十二届全国人大常委会第二十九次会议通过《关于修改〈中华人民共和国法官法〉等八部法律的决定》。针对国家法律职业资格考试对仲裁员资格条件的影响，此次修改将《仲裁法》第13条第2款第1项修改为"(一)通过国家统一法律职业资格考试取得法律职业资格，从事仲裁工作满八年的"；将第3项修改为"(三)曾任法官满八年的"。

不过，显而易见的是，这两处小幅度的改动与仲裁实务界吁求《仲裁法》修订的呼声日渐高涨的事实还存在较大的距离。早在《仲裁法》实施五周年之际，就已经有学者结合仲裁的发展需求对法律的条款提出了修改的建议，所提建议全面而具

① 高文杰：《国际争议解决最新发展的2016年度观察》，载《仲裁与法律》(第134辑)，法律出版社2017年版，第68页。

② 宋连斌：《中国仲裁二十年之制度回顾——以1994年〈仲裁法〉为起点》，载《仲裁与法律》(第134辑)，法律出版社2017年版，第21页。

③ 高晓力：《中国法院承认和执行外国仲裁裁决的积极实践》，载《法律适用》2018年第5期。

体,其中不乏深刻的见解与远见的卓识者,甚至包括一些具体条文草案的制度设计。[①]

首先,现行《仲裁法》对可仲裁事项的界定过于狭窄,仅规定平等主体间的合同纠纷和其他财产权益纠纷可提交仲裁,几乎排除了投资者与东道国政府间的争端,限制了知识产权纠纷、证券与期货争议、跨国破产等案件类型的可仲裁性,仲裁机构的受案范围并未囊括所有民商事纠纷。鉴于仲裁在中国具备相当广阔的潜在市场与发展空间,必须深度挖掘其潜能。

其次,立法对仲裁机构的法律地位界定不清,这是导致仲裁机构难以实现"民间化"的障碍。就定位选择而言,行政化的发展路径是根本违反《仲裁法》的规定和商事仲裁的特征的,不能成为仲裁体制改革的方向,"民间化"才是理性的选择,仲裁机构总体上应该向更有利于保障仲裁独立性、铸造公信力的方向发展。[②]

再次,对符合仲裁自身规律的法律原则与制度未予借鉴,例如,现行《仲裁法》未能全面肯定在我国内地开展临时仲裁、友好仲裁的合法性;对国际通行的仲裁庭自裁管辖权原则,我国立法仅授予仲裁委员会或法院对仲裁管辖权异议作出认定,而没有充分认可仲裁庭的决定权;[③]在外国仲裁裁决承认与执行案件中,迄今仍以仲裁机构所在地作为判断裁决国籍的标准,而没有足够重视"仲裁地"的概念等。[④]

最后,现行仲裁立法与司法解释允许法院介入和干预仲裁的痕迹过于明显,例如在涉外仲裁的当事人申请临时性保全措施(包括财产保全、证据保全、行为保全等)时,仲裁庭不能径行决定是否采取保全措施,而必须由仲裁委员会将当事人的申请转交相关法院决定和执行。[⑤] 如此一来,当事人无权直接向法院提

---

① 宋连斌、赵健:《关于修改1994年中国〈仲裁法〉若干问题的探讨》,载《国际经济法论丛2007》2001年第1期;宋连斌、黄进:《〈中华人民共和国仲裁法〉(建议修改稿)》,载《法学评论》2003年第4期;马占军:《仲裁法修改新论》,法律出版社2011年版;梁堃:《英国1996年仲裁法与中国仲裁法的修改:与仲裁协议有关的问题》,法律出版社2006年版等。

② 值得关注的是,2017年颁布的《中华人民共和国民法总则》第三章废弃了《民法通则》所采用的法人分类体系,而是将法人区分为营利法人、非营利法人、特别法人。其中,非营利法人又包括了事业单位、社会团体、基金会、社会服务机构。根据新的归类方式,将中国内地的仲裁机构定位为提供社会服务的非营利法人,更为适宜。

③ 刘晓红:《仲裁"一裁终局"制度之困境及本位回归》,法律出版社2016年版,第72页。

④ 赵秀文:《论法律意义上的仲裁地点及其确定》,载《时代法学》2005年第1期。

⑤ 2012年《民事诉讼法》修订时新增了仲裁前证据保全、仲裁前财产保全,但是并没有改变临时保全措施决定权专属于法院这一模式,仲裁委员会与仲裁庭均无权对临时保全措施的申请作出决定。赵秀文:《论国际商事仲裁中的临时性保全措施与紧急仲裁员制度》,载《仲裁与法律》(第134辑),法律出版社2017年版,第58页。

出临时措施申请，而只能向仲裁机构提出；但仲裁机构亦无权决定是否应当发布临时措施，而只是充当了临时措施申请中的"二传手"，必须向法院转交申请，这样拉低了争议解决的效率，且为被申请人隐匿证据、转移财产提供了可乘之机。[①] 再如，近年来的司法实践拒绝认可当事人将无涉外因素的民商事纠纷约定提交境外仲裁，不但认定此类仲裁协议无效，而且根据此类仲裁协议所作出的裁决遭到拒绝承认与执行，这在一定程度上体现了司法对当事人意思自治权的限制过苛。

由上述分析可见，对中国《仲裁法》进行修改已经刻不容缓。具言之，在修订的指导思想方面，要突出法律对仲裁事业的支持与鼓励并减少控制与管理；在操作层面，要充分提升当事人意思自治的空间，对仲裁协会与仲裁机构的功能作出限定；在程序设计方面，现有的条款强制性规定过多，存在严重的仲裁程序诉讼化倾向，修订时应侧重于突出程序的灵活、简便、快捷等优势；此外，现行立法的部分条款在特定历史背景下具有过渡意义（如仲裁机构重组），但随着时间的推移及相关问题的解决，立法中再继续保留此类规定似无必要；在立法技术层面，某些条款过于原则而缺乏操作性（如重新仲裁），也有些规定过于僵化而缺乏弹性和灵活度（如仲裁协议的内容、开庭审理与质证等），这些亟待引起重视。[②]

针对上述缺陷，"一带一路"与中国自贸区的构建为仲裁制度的更新提供了契机。作为国内首部专门的自贸区仲裁规则，2014 年 5 月，《中国（上海）自由贸易试验区仲裁规则》开始施行，该规则秉持"先行先试"的政策引导，旨在为自贸区构建法治化、国际化的营商环境提供制度保障。[③] 从制度层面来看，该规则存在以下创新：纳入开放的仲裁员名册制、仲裁第三人等新条款，细化了合并仲裁、临时措施、紧急仲裁员、仲裁证据制度等。[④] 这部规则，一改中国现行仲裁立法与实践中保守的立场，突出体现了仲裁庭的权力和当事人的意思自治，追求效率价值的充分实现。不过，也有学者对这些国际化的创举与现行《仲裁法》与《民事诉讼法》能否顺

① 除了临时措施的发布权由法院专属并排他行使外，在涉外仲裁案件的一方当事人申请临时措施时，仲裁机构直接将申请转交法院，并不通知对方当事人，这种单方面的处理机制容易导致法官只听取一面之词，有违背自然公正与正当程序原则之风险，因此颇受诟病。有观点建议，临时措施的申请及其发布必须向被申请人发出适当通知，并允许提出异议。刘晓红：《国际商事仲裁专题研究》，法律出版社 2009 年版，第 348 页。

② 王红松：《〈仲裁法〉存在的问题及修改建议》，载《北京仲裁》2004 年第 2 期。

③ 该规则已于 2015 年进行了修订，新版本于 2015 年 1 月 1 日生效，http://www.cietac-sh.org/SHIAC/arbitrate_rules_detail.aspx? id=11，下载日期：2018 年 4 月 1 日。

④ 丁夏：《仲裁员制度的比较与反思——以〈上海自贸区仲裁规则〉的人本化为视角》，载《法学论坛》2015 年第 2 期。

利衔接表达了隐忧。[①]

二、仲裁程序诉讼化倾向浓重

对我国商事仲裁程序的现状，诸多学者从诉讼化的角度表达过隐忧。[②] 从现行《仲裁法》的文本来看，第四章专章就仲裁程序问题作出了规范，所涉条款包括审理方式、证据收集、质证、法庭辩论、当事人最后陈述等具体的程序环节。从条文采用的措辞来看，"应当"的表述多于"可以"，不少款项采取强制性规定，而漠视了当事人意思自治及仲裁庭的自由裁量权。之所以产生这种现象，在很大程度上归因于立法者在拟定条文草案时照搬了民事诉讼中的规范而未加改造，这种立法技术方面的移植，与当时中国的历史背景分不开。在1994年《仲裁法》颁布前，中国无论官方抑或民间，都没有一部系统的、完整的、真正意义上的仲裁立法，而当时的民事诉讼立法已经粗具规模，因此在仲裁程序立法过程中"如法炮制"，借用诉讼中的模型，显然有益于节省立法成本，提升规则制定的效率。[③]

不过，随着我国仲裁制度与实践日渐成熟，继续在国际商事仲裁中套用国内民事诉讼中的程序规则（包括证据规则），无益于吸引外方当事人选择中国仲裁，也无益于探索中国仲裁的国际化出路。鉴于仲裁程序的灵活性及对当事人意思自治的尊重，也为了避免僵硬、机械地运用诉讼规则对仲裁追求的快捷与经济目标形成阻碍，除非当事人一致同意将法院的诉讼证据规则适用于仲裁（通常普通法国家可能发生此类情况），仲裁员不应当主动在程序中援引诉讼规则。[④]

三、各级法院裁判水平参差不齐

仲裁司法监督包括三个阶段：裁决前监督、裁决中监督、裁决后监督。裁决前

---

① 例如，该规则改变了以往中国仲裁机构选任仲裁员的强制名册制，改为推荐名册制，允许当事人在名册之外选任仲裁员，这是为了给将来试行临时仲裁提供契机，但是在现有的中国仲裁实践中，名册外的仲裁员若要得到选任，仍然需要满足立法规定的资格要件，仲裁员资格审查工作仍然需要机构完成，因此单纯改变仲裁规则难以实现其目的，必须要制定配套的仲裁员聘任管理办法。再如，中国立法中，仲裁庭无法决定是否准予临时措施的申请，而必须由仲裁委转交法院决定，这就导致紧急仲裁员程序难以在中国运用。袁发强：《自贸区仲裁规则的冷静思考》，载《上海财经大学学报》2015年第2期。

② Lu Song and Gu Huaning，China's Rules of Evidence in International Commercial Arbitration—From the Perspective of CIETAC Practice，*China Law Reporter*，2009，Vol.5，Issue 1；丛雪莲、罗楚湘：《仲裁诉讼化若干问题探讨》，载《法学评论》2007年第6期；丁颖：《论仲裁的诉讼化及对策》，载《社会科学》2006年第6期；王继福：《我国仲裁诉讼化之检讨》，载《甘肃政法学院学报》2008年第6期。

③ 杨玲：《国际商事仲裁程序研究》，法律出版社2011年版，第248页。

④ 卢松：《国际商事仲裁中的证据》，载《北京仲裁》2014年第2期。

监督即由法院对仲裁协议的有效性及其效力范围作出认定，裁决中监督指法院对仲裁程序中的财产保全、证据保全等作出裁定；裁决后监督，指当事人申请法院撤销裁决或请求不予执行。目前，我国最高人民法院适用《纽约公约》的经验日渐丰富，裁判技术趋于成熟，但形成对比的是，地方法院在理解与适用《纽约公约》时仍然存在裁判错误的风险，部分法院没有严格遵循内部报告机制。对此，在审理司法监督案件的过程中，仍有必要强调以下裁判要点：第一，秉持支持仲裁的理念，在正确判定并查明准据法的基础上，尽可能对涉外仲裁协议作出有效性认定；第二，在审理外国仲裁裁决的承认与执行案件时，重视仲裁地标准在确定裁决国籍过程中的作用，避免单一地以机构所在地标准来判定仲裁裁决的籍属；①第三，强化司法监督程序的可操作性，例如明确可发回重新仲裁的范围（仅限于证据隐瞒与证据伪造）②、厘清撤销程序与执行程序的关系③、确立异议权的放弃对撤销程序的影响④等；第四，我国目前的《民事诉讼法》与《仲裁法》对涉外仲裁与国内仲裁的监督加以区分规定，这种内外有别的模式造成国内仲裁案件与涉外仲裁案件的当事人在权利义务方面不完全对等，法院无从径行僭越行使立法职能，但是可以尽可能限制在司法监督中审查实体事项，将审查范围主要限于程序方面的法定撤销事由，从而间接实现二者的相对一致；⑤第五，在适用公约拒绝承认或执行外国裁决时，应慎用“公共秩序保留”原则对裁决作否定性评价。⑥ 2018 年 6 月，我国分别在深圳与西

---

① 最高人民法院《关于不予执行国际商会仲裁院 10334/AMW/BWD/TE 最终裁决一案的复函》(〔2004〕民四他字第 6 号)、《关于香港仲裁裁决在内地执行的有关问题的通知》(法〔2009〕415 号)；高晓力：《司法应依仲裁地而非仲裁机构所在地确定仲裁裁决籍属》，载《人民司法(案例)》2017 年第 20 期。

② 2006 年《仲裁法司法解释》第 21 条。

③ 2006 年《仲裁法司法解释》第 26 条。

④ 2006 年《仲裁法司法解释》第 27 条。

⑤ 在《仲裁法》实施初期，中国仲裁法学界曾经就涉外仲裁与国内仲裁的司法监督采取内外有别的标准(即“双轨制”)是否合理以及法院应否对涉外仲裁实施全面审查(包括程序与实体审查)展开过辩论，迄今为止，我国在涉外仲裁与国内仲裁的撤销与不予执行事由上仍未并轨。陈安：《中国涉外仲裁监督机制评析》，载《中国社会科学》1995 年第 4 期；肖永平：《也谈我国法院对仲裁的监督范围——与陈安先生商榷》，载《法学评论》1998 年第 1 期；陈安：《英、美、德、法等国涉外仲裁监督机制辨析——与肖永平先生商榷》，载《法学评论》1998 年第 5 期；肖永平：《内国、涉外仲裁监督机制之我见——对〈中国涉外仲裁监督机制评析〉一文的商榷》，载《中国社会科学》1998 年第 2 期；陈安：《中国涉外仲裁监督机制申论》，载《中国社会科学》1998 年第 2 期；陈安：《再论中国涉外仲裁的监督机制及其与国际惯例的接轨——兼答肖永平先生等》，载《国际经济法论丛》(第 2 卷)，法律出版社 1999 年版，第 129～230 页；陈绍方：《仲裁及其在中国的发展——世纪之交的回顾与展望》，载《学术探索》2011 年第 5 期。

⑥ 齐飞：《〈纽约公约〉主要内容及发展趋势述评》，载张卫平：《民事程序法研究》(第 6 辑)，厦门大学出版社 2011 年版，第 301 页；何其生：《国际商事仲裁司法审查中的公共政策》，载《中国社会科学》2014 年第 7 期。

安设立了国际商事法庭，其受案范围囊括了申请仲裁保全、申请撤销或执行国际商事仲裁裁决等案件。[①] 可以预见的是，国际商事法庭的出台，对于统一仲裁司法审查的裁判尺度、提升审判质量，将具有积极意义。

四、投资争端仲裁案件的管辖权缺位

在中国的整个涉外仲裁市场与法律实践中，不同于国际商事仲裁受案量与标的额逐年增加的繁荣景象，针对外国投资者与东道国政府间争端的国际投资仲裁呈现出严重滞后的状态。尽管中国投资者主动对外国政府发起的仲裁案件与中国政府遭遇外国投资者索赔的仲裁案件正日渐进入公众视野，但这些案件或是在ICSID审理，或是根据《UNCITRAL仲裁规则》进行临时仲裁，迄今无一例由中国的涉外仲裁机构所管理，亦无一例有中国籍仲裁员参与其中。与此同时，虽然我国学界关于投资仲裁的理论研究成果颇为丰富，但中国的250余家仲裁机构对投资仲裁案件"集体失声"。这些状况的存在，不仅与中国当前所处的国际投资大国的地位[②]不相符，也与中国整个仲裁行业升温的趋势相逆，以致不免令人匪夷所思。

造成中国仲裁机构对投资仲裁案件管辖权缺位的主要成因，一方面源于现行《仲裁法》将可仲裁事项狭隘地限于平等主体间的合同纠纷或其他财产权益纠纷，这对中国仲裁机构形成了立法上的钳制与束缚，仲裁规则的创新毕竟难以突破立法的授权；另一方面，我国政府对外签订的投资条约多将ICSID仲裁及适用《UNCITRAL仲裁规则》进行的临时仲裁作为投资者与国家间争端解决条款的主要选项，而漠视了中国本土亦拥有为数众多的仲裁机构这一事实，这对我国仲裁界及当事人深度参与国际仲裁治理有弊无益，而短期内又难以对所有的BIT进行全面、批量的更新，因此对中国机构管辖投资仲裁案件形成了严重制约。除此之外，在投资仲裁裁决的承认与执行问题上，即便中国早在1993年即批准了《华盛顿公约》，但始终未能遵照公约第69条之要求在国内层面采取立法或其他衔接措施确保公约义务在国内的有效实施，因此ICSID裁决能否在中国法院申请承认与执行，始终因立法空白而处于模糊状态，非ICSID裁决又因中国加入《纽约公约》时提出

---

① 《最高人民法院关于设立国际商事法庭若干问题的规定》(法释〔2018〕11号，自2018年7月1日起施行)第2条第4款。

② 联合国贸发会发布的《2018年世界投资报告》调研数据显示，截至2017年12月31日，中国已经成为外国直接投资世界第二大外资输入国，世界第三大外资输出国。UNCTAD，*World Investment Report* 2018：*Investment and New Industrial Policies*，Geneva：United Nations Publication，2018，p.6.

"商事保留",将投资争端排除在"商事"之外而同样难以执行。[①] 因而,投资仲裁裁决的执行困境也客观上成为中国机构无法管辖投资争端的间接原因,亟待改善。

五、中国籍仲裁员缺乏国际话语权

就涉中国因素的投资争端仲裁和平等主体之间的商事争议解决现状而言,有两组数字尤其值得重点关注:

其一,3个90%。根据中国贸促会法律事务部通过企业调研、座谈等活动了解到的信息:在中国企业所签订的涉外合同中,90%以上都约定了通过仲裁方式解决纠纷;在中国企业所订立的仲裁协议中,90%的涉外商事纠纷都选择了国外或境外仲裁机构;就中国企业参与涉外商事纠纷仲裁的结果而言,90%以上为败诉。[②]

其二,几乎零参与。根据ICSID公布的数据,自1972年至2017年6月,参与案件审理的中国籍仲裁员和调解员仅为11人次,在100多个国家中排名第33位。相比之下,法国籍与美国籍仲裁员参与案件审理的次数最多,分别为210人次和208人次。[③] 2017年,我国向ICSID成功推荐4名仲裁员和4名调解员(其中贸促会推荐仲裁员3名、调解员1名),但ICSID 2017年财政年度没有一名中国籍仲裁员参与案件处理。[④] 整体来看,中国籍仲裁员在国际争端解决机构中虽位列名册之中,但实质参与度非常低,缺少基本的话语权。

除此之外,最高人民法院的法官也曾作过类似的数据统计:全国仲裁案件总量仅占全国法院一审商事诉讼案件总量的4.1%;全国涉外商事仲裁案件量仅占全国

---

① 薛源:《投资者与东道国争端仲裁与我国法律机制的衔接》,载《国际商务(对外经济贸易大学学报)》2017年第5期。

② 何其生:《国际私法秩序与国际私法的基础性价值》,载《清华法学》2018年第1期;钟克元:《中企海外仲裁为何十案九败》,载《法人》2011年第10期。

③ ICSID, The ICSID Caseload—Statistics, Issue 2017-2, available at https://icsid.worldbank.org/en/Pages/resourc-es/ICSID-Caseload-Statistics.aspx, visited on 29 Jan. 2018.

④ 迄今为止,陈安教授在两起ICSID案件中(Bernhard von Pezold and Others v. Republic of Zimbabwe, ICSID Case No. ARB/10/15; Border Timbers Limited, Border Timbers International (Private) Limited, and Hangani Development Co. (Private) Limited v. Republic of Zimbabwe, ICSID Case No. ARB/10/25)先后被津巴布韦指定为仲裁员,替代原马拉维国籍仲裁员(但后来退出改为新加坡籍仲裁员);陈治东教授在一起案件(Carnegie Minerals Limited v. Republic of the Gambia, ICSID Case No. ARB/09/19)撤销程序中被指定为专门委员会成员;张月姣教授在一起案件(Victor Pey Casado and President Allende Foundation v. Republic of Chile, ICSID Case No. ARB/98/2)撤销程序中被指定为专门委员会成员。陶立峰:《中欧BIT谈判中投资者与国家争端解决的模式选择》,载《法学》2017年第10期。

法院所审理的涉外商事诉讼案件的34.30%。[①] 这表明，还有多数当事人不愿选择以涉外仲裁方式解决纠纷，而是仍然以法院诉讼的手段寻求救济。同时，相关的统计数据也从侧面反映了我国涉外仲裁在外国的影响力不够、公信度不高，以致外国当事人对中国仲裁信心不足。再者，我国仲裁机构多而不强、大而不强，高端人才有限，国际竞争力与国际话语权受限，尚未深度融入全球仲裁治理体系。

从外部来看，导致中国当事人在国际仲裁中"十案九败"和中国籍仲裁员在国际仲裁中参与度极低的主要原因可归结为两点：其一，中国官方及仲裁界在国际规则的制定与运用上缺少基本的话语权。现存国际争端解决机构乃至规则基本上是西方国家主导建立的，语言全部采用欧美国家的官方语言，其裁决制度基本体现了西方社会的价值观。虽然由西方国家主导建立的争端解决机构并不必然因此而缺乏公正性和正当性，但发展中国家参与的缺位确实造成了先天程序上的缺陷。据了解，无论是ICSID还是国际商会仲裁院管理层均由发达国家主导，来自其他发展中国家的职员比例非常低。其二，中国籍仲裁员及法律从业人员难以进入欧美国家封闭的"朋友圈"。西方国家仲裁业起步早，历史积累深厚。欧美国家仲裁员之间建立了相对封闭的"朋友圈"，他们利用关系网络互相推荐案源，并利用语言、普通法系、庭辩程序等优势，垄断国际争端解决业务。[②]

上述状况的存在，不仅使我国企业在"走出去"的过程中遭受巨额经济损失，更有甚者，一些重要的项目处理不当还可能危及我国对外贸易和投资安全，进而威胁国家经济安全。随着经济全球化深入发展和"一带一路"建设的加快推进，实际上对我国国际商事仲裁制度的现代化提出了更高要求。除了加强对国内企业的引导、改进国内仲裁机构机制、提升法律人才素质、加大对我国法律人才的宣传培养等苦练内功的工作外，着眼长远，我国还应当积极着手筹建以中方为本位的国际争端解决组织，并以此为契机，全面改变中国籍仲裁员在国际仲裁中普遍参与度不高，以及中方企业在国际仲裁中极高败诉率的现状。

---

① 朱科:《中国国际商事仲裁司法审查制度完善研究》，法律出版社2018年版，第69页。

② 以国际投资仲裁为例，来自欧洲、美国、加拿大的少数仲裁员垄断了绝大多数的投资仲裁案件裁判权，部分仲裁员屡次接受ICSID行政理事会主席委任，少量英美律所垄断了投资仲裁案件的代理。据统计，法国籍仲裁员布里吉特·斯特恩(Brigitte Stern)曾在88起案件中担任仲裁员，英国富尔德、美国伟凯、美国金与斯伯汀三大顶尖律所单在2011年就代理了130多起投资仲裁案件。Malcolm Langford，Daniel Behn and Runar Hilleren Lie，The Revolving Door in International Investment Arbitration，*Journal of International Economic Law*，2017，Vol.20，p.310；Eberhardt & Olivet，Profiting from Injustice：How Law Firms，Arbitrators and Financiers are Fuelling an Investment Arbitration Boom，Brussels/Amsterdam：Corporate Europe Observatory and the Transnational Institute，2012，p.8.

第五节　对中国涉外仲裁法制发展的展望

一、国际化与本土化的立法平衡

如上文所言，中国现行有效的仲裁法律制度与国际仲裁还存在不小的差距，但《仲裁法》自颁布生效以来只修订过两次，且所修订之处无关痛痒，并没有触及仲裁的基本理念与制度内核层面。为了解除法律制度上的"后发劣势"给中国仲裁国际化带来的牵绊，促使最高人民法院颁布的开放性的司法解释，自贸区出台的一系列支持多元化纠纷解决的组合拳，仲裁机构为了争取国际竞争所引入的规则创新能够真正落地，未来发展的一项关键任务仍然是继续吁求《仲裁法》的适时修订。[①] 具体的法律修订方向可以重点考虑以下方面。

首先，充分引入全面的当事人意思自治原则。除了个别领域的仲裁庭是基于法律的授权而行使强制管辖权外，国际商事仲裁中皆以当事人的合意作为确立及行使管辖权的基石，当事人可以基于其自愿订立的仲裁协议而将国际商事争议约定提交至仲裁庭进行私人裁判从而排除法院的管辖权。[②] 同时，依据国际通例，仲裁的当事人亦可对仲裁地、仲裁机构、仲裁语言、仲裁程序、法律适用进行约定。然而，当前中国的《仲裁法》在当事人意思自治方面却显得限制有余而肯定不足，这需要引起关注。尤其是对于国际仲裁中一些新兴的制度所带来的挑战，如紧急仲裁员程序、快速程序、第三方资助的披露程序等，更适宜通过当事人合意的实现来具体把握。

其次，推动仲裁庭独立且公正地行使仲裁权。如前文所言，受制于立法背景与历史条件，我国在仲裁程序方面（尤其是仲裁证据规则）的制度设计存在"诉讼化""司法化"之嫌，总体上显得僵化有余而灵活性不足，这一点饱受诟病。[③] 同时，我国的仲裁体制主要遵循机构中心主义模式，历来重视仲裁委员会的职权而忽视仲裁庭的角色，既没有概括性地说明仲裁庭的主导地位，也没有在具体规定中赋予仲

---

① 杨玲：《中国仲裁规则的创新需要中国法的支持》，载《人民法院报》2016年12月14日第7版。

② George A. Bermann, *International Arbitration and Private International Law*, Leiden: Brill Nijhoff Publisher, 2017, p.25.

③ 于湛旻：《国际商事仲裁司法化问题研究》，法律出版社2017年版，第254页。

裁庭以广泛的权限。[①] 试举一例，现行《仲裁法》第 39 条在原则上规定“仲裁应当开庭进行”的同时，允许当事人在例外的情况下协议约定书面审理，但第 45 条几乎强制性地要求“证据应当在开庭时出示”，而没有澄清庭前证据交换等情形，私有否定书面审理之嫌，这种法律条款之间的内在冲突，在很大程度上归因于立法没有认可仲裁庭在处理程序事项方面的自由裁量权。[②] 近年来，仲裁权的概念受到越来越广泛的关注，仲裁程序中出现的各项问题(如当事人的变更，仲裁第三人，自裁管辖权，合并仲裁，证据的收集、审查与认定等)几乎均可归结为仲裁权的行使问题。[③] 鉴此，在修订法律时，除了肯定仲裁庭拥有管辖权、审理权、裁决权等权力之外，还有必要引入仲裁庭在财产保全和证据保全方面的决定权、推进仲裁程序进行所必要的决定权、特定条件下收集证据的权力、决定在依法仲裁之外开展友好仲裁的权力等。[④]

再次，进一步完善商事仲裁的监督与制约机制。这也是我国今后仲裁法制改革的着力点之一。在 2013 年《民事诉讼法》修订之前，我国法院对仲裁的司法监督实行“双轨制”的监督模式：一方面，对无涉外因素的国内仲裁与涉外仲裁及外国仲裁采取内外有别的司法审查标准，国内裁决采取全面监督，而涉外裁决主要侧重程序性审查；另一方面，对国内裁决既可采取撤销审查，也可采取不予执行的审查，两类审查虽均涵盖实体与程序方面，但条件不尽一致，前者的审查事由涵盖了证据隐瞒、证据伪造等情形，后者则涵盖证据不足、法律适用错误。[⑤]

值得一提的是，在打造现代化的中国仲裁制度时，既要参鉴国际通行标准明确法律修订的方向，还要发扬本土制度的传统优势，这也是为中国律师与中国籍仲裁员在国际上争取话语权的重要基础。例如，提炼中国仲裁的特色制度与优良传

① 恰恰相反，我国仲裁立法非但没有凸显仲裁庭的权限，还对其权力的行使施加种种限制，在决定开庭审理抑或书面审理时，完全听凭当事人的意愿，这很可能导致虚假仲裁或程序拖延。在临时措施问题上，权力则完全转移给法院行使，仲裁庭几乎毫无话语权。立法者对仲裁庭的不信任，导致仲裁权支离破碎。胡荻：《国际商事仲裁权研究》，法律出版社 2015 年版，第 252 页。

② 事实上，仲裁立法无须为仲裁程序设置过多的细节，如此反倒限制了仲裁庭自由、灵活地进行程序，具体的细节问题更适宜在仲裁规则中规定，或者由仲裁庭与当事人在协商的前提下予以确定。仲裁立法中，只需就最低限度的正当程序标准作出规定即已足，从而为法院撤销或不予执行裁决时判定程序正当性提供参照。此外，立法中应认可当事人的意思自治权与仲裁庭适当进行仲裁程序的自由裁量权，这是商事仲裁自治性、民间性的内在要求。宋连斌：《理念走向规则：仲裁法修订应注意的几个问题》，载《北京仲裁》2004 年第 2 期。

③ 乔欣：《仲裁权研究：仲裁程序公正与权利保障》，法律出版社 2001 年版，第 242～262 页。

④ 乔欣：《仲裁权论》，法律出版社 2009 年版，第 399～401 页。

⑤ 史飚：《商事仲裁监督与制约机制研究》，知识产权出版社 2011 年版，第 161 页。

统——仲裁与调解相结合[①]、裁决书核阅制度、重新仲裁制度[②]、涉外仲裁司法审查的内部报核等。

二、行业进一步市场化

如前文所言，在改革开放初期，我国的仲裁具有较为浓重的行政色彩，仲裁机构多隶属于行政机关或各级政府的工商行政管理部门。《仲裁法》颁行后，将仲裁委员会重新定位为民间组织、去行政化的要求此起彼伏。2001 年 12 月，中国正式加入 WTO，从而成为多边国际贸易秩序的受益者与维护者。与此同时，进出口贸易的自由化使中国的国际经贸总额大幅提升。涉外商事纠纷的总量也有所提升，鉴于国际商事仲裁相比涉外民事诉讼更具中立性、民间性、灵活性、自治性，更便于执行，选择在中国仲裁的涉外纠纷也明显增多，这在很大程度上盘活了中国的仲裁市场，为中国仲裁界克服诉讼化、行政化的倾向并实现有序的行业竞争提供了绝佳的契机。[③]

当下，随着市场化水平的不断提升，商事仲裁作为一类专门以争议解决为目标的法律服务行业，愈发受到当事人的重视与青睐。在新的形势下，因势利导、扩展涉外仲裁业务的服务对象、增加可予仲裁的事项、储备涉外仲裁人才队伍，无疑是与时代需求相适应的最佳选择。[④] 与此同时，由于国内的仲裁机构数量较多，且发展水平参差不齐，竞争日渐激烈，这一点也将继续成为未来一段时间的发展趋势。2017 年 12 月，华南国际经济贸易仲裁委员会与深圳仲裁委员会合并为深圳国际仲裁院，首开中国仲裁机构合并的“先河”，备受仲裁界的关注。对此，曾有观点指出，此次机构的合并，是全面贯彻党的十九大报告精神、推动形成全面开放新格局、服务“一带一路”与“粤港澳大湾区”建设的举措。[⑤] 这种强强联合的机构合并模式，有助于增强中国仲裁机构的影响力，通过整合资源、互补优势、发挥“集聚效应”，从而改善营商环境、加强国际合作、建设国际仲裁高地。

此外，随着法律服务业市场的对外开放和国际仲裁界竞争的深入化，外国或境

---

① 张立平：《中国特色仲裁调解制度：内涵、依据与优势》，载中国仲裁与司法论坛暨 2010 年年会论文集。

② 此处的“重新仲裁”特指我国《仲裁法》第 61 条，该条规定，仲裁裁决撤销程序进行中法院可通知仲裁庭重新仲裁并裁定中止撤销程序，这种纠错机制旨在维护仲裁的效率价值，它通过弥补裁决中的瑕疵来避免因裁决撤销所可能导致的更大损失，从而满足当事人以仲裁方式解决纠纷的愿望。杨玲：《仲裁法专题研究》，上海三联书店 2013 年版，第 108 页。

③ 肖永平、胡永庆：《加入 WTO 与我国仲裁法律制度改革》，载《中国法学》2001 年第 2 期。

④ 李居迁：《“一带一路”与我国仲裁解决争议现状考察与未来推进》，载《人民法治》2018 年第 2 期。

⑤ 万学忠：《深圳两家仲裁机构合并的台前幕后》，载《法制日报》2018 年 1 月 15 日第 6 版。

外仲裁机构在中国内地设置分支机构或办事处的问题开始受到高度重视。2011年,《深圳前海深港现代服务业合作区条例》第53条明确鼓励前海合作区引入国际商事仲裁,这是我国立法首次明确允许引入境外仲裁机构。2015年,国务院对上海自贸区发出指示称:“支持国际知名商事争议解决机构入驻”,在更大地理范围内允许境外仲裁机构入驻。2015年底,首家境外仲裁机构(香港国际仲裁中心)落户上海自贸区,标志着引入境外机构的构想走向现实。随后,2016年2月和3月,国际商会仲裁院(ICC)和新加坡国际仲裁中心(SIAC)也相继在上海设立了代表处,目前,上海自贸区内部还有大韩商事仲裁院、国际体育仲裁院等多家境外机构的代表处,这为我国引进境外仲裁机构拉开了帷幕。2017年7月11日,国务院向北京市人民政府与商务部回复了《关于深化改革推进北京市服务业扩大开放综合试点工作方案的批复》(国函〔2017〕86号),其中第22条明确支持国际知名商事争议解决机构在符合京津冀协同发展战略总体要求的前提下,在北京设立代表机构。这意味着,国际商事仲裁机构可入驻北京,并为中国当事人提供了纠纷解决的新选项。值得肯定的是,中国政府层面始终致力于推进共建原则下的“一带一路”倡议,向外国机构打开中国的仲裁服务市场只是手段,盘活中国商事仲裁界自身的核心竞争力才是目的。但与此同时,如何确定境外机构在中国内地所作裁决的国籍,以及如何针对此类裁决实施司法审查,将成为涉外仲裁制度设计者必须考虑的问题。

三、制度创新

正如有学者所言,当前中国涉外仲裁的发展正进入“全球本土化”(glocalisation)的新阶段,该过程体现了法律全球化及本土文化传统对仲裁法律与实践发展的双重影响。一方面,以《国际商事仲裁示范法》《纽约公约》等文件为代表的、全球统一的国际标准正深刻引领着中国仲裁未来的发展走向;另一方面,中国仲裁中特有的理念、实践与制度(如“调仲结合”)也在一定程度上被投射到国际仲裁中。[①] 在舶来规则与本土传统的不断融合与交汇中,仲裁这种舶来的争议解决机制被刻上了“中国面孔”,同时也表明法律全球化的前景将愈发体现为历史与当代、东方与西方的和谐共生。鉴此,除了将《仲裁法》修订及提升仲裁业的市场化作为未来中国涉外仲裁的发展方向外,借力于“一带一路”建设与自贸区战略的契机,以仲裁机构制定仲裁规则及自贸区“先行先试”的制度红利作为机遇,从微观层面创新中国仲裁制度,也是未来可以预见到的中国仲裁制度完善的一个重要趋势。

第一,在自贸区内有限地试行临时仲裁。考虑到我国《仲裁法》第16条第2款要求有效的仲裁协议必须具有“选定的仲裁委员会”这一要件,可以确切地认定,立

---

① 樊堃:《仲裁在中国:法律与文化分析》,法律出版社2017年版,第241页。

法者仅肯定机构仲裁的合法性，对临时仲裁的合法性未予认可。[①] 但一概排斥临时仲裁的立场无疑太过僵硬，难以满足国际商事交易当事人的需求。最高人民法院曾于1995年发布了《关于福建省生产资料总公司与金鸽航运有限公司国际海运纠纷一案中提单仲裁条款效力问题的复函》（法函〔1995〕135号），该复函中对绝对否认临时仲裁的立场进行了“软化”。[②] 不过，该复函的拘束力仅限定在海事仲裁领域，且特别针对涉外案件的当事人约定在境外进行临时仲裁，而没有对国内纠纷在中国境内开展临时仲裁的合法性问题进行“解冻”。

对在中国境内开展临时仲裁的问题，直至2017年才真正出现转机。具言之，最高人民法院于2017年1月发布《关于为自由贸易试验区建设提供司法保障的意见》（法发〔2016〕34号），其中第9条第3款为自由贸易试验区注册的企业之间纠纷解决创设了独具特色的“三特定”仲裁制度。[③] 2017年3月，横琴新区管委会和珠海仲裁委员会联合发布《横琴自由贸易试验区临时仲裁规则》。其指出，制定该规则的背景在于，最高人民法院虽然对临时仲裁“松绑”，但《关于为自由贸易试验区建设提供司法保障的意见》中要求有效的临时仲裁协议应包括选定了特定仲裁规则，而我国内地尚没有可专用于临时仲裁的规则，这导致临时仲裁难以在现行中国法律框架内有效“落地”，为解决这一现实问题，珠海仲裁委身先士卒，通过制定临时仲裁规则的方式“试水”临时仲裁。[④] 以此为参照，平潭自贸区、上海自贸区也相继在试行临时仲裁制度方面展开了大刀阔斧的改革。在合理限度内积极、稳妥、逐步地认可临时仲裁，将成为中国涉外仲裁发展的一个重要趋势。[⑤]

第二，践行网络仲裁创新在线争议解决的新模式。早在2015年，广州仲裁委员会就颁行了专门的《网络仲裁规则》，该规则规范了以在线方式完成立案、缴费、送达、审理等各个环节，在当事人均同意的前提下通过网络仲裁平台提交申请书、答辩书、证据材料等，借助视频、电话会议等手段实现网上开庭。特别是，由于电子商务交易中生成的证据主要就体现为电子数据，通过网络仲裁可大大缩短庭审期

---

① 刘晓红、周祺：《我国建立临时仲裁利弊分析和时机选择》，载《南京社会科学》2012年第9期。

② 宋连斌：《中国仲裁二十年之制度回顾——以1994年〈仲裁法〉为起点》，载《仲裁与法律》（第134辑），法律出版社2017年版，第21页。

③ 第9条第3款规定：在自贸试验区内注册的企业相互之间约定在内地特定地点、按照特定仲裁规则、由特定人员对有关争议进行仲裁的，可以认定该仲裁协议有效。人民法院认为该仲裁协议无效的，应报请上一级法院进行审查。上级法院同意下级法院意见的，应将其审查意见层报最高人民法院，待最高人民法院答复后作出裁定。

④ 珠海仲裁委员会：《中国首部临时仲裁规则在横琴自贸片区发布实施》，http://www.zhac.org.cn/news/html/? 520.html，下载日期：2018年3月24日。

⑤ 郑清贤：《平潭自贸试验片区先行构建涉台临时仲裁制度可行性探析》，载《厦门特区党校学报》2017年第6期。

限，相较于传统模式节省了不必要的程序拖延，在满足灵活性与自治性的基础上，整体提升了仲裁效率。[①] 2017 年 9 月，中国互联网仲裁联盟通过了《临时仲裁与机构仲裁对接规则》，融合互联网技术以及仲裁制度的发展，并在现有仲裁法框架下，激活仲裁程序和审理的灵活性，推进仲裁法律服务的市场化，从而应对网络仲裁带来的挑战。

第三，拓展管辖外国投资者与东道国政府间争端。限于《仲裁法》第 2 条将可仲裁事项的范围定位为平等主体之间的合同纠纷或其他财产权益纠纷，我国虽然设有 250 多家仲裁机构，但迄今尚无一家机构受理过投资者与国家间争端。[②] 随着近年来涉及中国投资者和中国政府的国际投资仲裁案件日渐增多并陆续进入公众视野，国内仲裁机构关于争夺国际投资规则解释权和投资仲裁案件受理权的讨论开始涌现。2016 年，深圳国际仲裁院发布了新版仲裁规则，其修订亮点之一即在第 2 条第 2 款中对受案范围作了扩张，允许“仲裁院受理一国政府与他国投资者之间的投资争议仲裁案件”，这实际上是国内机构的仲裁规则首开管辖投资仲裁案件的先河；2017 年，贸仲对此更进一步，制定了专门的《投资争端仲裁规则》，这堪称中国机构制定的首部投资仲裁规则，其为中方当事人与外方解决投资争端提供了一个重要的新选项。2018 年，中共中央全面深化改革领导小组（简称“深改组”）通过了《关于建立“一带一路”争端解决机制和机构的意见》。当下，在中国贸促会的积极牵头下，国际商事争端解决中心的筹建工作正在进行中，可以预料的是，中国仲裁机构及中国参与筹建的国际组织受理投资者与国家间争端将成为可能。[③] 不过，若冷静思考，限于当前中国的《仲裁法》与《民事诉讼法》等法律规范未作修订，将来此类机构所作出的仲裁裁决将如何接受司法监督？此类裁决能否在其他国家顺利得到承认与执行？机构在运行中如何保障公平性与中立性，并最大限度地争取争端当事方的信任和选用？这些都是需要再作思考的，且需要立法、外交、商务、司法等各部门予以配合。

此外，对于近年来常见的政府与社会资本合作协议（Public-Private Partnership，简称 PPP 协议）引发的纠纷能否通过仲裁方式加以解决，也存在颇多争论。有观点称，2015 年修订的《中华人民共和国行政诉讼法》（简称《行政诉讼法》）第 12 条第 1 款第 11 项及其司法解释将 PPP 协议列入行政诉讼的受案范围，

---

① 李昕：《浅析网络仲裁的程序规则——以中国广州仲裁委员会网络仲裁规则为分析对象》，载《才智》2017 年第 16 期。

② 有观点称，尽管《仲裁法》第 2 条界定可仲裁事项时采用的措辞是“平等主体的公民、法人、其他组织”间的纠纷，但“其他组织”并不涵盖国家或国际组织，这一方面考虑到我国不会在仲裁法立法中放弃国家豁免权，另一方面也为了与我国加入《纽约公约》作出的“商事保留”排除投资争端的立场相一致。欧明生：《民商事纠纷可仲裁性问题研究》，浙江大学出版社 2013 年版，第 122 页。

③ 漆彤、鲍怡婕：《“一带一路”投资争议处理体系的构建》，载《人民法治》2018 年第 2 期。

即已暗示此类协议不属于普通的民商事合同，而更近于行政主体与行政相对人之间的管理型合同，尽管《仲裁法》没有将此类协议明确列入禁止仲裁的事项范围，但主体上的隶属性已经构成了将其提交仲裁的直接障碍。[①] 但是，也有截然相反的观点指出，法院有权受理特许经营协议的行政诉讼并不当然排除 PPP 协议的可仲裁性，即便某类合同定性为行政协议，也并不排除该类协议纠纷的可仲裁性，《仲裁法》第 3 条排除的争议范围只是"行政争议"而不是"行政协议"。[②] 事实上，我国的仲裁机构（如贸仲、北京仲裁委员会）已经在实践中仲裁过不少的特许经营协议纠纷，且中国在加入《华盛顿公约》时即明确允许将征收补偿争端提交 ICSID 仲裁，并无意将此类争端排除在仲裁解决的争议范围之外。

四、结　语

国际商事与投资争议解决领域的发展日新月异，与涉外仲裁相关的中国立法、司法、仲裁实践也不断取得突飞猛进的突破，这为中国仲裁注入了新的活力。为了适时地对每年的受案情况与法制动态进行准确地把握，仲裁界开始有意识地对年度发展概况进行梳理、整合，并对相关数据进行系统性的分析、研判，从而有效地推动并促进理论研究与仲裁实践的对接。[③] 总体来看，国际商事仲裁在我国属于"朝阳产业"，投资仲裁在中国更是属于尚待开发的"处女地"，这意味着中国涉外仲裁蕴含了无限的潜在生命力。不同于国内仲裁，涉外仲裁除了具备争议解决的基本功能外，还被时代赋予了新的含义：其可作为争夺国际贸易与投资规则界定和解释权的重要平台，被视为衡量一国法治环境的必要指标，并得以在法律服务行业中带动良好的经济和社会效益。当前，我国的仲裁业受到科技进步与互联网环境的深刻影响，同时，"一带一路"倡议、自贸区建设等也为中国仲裁的改良提供了契机。2015 年 6 月，最高人民法院发布了《关于人民法院为"一带一路"建设提供司法服务和保障的若干意见》（法发〔2015〕9 号），其分别从法院妥当行使仲裁司法审查职能与尊重当事人意愿推广多元化纠纷解决机制两个角度对仲裁与司法的关系进行

---

① 李学斌：《论 PPP 项目合同纠纷仲裁中传统私法视角的改进》，载《黑龙江政法管理干部学院学报》2016 年第 6 期。

② 卢松：《PPP 合同的可仲裁性》，http://baijiahao.baidu.com/s? id=1598271026272774064&wfr=spider&for=pc，下载日期：2018 年 4 月 24 日。

③ 例如，国际商会中国国家委员会主办的《中国涉外仲裁年刊》及《ICC China 国际商事仲裁年刊》、贸仲每年组织起草并发布的《中国国际商事仲裁年度报告》及《仲裁与法律》、北京仲裁委员会每年主持撰写并出版的《中国商事争议解决年度观察》及《北京仲裁》等，透析了中国涉外仲裁理论与实践的最新发展；最高人民法院民事审判第四庭不仅定期编写《涉外商事海事审判指导》，而且通过发布公报、案例指导专刊等文件对最新的仲裁司法解释、就典型个案批复的复函、新出台或更新的裁判规则进行介绍，为从事涉外仲裁业务与钻研仲裁理论的业内人士提供了第一手资料。

了合理的安排。

2017年10月,习近平总书记在党的十九大报告中作出中国特色社会主义已进入新时代的重大政治判断,报告也为中国的国际仲裁事业指明了方向。如本章所言,当前我国的仲裁法律制度、仲裁市场化与国际化水平、仲裁专业人才队伍建设等各方面还存在短板,有针对性地予以改进、完善实属必要。可以说,时代既为中国国际商事仲裁事业的发展开启新的纪元,也赋予了当代仲裁人以新的使命。在改革开放40年的当下,追求国际化与本土化相平衡的中国商事仲裁法制已经形成并将不断进步;作为独具仲裁文化传统特色的仲裁大国,我国仲裁事业将大有所为。

第十一章

改革开放40年中国与和平解决国际争端的法律方法

第一节　和平解决国际争端的法律方法40年回顾

一、和平解决国际争端的法律方法

和平解决国际争端是国际法的基本原则。《联合国宪章》第2条第3款规定，"各会员国应以和平方法解决其国际争端，避免危及国际和平、安全及正义"；第33条第1款规定："任何争端之当事国，于争端之继续存在足以危及国际和平与安全之维持时，应尽先以谈判、调查、调停、和解、公断、司法解决、区域机关或区域办法之利用，或各该国自行选择之其他和平方法，求得解决"。和平解决国际争端也是"和平共处五项原则"的内涵之一。虽然"和平共处五项原则"没有明确提到和平解决国际争端这一原则，但是"和平共处五项原则"中的"和平共处"可以说含有和平解决国际争端的意思。

在各种和平解决国际争端的方法中，有两种被国际法学界公认为是和平解决国际争端的法律方法：一种是国际仲裁，还有一种是国际诉讼。这两种方法与谈

判、调停、调查和和解不同,因为前者是基于国际法作出的有拘束力的裁判,而后者是政治或外交的方法,其结论仅具有建议性质,不具有拘束力,争端当事国仍然控制着争端。

国际仲裁要求争端当事国自己设立解决争端的机制①,而国际诉讼则是需要争端当事国将争端提交给已经设立的国际司法机构。从历史发展的角度来看,国际仲裁要早于国际诉讼,国际诉讼的灵感来自国际仲裁。

仲裁作为一种解决私人之间的民商事争端的方式历史悠久,但是它被引入国际法、用来解决国家与国家之间的争端,也就200多年时间。1794年,美国与英国签订的《友好、通商与航海条约》(简称《杰伊条约》)第一次将国际仲裁作为解决两国争端的方式。这是国际法中第一个在争端解决条款中规定国际仲裁的条约。该条约规定设立三个联合委员会裁决两国关于边界、美国向英国债权人的赔偿和英国在与当时发生革命的法国之间的战争中对待美国商船引起的争端。② 有关边界问题的委员会成功地划定了缅因州与英国领地之间的界河,但是有关赔偿的委员会因意见分歧太大最终没有成功。不过,1802年,美国还是向英国一次性付清了所有的赔偿款,两国的争端因此得到了化解。1814年,在结束1812年战争后,英美两国又签订了《根特条约》,该条约也规定设立三个委员会来裁决两国之间的边界。③ 由于这些委员会未能成功裁定边界,英美两国政府决定把边界争端提交当时的荷兰国王威廉一世。威廉一世在1831年作出了裁决,但是美国认为他的裁决没有符合仲裁协议,因此拒绝接受该裁决。在国际法学界,真正引起对国际仲裁的作用广泛关注的是英国与美国1871年的“阿拉巴马号仲裁案”。在这个案件中,英国与美国之间就英国造船厂为美国内战期间南方邦联政府建造“阿拉巴马号”军舰是否应当引起英国违反中立法的责任产生了争端。两国最终于1871年在美国华盛顿签订了仲裁条约,同意设立一个国际仲裁庭进行仲裁。④ 国际仲裁庭在1872

---

① J. G. Merrills, *International Disputes Settlement*, 4th Edition, Cambridge: Cambridge University Press, 2005, p.91.

② 第五条(规定了边界问题的委员会),第六条(规定了债务问题的委员会),第七条(规定了关于美国商船待遇问题的委员会)。关于《杰伊条约》的英文全文,可访问:http://avalon.law.yale.edu/18th_century/jay.asp。

③ 第4～7条。关于《根特条约》的英文全文,可访问:http://avalon.law.yale.edu/19th_century/ghent.asp。

④ Treaty between Great Britain and the United States for the Amicable Settling of All Causes of Difference between the Two Countries, signed at Washington, 8 May 1871, Clive Parry ed., *The Consolidated Treaty Series*, New York: Oceana Publications, Inc., 1977, Vol. 143, p.145.

年作出的裁决认定英国违反了中立法，英国随后履行了该裁决。[①] 国际仲裁成功地化解了两国的这一争端，使当时的世人对国际仲裁刮目相看。国际仲裁这种和平解决国际争端的法律方法随后在 1899 年第一次海牙和平会议通过的《和平解决国际争端公约》中得到了规定。该公约第四编规定了“国际仲裁”。其中第 15 条规定，“国际仲裁的目的是由各国自己选择的法官并在尊重法律的基础上，解决各国之间的纠纷”。第 16 条规定，“凡属法律性质的问题，特别是有关解释或适用国际公约的问题，各缔约国承认仲裁是解决通过外交途径所未能解决的纠纷的最有效也是最公正的方法”。第四编下面的第二章(第 20 条至第 29 条)规定了“常设仲裁法院”，第三章还规定了“仲裁程序”。1907 年第二次海牙和平会议通过的《和平解决国际争端公约》补充和发展了 1899 年的《和平解决国际争端公约》中的国际仲裁的规定。今天，国际仲裁作为和平解决国际争端的重要法律方法，得到了国际社会的积极肯定和广泛运用。1945 年以来，国际社会继续运用国际仲裁解决各种类型的争端，尤其是领土和海洋方面的争端，例如 1957 年法国与西班牙之间的“拉努湖仲裁案”[②]、1966 年阿根廷与智利之间的“Palena 仲裁案”[③]、1968 年印度与巴基斯坦之间的“卡奇盐沼地仲裁案”[④]、1977 年阿根廷与智利之间的“比格尔海峡仲裁案”[⑤]、1988 年埃及与以色列之间的“塔巴仲裁案”[⑥]、1992 年法国与加拿大之间的“圣皮埃尔与密克隆仲裁案”[⑦]、1998 年和 1999 年也门与厄立特里亚之间的“领土

---

① John Bassett Moore, *History and Digest of the International Arbitrations to Which the United States Has Been a Party*, Washington: Government Printing Office, 1898, Vol. 1, pp.653, 656-657. 6

② Lake Lanoux Arbitration (France v. Spain), 16 November 1957, 12 Report of International Arbitral Awards, p.281.

③ Argentina-Chile Frontier Case, Arbitral Award of Her Majesty Queen Elizabeth Ⅱ of 9 December 1966 (Report of the Court of Arbitration of 24 November 1966), *International Law Reports* (ILR), Volume 38, 1969, pp.10～99.

④ Case Concerning the Indo-Pakistan Western Boundary (India v. Pakistan) (Rann of Kutch Arbitration), Arbitral Award of 19 February 1968, *International Law Reports* (ILR), Volume 50, 1976, pp.2～521.

⑤ Dispute between Argentina and Chile Concerning the Beagle Channel, 18 February 1977, 21 Report of International Arbitral Awards, pp.53～264.

⑥ Case Concerning the Location of Boundary Markers in Taba between Egypt and Israel, 29 September 1988, 20 Report of International Arbitral Awards, pp.1～118.

⑦ St. Pierre-Miquelon Arbitration (France/Canada), 10 June 1992, 31 International Legal Materials, pp.1141～1178.

主权和海洋划界仲裁案"①、2002年厄立特里亚与埃塞俄比亚之间的"边界仲裁案"②、2006年巴巴多斯和特立尼达和多巴哥之间的"海域划界仲裁案"③、圭亚那和苏里南之间的"海域划界仲裁案"④、毛里求斯与英国之间的"查戈斯群岛海洋保护区仲裁案"⑤、荷兰与俄罗斯之间的"北极日出号仲裁案"⑥、2017年克罗地亚与斯洛文尼亚之间的"领土与海洋划界仲裁案"⑦。国际仲裁得到国际法积极肯定是与国际仲裁本身具有的优势分不开的。在国际仲裁中,争端当事国可以有效设计提交国际仲裁的争端类型与范围,也可以自己设定国际仲裁适用的法律范围。国际仲裁还有专业性和保密性的优点,这也是它得到有些国家青睐的重要原因,因为许多国际争端的解决需要十分专业的技术知识,而且还涉及国家秘密。不过,国际仲裁的劣势也比较明显。由于国际仲裁是一种法律的方法,具有拘束力,因此对于有些类型的争端来说可能并不合适,在有些争端中,争端当事国可能想要自己掌握争端的走向,不愿意将其提交仲裁。而且,国际法中并不存在对国际仲裁裁决进行司法监督的制度。这导致在有些仲裁裁决作出后,争端当事国认为该裁决是错误的,或者存在重大程序违法时,无法寻求司法救济的局面。

和平解决国际争端的另一种法律方法是国际诉讼,即将国际争端提交给常设的国际司法机构解决,由常设的国际司法机构作出有法律拘束力的判决来解决国际争端。与国际仲裁相比,国际诉讼出现在国际法中是比较近期的事情,实际上它是从国际仲裁的实践中受到启发而形成的一种争端解决方法,在许多方面与国际仲裁相同,例如它们都是由独立的专业人员依据国际法作出的有拘束力的裁判。不过,它们之间也存在诸多不同。例如,国际司法机构是常设的、法官的人数是确定的,当事国无法挑选法官(除了任命专案法官除外),而且审判是公开的;而在国

---

① Award of the Arbitral Tribunal in the First Stage (Territorial Sovereignty and Scope of the Dispute),9 October 1998,https://pcacases.com/web/sendAttach/517; Award of the Arbitral Tribunal in the Second Stage—Maritime Delimitation,17 December 1999,https://pcacases.com/web/sendAttach/518.

② Eritrea-Ethiopia Boundary Commission, Award, 13 April 2002, https://pca-cpa.org/en/cases/99/.

③ Barbados v. Trinidad and Tobago, 11 April 2006, https://pcacases.com/web/sendAttach/1116.

④ Guyana v. Suriname,17 September 2007,https://pca-cpa.org/en/cases/9/.

⑤ Chagos Marine Protected Area Arbitration (Mauritius v. United Kingdom),18 March 2015, https://pca-cpa.org/en/cases/11/.

⑥ The Arctic Sunrise Arbitration (Netherlands v. Russia),14 August 2015,https://pca-cpa.org/en/cases/21/.

⑦ Arbitration between the Republic of Croatia and the Republic of Slovenia,29 June 2017,https://pca-cpa.org/en/cases/3/.

际仲裁的情况下，仲裁员及其人数是由当事国选择的，仲裁庭是临时组成的，而且仲裁可以是不公开的。世界上最早的和平解决国际争端的国际司法机构是常设国际法院。它成立于1922年，1946年解散。第二次世界大战之后，于1945年成立了国际法院，成为联合国的主要司法机关。它也是1978年之前国际社会唯一的国际司法机构，它的主要职权是诉讼管辖权，有权裁决国家之间的争端。不过，它的管辖权建立在国家同意的基础之上，国家同意的方式有签订特别协议、批准含有同意将争端提交法院解决的条款的国际公约（保留除外），以及发表接受法院管辖权的声明。[①] 在有些情况下，它还可以因为当事国的应诉行为而获得管辖权。[②] 法院的判决是有拘束力的，当事国必须履行。当事国如果不履行法院的判决，另一当事国可以向安全理事会申诉。安全理事会如认为必要时，可以作成建议或决定应采办法，以执行判决。[③] 此外，法院还具有咨询管辖权。它有权对任何法律问题如经任何团体由《联合国宪章》授权而请求或依照《联合国宪章》而请求时，发表咨询意见。[④]《联合国宪章》规定，联合国大会或安全理事会对于任何法律问题得请国际法院发表咨询意见，而且，联合国其他机关及各种专门机关，对于其工作范围内之任何法律问题，得随时以大会之授权，请求国际法院发表咨询意见。[⑤] 虽然咨询意见没有法律拘束力，但是它对于和平解决国际争端的影响不容小视。1978年之前，国际法院共受理了45个诉讼案件，15个咨询案件，平均每年1.8个案件。这个数量对全世界各国之间的争端的数量来说是非常非常微小的，可以说是微不足道的。造成这种现象的原因很多。例如，实际上，大量的国际争端都通过其他的手段得到了解决。许多国家不愿意将争端提交国际法院解决，它们没有签订这方面的特别协议，没有批准将争端提交国际法院解决的多边国际公约，或者对其中的将争端提交国际法院解决的条款提出了保留，也没有发表接受国际法院管辖的单方面声明，因为它们可能并不信任国际法院的法官，可能认为某些争端并不适合通过国际法院解决，可能认为即使通过国际法院解决其判决意义也不大，等等。但是，即便如此，应当看到，通过诉讼来解决国际争端即便在国内社会与其他解决争端的方法相比，也是相对少的。在国际社会也是如此。[⑥] 我们不应当低估国际法院通过诉讼这种独特的方式促进世界和平的意义和价值。与国际仲裁等其他手段相比，国际诉讼具有一些独特的价值。首先，国际司法机构的存在无须争端当事国再为

① 《国际法院规约》第36条第1款和第2款。

② 《国际法院规约》第38条第5款。

③ 《联合国宪章》第94条。

④ 《国际法院规约》第65条第1款。

⑤ 《联合国宪章》第96条。

⑥ J. G. Merrills, *International Disputes Settlement*, 4th Edition, Cambridge: Cambridge University Press, 2005, pp.180～181.

是否设立、如何设立仲裁庭，以及程序问题进行谈判，有助于节约国家的时间和精力等，十分方便。其次，由于国际司法机构的法官比较稳定，有助于形成比较稳定的、具有可预见性的国际法判例体系，有助于国际法的稳定性、可预见性和确定性，防止出现国际法的碎片化和过多的偶然性。最后，国际司法机构的存在本身就是一种和平解决国际争端的符号和象征，有助于时刻提醒各国自己承担的和平解决国际争端的义务，具有极大的象征、劝导和引领作用。

二、改革开放40年和平解决国际争端法律方法的飞速发展

在过去40年，和平解决国际争端的国际法领域发生的最大的变化就是法律方法的明显变化。可以说，改革开放的40年正好就是和平解决国际争端法律方法得到迅猛发展的40年。和平解决国际争端的法律方法发生了重大和积极的变化。运用法律手段和平解决国际争端已经成为过去40年和平解决国际争端领域一个亮点，尤其是冷战结束以来。主要表现在以下几个方面：

1.新的国际司法机构显著增加

1978年之前，国际社会只有一个常设性的国际司法机构，即国际法院。现在，国际社会增加了不少和平解决国际争端的常设性的司法机构。它们通常都是特定领域的专业性质的常设国际司法机构。在海洋法领域，1982年通过的《联合国海洋法公约》设立了国际海洋法法庭。按照《联合国海洋法公约》第286条的规定，如果有关该公约的解释或适用的任何争端，在通过外交或政治手段无法得到解决的情况下，经争端任何一方的请求，应提交具有管辖权的法院或法庭。一国在签署、批准或加入《联合国海洋法公约》时，或在其后任何时间，应有自由用书面声明的方式选择下列一个或一个以上方法，以解决有关该公约的解释或适用的争端：(1)按照附件六设立的国际海洋法法庭；(2)国际法院；(3)按照附件七组成的仲裁法庭；(4)按照附件八组成的处理其中所列的一类或一类以上争端的特别仲裁法庭。[①] 按照《联合国海洋法公约》附件六的规定，该法庭的管辖权包括按照《联合国海洋法公约》向其提交的一切争端和申请，和将管辖权授予该法庭的任何其他国际协定中具体规定的一切申请。[②] 而且，对于同《联合国海洋法公约》所包括的主题事项有关的现行有效条约或公约而言，如果其所有缔约国同意，则有关这种条约或公约的解释或适用的任何争端，可按照这种协定提交法庭。[③] 该法庭裁判上述争端的法律是《联合国海洋法公约》和其他与该公约不相抵触的国际法规则。而且，如经当

① 《联合国海洋法公约》第287条。

② 《联合国海洋法公约》附件六第21条。

③ 《联合国海洋法公约》附件六第22条。

事各方同意，该法庭还可按照公允和善良的原则进行裁判。[①] 法庭的裁判是有确定性的，争端所有各方均应遵行。[②] 自从1996年成立以来，国际海洋法法庭已经审理了25个缔约国之间的诉讼案件。这些案件中，有9个案件涉及渔船的临时释放，5个案件涉及临时措施，2个涉及海洋划界。此外，法庭还发表了两个咨询意见。目前，法庭审理的案件涉及的争端更加多元化，从原来更多的渔船临时释放案件逐渐向海洋划界、海洋环境保护和海洋执法等案件扩展。

在国际贸易领域，1994年的《马拉喀什建立世界贸易组织协议》附件二(《关于争端解决规则与程序的谅解》)规定了适用于乌拉圭回合各项协议下可能产生的争端的一套统一规则，确立了世界贸易组织的争端解决机制。按照该谅解的规定，应争端一方的请求，世界贸易组织争端解决机构可以成立临时的专家组(一般由三名或五名独立人员组成)，根据被授予的职权范围在规定的时间内对争端当事方是否违反有关的WTO协议进行裁决，形成专家组报告。[③] 争端当事方还可以向争端解决机构设立的常设上诉机构提起上诉。该机构由七名成员组成，负责处理争端各方对专家组报告的上诉，但上诉仅限于专家组报告中有关法律问题和专家组详述的法律解释。上诉机构可以维持、修改或撤销专家组的法律调查结果和结论，而且上诉机构的报告一经争端解决机构通过，争端各方就必须无条件接受。[④] 自从1995年以来，超过500个案件被提交给了世界贸易组织的争端解决机构，该机构对超过350个案件作出了裁决。[⑤]

此外，值得一提的是，在国际人权领域和国际刑法领域，国际社会也在这一时期设立了许多新的国际监督或司法机构。尽管它们的主要使命不是解决国家之间的争端，而是保护人权和惩罚国际犯罪，但是通过这样的审判活动，实际上也是在某种意义上促进国际和平。在国际人权领域，1998年，随着《〈欧洲人权公约〉第11议定书》的生效，原先的欧洲人权委员会被废除，原先依据《欧洲人权公约》第19条设立的欧洲人权法院变成了一个全职机构，个人可以直接向该法院起诉缔约国。2004年，非洲统一组织在1998年通过的《非洲人权与民族权宪章关于建立非洲人权与民族权法院的议定书》生效，非洲人权与民族权法院开始运作。在国际刑法领域，国际社会设立了许多国际刑事司法机构。最早的一个是1993年的联合国前南斯拉夫问题国际刑事法庭，它是联合国安理会在1993年通过的第827号决议设立的，审判1991年以来对在前南斯拉夫地区发生的灭绝种族罪、危害人类罪和战争

① 《联合国海洋法公约》附件六第22条；《联合国海洋法公约》第293条。

② 《联合国海洋法公约》附件六第33条第1款。

③ 《关于争端解决规则与程序的谅解》第16条。

④ 《关于争端解决规则与程序的谅解》第21条。

⑤ https://www.wto.org/english/tratop_e/dispu_e/dispu_e.htm，下载日期：2018年9月9日。

罪负有责任的个人。1994年,联合国安理会第955号决议又设立了联合国卢旺达问题国际刑事法庭,审判1994年卢旺达大屠杀期间负有责任的个人。尤其值得关注的是,1998年,联合国罗马外交大会通过了《国际刑事法院罗马规约》,决定设立一个常设的国际刑事法院,审判对侵略罪、灭绝种族罪、危害人类罪和战争罪负有责任的个人。该法院已经于2002年成立。之后,国际社会还设立了多个"混合法庭",它们既适用国际法,又适用有关国家的国内法,法官和检察官均由国际和本国的法官和检察官组成。例如,2002年,联合国与塞拉利昂政府签订协定,设立了塞拉利昂特别法院,审判塞拉利昂内战期间对严重违反国际人道法和塞拉利昂刑法负有最大责任的个人。2006年,联合国安理会第1664号决议设立了黎巴嫩特别法庭,审判2005年黎巴嫩前总理哈里里被杀事件中负有责任的人员。

2.旧的国际仲裁和司法机构变得十分繁忙和活跃

自1978年以来,国际社会原先存在的国际仲裁和司法机构的业务量大增,它们变得十分繁忙和活跃。常设仲裁法院自1899年成立以来,曾经在20世纪初活跃过一段时间,截至1934年,为17个案件提供过仲裁服务,其中有16个案件涉及国家与国家之间的仲裁,年均0.46个案件。但是,自1934年以来,它再也没有为任何国际仲裁提供过服务。1996年以来,常设仲裁法院提供的仲裁服务数量大增,截至2018年,它已经为115个仲裁案提供服务,基本上每年提供服务的案件达到5.2个。即使是国家与国家之间的仲裁,数量也有25个,年均1.14个,比1899—1934年之间的年均仲裁数量还要多得多。就国际法院的案件数量来看,前面已经提到,自1945年至1978年,国际法院共受理了45个诉讼案件,15个咨询案件,两者加起来平均每年受理1.8个案件。但是,自1978年至2018年,在40年时间里,国际法院共受理了86个诉讼案件,11个咨询案件,两者加起来平均每年受理2.4个案件,比1945年至1978年年均受案数要多。

第二节　改革开放40年中国对国际争端和平解决法律方法的探索与实践

改革开放40年刚好是和平解决国际争端法律方法迅猛发展的40年,也是中国对国际争端和平解决的法律方法探索和实践的40年。在描述改革开放40年中国对国际争端和平解决的法律方法进行的探索和实践之前,有必要对此前中国与国际争端和平解决的法律方法的关系进行简单的回顾。

一、1949年之前

1949年中华人民共和国成立之前,中国与国际争端和平解决的法律方法已经有过接触和实践。当时的中华民国在多个方面对国际争端和平解决的法律方法进行了实践。

首先，中华民国积极推荐国际仲裁员和国际法官。由于清朝政府在1904年和1910年分别批准了1899年和1907年的《和平解决国际争端公约》，因此清朝政府和中华民国均向常设仲裁法院指派了中国的仲裁员，其中包括当时清朝外务部的外交高官胡惟德，他从1910年担任中国籍的常设仲裁法院仲裁员开始，一直担任到1928年。对于常设国际法院，中华民国也是积极提名，推选中国法官。在整个常设国际法院存续期间，中华民国有两位法官当选。一位是王宠惠，他在1923年至1939年期间当选常设国际法院法官，是常设国际法院第一任法官，也是历史上第一位在常设国际司法机构担任法官的中国人。① 1939年，中华民国外交部法律顾问郑天锡被选为常设国际法院法官，接替王宠惠，成为担任常设国际法院法官的第二个中国人。他的任期直到1946年随着常设国际法院的解散而结束。1946年，中华民国外交部副部长徐谟被选为新成立的联合国国际法院的法官，成为第一位担任国际法院法官的中国人。此前，徐谟还在1945年参加了44国法学家委员会负责草拟《国际法院规约草案》的工作。

其次，中华民国接受常设国际法院和国际法院的管辖权。常设国际法院成立后，中华民国依据《常设国际法院规约》第36条第2款发表声明，宣布接受常设国际法院的管辖。1946年10月26日，中华民国发表单方面声明，宣布依据《国际法院规约》第36条第2款接受国际法院的管辖。② 此外，中华民国还在多个与外国签订的条约中允许争端通过国际法院解决。例如，1946年11月4日在南京签订的《中美友好通商航海条约》第28条规定："如果缔约国无法通过外交途径满意解决两个缔约国政府之间就本条约的解释或适用而引起的任何争端，则应当提交国际法院，除非缔约国同意通过其他和平手段解决。"1947年4月18日，在马尼拉签订的《中菲友好条约》第2条规定："如果两个缔约国之间未能通过外交、调停或仲裁满意解决彼此之间引起的任何争端，缔约国不得使用武力解决，而是应当提交国际法院最终裁决。" 此外，1948年7月3日签订的《中美经济合作协定》第10条规定："美国政府和中国政府同意，任何一方的政府有权替本国公民针对另一方政府在1948年4月3日之后从事的政府措施（涉及敌方财产或利益的措施除外），并且影响到这种国民的财产或利益，包括与另一国政府签订的合同或经另一国政府有权当局授予的特许权而遭受的损害提出的赔偿请求提交国际法院决定。两国认为，

---

① Ole Spiermann, Judge Wang Chung-hui at the Permanent Court of International Justice, *Chinese Journal of International Law*, 2006, Vol.5, Issue 1, pp.115-119.

② Declaration of China Recognizing as Compulsory the Jurisdiction of the Court in Conformity with Article 36, Paragraphs 2 and 3, of the Statute of the International Court of Justice, October 26, 1946, 1 UNTS 35, 36.

任何一国政府关于另一国政府依据本款提出的请求的义务是在任何一国政府依据这种有效承认的权力而作出的，因为任何一国政府已经依据《国际法院规约》第36条接受国际法院的强制管辖权。本条的规定在任何时候不得影响任何一国政府享有的接受国际法院或者因为任何一国政府据称违反条约、协定或国际法原则中的权利和义务而引起的请求的其他权利。"作为《关税和贸易总协定》的原始成员，中国也参加了《关贸总协定》的争端解决机制。

最后，在这一时期，在20世纪20年代，有两个涉及中国的案件被提交到了常设仲裁法院和常设国际法院。在这两个案件中，中国都是被告。第一个案件是1928年的"美国广播公司诉中国的仲裁案"。1928年11月10日，中华民国与美国广播公司(Radio Corporation of America)签订一份关于美国广播公司在中国与美国之间进行商业通信的广播电讯协议。1932年，中华民国还与马凯无线电电报公司(Mackay Radio and Telegraph Company)签订了协议。美国广播公司认为，依据其与中华民国签订的协议，中国不得再与任何其他公司签订类似的协议，因此中国的行为违反了该协议的规定，并要求依据该协议第10条的规定进行仲裁。由一位荷兰人、一位比利时人和一位瑞士人组成的仲裁庭审查了该协议是否明示或默示限制了中国与任何第三方再签订类似协议的权力，还审查了该协议是否是一种限制中国权力的合伙协议或合资协议，随后一致裁定，该协议并没有明确限制中国的权力，而且任何默示限制中国的权力都应当是得到特别的证明，而从该协议的用语来看，并不存在这种默示限制。因此，仲裁庭认为，该协议并没有建立合伙或合资关系，因为里面不存在共同营利的内容，而且从用语来看也不存在这种义务。[①]因此，中国获得了这起国际仲裁的胜利。

第二个案件发生在常设国际法院。1926年11月25日，比利时对中国向常设国际法院提起了诉讼，认为中国在1926年4月16日单方面宣布废弃1865年中国与比利时签订的《友好、通商、航海条约》的做法违反了该条约第46条的规定，按照第46条的规定，该条约的有效期是十年，比利时政府有权在每隔十年有效期截止之前六个月通知中国政府是否续约，如果没有通知，则该条约将继续有效十年。中国政府在1926年4月16日的该个十年有效期截止后立即宣布该条约效力终止，比利时认为中国政府的行为因此违反了第46条的规定，认为中国没有单方面废除该条约的权利，并要求与中国签订一份临时协议，遭到了中国的拒绝。比利时还建议与中国签订一份特别协议，将争端提交常设国际法院，同样遭到中国拒绝。因此，比利时依据《常设国际法院规约》第36条第2款的规定单方面对中国提起诉讼，要求法院判决该条约仍然有效，而且要求法院发布临时措施("中比废约案")。

---

① Radio Corporation of America v. China，13 April 1935，https://pcacases.com/web/sendAttach/713.

1927年1月8日，法院院长马克斯·胡伯(Max Huber)发布临时措施，认为依据国际法和惯例，在中国的比利时公使、领事、国民、财产和船舶享有受保护权，并详细阐述了受保护权的内容和范围。常设国际法院的这一临时措施命令显然对比利时有利，被认为是比利时的胜利。[①] 1927年1月17日，中国政府同意与比利时政府重新开展新的条约的谈判。1927年2月3日，比利时律师通知法院，中国外交部长宣布中国政府愿意给予比利时具体的保护待遇，而且比利时驻华公使也已经接受了中国的建议，并请求法院撤销1927年1月8日的临时措施命令。法院院长也考虑到，撤销该命令也符合中国政府的意愿，因此2月15日，法院院长发布命令，决定撤销该命令。1927年5月10日，法院院长下令将中国提交辩诉状的日期从5月25日延长到6月18日。6月18日，法院院长再次下令，由于比利时没有按时提交诉状，因此将中国提交辩诉状的时间延长到1928年2月15日。1928年2月21日，由于比利时律师再次将提交诉状的时间延长六个月，法院院长再次下令将中国提交辩诉状的时间再延长到1928年8月16日。1928年8月13日，法院院长再次下令将中国提交辩诉状的时间延长六个月，延长到1929年2月15日。1929年2月13日，比利时律师通知法院，比利时已经于1928年11月22日在中国南京与中国政府缔结了一份初步协议，比利时政府决定撤回这个案件，要求法院将该案从法院案件名单中删除。1929年5月25日，法院决定终止对本案的审理，将该案件从法院案件名单中删除。[②] 就这样，从1926年开始的比利时诉中国的案件在常设国际法院结束了审理。在这个案件中，中国自始至终都没有出庭，也没有提交任何诉讼文件，包括辩诉状。据有关研究，当时，在是否应当出庭的问题上，以王宠惠为首的拒绝出庭派与以顾维钧为首的应当出庭派之间形成了激烈的交锋，最终，顾维钧决定采用拖延战术，一方面借口法院所函送比利时的诉状全文过长，且电报传达错码甚多，须由西伯利亚邮寄等；认为中国政府的回复尚需时日。另一方面，顾维钧几经接洽，聘请德国殳金、瑞士莫塔、希腊波利迪斯和美国蓝辛四位著名国际法学家作为顾问，来帮助外交部拟定可能的出庭方案。顾维钧认为，无论应诉还是不理，中国都绝无胜算。他只能静观事态的发展。[③] 最终，比利时的态度发生了180度大转变，表示同意与中国重启修约谈判，才使本案走向发生了重大改变。

还需要指出的是，中华民国还参与了国际法院两起咨询案件的审理。第一起是1948年的“加入联合国的条件问题”咨询意见案，第二起是1949年的“关于为联

① Ole Spiermann, Twentieth Century Internationalism in Law, *European Journal of International Law*, Vol.18, Issue 5, 2007, p.796.

② PCIJ, Denunciation of the Treaty of 2 November 1865 between China and Belgium, Order Made on 25 May 1929, http://www.icj-cij.org/files/permanent-court-of-international-justice/serie_A/A_18/59_Denonciation_du_traite_sino-belge_Ordonnance_19290525.pdf.

③ 王学斌:《海牙法庭外中比废除不平等条约交锋》,载《看历史》2011年第12期。

合国服务而遭受损害的赔偿问题”咨询意见案。在这两起咨询意见案中，中华民国均提交了书面意见，[①]不过并没有参与口头审理。

二、1949 年至 1978 年

1949 年 10 月 1 日，中华人民共和国在北京宣告成立。从法理上讲，中华人民共和国就取代中华民国，成为在国际关系上代表中国的唯一合法政府。不过，由于历史的原因，在联合国中代表中国的还是在台湾的“中华民国”代表，直到 1971 年联大 2758 号决议的通过，才在实际上将“中华民国”逐出了联合国。[②]

这一时期(从 1949 年至 1971 年)，中华人民共和国没有与国际法院发生任何联系，也没有主动提议或被动接受过国际仲裁。在 1961 年发生的中印边界冲突中，当时印度提议将双边的边界争端提交国际仲裁解决，但是这一提议被中华人民共和国严词拒绝。中华人民共和国认为：“中印边界争端是涉及两国主权的重大问题，而且涉及的领土面积又有十几万平方公里之大。不言而喻，只能通过双方的直接谈判求得解决，绝不能通过任何形式的国际仲裁求得解决。”[③]作为中国共产党中央委员会的机关报纸的《人民日报》在 1966 年曾经猛烈地批评国际法院，认为它是“庇护强盗”的机构，认为它是受到美国控制的。它这样写道：“联合国早已堕落成美帝国主义的工具，它所属下的国际法庭难道会干出什么好事情来吗?”[④]中华人民共和国的国际法学者也基本上对包括国际法院在内的和平解决国际争端的法律方法持否定的态度。例如，1958 年，中华人民共和国的一位专家这样写道，由于国际条约的主体是主权国家，因此在国际事务中不可能有超国家机构来解释国际条约，并迫使缔约国接受其解释。所以，国际条约的解释者只能是缔约国自己，而解决这个问题的最好办法是通过外交谈判。[⑤] 1971 年 10 月 25 日，中华人民共和国依据联大第 2758 号决议成为中国在联合国的合法代表，中华人民共和国开始参与联合国的事务。但是，关于和平解决国际争端的法律方法，中华人民共和国恢复

---

① 中华民国的两份书面意见分别在以下两个网址可以找到：http://www.icj-cij.org/files/case-related/3/11701.pdf; http://www.icj-cij.org/files/case-related/4/11707.pdf。

② 1971 年 10 月 25 日，联大第 2758 号决议以 76 票赞成、35 票反对、17 票弃权的压倒多数“承认中华人民共和国政府的代表是中国在联合国组织的唯一合法代表，中华人民共和国是安全理事会五个常任理事国之一”，“决定恢复中华人民共和国的一切权利，承认她的政府的代表为中国在联合国组织的唯一合法代表并立即把蒋介石的代表从它在联合国组织及其所属一切机构中所非法占据的席位上驱逐出去”。

③ 周鲠生：《国际法》(下册)，商务印书馆 1976 年版。

④ 《人民日报》1966 年 7 月 29 日。

⑤ 汪尧田：《国际贸易条约和协定》，财政经济出版社 1958 年版，第 9 页，转引自：Gary L. Scott, *Chinese Treaties: The Post-Revolutionary Restoration of International Law and Order*, Dobbs Ferry: Oceana Publications, Leiden: A. W. Sijthoff, 1975, p.132.

联合国合法席位后，则是立即撤回对国际法院的强制管辖权的声明。1972年9月，中华人民共和国致函联合国秘书长，明确表示：对于旧中国政府1946年10月26日所作的关于接受国际法院强制管辖权的声明不予承认。[①] 而且，从1949年至1978年，在中华人民共和国与外国的所有争端中，没有与任何外国签订过将某个争端提交国际法院的特别协议，在批准的所有含有将争端提交国际法院解决的国际公约中，中华人民共和国均对其中的将争端提交国际法院解决的条款进行了保留。[②] 实际上，从1971年到1978年，中华人民共和国虽然成为中国在联合国的合法代表，但是基本上不参与国际组织的政策。在国际法院中国法官不存在的情况下，也没有提名国际法院的法官，直到1985年。造成这种现象的原因是很复杂的，但是早期与苏联的结盟以及从1966年开始的"文化大革命"被一些学者认为是主要原因。[③]

三、1978年至今

1978年改革开放以来，随着中华人民共和国开始放弃阶级斗争，将国家的重心转移到了经济发展，中华人民共和国迫切想要融入世界经济体系，积极利用西方发达国家的外资以及与西方发达国家开展国际贸易促进本国经济发展，同时，外交也开始为经济发展服务，促使中华人民共和国开始与世界各国开展全方位的外交关系。随着国内秩序的逐渐恢复，立法、司法和执法活动逐渐回归正常，中华人民共和国逐渐恢复法律体系和法律教学，其中，对国际法的认识发生了改变。中华人民共和国逐渐认识到国际法的重要性，积极利用国际法来维护国家利益、促进世界和平，国际法的学者们也开始认真、细致地研究国际法问题。就和平解决国际争端的法律方法而言，中华人民共和国从1978年开始有意识地、谨慎地接触这些法律方法，并在必要时利用这些方法。这主要体现在以下几个方面：

第一，在和平解决国际争端的法律方法的机制构建方面，中华人民共和国积极推荐中国人当选国际法官和仲裁员，表现十分抢眼。1984年，已近80岁高龄的中华人民共和国外交部法律顾问倪征燠成功当选国际法院法官，成为中华人民共和国第一位国际法院的法官，他的任期从1985年开始，任期九年。此前，他于1981年当选为联合国国际法委员会委员，任期从1982年开始，到1984年结束。他也是

① 陶凯元：《我国与国际法院关系之探讨》，载《法学评论》1989年第5期。

② 王铁崖：《国际法》，法律出版社1995年版，第612页。

③ 赵海峰：《中国与国际司法机构关系的演进》，载《法学评论》2008年第3期；陶凯元：《我国与国际法院关系之探讨》，载《法学评论》1989年第5期。

中华人民共和国首位联合国国际法委员会的委员。1994年,倪征 法官的任期结束后,中华人民共和国推选已近70岁的外交部法律顾问史久镛担任国际法院的法官,并取得成功。他的任期直到2010年才结束。此间,他在2003年至2006年还当选国际法院院长,成为中国第一任国际法院院长。2010年,中华人民共和国推选曾任外交部条法司司长的薛捍勤为国际法院法官,并取得成功。薛捍勤法官成为中国第一位女性国际法院法官。她在2018年还被选为国际法院副院长。除了积极向国际法院推选法官外,中华人民共和国还积极推选国际海洋法法庭的法官。1996年,80岁高龄的北京大学国际法教授赵理海先生被中华人民共和国推选为国际海洋法法庭的第一届法官并取得成功,2000年因病在北京去世。2001年,曾任外交部条法司司长的许光建成功当选国际海洋法法庭法官,他的任期到2007年结束。2008年,国家海洋局海洋战略研究所所长高之国当选国际海洋法法庭法官。在国际贸易领域,自从中华人民共和国加入世界贸易组织之后,积极推选中国籍的上诉机构法官。2007年,汕头大学法学院教授张月姣被中国政府提名,成功当选世界贸易组织争端解决机构上诉机构法官,成为第一位在这一机构担任法官的中国人。她的任期2008年开始,2012年结束,此后她又获得连任,任期到2016年结束。2016年,国际贸易经济合作研究院副院长赵宏女士被选为上诉机构法官,成为在这一机构担任法官的第二位中国人,她的任期从2016年12月1日开始,到2020年11月30日结束。在国际仲裁领域,中华人民共和国从1993年7月15日开始由国务院副总理兼外长钱其琛致函常设仲裁法院秘书长,通知中华人民共和国政府恢复在常设仲裁法院活动。同年10月24日,钱副总理兼外长又致函荷兰外交大臣,通知中华人民共和国政府承认1899年和1907年的《和平解决国际争端公约》。[①] 中华人民共和国恢复活动后指派了四位仲裁员,他们是端木正、邵天任、李浩培和王铁崖,他们还应邀出席了1993年9月在海牙召开的常设仲裁法院首次全体仲裁员大会。此后,中华人民共和国提名的仲裁员还有刘振民、刘大群、薛捍勤、刘楠来、黄进等。[②] 此外,中华人民共和国还积极推选联合国前南斯拉夫问题国际刑事法庭和卢旺达问题国际刑事法庭的法官。1993年,87岁高龄的外交部法律顾问李浩培被中华人民共和国提名,当选为联合国前南斯拉夫问题国际刑事法庭首届法官,成为第一位在这一法庭担任法官的中国人。1997年,84岁高龄的北京大学国际法教授王铁崖被中华人民共和国提名,当选为该法庭法官,成为第二位在这一法庭担任法官的中国人。2000年,曾任外交部条法司副司长、担任中华人民共和国驻牙买加大使兼中华人民共和国常驻国际海底管理局代表的刘大群当选该法庭的法官,他还在2015年担任该法庭的副庭长。刘大群还是联合国卢旺达问

① 《中国恢复在常设仲裁法院活动》,载《人民日报》1993年8月4日第四版。

② https://pca-cpa.org/wp-content/uploads/sites/175/2017/07/2017-Annex-1-MC.pdf.

题国际刑事法庭上诉分庭的法官。从以上情况来看，在和平解决国际争端的法律方法领域，中华人民共和国自1978年以来在推选国际法官和国际仲裁员的问题上十分积极，可以说是绝不缺席，而且每次推选都获得成功。中华人民共和国之所以这么做，一是彰显中国的大国地位，二是以此影响国际法的发展走向，使国际法朝着有利于中华人民共和国国家利益的方向发展。

第二，在和平解决国际争端法律方法的态度方面，中华人民共和国依据特定类型的争端采取了拒绝、限制与接受并用的态度。首先，对于国际法院的管辖权，中华人民共和国坚持拒绝的一贯态度。自1978年以来，中华人民共和国延续1949年成立以来一贯的立场，不接受国际法院的管辖。前面已述，1972年9月，中华人民共和国就致函联合国秘书长，明确表示：对于旧中国政府1946年10月26日所作的关于接受国际法院强制管辖权的声明不予承认。[①] 从1978年至今，在中华人民共和国与外国的所有争端中，也没有与任何外国签订过将某个争端提交国际法院的特别协议，而且，在批准的所有含有将争端提交国际法院解决的国际公约中，中华人民共和国几乎均对其中的将争端提交国际法院解决的条款进行了保留。有一个研究显示，中华人民共和国现在是571个公约、203个条约和2616个协议的缔约国。[②] 还有一个数据显示，中华人民共和国自成立以来参加的条约数量已经超过22000个。[③] 这些条约绝大多数都是在1971年之后缔结的，尤其是1978年之后。可以说，中华人民共和国现在是国际条约和公约的全面、积极的参与者。但是，在这么多的条约中，凡是中华人民共和国与其他国家谈判达成的条约，里面的争端解决条款几乎都是谈判协商解决的条款，没有一个规定提交国际法院解决的，凡是由联合国或其他国际组织等通过的多边公约中规定有将争端提交国际法院解决的，中华人民共和国通常均会予以保留。而且，凡是由联合国或其他国际组织等通过的多边公约中允许缔约国发表声明排除国际法院管辖的，中华人民共和国也均会发表这样的排除声明。有中国学者认为，“1993年1月5日和7日，中国先后批准了《生物多样性公约》和《联合国气候变化框架公约》，1997年4月25日批准了《禁止化学武器公约》，这些公约均规定有关争端可提交国际法院解决，且不容许作任何保留。这表明中国已经开始在协议管辖方面有条件地审慎接受国际法院的管辖”[④]。实际上，这种理解是错误的。《生物多样性公约》第27条规定了争端的解决。该条第3款规定：“在批准、接受、核准或加入本公约时或其后的任何时候，

---

① 陶凯元：《我国与国际法院关系之探讨》，载《法学评论》1989年第5期。

② Julian G. Ku, China and the Future of International Adjudication, *Maryland Journal of International Law*, 2012, Vol.27, No.154, p.161.

③ 《外交部官员：新中国签订条约总数已达2.2万项》，http://www.chinanews.com/gn/2012/01-13/3603728.shtml。

④ 赵海峰：《中国与国际司法机构关系的演进》，载《法学评论》2008年第3期。

一个国家或区域经济一体化组织可书面向保管者声明，对按照以上第1或第2款未能解决的争端，它接受下列一种或两种争端解决办法作为强制性办法：(a)按照附件二第一部分规定的程序进行仲裁；(b)将争端提交国际法院。"可见，该条款允许缔约国在参加该公约当时或其后任何时间选择强制仲裁或国际法院之一或两者作为在谈判或斡旋和调停无法解决争端的情况下的争端解决方法。1992年11月7日，中华人民共和国第七届全国人民代表大会常务委员会第二十八次会议决定：批准国务院总理李鹏代表中华人民共和国于1992年6月11日在里约热内卢签署的《生物多样性公约》。[①] 可见，中华人民共和国在批准该公约的当时并没有在强制仲裁和国际法院之间选择其一，也没有都选择。而且，直到现在，中华人民共和国也没有发表声明选择。在这种情况下，按照该公约第27条第4款的规定："如果争端各方尚未按照以上第3款规定接受同一或任何程序，则这项争端应按照附件二第二部分规定提交调解，除非缔约国另有协议。"因此，在中华人民共和国没有就强制仲裁和国际法院发表声明的情况下，如果将来中华人民共和国与任何其他缔约国发生争端，也不可能被提交给国际法院，最多只是将按照该公约附件二第二部分规定的强制调解程序进行解决。在这个方面还有一个类似的例子是《联合国关于在发生严重干旱和/或荒漠化的国家特别是在非洲防治荒漠化的公约》。该公约第28条第2款规定，缔约方如果不是区域经济一体化组织，可在批准、接受、核准或加入本公约时或在其后任何时间向保存人提出一项文书，就本公约的解释或适用方面的任何争端作出声明，承认对于接受同样义务的任何缔约方而言，下列两者或其中之一为强制解决争端手段：(1)按缔约方会议在实际可行的情况下尽快通过的一项附件中通过的程序进行仲裁；(2)将争端提交国际法院审理。第6款规定，如果争端当事方未接受第2款规定的同一或任何程序，又如果一方通知另一方双方存在争端之后十二个月内未能解决争端，应按照争端任一当事方的请求，根据缔约方会议在实际可行的情况下尽快通过的一项附件中所列程序，将争端交付调解。尽管该公约禁止缔约国对上述条款提出保留，但是中华人民共和国在1996年批准该公约时并没有发表任何声明[②]接受第28条第2款规定的强制仲裁或国际法院的管辖权，在这种情况下，按照第28条第6款的规定，中华人民共和国最多也只能被要求进行强制调解，而关于该公约项下的强制调解程序尚未以附件的形式通过。关于《联合国气候变化框架公约》，其第14条第2款规定了缔约国之间在谈判不成的情况下如何解决争端："非为区域经济一体化组织的缔约方在批准、接受、核准或加入本公约时，或在其后任何时候，可在交给保存人的一份文书中声明，关于本公约的解释或适用方面的任何争端，承认对于接受同样义务的任何缔约方，下列义务

① http://www.npc.gov.cn/wxzl/gongbao/1992-11/07/content_1479257.htm.

② http://www.npc.gov.cn/wxzl/gongbao/1996-12/30/content_1481385.htm.

为当然而具有强制性的，无须另订特别协议：(a)将争端提交国际法院，和或(b)按照将由缔约方会议尽早通过的、载于仲裁附件中的程序进行仲裁。作为区域经济一体化组织的缔约方可就依上述(b)项中所述程序进行仲裁发表类似声明。”该条没有规定在缔约国没有发表这样的声明的情况下应当适用的办法。1992年11月7日，中华人民共和国第七届全国人民代表大会常务委员会第二十八次会议决定：批准国务院总理李鹏代表中华人民共和国于1992年6月11日在里约热内卢签署的《联合国气候变化框架公约》。[①] 中华人民共和国无论在批准该公约的当时和之后均没有发表接受该公约第14条第2款规定的国际法院或强制仲裁的办法，因此按照该条款的规定，设若将来中华人民共和国与任何其他缔约国就该公约的解释或适用产生争端，如果该缔约国将中华人民共和国告上国际法院或提起强制仲裁，国际法院或仲裁庭也将没有管辖权。关于《禁止化学武器公约》，其争端解决条款规定在第14条，该条第2款规定：“如果两个或两个以上缔约国之间或一个或一个以上缔约国与本组织之间就本公约的解释或适用发生争端，有关各当事方应共同商议，通过谈判或有关各当事方选择的其他和平手段，包括提交公约的适当机构处理以及经有关各当事方同意依照《国际法院规约》提交国际法院审理，以迅速解决此一争端。有关各缔约国应将采取的行动随时告知执行理事会。”尽管中华人民共和国第八届全国人民代表大会常务委员会第二十三次会议在1996年12月30日决定批准该公约时没有对第14条第2款提出保留，但是第14条第2款也没有要求缔约国之间因为该公约的解释或适用引起的争端必须提交国际法院解决，它规定提交国际法院审理的前提是“经有关各当事方同意依照《国际法院规约》提交国际法院审理”，而众所周知，《国际法院规约》第36条第1款和第2款规定争端提交国际法院解决的前提是当事国必须均同意国际法院解决，无论是通过特别协议还是任择性声明，因此第14条第2款绝不能成为构成中华人民共和国同意国际法院解决的多边条约中的一个条款。因此，笔者认为，上述中国学者的理解是错误的。

其次，《联合国海洋法公约》对争端解决的法律方法，可以说采取了限制的态度。这当然也与该公约本身规定的争端解决的法律方法比较特殊有关。如前所述，《联合国海洋法公约》第十五部分规定了“争端的解决”，其中的第二节规定了“导致有拘束力裁判的强制程序”，即争端解决的法律方法。第287条规定了“程序的选择”，第1款规定：“一国在签署、批准或加入该公约时，或在其后任何时间，应有自由用书面声明的方式选择下列一个或一个以上方法，以解决有关本公约的解释或适用的争端：(1)按照附件六设立的国际海洋法法庭；(2)国际法院；(3)按照附件七组成的仲裁法庭；(4)按照附件八组成的处理其中所列的一类或

① http://www.npc.gov.cn/wxzl/gongbao/1992-11/07/content_1479248.htm.

一类以上争端的特别仲裁法庭。"第5款规定:"如果争端各方未接受同一程序以解决这项争端,除各方另有协议外,争端仅可提交附件七所规定的仲裁。"第三节规定了"适用第二节的限制和例外",其中的第298条规定了"适用第二节的任择性例外",第1款规定:"一国在签署、批准或加入本公约时,或在其后任何时间,在不妨害根据第一节所产生的义务的情形下,可以书面声明对于下列各类争端的一类或一类以上,不接受第二节规定的一种或一种以上的程序:(a)(1)关于划定海洋边界的第15、第74、第83条在解释或适用上的争端,或涉及历史性海湾或所有权的争端,但如这种争端发生于本公约生效之后,经争端各方谈判仍未能在合理期间内达成协议,则作此声明的国家,经争端任何一方请求,应同意将该事项提交附件五第二节所规定的调解;此外,任何争端如果必然涉及同时审议与大陆或岛屿陆地领土的主权或其他权利有关的任何尚未解决的争端,则不应提交这一程序;(2)在调解委员会提出其中说明所根据的理由的报告后,争端各方应根据该报告以谈判达成协议;如果谈判未能达成协议,经彼此同意,争端各方应将问题提交第二节所规定的程序之一,除非争端各方另有协议;(3)本项不适用于争端各方已以一项安排确定解决的任何海洋边界争端,也不适用于按照对争端各方有拘束力的双边或多边协定加以解决的任何争端;(b)关于军事活动,包括从事非商业服务的政府船只和飞机的军事活动的争端,以及根据第297条第2和第3款不属法院或法庭管辖的关于行使主权权利或管辖权的法律执行活动的争端;(c)正由联合国安全理事会执行《联合国宪章》所赋予的职务的争端,但安全理事会决定将该事项从其议程删除或要求争端各方用本公约规定的方法解决该争端者除外。"第309条规定:"除非本公约其他条款明示许可,对本公约不得作出保留或例外。"1996年5月15日,中华人民共和国第八届全国人民代表大会常务委员会第十九次会议决定批准《联合国海洋法公约》时并没有按照该公约第287条第1款的规定选择该条款规定的任何一种争端解决程序。[①]此后,中华人民共和国也没有发表过接受该条款规定的任何一种争端解决程序的声明。不过,在2006年8月25日,中华人民共和国根据《联合国海洋法公约》第298条的规定向联合国秘书长提交了一项声明。根据该声明,关于《联合国海洋法公约》第298条第1款(a)、(b)和(c)项所述的任何争端(即涉及海域划界、历史性海湾或所有权、军事和执法活动以及安理会执行《联合国宪章》所赋予的职务等争端),中华人民共和国政府不接受《联合国海洋法公约》第十五部分第二节规定的任何程序。[②]

再次,对于世界贸易组织的争端解决机制,中华人民共和国采取了接受的态

① http://www.npc.gov.cn/wxzl/gongbao/2000-12/16/content_5003571.htm.

② http://www.fmprc.gov.cn/web/ziliao_674904/tytj_674911/tyfg_674913/t270754.shtml.

度。这是因为,按照《马拉喀什建立世界贸易组织协定》第2条第2款的规定,附件一、附件二和附件三中的各协议及其法律文件(以下称“多边贸易协议”)均是本协议的组成部分,并约束所有成员,而《关于争端解决规则与程序的谅解》就是《马拉喀什建立世界贸易组织协定》附件二。因此,世界贸易组织的争端解决机制是世界贸易组织协议不可分割的组成部分,世界贸易组织成员没有选择的余地。任何加入世界贸易组织的成员,必须接受它的争端解决机制。2000年8月25日,中华人民共和国第九届全国人民代表大会常务委员会第十七次会议通过了《全国人民代表大会常务委员会关于我国加入世界贸易组织的决定》。[①] 中华人民共和国在2001年12月11日正式成为世界贸易组织成员。这标志着,中华人民共和国也就接受了世界贸易组织的争端解决机制。

最后,另有研究显示,中华人民共和国缔结的有些公约是要求缔约国进行强制仲裁的。这样的公约不多,但是也有几个,例如《国际电信公约》[②]《国际干预公海油污事故公约》[③]《国际民用航空公约》,[④]等等。中华人民共和国均缔结了这些公约,而且对其中的强制仲裁条款均没有提出保留。

第三,在和平解决国际争端法律方法的实践方面,中华人民共和国基于不同的争端采取了不同的实践。在国际法院的所有诉讼案件中,中华人民共和国从来没

---

① http://www.npc.gov.cn/wxzl/gongbao/2001-12/06/content_5280847.htm.

② 第50条第2款(如果不采用上述解决方法中的任何一种,则作为争端一方的任何会员可以根据情况将该项争议按照一般规则或任选附加议定书所规定的程序提付仲裁)(中华人民共和国在1985年8月19日加入)。

③ 第8条第1款(缔约国之间的任何争议,如对于根据第一条所采取的措施是否违反本公约的规定,是否有责任按照第六条进行赔偿,以及对这种赔偿的数额问题,如果在有关缔约国之间,或在采取措施的一方与要求赔偿的自然人或法人之间,不能通过协商取得解决,而各方又不能用其他方法达成协议,则应按照本公约附件的各项规定,在任何一方要求之下,提请调解,倘调解不成,则提请仲裁)(中华人民共和国在1990年2月23日加入)。

④ 第84条(如两个或两个以上缔约国对本公约及其附件的解释或适用发生争议,而不能协商解决时,经任何与争议有关的一国申请,应由理事会裁决。理事会成员国如为争端的一方,在理事会审议时,不得参加表决。任何缔约国可以按照第八十五条,对理事会的裁决向争端他方同意的特设仲裁庭或向常设国际法院上诉。任何此项上诉应在接获理事会裁决通知后六十天内通知理事会);第85条(对理事会的裁决上诉时,如争端任何一方的缔约国,未接受常设国际法院的规约,而争端各方的缔约国又不能在仲裁庭的选择方面达成协议,争端各方缔约国应各指定一仲裁员,再由仲裁员指定一仲裁长。如争端任何一方的缔约国从上诉之日起三个月内未能指定一仲裁员,理事会主席应代替该国从理事会所保存的合格的并可供使用的人员名单中,指定一仲裁员。如各仲裁员在三十天内对仲裁长不能达成协议,理事会主席应从上述名单中指定一仲裁长。各仲裁员和该仲裁长应即联合组成一仲裁庭。根据本条或前条组成的任何仲裁庭,应决定其自己的议事程序,并以多数票作出裁决。但理事会如认为有任何过分延迟的情形,可以对程序问题作出决定)(中华人民共和国在1974年2月15日承认)。

有成为过原告国，也没有成为过被告国。2014 年 4 月 24 日，马绍尔群岛共和国曾经单方面对包括中华人民共和国在内的九个拥核国家提起诉讼，指责这九个国家没有遵守核裁军的义务。由于除英国、印度和巴基斯坦外的其他六个国家都没有发表接受国际法院管辖的任择声明，因此马绍尔群岛援引《国际法院规则》第 38 条第 5 款(应诉管辖权)希望这六个国家同意法院的管辖权。法院随后将马绍尔群岛的申请书发送给这六个国家。一旦这六个国家表示同意，法院就将针对该国的案件列入案件总目录。[①] 不过，中华人民共和国并没有理会马绍尔群岛的申请书，因此国际法院对这一申请就没有管辖权。与诉讼案件不同的是，自 2009 年以来，中华人民共和国开始参与国际法院的咨询案件的审理，目前已经有两个。第一个案件是 2008 年的“科索沃案”。在这个案件的审理过程中，中华人民共和国对这个案件表现出了浓厚的兴趣。2009 年 4 月 16 日，中华人民共和国向国际法院提交了本案的书面意见，[②]受到了各方的广泛关注，这是中华人民共和国，也是中国历史上第一次向常设国际法院和国际法院提交书面意见。2009 年 12 月 7 日，中华人民共和国还参加了口头审理程序，发表了口头陈述。[③] 尽管法院最后发表的咨询意见在许多方面没有支持中华人民共和国的意见，包括民族自决权与领土完整之间的关系，但是法院对有些问题的表态，尤其是没有对“救济性分离权”在国际法中的地位作出表态，有些人分析可能一部分原因是因为中华人民共和国的意见。中华人民共和国参与的第二个国际法院的咨询案件是 2017 年的“查戈斯群岛案”。中华人民共和国也向国际法院提交了本案的书面意见。目前，这个案件的审理还在进行中。从 1971 年至 2007 年，中华人民共和国均没有参与国际法院的咨询案件审理，包括 1996 年的“威胁或使用核武器合法性咨询意见案”(即使中华人民共和国当时就已经拥有核武器)。

在国际海洋法法庭的所有诉讼案件中，中华人民共和国也没有成为过原告或被告。不过，中华人民共和国对国际海洋法法庭受理的咨询案件同样感兴趣，目前已经参与了该法院两个咨询案件的审理。第一个是 2010 年国际海底管理局理事会向国际海洋法法庭海底争端分庭提交的关于资助个人和实体在国际海底区域活动的《联合国海洋法公约》缔约国的责任和义务的咨询请求，这也是国际海洋法法庭自成立以来收到的第一个咨询请求。2010 年 8 月 18 日，中华人民共和国向国际海洋法法庭海底争端分庭提交了书面意见。[④] 这是中华人民共和国第一次参与

---

① http://www.icj-cij.org/files/press-releases/0/18300.pdf，下载日期：2018 年 11 月 9 日。

② http://www.icj-cij.org/files/case-related/141/15611.pdf，下载日期：2018 年 11 月 9 日。

③ http://www.icj-cij.org/files/case-related/141/141-20091207-ORA-01-00-BI.pdf，下载日期：2018 年 11 月 9 日。

④ https://www.itlos.org/fileadmin/itlos/documents/cases/case_no_17/Statement_China.pdf，下载日期：2018 年 11 月 9 日。

国际海洋法法庭的案件审理，不过并没有参与口头审理。第二个参与的咨询案件是2013年次区域渔业委员会向国际海洋法法庭提交的有关《联合国海洋法公约》的国际协议是否规定了申请该法庭发表咨询意见的权力的问题。2013年11月26日，中华人民共和国在这个案件中也提交了书面意见。[①] 在国际海洋法法庭的所有两个咨询意见中，中华人民共和国均参与其中。

在国际仲裁领域，中华人民共和国没有与其他国家签订解决某一争端的仲裁协议，也没有主动提起过仲裁申请，但是2013年1月22日，菲律宾外交部照会中华人民共和国驻菲律宾大使馆称，菲律宾依据1982年《联合国海洋法公约》第287条和附件七的规定，就中菲有关南海"海洋管辖权"的争端递交仲裁通知，提起强制仲裁。2013年2月19日，中华人民共和国退回了菲律宾政府的照会及所附仲裁通知。中华人民共和国此后多次声明，不接受、不参与菲律宾提起的仲裁。2014年12月7日，中华人民共和国发表立场文件，认为"仲裁庭对于菲律宾提起的仲裁没有管辖权"，因为"菲律宾提请仲裁事项的实质是南海部分岛礁的领土主权问题，超出《公约》的调整范围，不涉及《公约》的解释或适用；以谈判方式解决有关争端是中菲两国通过双边文件和《南海各方行为宣言》所达成的协议，菲律宾单方面将中菲有关争端提交强制仲裁违反国际法；即使菲律宾提出的仲裁事项涉及有关《公约》解释或适用的问题，也构成中菲两国海域划界不可分割的组成部分，而中国已根据《公约》的规定于2006年作出声明，将涉及海域划界等事项的争端排除适用仲裁等强制争端解决程序"[②]。2015年10月29日，仲裁庭就该案的管辖权和可受理性问题作出裁决，裁定仲裁庭的组成是合法的，裁定中国不出庭并不剥夺仲裁庭的管辖权，裁定菲律宾提起仲裁并不构成滥用程序，裁定2002年的《南海各方行为宣言》等不排除《联合国海洋法公约》第十五部分第二节规定的强制性争端解决程序，裁定对菲律宾提出的七项请求有管辖权，裁定对菲律宾提出的其他请求留待实体问题阶段审议。[③] 10月30日，中华人民共和国对该裁决发表声明，认为该裁决"是无效的，对中方没有拘束力"。该声明还特别指出，"在领土主权和海洋权益问题上，中国不接受任何强加于中国的方案，不接受单方面诉诸第三方的争端解决办法"[④]。2016年7月12日，仲裁庭就实体问题以及剩余管辖权和可受理性问题作

---

① http://www.itlos.org/fileadmin/itlos/documents/cases/case_no.21/written_statements_round1/C21_8_China_orig_Eng.pdf，下载日期：2018年11月9日。

② http://www.fmprc.gov.cn/nanhai/chn/snhwtlcwj/t1368888.htm，下载日期：2018年9月9日。

③ The South China Sea Arbitration (The Republic of Philippines v. The People's Republic of China), Award on Jurisdiction and Admissibility, 29 October 2015, https://pcacases.com/web/sendAttach/2396，下载日期：2018年9月9日。

④ http://www.fmprc.gov.cn/nanhai/chn/snhwtlcwj/t1310470.htm，下载日期：2018年9月9日。

出裁决。该裁决一致支持菲律宾提出的全部请求。[①] 中华人民共和国在2016年7月12日发表声明，认为“该裁决是无效的，没有拘束力，中国不接受、不承认”。该声明指出，“仲裁庭无视菲律宾提起仲裁事项的实质是领土主权和海洋划界问题，错误解读中菲对争端解决方式的共同选择，错误解读《宣言》中有关承诺的法律效力，恶意规避中国根据《公约》第298条作出的排除性声明，有选择性地把有关岛礁从南海诸岛的宏观地理背景中剥离出来并主观想象地解释和适用《公约》，在认定事实和适用法律上存在明显错误。仲裁庭的行为及其裁决严重背离国际仲裁一般实践，完全背离《公约》促进和平解决争端的目的及宗旨，严重损害《公约》的完整性和权威性，严重侵犯中国作为主权国家和《公约》缔约国的合法权利，是不公正和不合法的”。该声明还指出，“中国在南海的领土主权和海洋权益在任何情况下不受仲裁裁决的影响，中国反对且不接受任何基于该仲裁裁决的主张和行动”，而且，“中国政府重申，在领土问题和海洋划界争议上，中国不接受任何第三方争端解决方式，不接受任何强加于中国的争端解决方案”。2018年5月14日，中华人民共和国国际法学会组织中华人民共和国的专家学者们撰写的长达500页的《南海仲裁案裁决之批判》(中英文)发表，再次从多个角度几乎全方位地对仲裁庭2016年10月29日的裁决进行了驳斥。[②] “南海仲裁案”是中华人民共和国遇到的第一个被外国提起强制仲裁的案件，也是中华人民共和国遇到的第一个在外国采取的解决争端法律方法中成为被告或被申请方的案件，引发了中华人民共和国政府、学界和整个社会的极大关注，可以说是国际法世纪大案。与中华民国时期的“中比废约案”一样，中华人民共和国同样选择了不出庭应诉的应对方法。这个案件可能会对中华人民共和国对国际仲裁的看法产生重大的负面影响，尤其是在领土和海洋权益领域。

与对上述国际法院、国际海洋法法庭以及国际仲裁争端解决法律方法的态度不同的是，中华人民共和国对世界贸易组织的争端解决机制已经习惯了，已经成为利用世界贸易组织争端解决机制解决与其他成员方之间的贸易争端最频繁的成员方之一。有研究显示，WTO争端解决机制审理的第400～500个案件(共100个案件)(从2009年至2015年)中，中华人民共和国无论是作为原告还是被告参与的案件数量有23起，仅次于美国(32起)和欧盟(30起)，是世界上第三大WTO争端解决机制的参与国。[③] 这种情况使得一些人认为，就国家与国家之间在国际机构面前打官司的数量而言，可以毫不夸张地说，中华人民共和国已经成为习惯于利用国

① The South China Sea Arbitration (The Republic of Philippines v. The People's Republic of China), Award, 12 July 2016, https://pcacases.com/web/sendAttach/2397.

② http://www.csil.cn/upfiles/files/南海仲裁案裁决之批判.pdf.

③ Geraldo Vidigal, WTO: The First 500 Disputes and the Last 100 Disputes, https://www.ejiltalk.org/wto-the-first-500-disputes-and-the-last-100-disputes/.

际机构打官司的国家之一，当然这种热情只局限于世界贸易组织争端解决机构这一特定的领域。[①] 对于通过世界贸易组织争端解决机构解决与他国之间的国际贸易争端，中华人民共和国已经认为这是十分正常的事情，没有任何的芥蒂。可以说，中华人民共和国参与世界贸易组织争端解决机制是迄今为止中华人民共和国在国际争端解决的法律方法方面最为丰富的实践。[②] 一个有趣的问题是，为什么同样都是和平解决国际争端的法律方法，中华人民共和国对于诉诸国际法院和《联合国海洋法公约》中的和平解决争端的法律方法如此保守，但是对于世界贸易组织的争端解决机制是如此开放？有不少的原因可以用于解释这一现象。一种可能的原因是，世界贸易组织的争端解决机制是强制性的机制，当事方在加入世界贸易组织时没有选择，因此只能接受，而当事国完全有权利自由掌握是否将争端提交国际法院，在《联合国海洋法公约》中的和平解决争端的法律方法中，虽然缔约国在批准时无论如何都需要服从强制仲裁的程序，但是它允许缔约国通过声明来排除特定类型的争端的解决，这就给了缔约国一定的灵活性和自由度。第二种可能的原因是，世界贸易组织争端解决机制解决的国际贸易争端是可以用金钱衡量的，即使败诉对当事方的影响也不是很大，这样的争端主要是经济性质的，而不是政治性质的；而国际法院，包括《联合国海洋法公约》调整的事项往往涉及的是领土、海洋权益，这样的争端主要是政治性质的，其中的权益一旦在诉讼中因为败诉而丧失，则可能永远也无法通过金钱挽回。最后一种可能的原因是，发生争端的可能性大小不同。国际贸易争端在国家之间是十分频繁和正常的，因为国家之间的经济和贸易的联系在全球化的时代变得越来越紧密，十分容易引起争端，而涉及领土和海洋方面的争端实际上数量是有限的，这方面的争端可能就是那么几个，争端当事国可能更愿意通过谈判等政治手段来妥善管理和控制这方面的争端。

第三节　总结与展望

改革开放的40年正好就是国际争端和平解决的法律方法蓬勃发展的40年。在这一时期，中华人民共和国对于国际争端和平解决的法律方法经历了一个从完全排斥、否定到逐渐有选择性地参与的发展过程。中华人民共和国在国际法官和国际仲裁员的推荐、接受国际公约中的强制仲裁和国际诉讼的条款，以及实际参与

---

① Dapo Akande, China's View of International Litigation: Is the WTO Special?, https://www.ejiltalk.org/chinas-view-of-international-litigation-is-the-wto-special/#more-13834.

② Julian G. Ku, China and the Future of International Adjudication, 27 Maryland Journal of International Law, 2012, Vol.27, No.154, p.169.

国际仲裁和国际诉讼三个方面均有所涉猎，表明中华人民共和国已经逐渐熟悉、掌握并在一定领域熟练应用和平解决国际争端的法律方法。总的说来，中华人民共和国乐意在国际贸易领域接受国际机制的管辖，但是对于领土、海洋等领域，仍然抱着怀疑的目光在小心翼翼地学习、研究、接触和试探。尽管有不少的中国学者建议中华人民共和国应当有勇气、责任和担当接受领土、海洋等领域的国际争端解决的法律方法，但是这种建议可能仅仅是一种理论方面的建议，被实际部门接受的可能性非常小。尤其是，近年来闹得沸沸扬扬的“中菲南海仲裁案”裁决由于对中华人民共和国十分不利，因此有可能进一步加大实际部门对领土和海洋领域国际争端和平解决法律方法的接受与应用的怀疑，对和平解决国际争端的法律方法的发展不利。

后记

中国的改革开放政策肇始于1978年12月党的十一届三中全会。为庆祝改革开放40周年,厦门大学出版社决定出版“改革开放40年法律制度变迁”丛书,本书也列在其出版计划之中。

出版社邀请黄进教授作为本书主编。黄进教授身为中国国际法学界权威,中国国际法学会会长,中国国际私法学会会长和中国政法大学校长,出任本书的主编最为合适。但由于黄进教授日理万机,工作繁忙,无法完全承担主编工作,便委托笔者担任主编。笔者深知这是黄校长对笔者的照顾和提携,但笔者不才,且有自知之明,一开始不敢承受此项重托。但考虑到作为下属和晚辈,在感激领导提携之余,笔者也有义务不让所尊敬的学界前辈过于劳累,因此笔者同意忝列主编之列,做些具体的组稿和编辑工作。笔者在此声明:本书各章的安排和编辑中的任何差错,盖由笔者本人负责。

本书基本上按照国际公法、国际经济法和国际私法三个领域编排。考虑到全书篇幅的限制,只选取了该领域的部分制度(尤其是在国际公法部分更是如此)在改革开放40年内的发展作为本书各章探讨的对象,还望各位读者予以理解。

笔者邀请了中国政法大学国际法学院的同事朱利江教授(国际公法学)、祈欢教授(国际经济法学)和霍政欣教授(国际私法学)。他们再分别转邀请了其各自所在学科领域的专家(包括学院部分的国际法教师和外校的一些专家),共同撰写本书的各章。我要感谢各位作者的慷慨承诺和付出。

出于对各位撰写各章的专家学者的尊重,并本着文责自负的精神,本来每章标题下均有作者的署名,但出版社考虑丛书体例的统一和美观的需要,要求笔者将各个作者的署名放在后记中加以统一说明,在此请各位作者予以谅解。同时,笔者也专门就这一点作一简要说明。

本书各章作者简介及具体分工如下。

黄 进(中国政法大学教授)、孔庆江(中国政法大学教授):总论;

陈儒丹(中国政法大学副教授):第一章;

朱利江(中国政法大学教授):第二章;

张新娟(中国社会科学院大学教授):第三章;

祈 欢(中国政法大学教授):第四章;

范晓波(中国政法大学教授):第五章;

张丽英(中国政法大学教授):第六章;

兰兰(中国政法大学副教授):第七章;

杜涛(华东政法大学教授):第八章;

齐湘泉(中国政法大学教授)、刘素(中国政法大学博士研究生):第九章;

霍政欣(中国政法大学教授)、张建(首都经贸大学博士研究生):第十章;

朱利江(中国政法大学教授):第十一章。

在本书撰写过程中,厦门大学出版社的甘世恒主任和他的同事给予了大量的指导和仔细的审读,在此我代表自己和各章的作者表示由衷地感谢。当然,本书任何的谬误,将由本人和相应的作者负责。

孔庆江

2018年10月28日